KB091156

메트로링구얼리즘

도시의 언어

Metrolingualism: Language in the City by Alastair Pennycook and Emi Otsuji
Copyright ⓒ 2015 by Alastair Pennycook and Emi Otsuji
All rights reserved

Korean translation edition ⓒ 2022 Sahoipyoungnon Academy, Inc
Authorised translation from the English language edition published by Routledge,
a member of the Taylor & Francis Group, New York, USA
Arranged by Bestun Korea Agency, Seoul, Korea
All rights reserved

이 책의 한국어 판권은 베스툰 코리아 에이전시를 통하여
저작권자인 Taylor & Francis Group과 독점 계약한 (주)사회평론아카데미에 있습니다.
저작권법에 의해 한국 내에서 보호를 받는 저작물이므로
어떠한 형태로든 무단 전재와 무단 복제를 금합니다.

메트로링구얼리즘

도시의 언어

앨러스테어 페니쿡 · 에미 오쓰지 지음

지현숙 · 심상민 · 홍은실 · 강남욱 · 이성준
백승주 · 김시정 · 이효정 · 정선화 · 앨리스 주 옮김

사회평론아카데미

※ 일러두기

1. 원주는 아라비아숫자로, 옮긴이 주는 *로 표기하였다.

2. 본문의 발췌문에는 영어를 비롯하여 일본어, 이탈리아어, 프랑스어, 아랍어, 중국어, 스페인어, 세르비아어, 폴란드어, 터키어, 그리스어, 힌디어 등 다양한 언어가 등장한다. 옮긴이들은 원문의 발췌문 전사 규칙에서 두 가지를 한국어판에 적용하고자 했다. 첫째는 '로마자'로 음독한 것을 한글로 음독하였다. 어떤 한 언어가 특화되는 것을 방지해야 하고, 특정 언어를 알지 못해도 읽을 수 있어야 하며, 아랍어처럼 오른쪽에서 왼쪽으로 적는 표기의 어려움을 해결하기 위함이다. 둘째는 발화자들이 언어 자원을 얼마나 폭넓게 사용하는지 보여 주기 위해 원문처럼 볼드체와 이탤릭체로 표기하였다.

3. 발췌문 중 한 가지 언어로만 대화할 경우에는 음독을 생략하고 한글 해석만 표기하였다.

4. 저자들이 발췌문을 어떻게 전사했는지는 '부록 2 발췌문 원문'을 통해 확인할 수 있다.

옮긴이의 글

───────

　우리는 다양한 언어들에게 좀 더 눈과 귀를 열어 두었어야 했다. 이 책을 번역하다 보니 '살라무 알레이쿰 메이트!'나 '쏘리, 스미마센.' 같은 말을 무심코 지나치지 말았어야 했다는 후회가 밀려왔다.

　이 책의 번역자 대부분이 속해 있는 '다중언어사회연구회'는 우리가 살고 있는 다중언어사회를 공부하기 위하여 지난 2017년 여름에 결성되었다. 한국어교육 혹은 국어교육, 사회언어학 등의 전공자들이 모여 '다중언어사회'를 핵심 논제로 삼아 관련 문헌을 찾아 함께 읽으며 공부하고 토론하는 모임을 계속해 왔고, 이 책은 그 첫 번째 결실인 셈이다. 무엇보다 우리 연구회는 '언어교육학 전공자로서 가질 수밖에 없는' 단일언어주의를 극복하기 위해 노력해 왔다. 편협한 이데올로기인 단일언어주의를 덜어내는 데에 적지 않은 시간이 걸렸는데, 단일언어주의에서 완전히 벗어나려면 좀 더 많은 노력이 필요할 것 같다.

1년 가까이 이 책으로 세미나를 했고, 작년 초부터 수정 작업을 시작했다. 함께 토론하며 용어들을 조정하여 번역문을 완성하기까지 어려움이 적지 않았다. 저자가 제시한 언어 현상들이 다소 생경하고, 상황이나 맥락을 따라잡기가 어려웠을뿐더러 아직 다중언어 사회에 관한 학계의 논의가 무르익지 않아 마땅한 번역어를 찾는 일도 힘들었다. 게다가 참고할 만한 연구 사례도 충분치 않았다. 그러나 번역 작업이 힘들었던 가장 큰 이유는 우리가 세상의 언어들에 관심을 기울이고, 기록하고, 토론하는 등 공부가 부족했던 데에 있지 않은가 싶다. 이 책을 번역하면서, 쉽게 만나기 힘든 '겸손'을 배울 수 있어서 무엇보다도 기쁘다.

　　『메트로링구얼리즘』은 시드니와 도쿄를 중심으로 현대인의 언어가 어떻게 실행되고 있는가를 매우 정치하고 구체적으로 보여 준다. 이 책이 한국에 스며들어 있는 다중언어를 살펴보는 데 필요한 시각과 접근 방법을 제공할 것임에 분명하다. 부디 많은 연구자가 이 책을 만나 다중언어 사회에서 일어나고 있는 역동적이고 신박한 언어 사용 현상들을 수집하고 공유하여 한국을 중심으로 한 다중언어사회론을 발전시켜 나가기를 바란다.

　　끝으로 이 책의 출판을 허락하고 인적·재정적 지원을 아끼지 않으신 (주)사회평론아카데미의 고하영 대표님께 감사드린다. 어려운 과업을 맡아 꼼꼼하게 작업해 주신 편집부에도 고개 숙여 고마움을 표한다. 이 지난한 팬데믹 시대에 갇혀 만날 수가 없기에, 지면으로나마 옮긴이들과도 마무리 인사를 나누려 한다. 정말 애 많이 쓰셨다. 부디 삶에서, 공부에서, 가르치는 일에서, 두루 강건하시기를….

2022년 2월
옮긴이를 대표하여, 지현숙

머리말과 감사의 글

이 책은 시드니와 도쿄에 있는 카페, 식당, 가게, 거리, 공사 현장과 그 밖의 다른 일터와 건설 현장, 여타 작업장 및 그 주변을 다채롭고 짜릿하게 여행한 산물이다. 우리는 노동과 삶에 대해 얘기해 주고, 현장에서 녹음을 허락하고, 우리가 질문을 가지고 재방문하였을 때 기꺼이 마주 앉아 응대하면서 이 연구에 도움을 준 모든 분에게 감사드린다. 또한 연구 과정에서 다양한 사람과 연구 장소를 소개해 주고 도시의 네트워크와 폭넓게 연결될 수 있도록 도움을 준 많은 이에게도 감사하고 싶다. 특히 5장에서 논의한 공생공략의 개념은, 비록 일상의 언어 실행에 대해 크게 흥미가 없었을지라도, 연구 참가자들이 보여 준 관대함과 친근함 덕분에 탄생할 수 있었다.

우리는 이 연구에 참여한 모든 사람에게도 큰 빚을 졌는데, 특히 주요 연구의 보조를 해 준 아스트리드 로렌지Astrid Lorange에게 신세를 많이

졌다. 아스트리드는 인터뷰에서 녹음까지, 민족지학적 기술에서 참고자료 조사까지, 그리고 전사 작업에서부터 새로운 연구 가능성을 제안하는 것까지 이 프로젝트의 모든 면에서 우리와 함께했다. 아스트리드를 연구보조로 선택했던 것 또한 언어와 도시에 관해 색다르게 생각해 보려는 시도의 일부였다. 아스트리드는 윌리엄 라보브William Labov가 아니라 거트루드 스타인Gertrude Stein 전문가로, 사회언어학자라기보다 시인에 가까웠는데(Lorange, 2014), 우리는 사회언어학을 할 수 있으며 도시에 관심이 있는 시인이 시나 도시를 다룰 수 없는 사회언어학자보다 더 가치가 있다고 느꼈고, 이는 곧 사실로 밝혀졌다. 우리 연구팀의 상호작용과 토론은 이 책 말미의 연구 노트를 정리하는 데 결정적인 역할을 했고, 에미Emi와 아스트리드, 앨러스테어Alastair와 함께 앉고, 걷고, 커피를 마시고, 노트를 교환하고 이야기를 나누었던 무수한 시간들은 이 프로젝트의 역동적인 요체가 되었다.

이 핵심 연구팀을 비롯하여, 우리의 프로젝트에는 많은 사람이 도움을 주었다. 아스트리드가 '진짜 직업'인 전임 교수직을 맡으러 떠난 후 줄리 최Julie Choi가 합류해 우리와 함께 자료와 원고 작업을 했으며 이 책의 최종본을 완성하는 데 여러모로 기여하였다. 그 외에 조 부Jo Bu(우리와 함께 근교 농원을 방문했고, 이 프로젝트 일부에 다양한 통찰을 주었다), 스밀자나 글리소빅Smiljana Glisovic, 메할 크라옘Mehal Krayem, 아미나 싱Amina Singh, 크시슈토프 콤스타Krzysztof Komsta, 아키코 히라쓰카Akiko Hiratsuka, 사오리 가와조에Saori Kawazoe, 나렐 플레처Narelle Fletcher와 켈리 찬Kelly Chan도 전사와 번역에 도움을 주었다. 이 연구의 특징이자 과업 중의 하나는 특정한 공간의 음향을 채집하는 것뿐만 아니라 녹음한 것을 전사할 수 있게 만드는 것이었는데, 여기에는 에드워드 호플리Edward Hopely와 앨런 렘Alan Lem이 소리 파일을 '청소'해 준 것이 큰 도움이 되었다. 꼼꼼하고 사려 깊은 색인

작성자 톰 멜릭Tom Melick도 고마웠다. 끝으로, '네 개 도시 현장에서의 도시언어적 언어 실행: 도시에서 말하기Metrolingual language practices in four urban sites: Talking in the city' 연구 프로젝트(DP110101014)에 모든 재정적 지원을 아끼지 않은 호주연구재단Australian Research Council: ARC에 감사를 표한다.

폭넓은 연구와 집필의 차원에서, 우리는 수년 동안 도시, 메트로링구얼리즘,* 다중언어주의, 횡단언어 사용 등에 관해 생산적이고 흥미로운 논쟁을 해 왔다. 토론에 동참하고, 논의하고, 비판하고, 도움을 주고 격려해 준 모든 분에게 큰 빚을 졌다. 존 마허John Maher, 얀 블로마트Jan Blommaert, 사리 피에티카이넨Sari Pietikäinen, 닉 쿠플랜드Nik Coupland, 테오 판 레이번Theo van Leeuwen, 브리기타 부시Brigitta Busch, 모니카 헬러Monica Heller, 알렉산드레 두셴Alexandre Duchêne, 클레어 크램시Claire Kramsch, 오펠리아 가르시아Ophelia García, 스티븐 메이Stephen May, 리 웨이Li Wei, 에이드리언 블랙리지Adrian Blackledge, 앤절라 크리스Angela Creese, 류코 쿠보타Ryuko Kubota, 린 마리오 메네제스 데 수자Lynn Mario Menezes de Souza, 디페시 차크라바티Dipesh Chakrabarty, 메리 루이스 프래트Mary Louise Pratt, 시르파 렙타넨Sirpa Lepptännen, 키미에 다카하시Kimie Takahashi, 엘레나 쇼하미Elana Shohamy, 보니 노턴Bonny Norton, 팀 맥나마라Tim McNamara, 스티브 손Steve Thorne, 브라이언 모건Brian Morgan, 신프리 마코니Sinfree Makoni, 이쿠코 나카네Ikuko Nakane, 치히로 톰슨Chihiro Thomson, 히데오 호소카와Hideo Hosokawa, 수레시 카나가

....
*   이 책의 제목이자 본문에 가장 자주 등장하는 'metrolingualism'을 어떻게 번역할 것인가에 대해 고심이 컸다. 이 책에서 'metrolingualism'은 상당히 폭넓고 역동적이며 복합적인 개념으로 쓰여, '도시언어학', '도시언어주의', '도시언어 현상' 등 하나의 번역어로는 그 의미를 온전히 담지 못한다. 번역진은 오랜 고민과 토론 끝에 'metrolingualism'을 번역하지 않고 원어를 살려 '메트로링구얼리즘'으로 표기하기로 하였다. 반면에 'metrolingual'은 맥락에 따라 '도시언어', '도시언어의', '도시언어적' 등 표현을 조금씩 달리하여 쓸 것이다.

라자Suresh Canagarajah, 크리스 스트라우드Chris Stroud, 노만 예르겐센Norman Jørgensen, 마르타 시프 카레베크Martha Sif Karrebæk, 자누스 묄레르Janus Møller, 톰마소 밀라니Tommaso Milani, 토프 오모니이Tope Omoniyi, 새미 앨림Samy Alim, 아와드 이브라힘Awad Ibrahim, 루안니 투파스Ruanni Tupas, 베아트리스 로렌트Beatriz Lorente, 앤젤 린Angel Lin, 앤디 커크패트릭Andy Kirkpatrick, 루이사 마르틴 로호Luisa Martin Rojo, 멜리사 모이어Melissa Moyer, 데이비드 블록David Block, 벤 램프톤Ben Rampton, 크리스티나 히긴스Christina Higgins, 아마르 마부브Ahmar Mahboob, 인그리드 필러Ingrid Piller, 신시아 넬슨Cynthia Nelson, 로스 애플비Ros Appleby, 브라이언 팰트리지Brian Paltridge, 봉 정 리Bong Jeong Lee, 샤일라 술타나Shaila Sultana, 센더 도브친Sender Dovchin, 베로니크 콩트Véronique Conte, 미사코 타지마Misako Tajima와 그 외 많은 분에게 감사함을 표한다.

이 책 초기 버전의 일부 내용은 학회지와 다른 책(Otsuji & Penny-cook, 2010, 2014; Pennycook & Otsuji, 2014a, b)에 실렸다. 우리의 작업을 비판적으로 평가해 준 편집자와 비평가, 그리고 개정판 출간을 허락해 준 출판사 존 와일리 앤 선스John Wiley and Sons, 테일러 앤 프랜시스Taylor and Francis, 멀티링구얼 매터스Multilingual Matters에도 감사를 표한다. 루트리지Routledge 출판사의 루이사 셈레옌Louisa Semleyen의 인내심과 신뢰, 충고에 특별히 감사하다. 이런 책을 쓰는 것은 많은 사람에게 빚을 지는 일이다. 우리는 특히 에미와 앨러스테어, 아스트리드, 그리고 여러 면으로 프로젝트에 조력한 도미니크 에스티벌Dominique Estival이 2013년 12월 캥거루 밸리에서 생산적으로 글을 함께 썼던 경험을 포함해 끝없이 변화를 거쳐 온 모습과 여러 국면들을 되돌아보면서, 이 책의 일부가 된 모두에게 감사함을 전하고 싶다.

차례

1장

새벽시장과 도시언어 멀티태스킹

프로듀스 마켓: "친구, 평화가 함께하기를"

새벽 5시가 조금 지났다. 도시 대부분은 아직도 동트기 전 깊은 어둠 속에 잠들어 있지만 시드니 프로듀스 마켓Sydney Produce Market*은 환한 불빛 속에 활기차다. 우리 일행은 가장 바쁜 아침 시간대의 어두운 도시를 여행 중이다. 우리는 도시가 숨을 쉬며 만들어 내는 리드미컬한 도시의 패턴 안으로 진입하고 있다. 나무가 늘어선 고요한 교외와 달리 옥스퍼드가는 생동감 넘치고 시끌벅적하며, 짙은 색 옷을 입은 건장한 경비원들이

....

* 이 책에 'produce market', 'The Produce Market' 등이 자주 등장한다. 'produce market'은 호주의 '거대 농산물 시장'을 뜻하는 일반명사인데, 특정한 농산물 시장을 가리키면 '프로듀스 마켓'으로, 채소와 과일을 파는 거대 시장을 지칭하면 '농산물 시장'으로 구분해 쓸 것이다.

인도로 쏟아져 나오는 나이트클럽 손님들을 지켜보고 있다.

주변에 택시들이 맴돈다. 새벽 3시에 야간 근무조와 교대한 택시 운전사들은 클럽에서 나온 늦은 밤 시간대 손님이나 대중교통 운행 전의 이른 새벽 손님을 태우러 돌아다닌다. 새벽 쓰레기 차량들이 운행을 시작하고 거리 노동자들은 야간 근무를 마감한다.

그러는 동안 농산물 시장은 활기가 넘친다. 하역장에 나란히 늘어선 어마어마한 크기의 트레일러트럭에는 밤새 퀸즐랜드Queensland에서 남쪽으로 운송한 바나나와 여러 열대과일이 높이 쌓여 있고, 남서쪽 캔버라 Canberra와 셰퍼튼Shepparton에서 올라온 채소들과 핵과류, 그보다 더 남쪽의 태즈메이니아Tasmania에서 올라온 사과 등이 가득 실려 있다. 과일과 채소는 지게차에 실려 잽싸게 옮겨진다. 여기저기 수백 대의 지게차가 조명을 켠 채 거침없이 후진하고 (지게발에 쌓은 짐 때문에 전진은 불가능하다) 좁은 원을 그리며 돌면서 오렌지, 양파, 파인애플, 바나나, 비트, 감자를 쌓은 운반대를 이곳에서 저곳으로 옮긴다.[1] 이것이 세계 최대 식자재 시장 중 하나이자 호주에서 가장 큰 신선 식자재 시장의 모습이다. 이 시장에서는 해마다 약 250만 톤의 신선한 과일과 채소가 수백 명의 도매상과 농산물 생산자, 화훼 재배자를 통해 판매된다.

상품과 사람들이 이동하는 가운데 무히브Muhibb와 탈리브Talib는 분주하다.

발췌문 1.1
아랍어, 영어

....

1   이것은 위험한 일이기도 하다. 우리가 이 시장에서 연구하던 시기인, 2012년 6월 26일 오전 5시 20분에 하역장 한 곳에서 지게차가 전복되어 운전자 릴리페 마누올리쿠 헤헤아 Lilipe Manuoliku Hehea가 사망하였다.

1. **무히브** 헤이! 조니 픽스 업 더 스탠드! 히어 무브 디즈 체리 터메이 토스 풋 뎀 위드 뎀. 렛 뎀 두 잇. 렛 뎀 두 호그스 브레스 … 이프 유 워너 두 애니싱 … 이프 마이 대즈 낫 두잉 잇 스타트 히어. 이봐! 조니, 그 거치대 좀 고쳐. 여기 이 방울토마토 옮겨서, 저거랑 같이 둬. 쟤 네들 시켜. 쟤네들은 호그스 브레스 가라 그래… 뭐든 하고 싶으면… 우리 아버지가 안 하고 있으면 여기서 시작해.

2. **탈리브** *에 다 칼라팍? 에트난?* 얼마 받았어? 2?

3. **무히브** 쏘리. *에 트나난* 달러! 미안. 2달러!

[10초간 정적]

[전화 통화]

4. **탈리브** 조 … 굿 모닝, 캔 유 센드 미 원 라스 원 블루스 플리즈. 땡큐 베리 머치. 시 야 버디! 콜스 인 언 스페셜. 달러 세븐티 앤 달러 식스 티 언 으∷음 온 온 왓 두 유 콜 잇 … 투 달러스. 조… 안녕하세요. 라 스 하나하고 블루스 하나 보내 줄 수 있나요.* 고마워요. 잘 있어요! 콜스 에서 할인 중이에요. 1달러 70센트하고 1달러 60센트 음 그 뭐였더라… 2달러.

5. **행인** *살라무 알레이쿰* 메이트. 친구, 평화가 함께하기를.

6. **무히브** *와 알레이쿰 아살람.* 당신에게도요.

미식축구 경기장 세 배만 한 거대한 창고 바닥 가판대에서 탈리브와 무히브가 열심히 일하고 있다. 판매할 상품이 쌓이면 저마다 다른 구역이 만들어진다. 구역마다 지게차가 내려놓은 이동식 책상이 놓인다. 여기가 바로 거래가 성사되고 서류를 주고받고 현금이 손에서 손으로 건네지는

....
* '라스'는 라즈베리, '블루스'는 블루베리를 말한다.

곳이다. 주변에서 음식이 배달되고, 인부들이 과일과 채소를 싣고 내리고, 지게차가 토마토나 콩, 딸기, 양파를 가득 실은 운반대를 실어 오고, 또 새로 실어 오고 있다.

이곳은 통상 '레바논 구역'으로 불리는 지역의 북쪽 끝이다. (창고 남쪽 끝부터 걸으면 중국 구역, 베트남 구역, 몰타 구역, 이탈리아 구역, 레바논 구역을 통과한다.) 형제의 책상 한편에 라마단 달력이 놓여 있다. 레바논계 호주인 2세인 형제는 몸집이 좋고 머리가 짧으며, 턱수염이 더부룩하다. 그들은 티셔츠 차림으로 일을 한다. 창고 안 다른 사람들은 시장의 전통적인 가죽 앞치마를 두르고 있다. 무히브와 탈리브 두 형제는 아버지와 또 다른 형제, 그리고 그들이 고용한 터키, 파키스탄, 모로코, 수단계 이집트, 소말리아, 필리핀 출신 두 명 해서 일곱 명의 인부를 고용해 지게차운송업을 한다. 다음 장에서 자세히 논의하겠지만, 시장 내 이 구역의 '레바논스러움Lebanese-ness'은 시드니에서 레바논 출신이 아랍 공동체의 기본값이라는 인식에서 형성되었다. 그러나 노동자 전반을 살펴보면 사실상 레바논 구역 공동체는 다양한 언어, 지역, 종교, 이주 관련 요소의 집합체에 훨씬 가깝다.

이러한 상호작용은 이 책에서 탐구하고자 하는 많은 부분을 포착할 수 있게 해 준다. 우선, 이와 같은 것들은 다른 논저(Pennycook & Otsuji, 2014a)에서 언어 자원, 일상 업무, 사회적 공간이 얽혀 있는 방식을 포착하기 위해 사용했던 용어인 '도시언어 멀티태스킹metrolingual multitasking'의 한 사례이다. 앞의 발췌문에서는 언어 자원의 매끄러운 운용과 연속적인 실행이 매우 뚜렷하게 나타난다. 두 형제는 다른 인부에게 지시하여 작업장을 정리하고(말순서 1), 가격을 정하며(말순서 2, 3), 공급자에게 전화하고(말순서 4), 다른 노동자들과 인사한다(말순서 5, 6). 작업장의 이런 언어 자원은 대부분 영어와 레바논 아랍어에 기반하는데, 형제는 고객과 맥락에 따라 영어와 아랍어 양쪽을 오가며 상당히 다양한 스타일과 언어사용역register을 이용한다. 그들은 특정 지역의 특성이 나타나는 다양한 '시장 언어market talk'를 사용한다. 예컨대 라즈베리raspberry와 블루베리blueberry를 "원 라스 원 블루스one ras one blues"라 하고, '콜리플라워cauliflower'를 "콜리caulies", '록멜론rockmelon'을 "록키rocky"라 부르기도 한다. 이와 동시에 'allettuce'와 같은 혼합어와 'khass'가 번갈아 나타나기도 한다('allettuce'는 상추를 뜻하는 영어 'lettuce'에 아랍어 관사 'al'이 결합한 사례이고 'khass'는 '상추'의 아랍어 단어이다). 그들은 시장의 다른 사람들 "살라무 알레이쿰 메이트Salamu alaykum mate"와 마찬가지로 자주 영어와 아랍어를 혼합하여 (쏘리. 에 트나난 달러!Sorry. Eh tnanan dollar!) 사용한다.

우드와 랜드리(Wood & Landry, 2008)에게 "시장은 개념적으로도 물리적인 위치로도 문화 간 교류를 이해하기 위한 구심점이다."(p. 148) 그들은 시장이라는 공간이 "역사적으로도, 그리고 여전히 오늘날에도, 많은 사람들이 처음으로 눈에 띄게 자신과 구분되고, 자신과 다르게 말하고 입으며 특이한 문화적 산물과 경험을 제공하는 사람들을 만나는 장소"(p. 148)라고 설명한다. 시장은 그 어떤 도시 공간보다도 인간관계를 색다르게 정의할 수 있는 공간일 것이다. 탈리브와 무히브가 업무를 처리하는 데 언어가 중요하긴 하지만, 그들이 콜센터 직원, 번역가, 교사나 변호사처럼 언어를 거래의 중심 수단으로 삼는 '언어 노동자'인 것은 아니다. 매일 이뤄지는 그들의 거래에서 언어도 중요하다. 그러나 파슬리 가격은 더 중요하다. 시장은 일을 처리하는 곳이며, 양파의 품질과 가격으로 구매자를 설득하는 곳이다. 뒤의 8장에서 다루겠지만, 노동자들이 뒤섞여서 말을 나누는 이 시장의 언어는 넓은 의미에서는 실제로 '시장 가치'가 거의 없을지도 모른다. 또한 시장은 고객과의 오랜 관계가 중요한 장소이다. 오이, 망고, 호박zucchini*에 대해 구매자를 설득하는 능력이 하나의 기술이 되는 장소이며, 노동자와 구매자 간의 상호작용, 구매, 판매, 픽업이나 배달을 위한 적재, 더 많은 농산물을 지게차에 싣는 일이 다중적으로 일어나는 곳이기도 하다.

이 책을 쓴 목적은 다른 언어, 다원성, 언어사용역에서 비롯된 다양한 언어 자원의 사용, 이를 수행하는 노동자들의 레퍼토리, 그들이 참여하는 활동, 이것들이 일어나는 더 넓은 공간 간의 관계에 대한 이해를 발전시키기 위함이다. 이러한 초점은 도시언어적 실행과 도시를 결합한다. 즉, 도시 공간과 관련해서 일을 처리하는 것, 일상의 언어 사용과 지역 언어 실행에 관한 것이다(2장 참조). 메트로링구얼리즘에 초점을 맞춘 것은 도시와의 관계성 속에서 언어 자원을 이해하고, 시장, 카페, 거리, 가게와 여타 사회적 도시 공간에서 '일상의 메트로링구얼리즘'이 어떻게 작동하는지 보여 주기 위한 시도의 일부이다. 이 책 전반에 걸쳐 탐구할 '메트로링구얼리즘'이라는 용어는 원래 '도시민족성metroethnicity'이라는 개념(Maher, 2005)을 확장하여 만들어졌으며, "다중언어주의multiligualism나 다문화주의multiculturalism와 같은 현재의 용어를 넘어설 수 있는 방법으로서, 문화, 역사, 정치의 공간과 경계를 가로지르는 창의적인 언어 조건"(Otsuji & Pennycook, 2010, p. 244)을 지칭한다. 그 당시 우리가 정의한 바에 따르면, 메트로링구얼리즘은 "서로 다르고 혼합된 배경의 사람들이 언어를 통해 정체성을 이용하고 활용하며 협상하는 방식을 기술한다". 메트로링구얼리즘은 언어와 문화, 인종, 국가 또는 지리 간의 연관성을 가정한다기보다 "그러한 관계가 어떻게 만들어지고, 저항에 부딪히며, 도전을 받고, 재조정되는지를 탐색하고자 한다. 즉, 언어의 체계가 아닌, 상호작용의 맥락에서 드러나는 언어에 초점을 맞춘다."(p. 246)

3장에서 더 자세히 설명하겠지만, 우리는 그 이후로 이 메트로링구얼

....
* 여러 종류의 호박 가운데 오이처럼 길이가 긴 호박을 떠올리면 정확하다.

리즘이라는 용어를 활발하고 의도된 창의성에 초점을 두는 것에서 벗어나서 도시에서의 일상적인 언어 사용을 이해하는 차원에서 사용해 왔다. 이중언어주의bilingualism, 코드 혼합code-mixing, 코드 전환code-switching과 같은 언어에 이의를 제기하는 한편, 언어 자원의 유동성(Blommaert, 2010), 횡단언어 사용translanguaging(Blackledge & Creese, 2010; García, 2009; Li Wei, 2011), 횡단언어 상용transglossia*(García, 2013, 2014; Sultana, Dovchin & Pennycook, 2015), 다수언어적 언어하기polylingual languaging(Jørgensen, 2008a; Møller, 2008)에 초점을 맞춰 온 최근의 다른 논의들과 마찬가지로, 우리는 '도시 공간urban space'(McQuire, 2008)과 관련된 유동적인 언어 자원의 일상적 사용을 중심으로 다중언어주의에 대해서 사고를 확장하는 것을 목표로 한다. 다만 자원 및 개인적 레퍼토리에 주목하는 접근들과 달리, 메트로링구얼리즘은 언어 실행과 도시의 관계를 중심에 둔다.

　1장에서는 농산물 시장에서의 언어 실행 중 일부를 묘사하고 언어 실행, 공간적 관계, 일의 수행 간의 상관성을 살펴봄으로써 이 책의 많은 중심 주제들을 제기한다. 우리는 사용되는 언어를 단순히 측정하는 일이나 시장에서 일어나는 총체적인 언어 실행을 파악하려는 불가능한 과업에는 그다지 흥미가 없다. 그보다도 우리는 '고착된 언어보다는 유동적인 자원'(Blommaert, 2010, p. 197)에 주목한다. 우리는 다층적인 언어, 과제, 실행, 공간이 결합하여 그러한 도시 시장의 '공간 레퍼토리spatial reper-toires'(4장)와 '메트로링구아 프랑카metrolingua francas'(8장)를 만들어 내는

....

* 　'transglossia'가 번역된 문헌은 '역동적이고 초월적인 형태의 언어 사용'이라고 번역한 신동일 외의 『접촉의 언어학』(2017)이 거의 유일하다. 번역진은 'translanguaging(횡단언어 사용)'과 구분하여 '횡단언어 상용'으로 옮겼다. 또한 'diglossia'와 'triglossia'는 의미 전달력을 높이고 공통 어휘소 '-ossia'를 고려하여 '두 개 언어 상용', '세 개 언어 상용'으로 번역했다.

역동적인 방식에 관심이 있다. 이러한 상호작용은 우리가 당연한 것으로 받아들이는 다양한 종류의 언어 및 다른 자원을 포함할 것이고, 새벽시장 가판대를 지나는 한 노동자가 외친 "*살라무 알레이쿰* 메이트Salamu alaykum mate"와 같은 호주 영어-레바논 아랍어 표현의 가능성에 기쁘게 주목할 것이다. 그러나 우리는 그러한 언어의 '혼합'이나 '혼종성'을 강조하기보다는 오히려 이를 일반적인 것으로 받아들이려고 한다(Otsuji & Pennycook, 2014).

시장의 언어: 그들 나름의 언어 사용하기

그러면 시장의 언어를 어떻게 이해할 수 있을까? 이미 언급한 것처럼 우리는 언어 배경의 비중을 측정하는 것과 같은 언어인구통계학적 관점이 아닌, 매일의 언어 실행에 관심이 있다. 과일과 채소로 가득 찬 이 광활한 공간의 양쪽 끝에 각각 하나씩, 두 개의 카페를 운영하는 조셉Joseph은 이 점을 이해하는 데 도움을 준다. 이 카페들은 자정에 문을 여는데, 버거, 베이컨, 달걀과 같은 전형적인 아침 식사뿐만 아니라 다른 음식도 함께 판다. '레바논 구역'이 있는 창고의 끝에서 그의 아들이 운영하는 다른 카페에서는 자타르za'atar*를 곁들인 레바논 빵을 파는 반면, 비교적 '중국인 구역'에 가까운 조셉의 카페에서는 포르투갈식 치킨, 베이컨 에그롤과 함께 완탕 수프, 사테 치킨, 몽골식 소고기전골과 같은 다양한 음식을 판다. 직원들의 배경도 다양해서 요리사는 중국인이고, 커피를 만드는 사람은 한국 여성이며, 주인인 조셉은 레바논인이다. 영어가 이 카페의

....
* 중동에서 쓰는 혼합 향신료.

공용어이지만 다른 언어, 특히 아랍어와 광둥어도 사용된다.

시장은 조셉이 36년 전 시드니에 온 후 채소를 팔고 지게차를 운전하며 계속 일했던 곳이다. 조셉은 인터뷰(2012년 8월 8일)에서 "흠, 말하자면, 그들이 나를 공항에서 픽업해, … 저 아래쪽 게이트로 데려왔는데, 난 여태 이 미로에 갇혀 있고, 아직 한 번도 이 미로에서 벗어난 적이 없어요!"라고 말했다. 조셉의 스물네 살 난 아들은 또 다른 카페를 운영한다. 조셉이 설명한 바에 따르면, 그의 아들은 레바논계 호주인 2세인 어머니에게는 영어로 말한다. 하지만 조셉은 "레바논어, 나랑 말할 때는 유창한 레바논어를 써요. 유창하죠. 저녁 식탁에서 우리가 함께 있을 때, 개는 몸을 돌려서, 내가 왼쪽에 있으면 개는 나를 보며 레바논어로 말하고, 제엄마한테는 영어로 말하죠."라고 했다. 음식, 언어, 공동식사commensality의 조합, 즉 식자재 자원과 언어 자원의 결합이 갖는 중요성에 대해서는 특히 6장에서 다루려 한다. 조셉에게 사회언어학적 상호작용이 일어나는 장소는 바로 저녁 식탁이며, 여기에서 그는 '유창한 레바논어'로 일상적인 지역 언어의 용어를 사용하여 얘기한다. 그러므로 이 저녁 식탁은 혼합된 언어가 매우 평범하게 사용되는 상황이자 자부심의 원천이다.

이 시장에서 매우 중요한 공용어는 (그것이 정확히 의미하는 것이 무엇이든 간에) 당연히 영어이지만, 언제 누구와 함께 어떤 언어를 쓸지는 요일뿐만이 아니라 누가 누구에게서 구매하는지, 상호작용이 일어나는 곳이 어디인지에 따라 달라진다. 조셉은 인터뷰(2012년 8월 8일)에서 "하지만 구매자와 판매자 사이에 그들 배경에서 쓰이는 공통되는 언어가 있다면 그걸 써요, 네, 그게 더 편하죠. 자기들만의 언어를 쓰는 게 훨씬 더 편하죠."라고 말했다. 이 시장에서 우세하게 사용되는 두 가지 언어는 비록 지역에 따라 다르긴 하지만 레바논 아랍어와 광둥어이다.

게이트 1, 2에서 내려가서 게이트 5까지… 레바논 배경을 가진 사람들이 아주, 아주 많이 밀집한 지역이에요. 그리고 그 사람들은 자주 엉터리 영어를 쓰고 레바논어로 그들만의 소통을 해요. 그 구역을 지나면 레바논 상인은 안 보이고 다른 국적의 사람들이 보이죠. 몰타 사람들, 이탈리아 사람들, 그리스 사람들, 우리는 다시 공용어를 사용하죠, 우리의 제1언어는 영어예요. (조셉 인터뷰, 2012년 8월 8일)

주말이 되면 또 변화가 일어난다. "토요일에는, 다른 언어로 돌아가요. 이탈리아 사람이나 그리스 사람이 더 많아요." 조셉은 시장의 언어 패턴에 대해 거래상을 중심으로 설명하는데, 이는 이곳의 고객을 겨냥하여 영어, 베트남어, 아랍어, 중국어로 쓴 공공 표지판([사진 1.1])과 차별화되는 관점이다. 더 중요한 것은 시장의 모습이 변화함에 따라 다양한 언어가 오가는 동안에도, 노동자들이 "엉터리 영어를 쓰고 레바논어로 그들만의 소통을" 하는 것과 같은 언어의 흐름과 용어의 일상성을 다시 보인다는 점이다.

오랫동안 시장을 지켜 온 조셉 같은 사람들은 서로의 언어를 조금씩 알아 가기도 한다. "언어에는 언제나 놀릴 거리가 있고, 거기서 우리는 온갖 나쁜 단어와 저속한 단어를 찾아내죠. 그리고 서로에게 한 방 먹이죠…. 그런데 나쁜 뜻으로는 아니고요, 그냥 음, 친근한 거, 말하자면 '그래, 나는 네 언어에 대해 조금 알고 있고, 너도 내 언어를 조금은 알지?' 같은 거죠."

다음의 두 가지 예를 통해서 두 측면을 살펴볼 수 있다. 하나는 탈리브가 자신이 쓰는 영어를 몰타 출신의 고객에 맞춰 조정한 사례이고, 다른 하나는 그 고객이 탈리브와 무히브의 아랍어 사용에 개입하는 사례이다.

[사진 1.1] 공공 표지판: 농산물 시장

발췌문 1.2

1. **몰타인 손님** 나 왔어.

2. **탈리브** 왔다고 응?

3. **몰타인 손님** 리오넬이 너한테 말했어?

4. **탈리브** 응.

5. **몰타인 손님** 그 사람 주[몰타어 억양]를 더 달라는데,

6. **탈리브** 주::키::니:: [각 음절들을 끊어서 길게 끌어 가며 발음한다]

7. **몰타인 손님** 특대로…, 내 거처럼.

8. **탈리브** 아니. 네 크기도 충분한 건 아냐. [손님들 웃음] 그건 너무 작아. [손님의 발음을 흉내 내며 한 음절씩 천천히 말한다]

9. **몰타인 손님** 내가 작다는 걸 네가 어떻게 알아?

10. **탈리브** 네 특대와 내 특대는 다르지.

이 발췌문에서 탈리브는 몰타 출신의 손님과 거래하면서 장난스럽게 몰타 발음을 흉내 내고 있다(말순서 6). 그는 "주키니"를 발음할 때 각 음절을 끊고 길게 소리 내면서 천천히 말한다. 손님의 반응은 말순서 7 "특대로…, 내 거처럼Extra extra large … like mine"에서 익살스러운 말순서 교체로 나타난다. 탈리브는 이후 말순서 8에서 영어로 말할 때 강세의 위치를 조정하기보다는 음절로 끊어 천천히 말함으로써 억양을 흉내 내려 하며, "아니. 네 크기도 충분한 건 아냐.No. Extra large like yours no good."처럼 부가적으로 통사를 단순화하기도 한다. 메트로링구얼리즘이란, 다양한 언어에서 비롯된 언어 자원들의 사용에 관한 것만이 아니라는 점을 알아야 한다. 메트로링구얼리즘에서는 특수한 표현 형태 및 코드를 조정하는 조화로운 (때로는 우스꽝스럽게 모방하는) 관행들도 동일한 수준에서 설명할 수 있다. 실제로 우리가 이중언어주의나 다중언어주의와 같은 개념의 기저

에 있는 언어 범주(Otsuji & Pennycook, 2010; 2014)에 의문을 제기하기 시작한다면, 메트로링구얼리즘이 동시다발적으로 사용되는 서로 다른 코드의 식별보다는 도시에서 나타나는 다양한 언어 자원의 통합과 어떻게 더 관련되는지를 볼 필요가 있다.

발췌문 1.3에서, 무히브와 탈리브는 앞서의 몰타 출신 손님을 위해 호박의 가격과 수량을 조정한다.

발췌문 1.3

아랍어, 영어

1. **무히브** 하우 매니 박시스 더즈 히 원트? 그 사람 몇 박스나 필요하대?

2. **탈리브** *타마나? 시즈? 아르바?* 오 포. 여덟? 여섯? 넷? 아, 넷.

3. **무히브** 예 노 워리스! 응, 걱정 마!

4. **탈리브** 텔 힘 *아르바 와 아쉬리나* 아이 톨드 힘. 히 원츠 투 트라이 앤 겟 잇 포 치퍼. *아르바 와 아쉬리나.* 내가 24라 했다고 저 사람한테 얘기해. 더 싸게 사려고 할 거야. 24.

[호박 상자를 열면서]

5. **탈리브** *한돌 미스파렌. 미스파렌 한돌.* 누렇게 변했군. 누렇게 변하고 있어.

6. **몰타인 손님** *이스파르 … 위 언더스탠드 이스파르 인 레바니즈 … 이스파리 이스파리 옐로우.* 이스파르…, 레바논어로 이스파르가 뭔지 알아…, 이스파리 이스파리 노란색.

7. **탈리브** 겟 댓 원 앤 위일 겟 유 어너더 원. 저걸 가져와요, 다른 걸 보여 줄게. [손님에게]

말순서 1과 말순서 4 사이에서 무히브와 탈리브는 호박 주문을 할 때 영어와 아랍어가 혼합된 언어 자원을 사용해 박스의 수와 가격을 확인한다. 이는 유사한 환경에서 일하는 이민 2세대에게서 흔하게 나타나는 일이다. 그런데 손님은 팔려던 호박이 누렇게 변했음을 알아챘을 때 탈리브가 사용한 아랍어(말순서 5)를 의식한다. 손님은 "*이스파르*"의 의미를 알고 있었던 것이다(말순서 6). 비록 몰타어와 아랍어의 경우에 전혀 놀라운 일은 아니지만('이스파르isfar'는 노란색을 뜻하는 몰타어이기도 하다), 이것은 구매자와 판매자가 서로의 언어를 조금은 알고 있다는 조셉의 생각과 일치한다. 하지만 더 일반적으로 이것은 사람들이 당면한 업무를 해내기 위해 어떻게 자신의 자원을 끌어들이는지, 그리고 누런 호박(언어가 아닌 음식)과 같은 상품이 도시언어적 실행에서 어떻게 매개 역할을 하는지를 보여 준다. 도시언어적 실행은 언어 자원, 개인의 궤적과 레퍼토리, 물체, 공간의 총체적 집합체와 연관성을 가진다.

　탈리브와 무히브는 영어와 레바논 아랍어를 모두 구사하고, 두 사람 간의 상호작용에서는 두 언어가 자주 함께 사용된다. 아랍어는 보통 숫자와 수량에 사용되지만, 위의 상황과 같이 고객에게 그들이 의논하는 내용을 감추는 역할도 한다. 비록 손님이 아랍어와 몰타어로 노란색이라는 것을 알아챘을 때 역효과를 낳았지만 말이다. 다양한 언어를 쓰는 다른 노동자들과 얘기를 나누는 상황이라면 아마 상호작용하는 대상에 따라 영어와 아랍어가 별도로 또는 함께 사용될 것이다. 그러나 구매와 판매, 이동과 주문이 빠르게 진행되는 이 공간에서는 언어 사용의 패턴을 예측하기 어렵다. 다양한 언어 궤적 및 레퍼토리, '그들만의 언어 구사lingo-ing'의 다양한 가능성을 가진 이러한 패턴은 지역 상호작용에서 늘 나타난다. 이것은 '자신의 언어 배경에서 더 편안함을 느끼는 말하기 방식'을 넘어서는 것이며, 사람, 공간, 채소를 포함한 더 넓은 도시언어적 실행의 일환으로 언어 자원을 관리하고 참여하는 과정이다.

이 사례는 또한 형제가 이동하고, 가격과 수량을 측정하며, 채소의 질을 확인하고, 고객과 협상하는 것과 같은 도시언어적 멀티태스킹을 실행할 때 나타나는 행동, 상호작용, 거래의 층위들을 보여 준다. 우리가 도시언어적 멀티태스킹에 초점을 맞추는 것은 언어 자원(다양한 아랍어와 다양한 영어, 그리고 다양한 혼합적 실행 포함), 일상의 업무(채소를 사고파는 것, 주문에 맞춰 화물 운반대에 적재하는 것, 상자를 들어 올리는 것, 슈퍼마켓 특가 상품을 갱신하는 것), 그리고 사회적 공간(해당 창고 내 운영 규모, 게이트 2 근처의 '레바논 구역' 위치, 고객·노동자·카페의 남성 지배적인 사회 분위기) 사이의 관계를 포착하기 위한 것이다.

언어 자원의 레퍼토리에 대한 이해는 검퍼즈의 초기 연구(Gumperz, 1964)에 따른다. 여기에서 그는 언어 레퍼토리를 "사회적으로 의미 있는 상호작용 과정에서 정기적으로 사용되는 언어 형태의 총합"(p. 137)으로 설명했다.

최근에는 검퍼즈의 연구가 기반을 두고 있는 언어 공동체speech community라는 개념 자체에 의문을 제기하면서, 개인이 시간과 공간을 이동하면서 만들어 내는 역사적 궤적에 주목하는 접근 방식을 취한다. 이 궤적은 신체적, 정서적, 역사-정치적 차원의 인생 궤적을 포함한다(Busch, 2012b; 2013). 따라서 블로마트와 배커스(Blommaert & Backus, 2013)의 관점에서 볼 때, 레퍼토리는 "실제적인 인간 삶의 리듬을 따르고"(p. 15), "발화자가 생활하는 학습 환경의 다중성을 반영하는"(p. 20) "개인적인, 일대기적으로 조직된 자원의 복합체"(p. 15)이다.

우리는 레퍼토리가 오직 개인에게만 속해 있는 것처럼 보이지 않도록 '공간 레퍼토리'라는 개념을 발전시켜 왔다. 이 개념은 어떤 면에서 리웨이(Li Wei, 2011)의 '횡단언어 사용 공간translanguaging space'(p. 1223)의 개념과 유사하다(4장 참조). 탈리브와 무히브는 레바논계 호주인 2세 시장 노동자라는, 그들의 특수한 역사에 근거한 언어 레퍼토리를 자신의 노동에 투영한다. 하지만 이러한 언어 자원들은 오직 그들이 참여하는 실행(구매, 판매, 주문, 적재) 및 사람들이 이 장소로 가져오는 여타 언어 자원(다양한 종류의 아랍어, 영어, 다른 언어들)과 그로 인해 형성되는 공간 레퍼토리와 관련해서만 이해할 수 있다. 그렇다면 우리의 관점에서 볼 때, 우리는 시장의 언어 실행과 도시언어적 상호작용에 관한 다른 맥락을 좀 더 충분히 설명하기 위해 개인의 궤적, 현재 활동, 공간 레퍼토리 사이의 관계를 이해할 필요가 있다.

아래로부터의 다중언어주의

이 책에서 우리는 도시언어 실행의 일상성에 대해 주목해 왔다. 이러한 관점은 히긴스와 코엔(Higgins & Coen, 2000)에서 "다양성이란 인간의 사회적 행동의 주어진 현실, 즉 찾아낼 필요 없이 이미 존재하는 것이다."(p. 15)라고 한 '다양성의 일상성ordinariness of diversity'에 관한 관점과 더 광범위하게 연관되어 있다. 또한 우리는 여기에서 아래로부터의 다문화주의multiculturalism from below 및 아래로부터의 지구화globalization from below*에 관한 개념을 활용한다. 와이즈와 베라유탐(Wise & Velayutham, 2009)에 의하면, 아래로부터의 다문화주의 혹은 일상의 다문화주의everyday multiculturalism란, "특수한 상황 및 접점 공간 내에서 일어나는 다양성의 '일상적인 실행'과 실제 경험을 바라보는 근거적 접근법"(p. 3)으로 설명된

....

* 'globalization'을 '세계화'로 할 것인지, '(전) 지구화'로 할 것인지 번역자들 사이에 갑론을박이 있었다. 긴 토론과 관련 문헌을 검토한 결과, '지구화'로 쓰기로 한다.

다. 이 책에서는 권리, 실체 및 사회 집단의 견지에서 민족 집단을 바라보는 정책 중심적이고 하향식의 다문화주의에 대한 접근법에서 벗어나 그 대안으로 일상에서의 실행을 추구하고자 한다. 예를 들어 젊은 세대가 다문화적 도시와 지역 내의 문화적 다양성을 살아 내는 방법(Harris, 2013), "도시의 공공 공간에서 이종문화끼리 '함께 어울리는' 지역 내 소규모 만남"(Watson, 2009, p. 126)과 같은 일상적 실행을 보고자 한다. 이러한 관점에서 일상의 다문화주의 혹은 메트로링구얼리즘을 '특정한 사회문화적 특이점 안에서' 이해할 수밖에 없다(p. 127). 이는 서민이나 노동자 계층의 세계시민주의cosmopolitanism의 공간이다. 그리고 점진적으로, 대화로 형성되는 살아 있는 정체성의 공간이다. 이러한 정체성은 과일과 채소, 가격과 여타의 시장 활동들을 둘러싼 일상의 상호작용 속에서 만들어진다(Ang, 2001, p. 159).

와이즈(2009)에서는 "일상 공간에서 개인들은 문화적 차이 안에서 상호관계를 형성하거나 원활하게 하기 위해 특정한 사회적 양식을 활용한다."면서, 그 방법들을 설명하기 위해 '일상적 횡단성quotidian transversality'이라는 개념을 발전시켰다(p. 23). 와이즈의 설명에 의하면, 일상적 횡단성은 혼종성hybridity이나 코드 혼합과 다르며, 순응accommodation의 비균형적 형태들을 요구하는 동화론적이거나 통합론적인 교환의 개념도 아니다. 대신에, 여기에서는 "어떻게 문화적 차이가 공동식사나 교환의 기초가 될 수 있는지에 초점을 맞춘다. 즉, 어떻게 정체성을 버리지 않으면서도, 위계가 없는 상호호혜의 순간 속에서 정체성을 개방하고 변화시킬 수 있는지, 상호작용 안에서 정체성을 어떻게 서로에게 맞춰 재구성하는지"를 살펴본다(p. 23). 일상적인 교환 형태, 예를 들어 이웃 간에 주고받는 과일, 채소, 농장 생산물 등은 "상황적 특수성이 자아내는 상이성에 관해 인식하거나 인정할 수 있는 능력을 만들어 낸다."(p. 35) 우리의 관점에서 볼 때, 이에 관한 주요 핵심은 그러한 만남에서 쓰이는 '일상적 횡단성', 언어 자원의 협상, 상호작용적 순간에 다수의 기호학적 코드들을 전개해 가는 것을 말한다. 일상의 도시 다중언어주의, 즉 메트로링구얼리즘은 어떻게 도시가 작동되고, 언어와 정체성이 협상되는가의 일부인 일상적 언어 간 교환의 형태이다. 또한 와이즈가 공동식사의 기초로 문화적 차이에 초점을 두었다면 우리는 이후에(6장 참조) 공동식사와 관련된 언어적 차이에 초점을 두고자 한다.

베토벡(Vertovec, 2006)이 설명한 '초다양성super-diversity'의 개념은 다른 많은 연구(예를 들어, Blommaert, 2010)에서도 유럽 도시들 내에서 증가하고 있는 다양성을 설명하기 위해 사용되었으며, 노블(Noble, 2009)이 언급했듯이 이러한 개념은 오래전부터 호주 도시 내에서도 공통된 현실의 일부였다. 초다양성은 대부분 최근의 도시 다양성urban diversity에 불가피하게 참여해야 했던 유럽의 반응에서 비롯된 개념이다. 그러나 나머지 다른 국가에서는 훨씬 오래전부터 다양성이 존재해왔다.

노블은 호주 다양성에 관한 연구(Ang et al., 2006)를 논의하면서 현재 호주 도시는 '과대 다양성hyper-diversity'의 양상을 띤다고 주장한다.

> 이는 단지 사람들이 혼합적인 생활을 하거나 다면성을 가진 이웃들 사이에서 혼합적인 생활을 했다는 것이 아니라, 복잡성과 그에 수반되는 상호작용 형태가 다문화에 관한 전형적인 이해를 넘어서서 다양성이 보다 더 다양해지고 있다는 주장에 부합하는 성격을 띠고 있다는 것이다.
>
> (Noble, 2009, p. 47)

일상의 세계시민주의를 이해하기 위해, 노블(2009, pp. 50-51)은 '안정적 다문화주의unpanicked multiculturalism', 즉 "사회적 분열에 관한 갈등이

나 불안에 휘말리지 않는 문화적 복합 공간"에 관해 고찰할 필요가 있다고 주장한다. 이 점에서, 세계시민주의를 인간의 개방성과 상호작용의 도덕적 이념이라는 견지에서 바라보기보다는, '상황적이고, 전략적이며, 상호교섭적인 노동'(p. 52)으로 인식할 수 있을 것이다. 이처럼 우리는 거창한 다중언어주의라는 다소 이상적인 개념보다는 안정적인 도시언어 실행의 일상적 작업에 초점을 둘 것이다. 앞서 살핀 바와 같이 호박을 두고 벌어진 끝없는 상호교섭은 매일의 도시언어적 교환에서 일어나는 다중언어주의의 일부에 불과하다.

이는 '아래로부터의 지구화'에 대한 개념과도 상통하는데, '대다수의 세계인들이 경험하는 지구화'로 설명할 수도 있고 "소량의 자본과 비공식적이고 종종 준합법적 혹은 불법적인 교환과 관련된 인간과 자원의 초국가적 흐름"(Mathews & Vega, 2012, p. 1)으로도 명확히 정의내릴 수 있다. 아래로부터의 지구화는 아파두라이(Appadurai, 2001)에서 언급한 '풀뿌리 지구화grassroots globalization'와 유사하다. 이는 "우리는 기본적으로 유동적인 물체로 특징이 규정되는 세계에서 기능하고 있다."라는 아파두라이의 인식의 일부를 반영하며, 여기에는 '생각과 이데올로기, 사람과 자원, 이미지와 메시지, 기술공학과 기술들'(p. 5)이 포함되어 있다. 아래로부터의 지구화는 일반적으로 대규모의 비공식 경제와 결부되는 시장(광저우, 멕시코시티, 콜카타, 카이로, 상파울루와 같은 전형적인 예들. Mathews, 2012)이라는 공간과 도시들에 초점을 두고 인식되지만, 지역 시장과 소규모 영역에서 일어나는 상호작용 안에서도 자주 발생한다.

이러한 지역적이면서도 국제적인 시장은 우리 주변 어디에나 있다. 시드니 북쪽 교외에 있는 작은 쇼핑 광장에는 일본 식품점을 따라 정육점, 인도 향신료 가게, 아프리카 식당과 네팔 식당이 있고, 그 옆에는 앵글로계 발리우드Anglo-Bollywood 파티에 참석하는 사람들에게 인도 옷과 사리를 파는 인도 공예품 가게가 있다. 펀자브Punjab에서 온 주인은 자신이 힌디어, 인도 북부의 도그리Dogri, 펀자브의 펀자비Punjabi, 카슈미르의 카시미리Kashmiri, 하리아나의 하리안비Haryanvi와 영어를 할 줄 안다고 하는데, 그는 시드니의 발리우드 파티 용품 틈새시장에 물건을 대기 위해 6개월마다 공예품과 보석을 사러 인도에 가곤 한다. 한편 무히브와 탈리브가 방울토마토와 특대형 호박을 파는 복합 농산물 시장은 금요일마다 세계 전역에서 온 가죽 재킷, 화장품, 날염 옷, 가발, 음악과 CD, 허브와 향신료 등을 파는 시장이 된다.

주말의 쇼핑 광장은 조셉이 설명한 대로, 최근 이라크와 아프가니스탄에서 온 난민들이 대용량 식재료를 운 좋게 저렴하게 사는 프로듀스 마켓이 된다. "그들은 시드니 지역 곳곳에 정착해서 가족들을 먹일 대용량 식자재를 사기 위해 이 시장을 이용해요. 그러니까 그들은 나름 조사를 했고 그 방법대로 하는 거죠."(조셉, 2012년 8월 8일 인터뷰) 다민족이 거주하는 시드니 교외 매릭빌Marrickville에는 송가네Song's 할인점이 있다. 거기에서는 플라스틱 조화와 주방용품부터 『코란』 구절이 담긴 액자, 그 옆에는 힌두교의 코끼리 머리를 한 신 가네샤 동상, 〈최후의 만찬〉의 플라스틱 모형을 포함한 기독교 도상, 행인을 향해 왼발을 움직이는 황금색 '행운의 고양이' 등 없는 것 없이 다 팔고 있다. 이 가게의 공동 대표인 송씨는 '모국어'인 타이어, 라오어와 차오저우어Teochow*와 함께, 다양한 고객과 상호작용하면서 주위들은(5장 참조) 만다린어Mandarin(표준 중국어)와 약간의 광둥어, 베트남어와 그리스어를 구사한다. 값싸게 생산되고 저렴

....

* 차오저우어(중국어 정체자: 潮州話, 간체자: 潮州话, 차오저우어 병음: Dio⁵-ziu¹-uê⁷, 백화자: Tiê-chiu-uê, 병음: Cháozhōu huà)는 중국어 방언의 하나이다. 민남어의 한 종류로서 중국 광둥성 동부, 타이, 인도네시아, 말레이시아, 싱가포르 등지에서 주로 사용된다.

하게 팔리는 이 가게의 상품은 풀뿌리 지구화의 다양한 경로를 통해 유통된다. 따라서 이 가게는 층층이 쌓아 놓은 상품 때문만이 아니라 가게를 찾는 사람들의 문화적이고 언어적인 다양성 때문에 다채로워진다.

이와 같이 '아래로부터의 지구화의 한 부분인 시장, 공급, 거래의 네트워크'는 리베이로(Ribeiro, 2012, p. 221)가 언급한 바와 같이 '헤게모니가 부재한 세계의 시스템'과 관련이 있다. 이 시스템은 지구화의 지배적이고 균질적인 힘에 대한 대안이 된다. "아래로부터의 지구화는 헤게모니가 부재한 세계 시스템의 접속점nodes인 각각의 생산 센터와 시장에 존재하는 사람, 재화, 정보, 자본의 흐름으로 이루어진다."(p. 223) 이와 같은 비공식 경제 활동 중 상당수는 불법이며, 이런 경제 활동을 하는 다수의 사람들도 범법자로 여겨진다. 이런 경제 활동은 상품의 저작권 침해나 불법적인 복제, 세금을 내지 않는 현물 지하 경제, 합법적 승인이 없는 상품 밀수가 관련되기 때문이다. 그러나 리베이로가 말했듯이, 이러한 합법과 불법에 대한 평가와 무역 거래를 단일한 도덕적 잣대로 판단하는 것은 무역에 대한 그들 나름의 방식을 보호하려는 의지 및 권력을 가진 자들에게 달려 있다. "국가 기구와 더 광범위한 주정부 조직의 통제를 통해 헤게모니가 부재한 시스템 아래에서 노동자와 기업가의 교차적 이미지를 만들어 내는 것은 부와 권력을 가진 자들이다."(p. 230) 여기서 우리에게 흥미로운 아래로부터의 다중언어주의는 이처럼 (비)합법성을 띠지는 않지만, 언어를 명확하게 규정하거나 수량화하는 위로부터의 다중언어주의의 많은 분석들의 협착점 밖에 안착하게 해 준다는 것이다. 우리가 흥미를 갖는 것은 비공식적인 아래로부터의 다중언어주의, 즉 일상적 언어 사용에 헤게모니가 작동하지 않는 세계이며, 이는 비공식 경제라는 동일한 맥락 안에서 일어나는 의사소통의 과정에 관한 것이다. 우리는 이를 언어와 시장 가치를 논하는 8장에서 살펴보도록 하겠다.

이로써 '아래로부터의 다중언어주의multilingualism from below'라는 개념은 우리 연구의 핵심이 된다. 그럼에도, 이 개념은 아마도 다양하게 이해될 수 있을 것이다. 예를 들어, 웨브webb는 남아프리카가 '아래로부터의 의미 있는 다중언어주의'가 될 것인지 묻고 부정적으로 답하고 있다. "남아프리카는 1994년 이후에 만들어진 온갖 하향식 법, 지방, 지자체 및 기관의 정책 그리고 상향식 활동에도 불구하고 다중언어 국가라 할 수 없으며, 향후 그렇게 될 가능성도 낮다."(Webb, 2010, p. 143)라고 말한다. 남아프리카의 언어 정책에서 보이는 다중언어주의의 유형에 대해 회의적일 만한 이유들이 있지만, 남아프리카가 특히 '아래로부터' 바라봤을 때 다중언어적이지 않다고 결론짓기는 어렵다. 웨브의 입장은 "주요 영역 및 다른 모든 수준에서 공공의 맥락 내에 두 언어 이상이 사용되고 인식되는 것, 즉 두 언어 이상이 언어적으로 평등하게 받아들여지고 공공 영역에서 동등하게 존중되는 것"(p. 143)이라는 다중언어주의의 정의에서 비롯된 것이다.

이처럼 지역적 수준에서의 언어 사용, 언어의 평등성으로 틀지어지는 아래로부터의 다중언어주의는 우리의 접근 방식과는 여러 면에서 다르다. 우리는 다중언어로 인정받기 위해서 어찌 되었건 언어가 평등하게 사용되어야 한다는 가정을 하지 않는다. 실제로 일상의 도시언어 실행은 불가피하게 사회적이고 경제적인 차이와 연결된다. 우리의 관심은 일상생활의 일부인 대도시의 언어 실행을 이해하고, 이를 평등한 언어 정책에서 사전 정의된 언어가 아니라 현지 언어 이데올로기를 통해 수용하는 데 있다. 그렇다면 아래로부터의 다중언어주의는, 사람들이 언어적으로 헤쳐나가는 방식과 어떻게 고유한 관점으로 그들의 언어 실행을 이해하는지에 관한 것이다. 그러므로 이는 특수한 언어 정책 및 실행이 언어의 하향적 이해를 반영하는 정도에 관한 것이 아니며, 오히려 언어 정책에 사용되는 언어의 특정 개념에 대한 끊임없는 도전에 관심을 둔다(Penny-cook, 2013).

서로 상이한 관점에서 아래로부터의 다중언어주의를 탐구한 사례가 있다. 밴 캠프와 위퍼만스(van Camp & Juffermans, 2010)는 마코니와 마시리(Makoni & Mashiri, 2007)가 제기한 "아프리카에서 언어 계획을 이행하기 위해 언어 구조가 필요한가?"라는 질문을 해결함으로써 이러한 도전에 대응하였다. 이 문제를 해결하기 위하여, 저자들은 조사의 일부로 언어에 대한 지역적 이해(언어 이데올로기)가 필요하다는 것을 역설하였다. 이것이 우리가 레바논어, 그들만의 언어, 엉터리 영어에 대한 조셉의 발언을 진지하게 수용해야 하는 부분적인 이유이다. 우리는 모한티(Mohan-ty, 2013)가 구별한 '매일의 일상사에서 다중적인 언어들'(p. 307)의 사용이라는 '풀뿌리 다중언어주의'와 인디언 교육을 위한 언어 정책 사이의 경계를 이해할 필요가 있다. 블로마트(2008)의 '풀뿌리 문식력grassroots lit-eracy'은 "정보, 언어 및 문식력에 있어서의 엘리트 경제로 완벽하게 유입되지 못한 사람들에 의해 수행된 글쓰기"(p. 7)와 유사성을 가지며, 블로마트(2008)의 '지구화에서의 풀뿌리 문식력'의 논쟁(pp. 194-197)은 우리의 아래로부터의 지구화에 대한 이해와도 잘 연결된다.

이와 관련해서, 블로마트, 레파넨과 스포티(Blommaert, Leppänen & Spotti, 2012)는 '현장에서의 다중언어주의'의 복잡성에 대해 이해하는 것이 필요하다고 말한다. "섞이고, 혼종하는 다양성을 가진 언어, 다른 말로 전형적인 도시언어의 한 종류"를 말하는 사람들은 "그들의 언어가 쪼개어지고 두세 개의 다른 언어가 병합된 것으로 여겨졌을 때 마땅한 대우를 받지 못한다."(p. 18) 마찬가지로 마코니, 마코니와 페니쿡(Makoni, Ma-koni & Pennycook, 2010)에서는 뚜렷한 도시의 다양성들은 "그 자체로 다중언어들이며, 이는 누가, 누구와 함께 어떠한 시점에서, 어떠한 영향력을 행사하기 위해 사용하는가에 따라 다채롭고, 유동적이고, 가변적이다.”(p. 148)라고 제시하였다. 이러한 관점에서 보면, 아래로부터의 다중언어주의란 상이한 언어 코드를 사용할 수 있는 능력이 아니라, 오히려 ‘유동적인 다중언어를 제어하기 위한 용이성’을 표현하는 것에 가깝다(p. 148. 8장 참조).

　아래로부터의 다중언어주의로서의 메트로링구얼리즘은 그러므로 하향식 언어 정책의 지역적인 이행과 허용보다는 현지 언어 실천에 초점을 둔다. 아래로부터의 다중언어주의를 이해하기 위해서는 언어에 대한 지역적 이해와 사용되고 있는 언어의 사회언어학적이고 민족지학적인 정보가 필요하며, 언어와 다중언어주의에 대해 선입견을 가진 채 이해하려 해서는 곤란하다. 이러한 견지에서, 부연하자면, 아래로부터의 다중언어주의란 사람들이 어떻게 일상의 삶에서 그들의 다중적인 언어 자원들을 이용하여 살아 나가는지, 또 어떻게 이러한 언어 사용을 인지하고 말하는지에 관한 것이다. 이것은 “Johnny fix up the stand! Here move these cherry tomatoes put them with them. Let them do it.(조니, 그 거치대 좀 고쳐. 여기 이 방울토마토 옮겨서, 저거랑 같이 둬. 쟤네들 시켜.)”라고 말한 것처럼 무히브와 탈리브가 다중언어적 일터에서 어떻게 (레바논 호주식) 영어를 구사하는지에 관한 것이다. 그리고 “Tell him *arba wa ashreen*”, “*Salamu alaykum* mate”와 같이 그들이 서로 영어와 아랍어를 섞어 쓰고 서로가 쓰는 혼종의 언어들에 조응하기 위한 방식에 대한 것이다. 또한 아랍어로 “*이/스/파/르*isfar”라고 말한 것을 몰타 출신 손님이 알아들었을 때 “Get that one and we'll get you another one.(저걸 가져와요, 다른 걸 보여 줄게.)”처럼 그들이 문제를 해결하는 방식과도 관련이 있다. 이는 “네 크기도 충분한 건 아냐”처럼 그들이 이런 고객에 맞게 영어를 조절하는 방식도 포함한다. 또한 이는 동트기 전 시장의 격렬한 활동들의 배경을 조성하기도 한다. 이것이 우리가 언어 사용, 사물들, 동반되는 활동들과 상호작용적인 공간 사이의 관계들을 설명하기 위하여 도시언어적 멀티태스킹이라고 명명한 사례들이다.

식당에서의 도시언어적 멀티태스킹

우리가 여기에서 제기하고 있는 주장들을 더 분명하게 하기 위해 다른 길, 다른 장소, 다른 도시로 경로를 바꾸어, 도쿄의 식당에서 일어나는 상호작용을 살펴보도록 하겠다. 다음의 발췌문은 '도시언어적 멀티태스킹'이라 명명했던 것에 관한 또 다른 예시이다. 앞에서 설명하였듯이, 우리는 언어 자원, 일상의 업무, 사회적 공간이 서로 결합되는 방식들을 들여다보기 위한 의도로 이 용어를 쓰고 있다. 따라서 우리의 초점을, '일반적이지 않게' 결합한 언어 자원의 다양성이 아니라, 기호학적 자원들, 활동들, 인공물과 공간 사이에 존재하는 역동적인 관계에 두고자 한다. 공원 옆에 세워져 19세기에서 20세기 후반 게이샤 하우스(카류카이)로 유명했던 가구라자카神楽坂의 프티 파리Petti Paris 건물에는 에도 시대부터 내려오는 좁고 경사진 자갈길이 있는데 파리의 몽마르트를 떠올리게 하는 의미 있는 곳이다(Tauzin, 2009).

알제리의 소도시 티파자Tipaza에서 모로코인 어머니와 알제리아인 아버지 사이에서 태어난 식당 주인 나빌Nabil에 의하면, 프티 파리의 운영 철학은 파리 식당의 '재현'이라 할 수 있다. 높은 바 스툴을 비롯하여 프랑스어가 적힌 낡은 나무 와인 상자로 카운터 주변을 꾸며 정통적이기보다는 캐주얼한 분위기이다. 여기를 찾는 손님들은 근처 프랑스어 학교인 '프랑코-자포네 드 도쿄 학교Institut Franco-Japonais de Tokyo'에 다니는 학생들을 포함하여 주로 일본인들이다. 직원은 셰프 두 명(프랑스인 장Jean은 11년 전 도쿄로 왔는데, 그전에는 쿠바, 레바논, 이탈리아와 그리스에서 요리사로 일한 경력이 있다. 레위니옹인 피에르Pierre는 파리에 살았었다), 도쿄 출신 일본인 매니저 하타Hata 씨, 홀 직원 두 명(나빌과 코트디부아르에서 태어나 모로코와 뉴욕에서 자란 스테판Stéphane)으로 구성되어 있다. 프티 파리의 언어, 문화, 미식의 공존은 이렇게 복잡한 경로와 궤적, 역사와 유동성을 가진 상호작용을 내포하고 있다.

사장 나빌은 테이블 사이를 누비며 음식을 나르고, 주문을 받고, 직원들에게 지시하는데, 다음의 상호작용은 나빌을 중심으로 요리사(말순서 1), 일본인 고객(말순서 2-5)과 프랑스 출신의 다른 보조 직원(말순서 6) 사이에 이루어지는 의사소통 상황이다.

발췌문 1.4
프랑스어, 일본어,[2] *이탈리아어*, 영어

1. **나빌 위 셰프. 주 쉴 라!** 네, 셰프. 가요!

[나빌과 셰프가 음식 주문에 대해 프랑스어로 몇 차례 말을 주고받는다]

2. **나빌** *아레?* 쏘리 쏘리 쏘리 쏘리. 네? 미안, 미안, 미안, 미안합니다.

3. **나빌** 쏘리 셰프터린. 쏘리 *고멘 나사이* … *도 호타테 노 카르파치오.*
   미안합니다, 셰프. 미안해요 미안해요, … 그리고 가리비 카르파치오예요.

·········

2 이 연구에서 표기법과 전사 방법은 우리에게 큰 난제였는데, 일본어를 사용하는 텍스트만큼 어려운 것은 없었다. 예를 들어 발췌문 1.4에서 우리는 로마자 이탤릭체를 사용했다('부록 2. 발췌문 원문' 참조-옮긴이). 한자(간지)와 히라가나 같은 일본 문자를 사용함으로써 일본어와 다른 언어의 차이점이 두드러지게 눈에 띄지 않도록 하고, 일본어가 아닌 단어에 가타카나 사용의 곤란함을 피하기 위해서였다. 그러나 다른 곳, 특히 인터뷰에서는 일본어 문자를 사용하였다. 자세한 내용은 3장의 '연구' 절을 참고할 것.

4. **손님** *아::: 스고이!* 와, 멋진데요!

5. **나빌** **부알라.** *스미마센.* **부알라. 본 아페티!** 여기요. 죄송합니다. 여기요.
    맛있게 드세요!

6. **나빌** **빵 투 피플 앤 투 피플** *오네가이시마스.* **옹코 윈 에쉬에트. 드 빵.**
    빵 두 명, 두 명 부탁해요. 하나 더, 주세요, 빵.

그리 길지 않은 시간 동안, 프티 파리의 주인이자 홀 직원이기도 한
나빌은, 레스토랑을 종횡무진하며, 셰프와 요리에 대해 프랑스어로 조율
하고, 테이블 사이를 오가며 영어와 일본어(Sorry *gomen nasai*)로 고객들
을 응대한다. 나빌이 사용하는 언어처럼 나빌의 궤적 또한 마그레브에 있
는 티파자에서 출발하여 (중간중간 다른 곳들도 들러) 파리를 거쳐 도쿄에
까지 이르렀다. 그는 재료와 조리법을 반영해 일본어와 이탈리어가 혼합
된 이름의 요리(*호타테 노 카르파치오*hotate no carpaccio)를 손님에게 대접하
면서 손님들에게는 프랑스어와 프랑스 요리에 대한 지식을 선보인다(**브
알라, 본 아페티**voilà, bon appétit). **빵**pain이나 다른 요리 주문을 넣을 때에는 프
랑스어(**옹코 윈 에쉬에트**encore une assiette)로 직원들을 관리하고, 방금 도착
한 새로운 두 명의 고객을 응대해야 하는 보조 직원(프랑스어 사용이 가능
한 사람)에게 무엇인가를 시킬 때에는 영어와 일본어(two people, and two
people *onegaishimasu*)를 구사한다.

테이블 사이를 오가고, 주문을 받고, 음식을 나르고, 직원을 관리하
는 등 식당 운영 전반에 관여하면서 나빌은 폭넓고 다양한 기호학적 수행
을 실천한다. 여기에서 중요한 것은, 식당에서의 멀티태스킹과 언어 자원,
동작 유형, 각종 활동과 화용적 공급의 복잡함 사이에 존재하는 내적 관
계성interrelationship이다. 우리의 관심은 언어 자원과 비언어 자원이 이처럼
(크지는 않지만) 분주한 도시의 식당에서 어떻게 통용되고 있는지이며, 그

에 따라 이것이 어떻게 공간에 대한 이해와 관련될 수 있는가에 있다. 이러한 활동 흐름의 어느 지점에서든 개인의 궤적과 언어 레퍼토리를 가진 나빌이 있다는 것(4장에서는 개인적이고 공간역학의 레퍼토리에 대해 논의할 것이다), 특정 고객과 직원이 있다는 것(각자의 배경에 따라 언어 패턴을 쉽게 판단할 수 있다는 의미는 절대 아니다), 인공물과 활동의 결합이 관련됐다는 것(가리비와 빵 서빙하기, 다른 음식 주문하기), 복잡한 식당 안에서의 움직임(식당의 배열과 좁은 테이블 간격은 상호작용에 활력과 이해도를 높이기 위함이다), 그리고 이 모든 것들이 일어나는 가구라자카의 사회적·문화적 궤적 및 정체성과 같은 몇 가지 다른 요소들도 함께 고려해야 한다.

우리는 이 책에서 몇 번 다시 프티 파리로 돌아올 것이다. 이 장에서 우리가 보여 주고자 하는 것은 무엇보다도 직원들이 프랑스 식당에서 영어, 프랑스어와 일본어를 사용한다는 특이한 혼종성에 관한 것도, 이곳에서 작동하고 있는 언어의 시장 가치도 아니다. 물론 무히브와 탈리브의 시장 담화에서 자주 나타나는 아랍어가 이 식당에서 필요하지 않다는 것, 영어가 시장과 식당 두 상황에서 모두 중요한 역할을 한다는 것, 그리고 프랑스어가 어떤 상징적 가치를 지녔다는 것, 즉, 레더Redder가 함부르크 식당에서 이탈리아어를 사용하는 것과 관련하여 언급했듯이 프랑스어가 어쩌면 "'달콤한 인생dolce vita'을 사는 여기와는 다른 세계를 그대로 가져오는"(2013, p. 278) 언어라는 것은 모두 언어 시장에서 언어가 가진 가치와 상관이 있다. 그러나 그것보다 우리는 오히려 다중언어적 자원들이 일상 속에서 어떻게 배치되는지, 그리고 사람들이 참여하는 여러 업무와 어떻게 상호작용하는지를 강조하려고 한다.

공간, 활동, 언어는 서로 결합되어 있다. 그리고 이 세 가지는 일상적인 것이다. 그렇다면 우리가 '메트로링구얼리즘'이라 함은 국가 중심적인 시점의 다양성이 아니라 언어 사용자들의 현실적인 설명에 기반한 다양성에 관한 현지 기록들에 초점을 두는 것이라고 설명할 수 있다. 다중언어주의를 단지 다중의 언어가 아닌 오히려 규칙과 경계를 넘나들고 변화시키는 언어의 창조적인 공간으로 보는 것이다. 우리가 이해하고 있는 '대도시metro'는 새로운 언어 정체성을 산출하기 위한 현대적인 도시와 같은 생산적인 공간 등을 가리킨다. 이러한 우리의 해석은 언어와 문화를 다원화하려는 것을 지양하고, 국제적이자 지역적이며 유동적이자 고정적이기도 한 실행들이 언어와 정체성들을 재구성하는 복합적인 방법들을 수용하려는 의지로 이루어졌다.

단일언어주의를 넘어서: 단일언어적인 인간은 아무도 없다

다양성(다중언어주의보다는 메트로링구얼리즘)에 관한 우리의 불가산 접근법non-count approach은 기존 언어 연구의 초점을 다른 방향으로 이동시킨다. 기존 연구들은 언어들 사이의 관계(이중언어주의, 코드 전환, 다중언어주의, 횡단언어)에 초점을 맞추거나, 다른 언어들이 특정 영역에 따라 어떻게 다른 언어를 배치시키는가의 문제(인구통계언어적 사상demolinguistic mapping*)를 다루거나, 어떻게 한 개인이 다양한 언어를 담는 그릇(언어 능력, 개인 레퍼토리)이 되는가를 연구 문제로 삼고 있었다. 그러나 우리의 연구는 현장의 언어 실행에 초점을 맞춘다. 현장의 언어 실행에 초점을 맞춘다는 말은 곧 단일언어주의가 보편적인 것이 아니라 오히려 특수한 것임

....

* 'mapping'은 "이미 확정된 문자적·일차적 의미를 다른 의미와 연관 짓는 인지 과정. 하나의 집합에 속한 개념적 실재물을 그와 다른 집합의 한 부분으로 투사하는 행위"(국어대사전)를 의미하는 '사상寫像'으로 번역하기로 한다.

을 암시하는 것이다. '단일언어주의'에 대한 비판적인 연구들과는 달리, 우리는 다중언어주의에 합류하기 위해서는 '단일언어적 사고방식'을 넘어설 필요가 있다고 제안할 것이다. 더불어 우리는 기존의 논의들이 문제가 있는 열거 전략에 바탕을 두고 있다고 주장할 것이다. 다중언어주의는 대체로 전부가 아니면 아무것도 아닌 관점으로 다루어져 온 듯하다. 이러한 일원론적인 관점에서는 화자들이 있고 언어들이 있는데, 한 사람이 하나의 언어만을 쓰면 '단일언어적'이라 하고, 하나보다 많은 언어를 쓰면 '이중언어적' 혹은 '다중언어적'이라 할 수 있다고 말한다. 한 명의 화자가 여러 언어를 구사하거나 그렇지 않은 경우로 나뉘는 것이다.

우리는 이 문제를 다르게 바라본다. 여기에서는 "가정 내 언어나 지방의 언어들, 혹은 특히 네덜란드어의 기초 지식이 부족하다."(Jaspers, 2011, p. 1267)라고 제시하는 악의적인 벨기에 신조어인 '영零언어주의 zerolingualism', 또는 인간의 언어 능력을 반쪽짜리 능력 두 개로 이루어진 것으로 본 '준언어주의semilingualism'나 '이중적 준언어주의double semilingualism'(Skutnabb-Kangas, 1981, p. 250)와 같은 개념이 내포한 명백한 문제점과 편견을 기술할 것이다. 뿐만 아니라 우리는 영언어주의와 준언어주의부터 단일언어주의를 거쳐 이중언어주의, 삼중언어주의와 다중언어주의에 이르는 모든 논의들이, 문제가 많은 언어 열거language enumeration 접근법에 기반하고 있음을 주장할 것이다.

다중언어주의라는 영역에서 이루어진 많은 연구는 다중언어주의의 풍부함이나 대중성을 보여 주고, 단일언어주의를 원칙으로 보는 완고한 경향성을 띤 '단일언어적 사고방식'이나 '단일언어적 습성monolingual habitus'에 대해 비판적인 태도를 보여 주기 위해 노력해 왔다(Clyne, 2005; Gogolin, 1994). 어떤 연구는 단일언어주의를 "세계 평화에 위험하기 때문에 최대한 빨리 제거되어야만 하는 질환이나 질병"으로 묘사하는(Skutnabb-Kangas, 1988, p. 13; Skutnabb-Kangas & Phillipson, 1989, p. 469) 지경에까지 이르렀다. 이러한 비판들은, 당연하게도, 많은 맥락 내에서의 언어에 대한 대중적이고 학술적인 논쟁이 너무 오랫동안 단일언어주의를 기준으로 지속되어 온 문제에 집중한 것이다.

이중언어주의와 다중언어주의는 예외적이고, 놀랍고 심지어 이국적인 것으로 인식되어 왔고, 코드 전환과 같은 언어 실행은 설명이 필요한 것으로 간주되어 왔다. 우리는 서로 다른 언어들이 함께 섞여 사용되는 것은 한 번에 하나의 언어를 말해야 한다는 규범에 어긋나는 것이기 때문에 왜 이러한 혼합이 일어나는 것인지 설명해야 한다. 영어 원어민들은 보통 다른 언어를 학습할 필요성을 못 느낄 뿐만 아니라 그 혜택들을 이해하지 못하여 영어 이외의 언어를 배울 의지나 동기가 부족한 경우가 많기 때문에 단일언어적 사고방식은 글로벌 영어의 역할과 결합되기도 한다. 그래서 호주와 같은 유서 깊은 다중언어사회에서도 백인 중심의 호주인의 시각, 즉 하나의 언어만을 구사하며, 다른 언어를 배우는 것에 서툴고, 다중적인 언어 사용에 대해 의심스러워하는 시각이 여전히 지배적이다(Clyne 2005).

이 책을 쓴 목적 중의 하나는 그러한 견해가 일상적인 다중언어주의와 얼마나 부합하지 않는가를 보여 주려는 것이다. 하지만 우리는 편협한 단일언어주의에 대한 비판에 동의하면서 영언어주의, 준언어주의, 이중언어주의, 다중언어주의와 마찬가지로 단일언어주의는 언어적 현실이 아니라 이념적 체계일 뿐이라고 주장하고 싶다. 쿠민스(Cummins, 2000)에서 그와 다른 학자들이 쓰는 '준언어주의'라는 용어는 "이론적으로도 가치가 없고 문제를 해결하기보다 혼란스럽게 한다."(pp. 104-105)라고 하였고, 더구나 "'준언어주의'의 구성에서 응용언어학 분야를 배제시키는 작업의 무익함"(p. 105)은 우리가 언어 자원에 대한 학습자의 불공평한 접근성이나 사용 능력을 어떻게 이해할 것인가의 문제를 자체적으로 해결하지 못하게 만든다고 하였다. 이처럼 우리는 단일언어주의는 이론적 가치가 낮다는 것을 말하고자 하며, 이러한 구성에서 응용언어학 분야를 배제시킴으로써 언어 자원에 대한 불평등한 접근이나 일상의 다중언어에 대한 무지함의 문제들을 해결하지는 못하지만, 그로 인해 그 문제들의 일부인 나열적 언어 이데올로기enumerative language ideology를 다룰 수 있게 한다는 것을 제시하고자 한다.

언어 나열과 관련한 난점의 하나는 세르비아 출신의 공사장 인부들과의 인터뷰에서 발견할 수 있다(진전된 논의는 2장 참조). 그들 가운데 한 남자가 설명하기를, 유고슬라비아의 붕괴 이후 일어나고 있는 분열에 대항하여 "세르비아 말, 크로아티아 말, 이런 헛소리 따위로 부르고 싶지 않아요. 다 유고슬라비아어예요, … 세르비아어, 보스니아어, 크로아티아어, 다 같은 언어예요…. 우린 다 유고슬라비아어를 쓰는 거예요. 우리 나라 말 전혀 못하는 사람들이 오면 우린 그냥 영어 써요."(이고르Igor, 2011년 3월 12일 인터뷰) 이 말의 분명한 핵심은, 우리가 이제 '유고슬라비아어'와 영어를 일종의 이중언어 사용으로 판단할 수도 있겠지만, 영어를 배우기 전에 그가 가진 '단일언어주의'는 우리가 언어의 수를 세는 방법과 밀접하게 연관되어 있다는 것이다. 그는 세르보·크로아트어를 분리된 언어로 받아들이기를 거부하고 유고슬라비아어를 사용한다고 주장한다. 이러한 입장을 취하는 것은 향수에 젖은 민족주의로부터 현대의 실용주의에 이르기까지 그 어떤 이유 때문이겠지만, 이것이 시사하는 결론은 명확하다. 단일언어주의는 그리 투명하지도 않고 어떤 상황을 즉시 감지할 수 있도록 하지도 않는다. 부시와 시크(Busch & Schick, 2007)는 이러한 논쟁에 근거하여 '교육에서 단일언어주의적 습성을 극복하기 위한'(p. 230) 필요성뿐만 아니라 어떻게 단일언어 및 다중언어에 대한 신화를 이러한 맥락 안에서 유의미하게 풀어낼 수 있는가를 보여 줄 필요성을 주장해 왔다. 따라서 이러한 기반 위에서, 단일언어주의인지 아닌지에 대한 문제는 특정 언어 이데올로기에 의존한다.

그럼에도 브리기타 부시(Brigitta Busch, 2012a)는 "Niemand ist ein-sprachig(단일언어적인 인간은 아무도 없다)"를 주장함으로써 해당 논제를 더 진전시켰다. 부시는 다양한 언어를 숫자 단위로 설명하는 것에 의존하지 않고 오히려 언어 자원의 도구 상자나 보고寶庫로 비유할 수 있다는 검퍼즈의 스피치 레퍼토리speech repertoire(이전 논의 참조)의 개념을 재조명하여, 언어의 다양성이나 제1, 제2, 제3 외국어로 설명하는 대신에, 스피치의 다양성이 어떻게 소속감 혹은 차이에 대한 감각을 구축하는 데 기여하고, 그러한 구성이 언어적 포용이나 배제에 작동하는지 질문해야 한다고 논의하였다(저자 번역, p. 8). 예를 들어, 학교에 처음 입학한 경험은 그 장소로부터 누군가의 말하기에 기여하였을 수도 있고, 또 누군가에게는 그 장소에 부적합한 감정ein Gefühl von Out-of-Place-Sein이나 잘못된 장소에서 잘못된 언어를 구사하는 자신을 발견함으로써 갖게 되는 고립감을 줄 수도 있다는 것이다(p. 16). 부시가 논의하려고 하는 언어는 힘 그리고 소속과 연관되는 신체적leiblich이고 감정적인 관계를 말한다.

우리의 언어 실행이 우리를 다른 언어 공동체의 일부로 만들거나 일부로 만들지 않는 방법을 탐구함에 있어서, 부시도 데리다(Derrida, 1996)의 '타자의 단일언어주의le monolinguisme de l'autre'를 다룬 핵심 텍스트를 채택한 바 있다. 데리다는 알제리의 유대계 가정에서 태어났으며, 태어난 곳은 프티 파리의 나빌이 자란 티파자 연안의 엘비아르이다. 프랑스 국적이고, 그의 설명에 의하면 그로 인해 프랑스어가 유일하게 구사하는 언어가 되었다. 그는 자라면서 아랍어와 베르베르Berber어는 거의 접하지 못하였고 라디노Ladino, 즉 스페인어와 히브리어, 터키어 등의 언어를 기반으로 한 오래된 유대-스페인Judaeo-Spanish 링구아 프랑카lingua franca는 더 이상 그의 가족의 언어가 아니었다고 지적한다. 일디즈(Yildiz 2012)는 이른바 '단일언어 이후의 상황postmonolingual condition'을 탐구하면서 프란츠 카프카Franz Kafka와 같은 작가들을 논의하는데(크람시Kramsch, 2008에서 같은 관점으로 다룬다), 카프카가 독일어를 언어 동질화language of assimilation를 이룰 수 있는 언어로 채택한 것은 데리다가 자신과 관련해서 프랑스어를 '타자의 단일언어주의'로 이해한 것과 비슷하다고 주장한다(Evans, 2012; Mc-Namara, 2012). 이처럼 카프카, 파울 첼란Paul Celan과 같은 작가나 프랑스어를 구사하는 알제리계 유대인의 사례들은, 데리다(Derrida, 2005)가 우리에게 환기해 주듯이 예외적 경우로 받아들여서는 안 되며, 오히려, 미하일 바흐친Mikhail Bakhtin과 많은 학자가 논의한 대로 언어의 일반적 상황으로 생각해야 한다.

데리다가 여기에서 의문을 가지는 것은 소위 모어라는 것이 우리가 소유하고 지니는 것이라는 개념, 즉 소유와 소속감이다. 그는 바흐친(Bakhtin, 1981; 1986)을 따라, 조금 다른 방식으로 오히려 모어가 다른 사람의 것이라고 제안한다. 데리다는 "내가 말하는 단일언어 사용자는 빼앗긴 언어를 말하는 사람이다. 프랑스어는 그의 언어가 아니다."(1998, p. 60)라며, "Je n'ai qu'une langue, ce n'est pas la mienne(나는 오로지 하나의 언어만을 가지고 있고, 그것은 내 것이 아니다)."라고 한다. 그렇다면 우리는 일반적으로 부시(2012a; 2013)와 마찬가지로 누구도 단일언어적일 수 없다고 주장할 수 있다. 단일언어주의에 대한 관념은 국가와 단일문화의 시대에 불행하게 성장한 하나의 역사적 신화일 수도 있다. 일디즈(Yildiz, 2012)는 "비록 매우 성공적이었지만 비교적 최근에 이루어진 발전의 결과는 다중언어주의가 아닌 단일언어주의"(p. 3)라며, "단일언어주의는 단 하나의 언어의 존재만을 지정하는 단순한 양적 양상 이상의 것이다."라고 지적하였다. 오히려 단일언어주의의 개념은 "문화와 국가와 같은 가상의 집산성뿐만 아니라, 개인과 그들의 적절한 주체성을 형성하는 것부터 규율과 제도의 형성까지 현대 사회 생활의 전체 영역을 체계화하기 위한 원칙을 구성하는 열쇠이다."(p. 3) 그렇다면 단일언어주의란 현대성의 기반을 세우는 한 요소이며, 이 세계를 우리가 알고 있는 대로 체계화시킨 언어에 대한 신념 체계이고, 다른 많은 신화들처럼 쉽게 극복하지 못하는 무엇이다.

그러므로 여기에서 나아가려는 길은 다중언어주의를 칭송하기 위해 단일언어주의를 비판하고자 함이 아니라, 언어에 대한 수많은 접근법에 관한 다양한 역사를 이해하려는 것이다(Makoni & Pennycook, 2007). 카나가라자(Canagarajah, 2013)가 말한 대로, "만약 언어가 늘 서로 접촉하고 의사소통이 늘 유동적인 코드에 대한 협상으로 이루어진다면, 우리는 단일언어라는 용어가 학술적이고 사상적인 중요성 이상의 무엇이 될 수 있는가에 대해 질문해야 할 것이다."(p. 8) 단일언어적 사고방식에 대한 비판이 다중언어주의의 평범함에 대한 이해를 넓히는 데 한해서, 이는 다양한 언어 자원의 예외성을 마구잡이로 훼손하는 일을 막아 줄 수 있다. 그러나 이는 단일언어주의의 실제적 조건을 가정함으로써 언어 열거의 신화에 기여한다면, 대체할 필요성이 있는 언어 이념에 복종하는 먹잇감으로 전락하게 될 것이다. 우리가 일디즈(Yildiz, 2012)의 논쟁에 따라 '모어'란 생각만큼 무난한 집합체가 아니며 오히려 다양한 언어 자원 등이 포함되었을 많은 요소, 관계, 소속, 애착과 신분의 집합체라는 것을 수용하고 나서, 부시(2012a; 2013)의 논의에 따라 이것은 소속감의 문제이며 소속감이라는 감정을 단 한 번도 경험한 적이 없고 다른 상황이라고는 속해 본 적이 없는 사람만이 단일언어적이라 할 수 있다는 것을 받아들인다면, 그리고 언어의 이종언어적인 바흐친의 관점을 수용한다면(Pietikäinen

2013), 단일언어주의가 존재 가능한지는 더욱 의심스러워진다.

　그러므로 메트로링구얼리즘은 언어 자원을 열거하는 것과는 거리가 멀다. 언어 실행은 끊임없이 다른 언어 실행에 영향을 끼친다. 이디시어 Yiddish*는 여전히 영어와 독일어로 말해진다고 주장하는데, 주커먼Zuckerman은 이디시어가 히브리어로도 말해진다고 설명한다. "거의 모든 '복고주의자revivalist'들은 … 아랍어처럼 셈Sem어 문법과 발음을 가진 히브리어로 말하고 싶어 했는데, 이들은 이디시어 원어민 화자들이었다. 이들은 그냥 유럽인이 아니라, 유럽의 복고주의 운동(예를 들어 불가리아의 국가주의 운동)에 영감을 받은 유럽인이었다."(Zuckerman 2009, p. 43) 주커먼에 의하면, 현대 이스라엘어(히브리어)란 어휘를 교체한 이디시어이다. 다른 언어를 통해 언어를 구사하는 관행(예컨대, 영어를 통해 다른 언어를 구사하는 것; Canagarajah, 2013; Pennycook, 2008을 볼 것)은 '이중언어주의' 혹은 '다중언어주의' 개념을 전제하고 있으나 그럴 필요가 없다. 건설 현장의 점심시간에 쓰는 유고슬라비아어는 무히브의 "트나난 달러(2달러)", 탈리브의 "주::키::니::(호박)"나 나빌의 "쏘리, 셰프터린. 쏘리 고멘 나사이(미안합니다, 셰프. 미안해요 미안해요)"만큼이나 도시언어적이다. 그래서 메트로링구얼리즘이라 함은 '언어 혼합'이나 '다중언어주의'를 반드시 의미하는 것은 아니다. 이는 다른 사람들이 '단일언어주의'로 보는 것을 가리키는 것일 수 있으며, 이러한 '단일언어주의'는 더 이상 하나의 언어만을 말할 수 있는 협소한 능력을 가리키는 것이 아니다. 메트로링구얼리즘은 단일언어주의도 다중언어주의도 아니며, 언어 실행과 도시 공간 간의 역동적 상호관계와 연관이 있다.

....
* 　유대인의 언어를 가리킨다. 5장에서 자세히 다루어진다.

연구 노트와 그에 따른 연구 주제

이 책은 시드니와 도쿄의 도시 맥락이 지닌 다양성 안에서 수행한 광범위한 연구들로 기반을 삼았다. 여기에서 채택한 접근법(각 장의 여러 지점에서 더 논의될 것)은, 이러한 유형 분류가 유용하다면, 다중방향의 언어인류학multisite linguistic ethnography으로 분류될 수 있을 것이다. 우리의 작업은 크리스와 블랙리지(Blackledge & Creese, 2010; Creese, 2008; Creese & Blackledge, 2011)와 많은 학자들(Maybin & Tusting, 2011; Rampton, 2007)이 고안한 언어 인류학 프레임워크와 여러 면으로 연관되어 있는데, 언어 인류학 프레임워크는 언어 인류학의 인류학적 통찰에 기초하였지만 무엇보다도 언어를 핵심으로 다루는 것에서 시작된다. 램프톤(Rampton, 2007)이 상기해 주듯 참여자들이 가지는 사회적 의미는 민족지학적으로 다루어져야 하므로, 참여자들의 현지 언어 실행들을 이해하기 위해서는 민족지학 및 정밀한 언어적 분석 모두 다 필요하다.

이에 덧붙여 우리는 '구어의 문자화glottography'라는 개념에서(Ehlich, 2011) 얻은 관심사들(도시 공간에서의 일상적인 다중언어 사용)을 공유하기도 하는데, '구어의 문자화'는 "도시라는 상호작용 공간의 특정한 일부와 해당 영역의 특정 상황 내의 사용자들이 사용하는" 언어로 사상되는 것을 말한다(Redder, 2013, p. 264). 그러나 우리의 목표는 언어 기능을 사상하는 것이 아니라 언어 실행을 수집하는 데 있음을 말하고자 한다. 리 웨이의 '적률 분석Moment Analysis'에 대한 이해와 마찬가지로, 우리는 언어와 기능들을 사상시키거나 언어 사용을 일반성의 패턴들로 묘사하려 하지도 않을 것이다. 다중언어적 실행을 분석하는 일은 "빈도와 일반성에 바탕을 둔 패턴 중심 접근법에서 탈피하여, 개인의 자발적·즉흥적·순간적 행동과 성과에 초점을 둔 패러다임으로 이동할 필요가 있다."(Li Wei, 2011, p.

1224) 언어 사용이란 불규칙적이고 비차별적이거나 무계획적인 것이 아니라, "독창적이고 순간적인 행동들이나 혁신적인 순간들이 타자에 의해 인식되고 적용되고 반복되면서 패턴이 형성된다."는 것임을 제안하고자 한다(p. 1224). 일관성을 제공하는 것은 기능과 행동의 관점에서 말하는 규칙성이 아닌, 새로 출현하기도 하고 자리 잡기도 하는 도시언어 실행의 규칙성이다.

헬러(Heller, 2011)의 '비판적 민족지학의 사회언어학'에서와 같이, 우리는 사회적 차이와 불평등의 관계를 이해하려는 시각을 가지고 사회적 언어 사용(사회언어학)을 맥락적으로(민족지학적으로) 고찰하고자 한다. 헬러에서와 같이 우리도 이 문제에 대해서 흥미가 있다. 이는,

유동적인 언어 자원을 동원하는 것이 어떻게 다른 형태의 사회적 행동의 일부가 되고, 어떻게 언어 이데올로기의 건설에 기여하는가의 측면에서, 행위자가 사회적 공간과 사회적 네트워크를 통해 순환하는 언어 자원을 어떻게 다루고 있는가를 보는 것이다. (p. 49)

또한 블로마트와 동(Blommaert & Dong)에서와 같이, 우리는 반反헤게모니 프로젝트의 일환으로 민족지학을 접할 수도 있다. 반헤게모니 프로젝트는 다음과 같은 시도를 말한다.

언어의 사회적 사용과 유의미한 행위의 사회적 영역의 담화를 이미 확립된 규범 및 기대와 확연히 다르게 구축하는 것은, 그러한 규범과 기대의 구체적인 기능에 의문을 던지는 것을 출발점으로 삼는데, 다시 말해 그것을 사실facts보다는 문제problems로 받아들이는 것이다. (pp. 10-11)

또는 히긴스와 코엔(Higgins & Coen, 2000)에서 언술된 바처럼, 이는 '민족지학적 활용ethnographic praxis'의 한 형태로서, 묘사보다는 변화에 목적을 두고 있다.

아래로부터의 지구화는 위로부터의 지구화에 대한 이해를 돕기 위해 수집된 자료와 통계분석을 통해서는 설명될 수 없으므로, 아래로부터의 다중언어주의도 언어적 통계의 관점 하에서는 유익하게 이해될 수 없다. 중국에서 카이로, 홍콩에서 케냐로 배송되는 짝퉁 운동화와 휴대전화, 혹은 홍콩에서 필리핀으로 배송되는 의류들, 멕시코에서 복제된 중국 CD, 국경을 넘나드는 각종 상품의 경로를 따라 주인이 바뀌는 현금 따위의 사용과 흐름을 이해하기 위해서, 우리는 국제적인 경제 동향을 분석할 게 아니라, 매일의 시장에서 일어나는 언어 실행을 다루는 민족지가 필요하다. "민족지는 아래로부터의 지구화를 설명하기 위한 절대적인 원천이다. 서로 다른 부분들이 서로 다른 영역에서 어떻게 작동하는지에 대한 세부 사항을 통해서만 이를 이해할 수 있기 때문이다."(Mathews & Vega, 2012, p. 6) 마찬가지로, 이러한 거래에 수반되는 언어의 상호작용과 아래로부터의 다중언어주의에 대한 더 일반적인 분야를 파악하려면 시장, 가게, 거리, 교외, 공사 현장 등지에서의 지역 언어 실행의 민족지가 필요하다는 것이다.

이 책에 실린 자료들은 사람들이 도시언어적으로 살아가며 식당, 카페, 주방, 시장 여기저기, 건설 현장, 가게와 소규모 사업에 관한 언어 풍경을 형성하고 재형성하면서 출현한 지역 언어 실행들을 수년에 걸쳐 관찰하면서 수행하여 온 프로젝트를 통해 수집되었다.[3] 비록 이러한 다중영

....

3 　이 책의 자료는 대부분 호주연구재단의 연구 프로젝트(DP110101014)인 '네 개 도시 현장에서의 도시언어적 언어 실행: 도시에서 말하기Metrolingual language practices in four urban sites: Talking in the city'에서 사용된 것이다. 프로젝트 수석 연구원은 앨러스테어

역 민족지 탐구의 확산으로 인해 각 영역에서 탐구에 소비할 시간이 우리가 바랐던 만큼 주어지지는 않았지만, 그럼에도 불구하고 우리의 반복적인 방문, 후속 취재 및 계속적인 참여를 통해 민족지학적 그림(Jeffrey & Toman, 2004)을 적절히 포착할 수 있었다. 이 프로젝트의 목표는 아래로부터의 다중언어주의가 도시 환경 안에서 작동할 수 있게 하는 방법들을 밝히는 것이다. 이는 블랙리지와 크리스(Blackledge & Creese, 2010)가 '언어 실행이 어떻게 인간 삶의 실제 조건들과 연계되는가'를 다룬 '다중언어주의의 민족지'에 대한 이해(p. 18)와 연결되어 있다.

언어 민족지의 배경은 다른 연구에서도 성공적으로 다루어져 왔기 때문에(Blackledge & Creese, 2010; Blommaert & Dong, 2010), 우리는 우리의 연구를 중언부언 소개하기 위하여 이 책의 주요 부분을 할애하지는 않겠다. 대신에 우리는 각 장의 더 짧은 부분에서 특별히 실행된 연구들을 소개할 것이다. 2장 과정으로서의 민족지학, 3장 언어와 예측 불가성, 4장 공간에서의 언어, 유동성 및 실행 연구, 5장 연구와 이야기, 6장 멀티태스킹 및 참여 연구, 7장 네트워크 연구, 8장 함께 집필하기이다. 애초에 상이한 민족지학적 장소(식당, 카페, 주방, 시장 여기저기, 건설 현장, 가게와 소규모 사업)를 중심으로 구상된 이 책은 당면한 연구 주제들을 중심으로 발전시킬 것이다. 그러므로 우리는 각 장에서 다양한 연구 현장을 보기보다는, 오히려 연구해 가는 과정 속에서 발견된 주제, 예를 들어 멀티태스킹, 언어 제휴, 리듬과 유동성, 공간 레퍼토리, 공생공락, 공동식사, 층위와 메트로링구아 프랑카 등에 관하여 탐색할 것이다.

이 장에서는 (몇 지점에서 더 자세히 다룰) 도시언어적 멀티태스킹과 일상의 다중언어주의를 소개하였다. 이어지는 장에서는 이러한 주제를

....

페니쿡과 에미 오쓰지, 프로젝트 매니저는 아스트리드 로렌지였다.

조셉이 말한 것과 같이 언어와 음식 네트워크에 초점을 두고 발전시켜 나갈 것이며, 노동자들이 어떻게 언어적이고 민족적인 관계를 통해 연대감을 느끼는지에 관하여 살필 것이다. 특별히 중국인 근교 농원과 공사 현장을 고찰할 것이며, 노동 현장에서의 공통 언어적 자원과 민족적이고 언어적인 제휴가 이루어지는 방식들도 볼 것이다. 소규모 사업과 카페를 중심으로 서로 다른 실제적·공간적 배열에 대한 언어적 함축을 담은 (이 장의 도입에서 간단하게 언급한) 도시의 리듬과 유동성에 대한 개념은 3장에서 깊이 있게 탐색할 것이다. 공간 레퍼토리와 확장된 개념으로서의 공간과 장소에 대한 개념에 집중하여, 주방과 식당은 4장의 핵심이 될 것이다.

　5장에서는 활기차고 경쟁이 심한 도시가 가진 긴장에 대해 살필 것이다. 조셉이 "언어에는 언제나 놀릴 거리가 있고, 거기서 우리는 온갖 나쁜 단어와 저속한 단어를 찾아내죠. 그리고 서로에게 한 방 먹이죠…. 그런데 나쁜 뜻으로는 아니고요, 그냥 음, 친근한 거."라고 말했듯이, 우리의 자료 안에서 다중언어주의와 다문화주의에 대한 매우 긍정적인 시각을 지닌 많은 사례를 찾을 수 있지만, 이는 종종 타자에 대한 고정적이고 정적인 이미지를 전달하기도 한다. 6장에서는 음식과 공동식사에 대한 문제로 넘어갈 것이다. 여기에서는 먹고 함께 이야기하고, 음식에 대해 혹은 음식을 먹으면서 이야기하는 서로 다른 맥락들을 살필 것이다. 서로 다른 층위와 특정한 도시의 공간과 신호를 탐구하기 위한 7장에서는 특정한 도시를 탐구하고, 이것들이 역사적으로 층을 쌓아가는 방식들이 전개될 것이다. 마지막 장에서는 이 장의 시작인 시장이라는 장소로 돌아가, 시장이라는 장소의 공간 레퍼토리와 이러한 복잡한 의사소통이 만들어 낸 '메트로링구아 프랑카' 간의 관계를 살펴볼 것이다. 결론으로 이 책을 통해 논의해 온 몇 가지 정책과 교육적 함의를 간략하게 토론하면서 마치고자 한다.

2장

연대감 형성과 해외 농산물 재배

과이로우초이: 해외 농산물 재배

앞 장에서 논의한 프로듀스 마켓의 '중국인 구역'에서 토니Tony 삼촌은 시드니 시장의 역사 일부를 들려준다. 토니 삼촌 역시 1970년대 농산물 시장으로 오기 전인 1938년에 구 헤이마켓Haymarket에서 일을 시작했다. 중국인이 대부분을 차지하고 있는 현재 시장과는 달리(8장을 살펴볼 것), 토니 삼촌은 그 당시 헤이마켓은 "죄다 이탈리아 가게였고 그다음엔 몰타 가게가 들어섰어."라고 한다(토니 삼촌, 2012년 9월 21일 인터뷰). 토니 삼촌은 과일과 채소 장사가 기존의 이탈리아 상인들에게서 몰타 상인들로 역할이 바뀐 점진적인 변화와, 이와 같은 시장에서는 거의 항상 다양한 민족의 상인들이 섞여 있었다는 사실을 차례대로 자세히 설명한다. 토니 삼촌은 헤이마켓 상인들이 말 한 마리와 마차로 장사를 하는 소규모 상인들에게 물건을 팔던 것을 회상하며 얘기했다. "그 사람들은 말 한 마리와 작디작은 마차 하나를 끌고 다니며 헤이마켓에서 물건을 샀어. 그리고 마차 뒤에 그, 온갖 과일을 실어 갔지."

토니 삼촌이 민족 이민 패턴의 역사와 과일과 채소를 재배하고 판매해 온 역사를 차례대로 설명할 때, 우리는 조셉이 말한(1장) '그들은 그들만의 언어로 소통한다'는 것, 즉 언어와 민족 연대감 때문에 사람들은 서로에게서 비슷한 과일과 채소를 구매하게 된다는 것을 떠올린다(7장, 일본의 오이 네트워크를 살펴볼 것). 제임스(James, 2008)가 언급한 바와 같이, 시드니 분지의 소농업인 중 80퍼센트는 비영어권 출신이다. 중국인들과 함께 레바논인과 이탈리아인, 몰타인, 베트남인, 캄보디아인이 있으며, 이들은 근교 농원으로부터 시장과 상점, 식당까지의 거래 흐름을 따라 연결된다. 따라서 이와 같은 근교 농원은 해당 지역 내에서 대규모 사회적, 언어적 네트워크를 통해 연결되며, 중국인과 레바논인의 경우(캄보디아인과 베트남인은 난민 수용소를 통해 이주하기 때문에 더 적다) 더 나아가 중국과 레바논에 있는 가족과 지역, 이웃 마을까지 연결된다(James, 2008).

시드니의 보터니만Botany Bay 주변의 키이마Kyeemagh와 라페루즈La Perouse에 있는 근교 농원을 보면 마치 다른 공간과 시간에 있는 것처럼 느껴질 것이다. 오래된 목재로 만든 노동자의 오두막과 낡은 양철 지붕 위로 솟은 벽돌 굴뚝, 문에 달린 부서진 방충망, 골함석으로 덮은 뒷간은 호주 오지의 오래된 농장을 암시한다. 그러나 열린 창문으로 들려오는 광둥어 라디오 프로그램과 문 위에 붙은 중국 새해 표지 '安平入出'(오른쪽부터 읽으며, 출입하는 사람 모두에게 안전을 기원한다는 뜻의 광둥어 'chat yap peng on', 현대 표준 중국어로 'chu ru ping an'), 벽에 걸린 중국 달력, 어두운 주방의 그을린 밥솥과 웍wok, 큰 콘크리트 여물통에서 씻고 있는 채소, 그리고 외바퀴 손수레를 밀고 채소를 심으려고 손으로 골을 파고 있는 일꾼들의 원뿔 모양 밀짚모자([사진 2.1]을 살펴볼 것), 이 모든 것이 중국 농촌을 암시한다. 그럼에도 불구하고 주택단지 가장자리에 맞닿아 있는 채소 텃밭, 울타리 한쪽 위로 날아가는 콴타스Qantas 항공기 꼬리 날개에 그려진 빨간색 캥거루, 머리 위로 낮게 날아가는 대한항공Korean Air 보잉 747, 그리고 도로 저 멀리 쌓여 있는 선적 컨테이너들은 이곳이 호주 농촌도, 중국 농촌도 아니라는 것을 상기시킨다. 이곳은 복잡한 교통 중심지이자 산업 중심지인 시드니 한복판에서 단지 몇 킬로미터 떨어진 곳이다.

이러한 근교 농원은 도시 및 언어와 관련해서 의미 있는 역사를 가지고 있고, 시드니 같은 도시와 얽혀 있다. 유럽 식민지 개척자들이 처음 도착한 이후(1788년 제1 함대) 이 새로운 정착민들은 이 낯선 땅에서 먹을거리를 얻기 위해 고군분투했다. 이들은 굶주림을 면하기 위해 정착한 죄수들에게 농작물을 재배할 땅을 내주었다. 중국인들은 19세기 초 요리사,

[사진 2.1] 중국 근교 농원

목수, 농장 일꾼 또는 다른 형태의 육체노동자로 일하기 위해 호주에 들어오기 시작했는데, 이는 중국 남부의 혹독한 환경에서 동남아시아와 태평양을 가로질러 이주한 광범위한 중국인 디아스포라의 극히 일부였다. 죄수 호송이 끝나자 광활해진 식민지의 농토에 노동력이 필요했고, 1840년대에 중국에서 3,000명 이상의 계약 노동자가 건너왔다(Wilton, 2004). 1850년대에 금광 시대가 열리면서 더 많은 중국인들이 넘어왔으나, 이후 중국인 노동자와 비중국인 노동자들 간의 무력 충돌로 중국 이민자들을 제한하는 법률이 제정되었다.

중국 이민자들은 보통 가족이나 중국인끼리 일반 상점과 같은 소규모 사업부터 낚시와 근교 농원까지 다양한 직업으로 옮겨 가다가 19세기 중반에 근교 농원을 시작했다. 19세기 말, 지역 신문인『퉁와신보Tung Wah News, 東華新報』에 따르면, 뉴사우스웨일스New South Wales주의 중국인 소농업인은 약 5,000명이었고, 이 중 2,000명은 시드니 주변에서 농산물을 재배했다. 이 수치는 주 전체 소농업인의 약 3분의 2에 해당했다(Williams, 출판 연도 미상. 다섯 번째 문단). 중국인들의 근교 농원은 시드니와 같이 확장하고 있는 도시뿐만 아니라 전원 목축 및 광산 사업에도 신선한 농산물 공급에서 중요한 역할을 하게 되었다(McGowan, 2005). 일반 상점과 마찬가지로 근교 농원은 협동조합, 저임금, 가족 또는 씨족 경영에 의존하는 독립적인 생계 수단을 제공했다. 이러한 근교 농원은 값싼 농토 및 용수의 가용성 때문만이 아니라 호주에서 중국 노동자들을 도외시하고 차별하는 인식 때문에 주로 도심 주변과 외곽에 있었다.

19세기 말 뉴사우스웨일스주의 중국인 중 약 30퍼센트가 소농업에 관여하고 있었으며, 일부는 교외 지역에서 근교 농원을 했지만 중국인이 가장 집중된 지역은 보터니만 주변 습지대였다. 유럽인들의 호주 정착 초기인 19세기 초 몇십 년으로 거슬러 올라가는 라페루즈(1788년 영국에서 제1 함대가 도착하고 며칠 후에 도착한 프랑스 항해사의 이름을 따서 명명되었다)의 근교 농원은 19세기 중반 점차적으로 중국인 소농업인들에게 넘어 갔다. 그러나 이들 농원의 주변 지역은 보터니만을 둘러싼 모래흙이 그렇듯 더 이상 도시 외곽이 아니다. 키이마의 근교 농원은 현재 공항과 교외 주택 사이에 끼어 있고, 라페루즈의 근교 농원은 컨테이너 터미널, 더 직접적으로는 (지속적으로 논쟁이 되고 있는) 묘지 확장으로 위협받고 있다. 특히, 확장되고 있는 묘지는 그 자체로서 다양하고 확산 중인 다중언어 및 다종교의 공간이다. 따라서 중국인들은 구매자와 판매자로서 모두 시장 네트워크의 핵심 요소가 되었다. 현재 시드니 소재 차이나타운은 구 벨모어Belmore와 헤이마켓 지역(헤이마켓 지역이었다가 최근 타이 타운으로 발전한 첫 번째 지역) 옆에 위치해 있으며, 이는 19세기 중반 성장하는 도시 전역에서 더 많은 임시 시장을 대체하기 위해 송아지와 건초, 과일과 채소 시장 몇몇이 초기에 형성되었던 곳이다.

1901년 백호주의 정책이 시행되면서(Fitzgerald, 2007) 그 영향으로 중국인들이 감소하고 채소 농장이 위축되었는데, 이때 새로운 이민자들, 특히 이탈리아인들이 시장에 진입하면서 이러한 균형은 20세기 끝 무렵에 다시 바뀌었다. 이제 중국인 소농업인들의 역할은, 점점 증가하고 부유해지는 중국인 인구와 다문화 사회인 시드니의 음식 취향 변화, 중국어 경관을 기반으로 한 실물 및 상징적 경제 정책의 현대적 배경에 맞춰 설정되어야 한다(Leeman & Modan, 2009). 19세기부터 중국인들이 운영해 온 오래된 근교 농원들은 시드니 시내 헤이마켓에 있는 차이나타운 상점과 식당에 생산물을 공급했지만, 대부분은 이제 남쪽으로 확장하고 있는 허스트빌Hurstville 교외 지역으로 옮겨 갔다. 1960년대에 이탈리아와 그리스 출신의 호주인들이 시드니 시내에서 남쪽으로 16킬로미터 떨어진 조용한 허스트빌 교외 지역에 정착하기 시작했다. 구 유고슬라비아 이민자들이 뒤를 이었지만, 커다란 성장은 홍콩과 중국 이민자들이 증가한 1990년대에 이루어졌다. 2011년 호주통계청 자료(ABS, 2011)에 따르면 현재 허스트빌 주민의 약 70퍼센트가 해외 출생이고 3분의 1이 중국 출신이다. 집에서 영어만 사용하는 인구는 4분의 1 이하이며, 현재 교외 농원은 공항과 컨테이너 터미널, 주택단지 사이에 끼어 있다. 예전에는 이곳에서 재배한 과일과 채소를 도심의 헤이마켓에 판매하기 위해 마차에 실었다면, 이제는 농산물을 흰색 승합차에 실어 남쪽의 상점과 식당으로 운반한다.

이러한 농원에서 일하고 있는 어느 노부부는 광둥성廣東省 바이두白土에서 호주로 왔다. 남편은 1990년대 초반, 부인은 몇 년 후에 도착했다. 남편은 다양한 근교 농원에서 일했으며 부인은 잠깐 중국 식당에서 설거지 일을 하기 전에는 주당 150달러를 받으며 중국인 가정에서 유모로 일했다. 마침내 부부는 직접 채소 재배를 시작해 밭 옆의 쓰러져 가는 작은 오두막에서 살면서 장시간 일을 했다. 60세 안팎의 부부는 일이 고되고 오랜 세월 일하면서 얻은 다양한 질환으로 고통받고 있다(부인이 관절염을 완화하는 파스를 보여 주었다).

부부는 쿠과(여주), 비터 멜론, 인초이(중국 시금치), 복초이(중국 배추 청경채), 동과(겨울 멜론), 차이신(중국 색양배추), 상하이 복초이(상하이 배추), 가이란(중국 브로콜리), 파를 포함한 다양한 중국 채소를 재배한다. 중국 채소의 수요는 지난 10년간 거의 일정했지만 가격 또한 변동이 없었기 때문에 이 부부는 생계유지에 어려움을 겪고 있다. 부인은 오랜 세월 열심히 일했지만, 남은 게 없다(乜嘢都冇)고 말한다.

발췌문 2.1

1. **여성 농부** 채소 가격은 예전과 거의 같아요, 가이란 가격도 같고요!
2. **연구자** 정말요? 예전과 같다니, 벌써 20년도 더 됐어요!

3. **여성 농부** 상하이 청경채 빼고요, 그건 조금 올랐어요.

4. **남성 농부** 벌써 20년이 더 됐다니.

5. **연구원** 이전에는 어떤 종류의 채소를 재배했나요? 다른 종류를⋯ 더 재배하고 있나요⋯, 레바논 사람들처럼.

6. **여성 농부** 이제는 더 많이 재배해요. ⋯ 지금은 더 잘 팔려요.

7. **남성 농부** 이제는 더 많이 재배해요. ⋯ 파슬리 같은 거요.

8. **연구자** 네, 저도 그거 좋아해요. ⋯ 그래서 재배하는 채소 종류가⋯ 예전과 지금 어떤 차이가 있나요?

9. **남성 농부** 중국 채소는 비슷해요.

10. **연구자** 중국 채소는 예전과 비슷하군요.

11. **남성 농부** 지금은 그⋯ 그⋯ 서양 채소를 더 재배하고 있어요.

12. **연구자** 서양 채소요? 서양 채소는 뭐예요?

13. **남성 농부** 파슬리,

14. **여성 농부** 파슬리,

15. **남성 농부** 딜, 타임, 민트,

16. **연구자** 딜, 타임, 민트,

17. **남성 농부** 그⋯ 허⋯ 허⋯ 허브요.

부부에게 삶은 쉽지 않다. 인터뷰 동안 부부는 광둥성 가오야오高要 지역에서 일상적으로 사용하는 광둥어[1]를 사용했으며(가오야오 지역에서

....

1   구어체의 광둥어를 전사하는 것은 많은 문제와 한계가 있는 과제이다. 정해진 표기법도 거의 없을 뿐만 아니라 문어체 광둥어의 위치에 대해서도 이의가 있다. 이와 같은 구어적 상호작용에 대해 우리가 묘사한 것은 발화의 구어체적인 성격을 일부 보여 주지만 방언적인 변이형은 충분히 보여 주지 못한다. 조언을 해 준 앤젤 린Angel Lin에게 감사의 뜻을 전한다(그리고 린, 2009를 살펴볼 것).

시드니로 이주해 온 긴 역사가 있다. Williams, 1999를 살펴볼 것), 몇몇 채소 이름과 숫자는 짧은 영어로 말했다. 부부는 거의 매일 일을 했고, 차가 없었기 때문에 상인들이 채소를 가지러 올 때마다 주로 동네 식품점에 판매했다. 동네 아시아 식품점을 운영하는 방글라데시 출신의 한 상인이 채소를 사러 왔을 때도 비터 멜론을 직접 수확하기 위해 밭으로 곧장 걸어 들어갔고, 둘 사이에 분명하게 공유된 언어 코드를 놀라울 정도로 적게 사용하면서 대화를 이어 갔다. 지난 몇 년간 일상화된 사고팔기를 통해 이들은 코드에 기반한 의사소통 방법을 만들어 낸 듯하다. 각자 어떻게 보면 단일언어를 사용하지만, 이들의 '이중언어적' 상호작용은 도시언어적 상호작용이 이루어질 수 있는, 즉 명백하게 공유된 코드가 없이 일을 처리하는 또 다른 방식이다(자세한 논의는 8장을 살펴볼 것).

중국인들이 근교 농원에 오랫동안 관여했음에도 불구하고, 20년 조금 넘게 호주에서 살아 온 부부에게 중국 채소唐人菜와 서양 채소鬼佬菜는 유의한 차이가 있다(말순서 9와 11). 과이로우초이鬼佬菜라는 용어는 광둥어로 흔히 외국인을 일컫는 말이다(말 그대로 하얀 피부의 외국인들을 일컬어 '유령 사람', 또는 간혹 '외국 악마'로 번역하는 경우도 있다). 광둥어 화자들이 일상적이고 속어로 사용하는 이 용어가(홍콩 거주 외국인들이 자신을 지칭할 때 이 용어를 쓴다고 알려져 있다고 해도) 경멸적이거나 인종 차별적인 용어인지에 대해 오랜 기간 상당히 많은 논의가 있었다. 그러나 여기서는 비중국계 시장 판매 목적으로 부부가 재배하는 파슬리, 딜, 민트, 타임과 같은 허브를 일컬을 때 사용하므로 이들이 여전히 광둥의 토양에서 사는 듯하다거나, 적어도 광둥인 중심으로 호주를 바라보는 시각을 갖고 있음을 드러낸다. 여기서 멀지 않은 지역에서 일본 채소를 재배하는 아베Abe 씨 (7장을 볼 것)는 심지어 채소를 재배하기 위해 '일본 토양'을 개발했다고 설명한다. 일본 상점과 식당 주인들이(공생공락하며 갈등하는 도시는 5장을 볼 것) 비속어인 가이진㗊ㅅ을 사용하는 것과 같이(외부인, 외국인을 의미하며, 과이로우라는 용어와 쓰임새가 비슷하다), 비중국계 호주인과 그들의 채소는 이들의 세계에서 영원히 외부의 것으로 존재한다. 과이로우 허브는 중국 채소보다 비싸게 팔리기도 하고, 이들이 돌보는 토양에서 신중하게 재배한 채소일 수 있겠지만, 영원히 외국 또는 타 지역에서 온 채소로 남는다.

이러한 근교 농원과 같은 사업은 거기에 종사하는 중국인 노동자 및 채소와 함께 성장하는 도시 안에서 살아남을 수 있지만, 이는 성장하는 중국 시장 그리고 더 넓은 아시아 및 기타 상점과의 네트워크, 더 광범위한 시장에 공급하는 능력에 달려 있다. 이들은 최소한의 영어 실력으로도 시드니와 같은 도시에 살면서 일할 수 있으며, 이런 맥락에서 광둥어와 같은 언어는 블록(Block, 2007)이 '틈새 언어에서 메트로링구아 프랑카까지'*라고 일컫는 것으로 작동한다(8장에서 이에 대해 다시 살펴볼 것이다). 이와 유사하게, 골드스테인(Goldstein, 1996)은 포르투갈어가 자신이 연구한 토론토 소재 포르투갈 공장 노동자들뿐만 아니라 광범위한 지역 사회와 다른 언어권 노동자들(일반적으로 스페인인과 이탈리아인) 사이에서도 공용어로 사용된다는 것을 발견했다. 이러한 민족언어적 네트워크와 틈새 링구아 프랑카는 언어와 네트워크에 따라 상당히 광범위할 수 있는데, 도시 전역에 걸쳐 다양한 사업, 식당 및 문화 활동을 가능하게 한다.

....

* 'niche'는 번역하면 '틈새'인데 여기에서는 '링구아 프랑카'를 고려하여 '틈새 언어'로 쓰기로 한다.

메트로링구얼리즘, 시골, 도시

이와 같은 근교 농원과 과이로우초이는 도시와 시골의 관계에 대한 또 다른 의문점을 제기한다. 공항 옆에 있는 근교 농원의 목가적 풍경이 암시하듯, 시골과 도시의 구분은 그보다 훨씬 더 복잡한 공간과 이동성 mobility의 역학을 담아내기 힘들 수도 있다. 우리는 경제, 시장, 동향, 연대 감 등의 도시 조직이 언어의 가치, 혼합, 유동성, 연관성과 같은 언어의 구성과 어떻게 연결되는지를 이해하기 위해 노력하고 있다. "민족성과 다양한 정체성을 유동적이며 불완전한 과정으로 이해하도록 돕는 사회적 접촉과 만남의 미시적 공공장소"를 살펴보면(Watson, 2006, p. 18) 언어가 매우 빈번하게 관련된다는 것은 명백하다. 공공장소에서의 미시적 교류에는 신체, 기호, 몸짓, 돈 교환 등 더 많은 것들이 작용하기 때문에 언제나 언어가 관련되는 것은 아니지만 상당 부분은 광범위한 언어 자원을 포함한다. 따라서 "언어는 소수 언어 집단 구역, 소수 민족 언어 집단 및 언어 네트워크에서 명백하게 나타나는 사회적 및 공간적 분할의 구성과 직접적인 관련이 있다."(p. 146)

도시의 다중언어주의에 중점을 두는 것은 도시 생활의 핵심인 변화와 위치의 역학 파악이 목적이다. 우리가 도시에 중점을 두는 것은 사람들이 도시 공간에 모이면서 나타나는 다양성의 정도에 관한 것이다. 모든 도시에서 다중언어를 사용한다고 말할 수 있고, 이것은 도시의 명백한 특징일 것이다. 이것은 소도시, 마을 또는 촌락이 다양성의 맥락일 수 없다기보다 다양성이 일반적으로 더 큰 공간에 더 많이 집중되어 있다는 것을 암시한다. 우리는 교통과 사람, 재화, 언어의 교차점, 그리고 이러한 활동이 불러오는 특별한 리듬과 공간에 관심이 있다. 우리 연구는 예를 들어 시장(1장과 8장을 살펴볼 것)과 같은 장소처럼 다양한 지역에서 온 사람들이 사고팔며, 이야기하고, 먹고, 즐기는 상업적, 사회적, 문화적 상호작용의 중심에 중점을 둔다. 이와 같은 장소가 인간 상호작용과 발달을 활성화시켜 사람들을 더 광범위하고 전문화된 도시의 직업으로 끌어모아 왔지만, 소도시, 마을, 광장, 항구, 도시로도 사람들을 모았다. 우리가 도시에서 초점을 둔 다중언어 맥락과, 더 광범위하게 '주변적인' 사미어Sami,* 아일랜드어, 코르시카어** 및 웨일스어***의 맥락에서의 지구화에 초점을 둔 역동적 변화, 다의성 및 지역 언어 관행에 대한 연구 사이에는 유사점이 많다(Coupland, 2012 Moriarty & Pietikainen, 2011 Pietikainen, 2012).

우리는 도시의 규모와 다양성, 리듬, 이동성, 쟁점, 공생공략과 같이 도시를 구별되게 만드는 특성들에 관심이 있다. 예를 들어 우리가 시드니의 메트로링구얼리즘의 역동적 다양성에 주목하는 것은 유럽인들과 기타 이주민들이 오기 전부터 오랫동안 호주의 일부였던 다중언어주의에서 관심을 딴 데로 돌리려는 것이 결코 아니다. 호주 원주민의 삶은 오래전부터 복잡한 다중언어 소통을 특징으로 한다(Evans, 2010). 크랄(Kral, 2012)이 은가아냐차라Ngaanyatjarra의 문학적 실제에 대한 연구에서 설명한 것과 같이, 이들은 서부 사막의 '원거리' 지역에서의 생활 방식에 '특별한 변화를 가져온'(p. 261) 사람들이다. 영국이나 유럽의 농촌 지역은 전통적이고 변화가 부족한 목가적 이미지로 뒤덮여 있지만 대부분의 비도시 지역이 이렇게 이해되는 것은 아니다. 예를 들면, 호주의 '농촌' 또한 뜨겁고, 거칠며, 건조하고, 다중언어를 사용하는 '오지'이다.

그러므로 여기서 말하는 비도시 지역은 일종의 정적이고, 유동적이

---

* 라플란드 지역의 언어.
** 이탈리아 서북부 코르시카섬에서 쓰는 언어.
*** 영국 웨일스 지방에서 쓰는 언어.

지 않으며, 변함없고, 전통적인 장소와 역동적인 도시 공간에 대한 반감으로 이루어진 것이 아니다. 따라서 우리는 레이먼드 윌리엄스(Raymond Williams, 1973)가 (무엇보다도 농촌 노동 구성 및 조건을 무시하면서) 더럽고 오염된 산업 도시와 목가적이며 전원적이고 변화하지 않는 농촌의 낭만적 병치에 대해 경고한 바와 같이, 다양한 시대에서, 그리고 세계적이며 다양성이 혼재하는 도시 풍경 속에서, 추측되는 농촌 생활의 협소성과 대조되는 도시의 도시언어적 경관을 이상화하는 것을 피하고자 한다. 도시와 농촌의 병치는 문제가 많으며, 우리가 도시 환경에 중점을 두는 것은 차이가 발생하지 않는 대조되는 어떤 농촌 환경이 존재한다고 암시하려는 것이 아니다.

우리가 초점을 두는 것은 이러한 특별한 다양성의 맥락, 바로 도시이다. 이는 일하고, 생활하고, 친척들을 방문하기 위해 도시로 향하거나 도시 안에서 이루어지는 사람들의 움직임에 관한 것이며, 살아 있는 도시 공간에서 사람들이 섞이고 말하고, 벽에 글을 쓰고, 출퇴근하며, 새로운 일상어를 만들고, 서로 어울리며, 휴대전화로 통화하고, 식당에서 먹으며, 간단하게 초밥을 사 가고, 서로 언어를 차용하며, 사회적, 문화적 구분을 넘어 의견을 교환하고, 투표하며, 공원 벤치에서 자고, 옷을 사며, 신발 쇼핑을 하고, 신문을 팔며, 노래하고, 택시를 타며, 분주한 거리를 건너고, 공동체 내에서 살고 일하며, 자전거를 타고, 종교 활동에 참여하며, 공부하고, 커피를 마시고 꿈을 꾸는 복잡하고 변화하는 관계에 대한 것이다. 이는 어떻게 사람들이 자신들의 언어를 개인적인 능력으로 사용하는지가 아니라 이러한 오랜 역사의 일부분인 활동을 통해서 어떻게 도시 공간이 생성되는지에 대한 것이다. 이는 언어가 섞이고, 분류되며, 창조되고, 새로운 목적으로 사용되며, 차용되고, 버려지며, 학습되고 갱신되는, 변화하고 바뀌는 도시 경관의 세계이다.

라보브(Labov, 1966)와 트루길(Trudgill, 1974)의 선도적인 사회언어학 연구를 검토하면, 연구 지역인 뉴욕과 노리치Norwich의 사회적, 물리적, 문화적 공간에 대해 비교적 설명을 많이 하지 않는다는 것을 알 수 있다. 그러나 이 두 도시(산업혁명 전 영국 양모 산업을 중심으로 번성했지만, 20세기 말 이민자들의 도시인 맨해튼Manhattan섬에 빽빽하게 조성된 거대 도시와 비교해 조용하고 지역 시장이 있는 시가 된 노퍽Norfolk 농촌 지역의 오래된 대성당 도시)를 서로 비교해 보고 각각의 환경과 관련지어 봤을 때 두 지역 모두 도시로서 매우 특별하고, 서로 극심한 차이가 있다는 점에서도 특별하다. 라보브(1972)의 대표적 연구인『도심 빈민 지역의 언어: 흑인 일상 영어 연구Language in the inner city: Studies in the Black English vernacular』는 언어를 이해하는 방법을 바꾸었다는 점, 특히 '비표준 영어의 논리'를 보여 준 점이나 흑인 일상 영어는 하지 않은 것보다는 한 것(즉, 결손이 아닌 차이의 관점에서)으로 이해해야 한다는 점과 관련하여 사회언어학의 기본 연구로 마땅히 자리매김되었지만, 도시 자체는 매우 작은 역할을 한다는 점 또한 분명하다.

라보브는 '흑인 일상 영어'에 초점을 두는데, 이는

오늘날 미국 대부분의 지역에서, 특히 뉴욕, 보스턴, 디트로이트, 필라델피아, 워싱턴, 클리블랜드, 시카고, 세인트루이스, 샌프란시스코, 로스앤젤레스 및 다른 도시 중심지의 흑인 청년들 대다수가 사용하는 비교적 균일한 방언이다.   (p. xiii)

여기에서의 초점은 바로 도심에서 사용되는 사회적 방언이다. 실제 연구는 일반 '도시 빈민가 아이들'(p. 203)에서 '6번가와 8번가 사이의 110스트리트에서 118스트리트까지 공동주택 지역에 지배적인 주요 성인

그룹'(p. 243)이라는 훨씬 더 구체적인 설명으로 변화하지만, 이와 같은 도시 맥락은 대부분의 분석에서 맥락적 배경으로 계속 사용된다. 거리와 건물, 상점, 그리고 이러한 환경에서의 사람들의 움직임은 거의 설명하지 않거나 아예 설명하지 않는다.

도시 내 사회언어학 연구의 이 궤도를 따라가 30년 후의 연구를 내다보면, (인터뷰와 말 표본 추출보다는) 민족지학적 변화가 훨씬 더 명백해진다. 어린 청소년들 간의 언어 사용에 관한 램프톤(2006)의 대표적인 사회언어적 연구는 최근의 다중언어주의에 대한 연구와 마찬가지로 교육적 맥락에 중점을 둔다. 예를 들면, 가르시아(Garcia, 2009)와 블랙리지와 크리스(2010)는 다양한 형태의 교육적 맥락을 통해 교차적 언어 사용에 대해 논의한다. 여기에는 저자들의 교육적 초점과, 교실은 연구를 수행하기 어려운 공간이긴 하지만 때에 따라 상호작용을 유용하게 규제할 수 있는 제한된 연구 공간이라는 사실을 포함해 여러 가지 이유가 있다. 이와 같은 연구의 교육적 맥락은 또한 대부분 도시 맥락이다. 예를 들어 가르시아의 경우에는 뉴욕이었고, 블랙리지와 크리스의 경우 버밍엄Birmingham 및 영국의 다른 도시들이다. 블랙리지와 크리스는 연구의 초점인 비공식적인 헤리티지 학교 환경에 대해 가장 많은 관심을 가지지만, 그보다 더 넓은 시공간적 맥락에서 연구를 수행한다. 그 예로, "2006년 6월 뜨거운 햇살이 내리쬐는 일요일, 세 명의 연구자들이… 무슬림 공동체가 운영하는 작고 개조된 연립 주택에 도착한다."(2010, p. 1)를 들 수 있다.

그러나 이러한 상황 이외에, 도시는 방글라데시어와 터키어, 광둥어, 구자라트어,* 만다린어로 하는 '헤리티지' 수업의 필요성을 유발하는 조직 공간으로 이면에 남아 있다. 라보브의 도시 사회언어학적 전통에 더욱

....
* 인도 서부 구자라트에서 쓰는 언어.

근접해서 설명한 램프톤의 연구는 도시 학교에 중점을 둔다. 라보브와 같이, 여기에서 도시는 대부분 사회 계급과 민족성의 공간을 조직하는 역할을 한다. 램프톤(2006)이 상기시키는 바와 같이, 세계적이거나 국제적인 도시는 "재정과 운송, 의사소통 중심으로 작용함으로써 매우 다양하고 계층화된다. 런던에서는 민족 다양성을 특히 두르러지며, 영국의 그 어느 지역보다 부와 소득 차이 또한 더욱 뚜렷하다."(p. 7) 한편으로는 런던과 같은 세계적 도시는 "세계적 지배 계층, 전문가들과 사업가들의 고향이며, 다른 한편으로 수많은 사람들이 상당한 규모의 지하 경제에서 저임금, 저숙련 일을 하는 경우가 많다."(p. 7) 따라서 도시와 그 도시 내 학교는 후기 근대사회의 장소이며, 이곳에서 사회언어적 상호작용을 통해 계급 관계가 발생한다. 그러나 도시는 일종의 그림자, 노동이 분포하는 장소, 사람들이 정착해 사는 곳, 학교 교육의 역학에 대한 배경으로 남아 있다.

다소 다른 접근 방법은 앨림(Alim, 2004)의 연구에서 찾을 수 있다. 앨림은 라보브와 같이 미국 흑인 일상 영어에 관심이 있으며, 램프톤과 같이 어체 변환styleshifting과 학교, 더 광범위한 민족지학적 언어 사용에 중점을 둔다. 그러나 '미국 흑인 언어 사회에서의 어체 변환'에 대한 이 연구는 도시언어와 공간의 민족지학적 현재 상황을 더욱 깊이 있게 다룬다.

자, 우리는 미키 디스Mickey D's 밖에 앉아 이야기를 하고 있는데, 백인 커플이 걸어오더라고. 내가 셰이디사이드Shadyside에 있는 백인에 대해 이어서 질문을 막 하려던 바로 그때 말이야. 걔네들이 자기네들의 그 번지르르한 검은색 볼보Volvo를 타려고 하더라고. 그래서 나는 질문을 잠시 멈췄어, '잠깐', 이렇게 말이야. 무례하게 굴려고 했던 건 아냐, 무슨 말인지 알지? (p. 121)

지금 우리는 도시에서 맥도날드 밖에 앉아서 이야기하고 있는데(미키 디스 밖에 앉아 이야기를 하고 있는데), 연구의 초점인 어체 변환이 우리가 읽고 있는 바로 그 문장에서 이루어지고 있다. 여기서 사람들과 장소의 관계가 훨씬 더 명확하고, 번지르르한 검은색 볼보가 중요하다.

서니사이드Sunnyside 소재 헤이븐Haven 고등학교에서의 언어 사용에 대한 이 연구에서 앨림에게 연결망의 중심은 지역 이발소였다. 앨림은 "이 이발소는 나에게 여러모로 도움이 됐다. 나는 매주 (정신을 차리기 위해) 짧은 페이드커트로 머리를 깎을 수 있었을 뿐만 아니라, 내 학생들이 소속된 공동체의 일부가 되어 가고 있었다."(p. 80)라고 설명했다. 이 이발소는 서니사이드에서 몇 안 되는 흑인 소유 사업체 중 하나였다.

그리고 주로 미국 흑인 고객층에게 서비스를 제공하여 도시에서 몇 안 되는 흑인 소유 공공장소 중 하나가 되었다. 이곳은 작은 가게이지만, 할 일은 하는 가게이다. 모든 이발사들은 아내, 형제, 자매, 이모, 사촌, 조카 및 친구 사진으로 이발소 안의 벽을 꾸몄다.   (pp. 84-85)

이것은 도시 공간에 대한 우리의 접근 방식에 더욱 가깝다. 사진도 중요하고, 누가 공간을 소유하느냐도 중요하고, 짧은 페이드커트로 깎는 머리도 중요하다. 언어는 이 모든 것과 밀접한 관련이 있다. 단순히 도시를 배경으로 일어나는 것이 아니라 이발소, 근교 농원, 사고파는 네트워크와 같은 도시의 일부분이다.

그러므로 우리는 도시를 특정한 사회, 문화와 공간 구성으로서 이해할 방법이 필요하다. 이는 우리가 도시의 개념을 부각시키고, 공간과 그 공간이 가진 언어와의 역학 관계에 관한 문제들을 다루고, 도시의 의미가 도시언어에 상당히 의존적이라는 것을 제시하며, 도시언어가 그것이 발생하는 도시 공간과 밀접한 관계가 있다는 메트로링구얼리즘이라는 개념으로 이루길 바라는 연구이다. 장소, 위치, 맥락과 같은 공간은 사건과 언어가 시간을 통해 투영되는 배경막이 아니다. 그보다 언어 실행은 시간과 공간을 생성하는 활동이다. 실행은 우리가 관심 갖는 일상 활동에서 매우 큰 부분을 차지하는데, 이처럼 일상성이 발현되면(1장을 볼 것) 시시한 것들이 반복해서 일어나는 시간이라는 빈도뿐만 아니라 일상의 장소도 알려준다. 즉 우리의 일상 활동은 항상 과정의 일부가 되는 곳에서 이루어진다는 의미이다. 특히 도시와 관련해서, 메트로링구얼리즘에 대한 중대한 연구의 일부를 구성하는 것은 바로 이 공간적 변화이다. 사센(Sassen, 2005, p. 32)은 '지구화에 관련된 장소의 지리성을 재평가하는 것'은 '지구화 연구에 관련된 사람들, 노동자들, 공동체, 그리고 더 구체적으로 기업 문화 이외의 다른 수많은 노동 문화를 재평가하도록 한다'는 것을 상기시킨다.

우리는 도시언어를 이해하기 위해 도시, 즉 세계 도시, 지역 도시, 역사적 도시, 다양한 도시, 공간과 장소로서의 도시를 이해해야 하며, 이를 위해 도시에서의 언어, 즉 언어의 유동성, 혼합, 변이, 변화에 대해 이해해야 한다. 도시에서 언어는 장소 및 유동성, 우호성 및 거부감, 창의성 및 순응에 대한 것이다. 언어와 도시가 상호작용하는 방법은 많다. 우리는 이미 누가 어디서 어떤 언어를 사용하는지에 대한 언어 인구통계를 작성할 수 있는 방법을 지적하고 부분적으로 비판하기도 했다. 그러나 여기서 우리는 이보다 더 밀접한 관계들을 언급하고자 한다. 사이먼(Simon, 2012)이 언급한 것처럼, 우리는 도시의 시각적 생활뿐만 아니라 '언어의 청각적 표면, 즉 각 도시의 고유한 방언과 억양의 혼합'에도 초점을 맞출 필요가 있다. 이것은

… 도시 현실에서 동등하게 중요한 요소이기 때문이다. 도시 집합체의

건물과 거리를 '보는' 것이 그곳의 역사, 지역 구성, 순환 체계를 이해하는 데에 중요한 것처럼, '듣는' 것은 사회적, 경제적, 문화적 복잡성의 측면으로 청중을 안내한다. (p. 1)

이것은 다음과 같은 몇 가지 당연한 결과로 귀결된다. 즉 관행으로서 메트로링구얼리즘은 도시로 국한되지 않는다는 것과 범세계주의적 이상주의의 측면보다는 언어와 도시를 이해하기 위한 광범위하고 설명적인 범주로서 고안되어 사용된다는 것, 그리고 우리 프로젝트의 일부는 메트로링구얼리즘의 시각으로 언어를 재평가하는 것뿐만 아니라 도시를 재평가한다는 것이다. 현대 도시에서 주로 볼 수 있는 일종의 언어 사용을 특징으로 하지만, 우리의 관심을 집중시키는 일종의 일상적인 다중언어주의 역시 유동성과 '주변적 다중언어주의peripheral multilingualism'의 맥락에서 발생할 수 있다. 대개 이민으로 인한 유럽 도시의 다양성 증가에 관심을 가지면서 비롯된 초다양성(Blommaert, 2010; 2013a)과 같은 현재 대중적인 개념과 달리, 메트로링구얼리즘은 사람들이 자신들의 언어와 비언어 자원을 활용하는 다양하고 역사적인 방식의 범용성에 중점을 둔다. 도시는 특별한 힘으로 사람들을 모으고, 특유의 민간 및 공공장소의 구성, 활동의 리듬, 고용 구성, 사회적 상호작용의 공간을 갖는 이러한 상호작용이 이루어지는 전형적인 장소일 때가 많지만 유일한 장소는 아니다.

"사람들은 그야말로 모든 곳에서 다 와요"
: 일터에서의 민족성과 언어

1993년 아내와 8개월 된 아기를 데리고 난민 비자로 호주로 이주한 세르비아계 보스니아인[2] 부카신Vukasin은 주택 도장업자들의 관리감독자이다. 그는 같이 일하는 기술자들에 대해 다음과 같이 설명했다.

> 우리는 많은 계약자들을 쓰고 있어요, 맞아요, 말레이시아 사람들이 우리를 위해 타일 까는 거 봤잖아요. 그리고 다른 일에서는 한국 사람들이 우리를 위해 타일을 깔죠. 또 내일 여기 올 사람은, 목수인데, 출신이 그리스예요, 아마도. 그러니까, 네, 모든 곳에서요. 사람들은 그야말로 모든 곳에서 다 와요. (부카신 인터뷰, 2011년 11월 14일)

사람들은 그야말로 모든 곳에서 다 온다. 그러나 말레이시아계 중국인 타일 기술자, 이탈리아인 콘크리트 기술자, 세르비아인 도장공과 같은 연결 관계는 시드니 전역에서 반복된다. 이는 설명과 연구가 필요한 다문화 작업장의 매우 특별한 이미지를 나타낸다. 예를 들어 저기 있는 한국인 타일 기술자, 여기 있는 세르비아인 도장공, 여기 있는 피지인 비계 기술자, 저기 있는 레바논인 굴착 작업자 등 이러한 민족성과 일의 특징은, 최소한 사람들이 자기 자신과 타인을 바라보는 용어임을 암시한다. 이 이미지를 이 장 후반에서 더 복잡하게 다루겠지만, 이것은 명백하게 언어와 문화에 대해 이해할 수 있도록 정보를 제공하는 불변성과 유동성fluidity의

....

2 이 연구를 작성하는 과정에서 우리는 민족과 언어 라벨링과 관련된 문제에 끊임없이 직면했다. 우리가 다양한 언어적 라벨을 사용하는 것을 꺼리는 것과 마찬가지로, 참여자들이 그것을 직접 사용하더라도 일반적인 민족에 대한 묘사는 우리가 다양성에 접근하는 방식과 잘 맞지 않는다. 국가·공간 및 사람들의 궤적은 항상 복잡하며 누군가를 '중국인', '세르비아인' 등으로 보는 일종의 불변성으로는 그 사람들의 역사와 배경에 대해 암시하는 데 타협점을 찾기가 언제나 힘들다. 우리는 '2세대 레바논계 호주인'이나 '세르비아 출신 노동자'와 같이 다양한 중도적 성격의 기술어구를 사용하거나 단순히 개인의 인생사를 기술했지만, 이러한 용어 사용으로 인해 발생하는 문제에 대해서는 여전히 인식하고 있다.

관계의 일부이다(5장을 볼 것). 노동자들의 언어 및 문화 이데올로기를 심각하게 고려하려면, 노동자들이 자신과 다른 사람을 정의하는 용어를 살펴봐야 한다.

연대 관계는 많은 노동자들이 어떻게 지금 속해 있는 산업에 참여하게 되었는지를 파악할 때 중요한 역할을 해 왔다. 부카신이 자신의 이력을 설명하기로는, 그는 전쟁 중에 보스니아를 떠나 호주에 왔다. "네, 저는 말하자면 건축 사업을 시작했어요. 네. 그리고 2년 반 후에 저는 이 회사에서 일하기 시작했어요. 그러니까 사실 15년이 넘었죠, 이 회사에서 일한지." 이 업계에서의 경력이나 특별한 관심이 있어서가 아니었다.

우리가 학교에서 영어를 배울 때 만났던 몇몇 사람들 때문이에요. 네, 그리고 그 사람들은 또 대부분 같은 출신이었고 그 당시 대부분은 건설업에서 일을 하고 있었어요. 그렇게 하는 거죠, 그렇게 시작하는 거예요.
(부카신 인터뷰, 2011년 11월 14일)

시드니의 건설 현장은 종종 이 민족 연대감과 밀접하게 관련이 있으며, 이는 보통 도장공과 미장공의 노동 뒤에 숨어 있는 발칸인Balkan들의 고된 역사와도 얽혀 있다. 부카신은 담장에 페인트칠을 하는 마케도니아Macedonia계 노동자들과 이야기할 수 있는 이유를 설명하는데, 여기에 부카신 자신의 언어 궤적이 개입된다. "저는 1년 동안 군대에 있었어요. 그때는 군대가 의무였거든요. 그리고 군대에 있을 때 저는 마케도니아에 있었어요. 그래서 저는 말할 수 있었어요. 엄청 잘 이해할 수 있었고 그 당시에는 말을 꽤 잘할 수 있었죠." 자신을 유고슬라비아인이라고 일관되게 주장하고 있는 계약직 건설 노동자 이고르(1장을 살펴볼 것)도 보스니아 전쟁의 희생자가 되어 떠났다.

왜냐하면 저는 우리 나라에서 아주 멀리 가고 싶었어요. 우리 나라에서 아주 멀리, 돌아갈 수 없게. 왜냐하면 더 이상 돌아가는 게 좋지 않거든요. 왜냐하면 그곳에서 아버지도 죽었고, 어머니도 죽었고, 여동생도 죽었어요. 제 여동생은 지금 서른한 살이 되었을 테지만, 모두 다 전쟁에서 죽었어요. 네, 전 돌아가고 싶지 않아요. (이고르 인터뷰, 2011년 12월 3일)

건설업계에서 일하는 세르비아계 보스니아인인 다른 노동자 즐라탄Zlatan은 부카신, 이고르와는 상당히 다른 언어 궤적을 가지고 있다. 즐라탄은 몬테네그로에서 휴가를 보냈는데 거기서 크로아티아 출신 호주 여성을 만났다(이 여성은 유아 시절 호주로 이민 왔지만 세르비아어를 할 수 있었다). 이들은 결혼해서 호주로 이주했다. "저는 우리 나라에서 온 사람들을 만나서, 건축 쪽이나 뭐 그런 일에 대해서 물어봤죠, 그게 저한텐 제일 쉬운 길이었으니까요, 건축 쪽 일을 하는 게요, 저는 영어를 잘 못하거든요."(즐라탄 인터뷰, 2012년 2월 14일) 다른 건설 현장의 안전 관리자인, 크로아티아 출신 토모Tomo는 1960년대와 1970년대의 수많은 이민자 중 한 명이었다. 토모의 아버지는 1969년에 이주했다. "아버지는 건설 분야에서 일했어요. 누군가를 만나 일자리를 얻었죠. 맞아요, 그리고 거기서 계속 일했죠."(토모 인터뷰, 2013년 5월 13일) "크로아티아에서는 건설 분야에서 일하는 사람이 많기 때문에, 이들은 콘크리트 작업과 거푸집 작업에 투입됐어요. 목수 일도 하고요. 그래서 거푸집 기능공들은 크로아티아 사람이라는 것을 알게 될 거예요." 토모 역시 호주에서 학교를 그만두고 아버지가 건설 분야에서 일하라고 제안하기 전까지 다양한 일을 했다. 그때부터 토모는 열심히 일해서 안전 관리자가 되었다. 거푸집 기능공으로서의 그의 경력은 안전 관점에서 노동자들을 다룰 때 신뢰감을 준다.

저는 그들에게 "나는 연장도 써 봤고, 아침 5시에 부츠를 신고 햇빛, 더위, 그리고 이런저런 상황에서 일하는 게 어떤 건지를 알아."라고 말해요. 저는 "자네들을 더 힘들게 하려고 내가 여기 있는 게 아니야."라고 말하죠.

토모의 언어적 배경도 도움이 된다.

제가 크로아티아 출신인 것, 세르비아인들이 그곳에서 일하고 있는 것, 아무 걱정 없어요. 나는 크로아티아 사람이라고 말을 하지만, 그들이 안전 교육을 받고 양식을 작성할 때는 그들을 돕죠. 그러다가 내가 그들의 언어로 말하면 그들은 "오, 잘됐네요, 영어는 제2언어라서 이 문제는 잘 모르겠어요."라고 말해요.

다른 건설 현장 관리감독자인 레바논 출신 렌Len은 이와 유사한 언어 문제를 언급했다. 그 당시 발굴 작업 현장에서 일하는 노동자 8명 중 7명은 이라크와 레바논 출신의 아랍어 사용자들이었다(아프가니스탄 출신 다른 노동자도 아랍어를 조금 배웠다). "저는 그 사람들에게, 제 말을 이해하지 못하기 때문에 이게 더 간편할 때도 있어요. 그러니까 저는 아랍어로 말해요."(렌 인터뷰, 2012년 9월 23일) 라마단 기간에 인터뷰가 이루어져서 렌은 또 노동자들의 언어적 요구뿐만 아니라 단식과 같은 종교적 요구를 수용하는 방법도 설명했다.

그는 토모가 일하는 곳보다 훨씬 더 큰 다른 공사장에 대해서 설명한다.

이탈리아인이죠, 주로… 이탈리아인들은 콘크리트 치는 일로 알려져 있어요. 그, 석고보드 작업, 석고보드 작업이랑 미장, 그게 80년대 후반, 90년대 중반에는 크로아티아인들이 했고, 이제는… 보스니아인들이 들어와서 하죠. 내전 중에, 또 그 이후에도, 세르비아인들이 수없이 들어와서 대개 석고보드 작업이나 거푸집 공사를 했죠.

(토모 인터뷰, 2013년 5월 13일)

렌은 새로운 이민자들이 시드니에 오면 "공동체 대다수가 하고 있는 일은 무엇이든 간에, 사교 모임에서 만나든, 무엇이든, 거기서 누군가를 통해 일을 구할 거예요."라고 설명한다. 경험이 부족하더라도 노동자로 그 산업에 참여할 수 있으며, "공구를 사용하기 시작하면, 그다음으로 2년 후에는 유능한 기술자가 되죠". 예를 들면, 부카신은 '전쟁이 일어나기 전까지 보스니아에서 작은 상점'을 운영했으며, 건설업에 들어오기 전에는 시드니에서 상점을 운영해 보려 했었다.

토모는 특히 이 현장의 거푸집 기능공(콘크리트 주형을 만드는 목수) 중 약 50퍼센트는 포르투갈 출신이며,[3] 나머지 3분의 1은 발칸인(크로아티아인, 세르비아인, 보스니아인, 마케도니아인)이라고 설명한다. 콘크리트 작업자들만 봐도 반이 이탈리아 출신이며, 나머지 3분의 1은 중동 출신이다. 굴착 장비를 운영하는 하청업자들은 레바논 출신으로, 거의 모두 중동 출신 노동자들을 고용한다. 배관공과 전기공 등 몇몇 기술자는 앵글로켈트 출신이 더 많다. 건설 현장 작업이 항상 바뀌기 때문에 도시 리듬의 일부(3장을 살펴볼 것)인 이 형태도 항상 변화한다. "아랍 출신 굴착 작업자가 여덟 명 정도 있을 거예요. 한두 주 안에 일이 끝날 걸요. 그리고 철

....
3   여기에 사용된 범주는 이 노동자가 제공한 것이며, 그의 작업장 지식과 그들이 작성한 건강 및 안전 양식을 기반으로 한다.

강 기술자들을 더 데려올 생각이에요. 뭐 그런 거죠."

토모는 몇 가지를 가지고 이 연결 관계를 설명한다. 앞서 언급한 바와 같이, 이것은 부분적으로는 사회적 관계의 결과이다. 어떤 업계에서는 특별한 배경을 가진 사람들이 많이 일하는 경우, 이 현상이 상당 기간 동안 지속되는 경우가 많다. 특정 배경의 사람들이 회사를 소유하는 경우 이 현상이 증가하고 때로는 베트남 손톱 관리사들처럼 틈새 민족 산업이 생겨나기도 한다. 또한 토모는 비계 작업에 종사하는 태평양제도 사람들을 가리키면서 일부 기술에 도움이 될 수 있는 특정한 신체적 특징이 있다는 것을 조심스럽게 제시한다. "태평양제도 사람들은 대개 그래요…. 일부는 콘크리트 업계로 들어갔어요. 육체 노동을 더 많이 하는 경향이 있죠. 정형화하는 건 아니지만, 대체로 그런 종류의 사람들을 알아볼 수 있을 거예요." 다른 건설 현장(ABC사)의 관리감독자인 필립Phillip은 다르게 설명한다. "이제, 내가 그 분지에 구멍, 큰 구멍을 뚫는 걸 보게 될 거예요. 그게… 구멍을 뚫고 나면 조금 있다 강철 작업자들이 와요. 큼직한 마오리Maori 사람이 올 거예요. … 헤이 브로hey bro…, 큼직한 마오리 사람들이 굉장히 많이 몰려들 거예요."(필립 인터뷰, 2012년 10월 31일) 필립은 계속해서 설명한다. "거기서부터 몇몇 콘크리트 작업자들이 보일 텐데, 대부분 이탈리아 사람들이에요. 그런데 그다음엔 거푸집 기능공들이 오죠. 그리고 나면 엄청나게 많은 국적과 의사소통의 단면을 보여 주는 거대한 무리가 보일 거예요."

이와 같은 건설 현장에 대한 전반적인 설명, 즉 "이탈리아계 호주인들이 콘크리트 산업을 지배하고, 크로아티아계 호주인들이 목수업을 전문으로 하며, 한국계 호주인들이 타일 업계에 집중되어 있고, 남부 섬 출신 노동자들이 비계를 만들며, 아일랜드인들이 노동을 하는 것 등"은 호주의 건설업계 연구 결과에 의해 더욱 광범위하게 뒷받침된다

(Loosemore, Phua, Dunn & Ozguc, 2010, p. 179). 이 연구는 건설 현장에서 가장 많이 사용되는 언어는 영어 이외에 만다린어, 광둥어, 크로아티아어, 포르투갈어, 스페인어, 세르비아어, 아랍어, 보스니아어라고 밝혔다. 하청 업체끼리 협력해서 일해야 한다는 것과 점심 식사 같은 사회적 맥락들로 보아 집단 간 상호작용이 상당히 활발하다는 것이 밝혀졌지만, 식사 장소 의 시간적, 물리적 배치 등의 일부 이유로 하청업계 간 작업자가 섞이는 정도는 제한적이다. 세르비아계 보스니아인인 또 다른 건설업계 노동자 인 이고르가 설명한 바와 같이, 집단 간 의사소통은 영어를 더 유창하게 할 수 있는 소수가 중재하는 경우가 많았다. 이고르는 중국계 말레이시아 타일 작업자들을 가리키며 "여기 작업자들 전부 있잖아요, 타일하는 사람 들 있잖아요? 오직 한 명만 영어를 할 줄 알아요. 단 한 명, 나머지는 영어 못 해요."라고 말한다(이고르 인터뷰, 2011년 12월 3일). 우리는 6장에서 건 설 현장에서의 점심시간 대화의 복잡성으로 되돌아갈 것이다.

민족 산업과 민족언어적 레퍼토리

사람들이 일을 구할 때나 물건을 사고팔 때 민족적, 언어적 연대감이 중요한 역할을 하고 있는 것은 분명하지만, 우리는 이와 같은 상황을 자 세히 다룰 필요가 있다. 앞 장에서 언어적 경계선을 따른 구매자와 판매 자의 관계에 대한 조셉의 의견, 즉 '그들이 동아시아 사람이든 남아시아 사람이든 뭐든 간에, 그들은 그 상황에서 그들의 언어로 소통한다'는 것 은 또한 두 가지 중요한 방향을 가리킨다. 하나는 시장에서, 가게로, 식당 과 가정으로, 도시를 격자로 가로지르는 도시언어적 네트워크이고 다른 하나는 소수 민족을 특정 생산품에 연결하는 역사적 배경이다. 상당히 안정적인 언어 및 문화적 집단들을 암시하기도 하는 이 상황에서 우리는 일시성의 차원(이러한 집단은 시간이 지남에 따라 변화한다는 것), 이동성의 차원(사람들이 도시 안과 주변으로 이동한다는 것) 및 레퍼토리의 차원(사람들은 연대감 형성 과정의 일부로서 민족 레퍼토리를 사용한다는 것)을 추가적으로 다룰 필요가 있다.

이미 이전의 논의에서 분명히 밝혀진 것처럼, 배경이 다른 사람들이 특정 분야에서 함께 일하지 않는 것은 특별히 원해서거나 어찌 하다 보니 문화, 역사나 경험을 통해 그렇게 하려는 성향 때문이다. 시카고학파Chicago School 전통의 도시 성장에 관한 초기 저술 일부에서는 인종, 민족성과 고용 간에 일치하는 경향이 더 높게 나타났는데, 버지스(Burgess, 1924)는 다음과 같이 예를 들었다.

유럽과 미국의 농촌에서 온 이민자는 우리의 산업, 상업 또는 직장 생활에 큰 가치가 있는 경제적 기술을 갖고 있는 경우가 거의 없다. 그러나 국적별로 직업 선택이 흥미로웠는데, 이는 구세계의 경제적 배경보다도 아일랜드 경찰관, 그리스 아이스크림 가게, 중국 세탁소, 흑인 짐꾼, 벨기에 관리인 등과 같은 인종적 기질이나 상황으로 더 잘 설명할 수 있다.

(p. 92)

가장 최근의 논평자들은 민족성과 소기업에 대해 이처럼 인종적이고 민족문화적인 설명과 거리를 두고 그보다는 이주와 정착 유형과 노동자들이 특정 분야에 집중되는 현상을 강조하느라 어려움을 겪고 있다. 파나이오토풀로스(Panayiotopoulos, 2010)는 사전 정의된 특성의 집합이 아니라 일상적으로 나타나는 문화를 이해해야 한다고 강조한다. 민족성으로 문화를 정의하는 '민족문화적 관점'을 피하면서 그는 다음과 같이 주장한다.

우리를 인간으로 정의하는 사교성과 일상적인 거래를 통제하는 일상생활과 일, 날마다 배우는 관습과 규범의 문화 안에서, '존재'라는 민족성은 스스로 형성되고 재형성된다.　　　　　　　　　　　(p. 190)

'아래로부터의 다문화주의'의 이러한 형태는 민족문화적 관행이 일상생활과 일의 전제조건이라기보다 조건 자체에서 비롯된 것으로 본다.

그러므로 민족 소기업의 발전은 직업과 민족성의 특정 집단을 형성하는 특정 경제, 계급, 성별, 시간 및 공간 조건 내에서 가장 잘 이해할 수 있다. 어떤 경제적 조건, 이주 과정, 성별 노동의 형태, 편견 및 차별이 이 사람들로 하여금 이곳에서 이 일을 맡게 하였는가? 사람들은 같은 배경을 공유하는 듯한 사람들에게 일이 제공되는 '민족 유입ethnic channelling'의 과정을 통해 특정 형태의 노동으로 이동한다. 이와 같은 '민족 네트워크'는 오랫동안 "이민자와 내부 이주자를 같은 민족과 국적의 사람들끼리 집중된 부문으로 유입시키는 데" 중요한 역할을 담당해 왔다(Panayi-otopoulos, 2010, p. 12). 따라서 19세기 뉴욕의 러시아계 유대인 여성들이 그랬던 것처럼 20세기 런던에서는 "대부분의 그리스계 및 터키계 키프로스 여성들이 실내 기계공 또는 가내 노동자로 의류 산업에 유입되었다."(p. 13) 그러므로 다양한 노동의 영역은 의류, 가정 및 보건 종사자의 전형적인 예처럼 일반적으로 성별로 나뉘며 특정 언어 및 문화 집단이 장악하기도 하지만, 이러한 영역은 시간이 지남에 따라 변화할 수도 있다. 예를 들어 재봉틀 작업을 하는 노동자들은 여전히 여성일지는 모르지만, 이제는 러시아계 유대인보다는 베트남인, 그리스계 키프로스인보다는 중국인일 수도 있다는 것이다.

베트남 네일 케어 사업인 '손톱미용업manicuring에서의 틈새 민족 노동시장'(Eckstein & Nguyen, 2011, p. 666)은 지금까지 이러한 관리를 받을 여유가 전혀 없었던 다양한 계층과 민족 배경을 가진 사람들에게 저렴한 네일 케어를 제공함으로써 이루어진 성별 민족 고용의 또 다른 예이다. 이러한 사업들은 일단 설립되면 새로운 베트남 이주민들에게 제한된 훈련과 언어적 요건이 마련된 저임금 일자리를 제공하는데, 이는 사업 확장에도 도움이 되었다. 매릭빌의 베트남 네일 가게에서 일하는 림Lim에게 이 일은 베트남에서의 생활과는 다른 긍정적인 변화를 가져다주었다. "베트남에서는 그저 요리만 했어요. 아무것도 안 했죠. 집안에서 그냥 요리만 해요. 그, 음, 주부처럼요. [웃음]"(인터뷰, 2012년 11월 20일) 호주에서 처음 '노동일'을 한 뒤, 그녀는 마침내 손톱미용업에 종사하는 다른 베트남인과 이야기를 나누었고, TAFETechnical and Further Education(주립기술전문대학) 과정을 수강하여 이 가게에서 일자리를 찾았다. 그녀는 이 일이 기분 좋게도 사교적인 일이라고 생각한다. "이 일 하면서 친구가 많이 생겼어요. 친구 많이요. 왜냐하면 그, 들어오면 보고 얘기하고. … 상냥해요, 정말 친절해요."

그러므로 문화적, 언어적 연결이 섞이는 데는, 흔한 예로 가게와 식당과 같은 소규모 기업의 역할이 따른다. 영국에 있는 방글라데시 남성의 25퍼센트 이상이 요리사나 종업원으로 일한다(Panayiotopoulos, 2010)는 예와 같은 노동의 패턴과 언어 사용의 특별한 함의를 이해하려면 몇 가지 관련 요인을 살펴볼 필요가 있다. 그 요인 중 하나는 숙련 및 비숙련 노동이다. 제한된 기술에는 언어가 중요한 역할을 하는데, 적어도 고용 시장의 맥락에서 비숙련 노동 시장은 가장 확실한 취업 기회를 제공하며, 우세한 언어가 장착된 제한된 기술을 요구하는 경우가 많다. 앞서 설명한 중국인 소농업인들이 이용할 수 있는 일자리 기회(식당 주방 또는 유모의 저임금 노동, 근교 농원의 노역)와 이고르의 의견(노동자 집단의 공사장 관리감독자만이 영어를 더 광범위하게 사용할 수 있다)에서 알 수 있듯이, 언어 네트워크는 일자리를 제공하긴 하지만 종종 다른 언어 중재자들에게 의지하기도 한다.

이렇게 하여 도시 지역은 특정 지역 사회를 중심으로 발전하기 시작하는데, 때로는 그 일이 가까이에 있기 때문이며(비록 값싼 주택과 저임금노동은 상당히 긴 출퇴근길을 동반할 수도 있지만), 식당, 테이크아웃 전문점, 식료품점, DVD 아웃렛 등과 같은 소규모 사업체가 생기고 그 후 예배 장소가 조성되어 사람들이 그곳으로 이주하는 순환 과정이 많기 때문이다. 일반적으로 이러한 사업은 가족노동에 의존하고, 노동 계급 공동체에 기반을 두고 있으며, 노동 분업(소유권, 관리 및 생산은 생략된다)이 불분명하며, 상대적으로 소규모 및 저생산성 집단이고, 전통적인 가부장적인 방식과 개인 네트워크에 따라 운영되며 사업, 고객과 다른 지역 사업 및 유사한 민족, 언어 사업과 긴밀한 관계를 유지한다(Panayiotopoulos, 2010). 결국 이러한 지역은 발전하기 시작할 것이고 심지어는 자체적으로 '민족 구역'이라고 홍보하기 시작할 수도 있다.

사적 및 공적 공간이 결합되고, 문화와 상징적 경제가 생산자(민족 사업가), 소비자와 주요 사회 기반 시설(규제 담당자, 지역 사회 대표, 비평가, 장소 마케팅 담당자)의 상호작용으로 두드러지게 되는 도시 내 장소.

(Collins & Kunz, 2009, p. 40)

이러한 민족 사업과 소수 민족 거주지의 성장은 오래된 사업이 교외 지역으로 이전한 후에도 "중앙 도시의 산업, 창고 및 소매업 구역을 되살리는 데에 중요한 역할"(Lin, 2011, p. 34)을 했다. 린(2011)이 상기시켜 주듯이 민족 구역은 '민족 테마파크'가 될 수 있다(p. 14). 장소와 문화유산의 개념은 "지역 사회와 문화를 유지하는 데 도움이 될" 수 있지만, '도시 재개발을 촉진하기 위한 세계 자본주의에 의해 쉽게 전용될 수"도 있다(p. 16).

이 프로젝트를 진행하는 동안 우리는 이같이 새롭게 생겨난 구역 한 군데를 연구할 기회가 있었다. 시드니 북부의 한 기차역에는 기차역과 주택가 사이를 가로질러 골목길이 나 있다. 1980년대 이래로 자동차로 접근하는 것이 금지되었고, 지난 몇 년 동안 재포장되어 벤치가 만들어지고 후추나무로 아름답게 장식되었다. 1세기 넘는 동안, 이 거리는 각양각색의 다양한 소기업의 공간이 되었다(7장을 살펴볼 것). 여성 모자 가게, 정육점, 약국, 변호사 사무소, 청과물 가게, 우유 가게, 사탕 가게와 빨래방 외에 수많은 소기업들이 수년 동안 공간을 공유하고 변화시켰다. 지금은 초밥집, 라면가게, 일본 식료품점 두 곳, 일본 헌책방, 카페, 태국 식당, 헬스장 및 일본 도자기 스튜디오가 있고, 현재 한국 고깃집이 공사 중이다. 이러한 발전은 결코 계획적으로 이루어진 것이 아니라, 한 일본 사업체가 약간 위험해 보이는 이 골목에서 개업하면서 시작되었다. 이곳은 평판이 좋지 않고 빈곤 지역이란 인식이 강해 집으로 가는 길에 서둘러 지나쳐야 할 장소로 여겨졌지만, 시간이 지나면서 다른 사업체들도 뒤따라 들어섰다. 현재는 두드러지게 일본인 공간이 되었으며, 실제로 시드니 지역에 사는 일본인이 특별히 찾는 곳이 되었다(3장과 5장을 살펴볼 것).

이렇게 구역은 시간이 지남에 따라 변화한다. 시드니 교외 지역인 매릭빌에는 미용실과 빵집에서부터 변호사 사무소, 여행사까지 그리스, 터키, 레바논, 베트남 가족 사업체들이 어깨를 나란히 하고 있는데(거리의 다중언어 표지판은 7장을 살펴볼 것), 이는 교외 인구의 변화를 반영한다. 20대 초반의 터키 출신 여종업원은 이렇게 설명했다. "조부모님이 처음 이민 오셨을 때는 사실 매릭빌로 이주했어요. 그래서 거기에는 터… 터키인과 그리스인이 많아요. 그 사람들은 이 지역 주변에 이주해서 거기 머물렀어요." 그러나 현재는 베트남 네일 가게와 빵집이 들어서면서 이 지역의 패턴이 바뀌고 있으며, 이에 따라 그곳에서 누가 일하고 사는지에 대한 패턴도 바뀌고 있다. 린(2011)이 언급했듯이, 미국에서 가장 큰 로스앤젤레스 코리아타운은 주로 한국인이 있을 수 있지만, 로스앤젤레스의 주요 인구는 히스패닉이며 한국인은 인구의 15퍼센트 미만을 차지한다. 마찬가지로, 이탈리아 음식점으로 유명한 시드니의 라이카트Leichhardt는 더 이상 이탈리아계 사람들의 주요 주거 지역이 아니다. 보다 일반적으로, 이것은 건물의 다양한 간판에서 볼 수 있듯이 도시의 복잡한 계층화의 일부가 되며(7장을 살펴볼 것) 각기 다른 지역이 각기 다른 기업의 역사를 품는 방식이다.

사업 자체가 다른 민족에게 넘어가는 경우도 있다. 래디스(Radice, 2009)가 몬트리올Montreal의 소기업에 대해 언급한 것처럼,

> 셔브룩 스트리트Sherbrooke Street에서 수제 인도 카레를 파는 시크교Sikh 가족의 베이글 가게에서는 민족 라벨ethnic label을 붙이는 것이 어렵다. 마찬가지로 24시간 세인트 비아또St-Viateur 베이글 가게의 이탈리아인 주인은 10대 시절인 1962년 야간 근무조로 일하기 시작했는데 이디시어를 배워 나갔다. (p. 147)

래디스는 다른 거리에 있는 가게명이 이탈리아어지만 중국 이민자가 소유한 작은 슈퍼마켓을 묘사하는데, 델리 판매대에는 그리스어를 하는 남자를, 계산원으로는 원소유자 이탈리아인의 친척과 흑인 학생을 고용하고 있다. 이 구역은 인종이 다양하기 때문에 가게에는 이를 반영하는 다양한 상품이 있다. 나중에 4장에서 살펴보겠지만, 시드니에서는 그리스인이 운영하는 피자 전문점이 전혀 이상하지 않다. 매릭빌에 있는 레바논인 소유의 가게에 들어서자마자, 올리브와 올리브유에는 그리스어, 신선한 빵과 밀가루에는 터키어, 쌀 포대와 향신료 상자에는 중국어와 베트

남어가 적힌 것이 보인다. 또한 독일식 양배추 절임 사우어크라우트sauer-kraut와 오이 피클 게르킨gherkin, 인도 향신료와 에티오피아 커피도 있다.

현재의 지구화된 상황에서는, 베트남 네일 가게가 초국가적으로 연결되어 있거나(Eckstein & Nguyen, 2011), 필리핀과 같은 '노동 중개국'이 노동력 수출을 공공연한 경제 전략으로 조직하는 등의 이주 패턴이 상당히 체계적일 수 있으며, 여기에는 분명한 언어적 함의가 있다. 필리핀에서는 노동자들이 "세계 노동 시장의 특정 틈새시장에서 시장성이 높고, 맞춤형이며, 수익성이 높은 이주 노동자"로 변모하고 있다(Lorente, 2011, p. 201). 이 노동자들은 직장 내 의사소통 능력, 영어 및 대상 목적지의 언어(홍콩은 광둥어, 중동은 아랍어 등)를 포함해 '초지역적으로 적절한 언어 자원'(p. 201)을 갖추고 있다. 중산층 아이들을 돌보는 가사 노동자들에게 영어는 보통 가장 중요한 언어적 자원이다. 그럼에도 필리핀 노동자들은, 도심으로 인파가 몰려드는 홍콩의 일요일에 가장 잘 나타나듯이 그들이 일하고 있는 여러 나라 안에서 대규모 민족 네트워크를 만들지만, 그들의 일시적인 이주 노동과 그들이 고용주의 아파트에 거주하는 것은 도시에서 그들의 공간적인 표상spatial representations이 영구 정착민의 공간적인 표상보다 적다는 것을 의미한다.

어떤 측면에서 중국인 소농업인, 세르비아인 도장공 및 미장공, 레바논인 과일 및 채소 판매원처럼 우리가 보아 온 라벨label과 식별은 특정 연대 관계를 명확하게 보여 주기도 하지만, 다양성의 층을 가리기도 한다. 우리가 이미 세르비아인(또는 '유고슬라비아인') 노동자들에 대해 언급했듯이, 언어와 노동을 중심으로 하는 실용적인 제휴는 다른 지역과의 차이보다 더 중요할 수 있기 때문에 크로아티아 안전 관리자는 세르비아 노동자들의 양식 작성을 도와주고, 보스니아, 세르비아와 마케도니아의 차이는 제쳐 두게 된다. 플레밍턴 시장Flemington Market의 '레바논' 끝(앞 장 참조)이라는 맥락에서, 우리는 또한 이 '레바논스러움Lebanese-ness'이 다른 언어를 포함한 아랍어 화자의 범위 안에서 부분적으로 유지되고 있다는 것을 볼 수 있다. 이 형제는 터키인, 파키스탄인, 모로코인, 수단계 이집트인, 소말리아인, 필리핀 배경의 노동자들을 고용하여, 시장의 광범위한 묘사에서 '레바논' 집단의 일부가 되게 한다. 이 연대감(조셉의 말로는 레바논어와 엉터리 영어로 그들끼리 소통한다)이 다양한 상호작용이나 이곳에서 아랍 관련 노동자들과 다른 노동자들로부터 지지받는 방식을 설명해 주지는 않는다. 다음 장에서 볼 수 있듯이, '중국어'나 '광둥어'의 광범위한 라벨은 굉장히 많은 차이점을 감추고 있다.

그러므로 이것은 일상적인 상호작용과 외부의 라벨링labeling, 이 두 가지를 통해 민족 직업군을 만드는 지속적인 구성 과정으로 볼 필요가 있다. 민족문화적, 언어적 패턴은 일의 전제조건인 만큼 노동의 형태와 상호작용의 형태를 새롭게 드러내는 속성이다. 베노어(Benor, 2010)가 주장하듯이, 각양각색의 모습이 커다란 다양성으로 특징지어질 때 '민족 방언ethnolects'(민족에 특화된 화법)에 대해 이야기하는 것의 모순을 극복하기 위해서는 민족주의적 레퍼토리라는 측면에서 이야기하는 것이 훨씬 유용하다. 여기서 민족주의적 레퍼토리란 "한 민족 집단의 구성원들이 자신들의 민족 정체성을 색인화할 때 가변적으로 사용할 수 있는 언어적 자원"의 유동적 집합(p. 160)을 말한다. 이런 생각은 레퍼토리에 관해 우리가 다른 곳에서 한 논의(1장과 4장을 볼 것)와 문화 자원 및 언어 자원의 레퍼토리를 노동 현장과 관련시켜 살펴보는 것의 중요성과 관련되어 있다.

이처럼, 이러한 수행적 관점에서 도시언어의 관행을 본다면, 우리는 한편으로 민족 라벨이 이민 신청서를 작성하는 것이든 일자리를 찾으러 세르비아 클럽으로 향하는 것이든 반복되는 전략적 행동의 누적 효과라는 것을 알 수 있고, 다른 한편으로는 실제로 일어나는 언어적, 문화적 상호작용이 이러한 표식이 허용하는 것보다 훨씬 더 다양하다는 것을 알 수 있다(Otsuji, 2010). 사람들로 하여금 서로 비슷한 과일과 채소를 사도록 이끄는 언어적, 민족적 연대감은 언어적, 문화적, 요리적 연관성을 포함하는 네트워크로 작동하며, 사상적으로나 실제로나 이 네트워크가 실현 가능한 일상적 교류 상황에서 작동하는 혼합된 언어 사용의 측면과는 다른 측면에서 작용한다. 이 연대감 내에서, 그리고 그 전반에 걸쳐 계속되는 언어 사용은 도시언어적으로 남는다. 한편으로는 사람들이 사용하는 민족적, 언어적 라벨을 진지하게 받아들여야 하지만, 우리는 또한 이것을 민족언어적, 공간적 레퍼토리의 일부로, 즉 사람들이 도시의 일부로 자신들의 정체성을 색인화하기 위해 이용하는 언어적, 문화적 자원의 유동적인 집합으로 볼 필요가 있다.

과정으로서의 민족지학

2012년 9월의 어느 금요일 아침 5시, 우리는 프로듀스 마켓 카페 중 한 곳에 앉아 커피를 마시면서 오전 연구를 계획하고 있다. 우리는 민족지학적 작업의 일환으로 우리 대화 중 일부를 녹음한다. 우리가 연구에 사용하는 디지털 녹음 장치 중 하나가 아닌, 테이블 위의 스마트폰으로도 충분히 쉽게 녹음할 수 있다. 이날은 핵심 연구 팀원 세 명, 아스트리드 로렌지, 에미 오쓰지, 앨러스테어 페니쿡이 모두 모여 좋은 그런 아침이다. 물론 한 가지 이유는 오늘 아침 녹음을 어떻게 할 것인지 계획해야 하기 때문이다. 예를 들어 레바논계 무슬림 남성들의 티셔츠에 핀마이크를 고정해 줄 남성이 반드시 있어야 하는 것과 같이 우리가 해결해야 하는 중요하지만 사소한 문제들이 있다. 그러나 더 중요한 것은, 연구가 이루어지는 가운데 앉아서 이야기하는 이러한 순간들이 종종 우리가 아이디어를 생성하는 공간이라는 것이다. 지난주에 근교 농원으로 차를 몰고 가면서 차 안에서 했던 토론, 그리고 채소가 심어진 열을 따라 걸어가면서 했던 토론이 우리가 소농업인들과 했던 인터뷰만큼이나 중요했다.

이것은 과정으로서의 민족지학에 관한 것이다. 블로마트와 동(Blommaert & Dong, 2010)이 지적했듯이, 민족지학은 "일반적으로 '자료'로 간주되는 것의 역사를 매우 중요하게 여겨야 한다. 즉, 지식을 수집하고 형성하는 전체 과정은 그 지식의 일부이고, 지식 구성 **자체가 지식이며 그 과정은 산물이다.**"(p. 10. 원본에서 강조) 중요한 것은 이 역시 어느 민족지학 연구팀이 함께 걷고 이야기를 나누며, 자신들의 토론을 현장에서 녹음하고, 졸리고 커피가 필요하지만 시장의 일을 체감하는 것에 관한 것이다. 그리고 다양한 사람들이 프로젝트의 일부에 참여하면서 연구팀의 특성이 변화하는 것에 관한 것이기도 하다. 두 번째 근교 농원 방문 때 조Jo Bu를 데려간 것은 매우 결정적이었다. 조가 광둥어, 만다린어, 영어를 구사하기 때문만이 아니라(이전의 방문에서 몇 가지 인사말과 표현 외에 광둥어 지식이 부족해서 좀 허둥거렸기 때문이다), 소농업인들이 광둥 어디에서 왔는지, 어떻게 살았는지 알고 있었기 때문이다. 조 역시 광둥과 시드니 바로 옆 교외에서 자랐고, 조의 부모님은 공장과 식당 주방에서 장시간 일한 적이 있어서 그들이 무슨 말을 하는지 알았다.

이처럼 변화하는 다국어 연구팀으로부터 우리는 예상 밖의 통찰을 지속적으로 얻을 수 있었다. 건설 현장 점심시간에 녹음한 어떤 소리 가운데, "A joj! Ohh, Mmm[아 요이! 오오, 으음]"을 '포만감의 소리'로 묘사한 우리의 번역가이자 필사자인 스밀자나에게 우리는 그게 무엇을 의미하는지 물었다. 그녀는 대답했다. "네, 포만감의 소리가 문화에 따라 다르다는 게 얼마나 재미있는 일인가요! 저는 어린 시절을 보낸 나날로 돌아갔어요. 여름에 점심으로 구운 돼지고기를 먹고 나서, 배부르고 더위에 지쳐서는 아빠와 삼촌들과 함께 시골집 밖에 앉아 있던 때요." 아, 그런 소리였다. 이 설명은 유쾌하고 시적인 특별함 외에도, 우리 동료들이 설명하고 해석하고 번역하고 다시 설명하면서 이 텍스트를 구성하는 데 대단한 역할을 했음도 깨닫게 해 주었다. 이들 각자는 당연한 이유로 우리가 녹음하고 인터뷰한 사람들의 배경 일부를 공유했다. 조는 중국 근교 농원에 대해 알고 있었고, 다른 연구 보조원들과 마찬가지로 왜 우리가 평범하고 일상적이고 재미없는 특정 형태의 언어 사용에 매료되었는지 설명해 달라고 종종 다그쳤다.

우리가 다중언어주의의 일상성을 강조했듯이, 이것은 우리의 연구 보조원들이 "뭐가 그렇게 중요한가요? 그게 사람들이 말하는 방식이에요."라고 함으로써 뒷받침되었다. 우리의 아랍어 번역가는 레바논식 호주 영어와 아랍어의 미묘한 특징들을 우리에게 설명해 줄 수 있었고, 우리가 전사를 하면서 아랍어를 쓰자고 강요했을 때 그녀는 우리가 녹음한 사람들과 같은 자신의 세대 사람들은 거의 사용하지 않는다고 설명했고, 어차피 직장에서 사용하는 구어에는 알맞지 않다며 우리를 만류했다. 스밀자나는 드라고Drago가 사용하는 세르비아어가 일부 나이 든 노동자의 지나치게 격식 있는 세르비아어와 달리 젊고 멋지다는 것을 알도록 도와주었다. 전사와 번역을 하면서 파라텍스트*로 쓴 메모는 정보뿐만이 아니라 데이터로 포함시켜야 할 것이 무엇이며 어떤 것이 '주목할 만하고' 또는

....

*   파라텍스트paratext는 제라르 주네트Gérard Genette의 『문턱Seuils』(1987)에서 처음 사용된 용어로서 저자 이름, 제목, 서문 또는 도입, 삽화, 각주 등으로 주 텍스트와 함께 책을 이루는 텍스트를 가리킨다. 파라텍스트는 표지, 제목, 서문, 각주, 면지, 서체, 판형 등의 텍스트의 주변 내부 요소인 페리텍스트peritext와 서평, 저자 인터뷰, 주변 메모, 광고와 같은 텍스트 자체 외부 범위의 에피텍스트epitext로 구성된다.

'흥미로운지'에 관한 질문을 던져 주었다. 어쨌든 결국 우리는 각자 다른 사람들과 마찬가지로 개인과 민족적 궤적을 가지고 있는 도시 공간의 구성 요소이다.

　우리는 이후의 장에서 우리의 변화하는 다국어 연구팀으로부터 얻은 특별한 통찰과 메트로링구얼리즘 자료를 다룰 때의 복잡성에 대해 논의할 것이다. 여기에서 우리가 주목하고자 하는 것은 바로 연구 과정이다. 민족지학 연구는 특정한 맥락에서의 자료 수집, 메모하기, 녹음하기, 질문하기, 관찰하기에 관한 것만이 아니다. 또한 시장의 번잡함, 식당과 주방의 정신없이 바쁜 일, 건설 현장에서 점심을 먹으면서 일어나는 상호작용을 묘사하기 위해 무슨 일이 일어나고 있는지를 포착하려는 시도, 그리고 그에 대해 글을 쓰는 것에만 관한 것 또한 아니다. 이것은 우리가 앉아서 근교 농원에 대해 이야기하고, 들판의 원뿔 모양 모자와 머리 위를 날아다니는 비행기들을 보면서 이 모든 것들을 이해하려고 하는 과정에 관한 것이기도 하다. 그러므로 이러한 연구팀의 다양성은 우리가 이 많은 장소와 사람, 그리고 언어에 대해 이야기하고 성찰할 때 중요하다.

3장

이동성, 리듬, 그리고 도시

시드니에서 열차 타기

열차가 채스우드Chatswood 역을 떠난다. 30대 초반의 여성이 좌석에 앉으면서 전화에 대고 "對對!(맞아 맞아!)"라고 말하며 상대방에게 확신을 주고 있다. 그녀는 영어와 표준 중국어를 섞어서 "Otherwise 我就覺得他就去找 someone better 好了, 是吧?(그렇지 않으면 내 생각에는 그 사람이 더 나은 사람을 만날 수 있을 것 같아, 안 그래?)"라고 말하고 있다. 중국어가 대부분인 대화에 "weird(이상하다)", "turn around(돌다)", "you are right(네가 맞아)"와 같은 영어 단어와 구절이 간간이 등장한다. 남쪽 지역의 허스트빌이나 서쪽의 애슈필드Ashfield처럼 채스우드도 도시의 '중국인 교외' 지역으로 성장하고 있는데, 여기에서는 중국어와 영어를 포함해 다양한 언어 자원이 효율적으로 사용되고 있다. 이처럼 열차 안에서 아마도 다양한 언어 자원의 사용에 익숙한 상대와 통화하면서 사용하는 유동 자원은 도시를 가로지르는 대중교통망에서 흔히 볼 수 있다.

그 여성 뒤에는 남아시아 사람으로 보이는 노인이 영자신문을 읽고 있고, 그 옆의 젊은 아시아 여성은 일본어로 문자를 주고받는다. 커다란 배낭을 든 젊은 남자 세 명은 반대편 끝에 앉아 영어로 대화하고, 그중 두 사람은 가끔 서로에게 네덜란드어로 말한다. 열차가 속도를 줄이고 다음 역에 도착한다. 문자를 보내던 젊은 여성을 포함하여 일본어를 구사하는 몇몇 사람이 내릴 준비를 하고 있다. 열차가 멈추고, 문이 열리고, 사람들은 떠난다. 그 역은 초밥집, 라면가게, 일본 상점이 있는 '일본 골목'으로 알려진 작은 도로에 인접해 있다(2장 참조). 열차가 다시 출발하고 새로운 승객들이 자리에 앉는다. 중동 커플(근처에 레바논 사원이 있다)과 정장 차림의 50대 백인 남성이다. 이것은 2013년 봄, 어느 목요일 오전 11시에 시드니 북쪽 교외 지역을 지나는 열차 안 풍경이다.

라자가바스테르(Lasagabaster, 2010)는 "호주의 일상생활이 얼마나 다문화적이고 다중언어적인지 체감하려면 멜버른Melbourne의 전차나 시드니의 버스를 타 보면 된다."(p. 187)고 제안한 바 있다. 블록(2006)도 버스 여행으로 다중언어적인 도시(런던)에 대해 설명하기 시작한다. 그는 카탈루냐어로 배우자(그들은 10년 전에 바르셀로나에서 런던으로 이주했다)와 대화를 하며 런던 북부의 핀칠리Finchley에서 버스를 타고 런던 중심가인 블룸즈버리Bloomsbury까지 여행한다. 그들 뒤에는 한 남자가 앉아서 스페인어로 통화하고 있으며, 앞의 두 줄에 앉은 10대들은 러시아어로 말하고 있다. 버스에 타 있는 동안 그는 그리스어, 구자라트어, 아랍어, 그리고 런던식 영어, 자메이카식 영어 그리고 어디에서나 나타나는 "글치 않아innit?"*(p. vii)와

....

*   '그렇지 않아?'를 뜻하는 'isn't it?'을 줄여서 'innit'으로 표기한 것이다.

같은 다양한 영어를 듣는다. 이것이 다양성 안에서의, 그리고 다양성을 관통하는 도시 여행의 출발 지점 중의 하나이다. 우리는 근로자, 쇼핑객, 소비자 들이 그들의 언어적 동반자 및 타인과 직장에서 교외로, 그리고 교외에서 직장으로, 다른 시간대와 다른 속도로 여행하면서 발생하는 언어 유동성에 관심이 있다. 이것은 도시의 리듬에 의해 얻어진 언어적 결과에 관한 것이다.

이것이 우리에게 출발 지점인 데는 또 다른 이유가 있다. "라자가바스테르가 묘사한 것처럼, 2006년 호주의 인구 조사 결과에는 "집에서 영어 외의 다른 언어LOTE, language other than English를 사용하는 인구가 16.8퍼센트에 이르는데, 시드니는 31.4퍼센트, 멜버른은 27.9퍼센트로 그 비율이 훨씬 더 높다."고 기록되어 다양성을 확인시켜 준다. 2011년 인구 조사(Sydney's Melting Pot of Language, 2014)에 근거한 최신 자료는 시드니의 40퍼센트에 가까운 사람들이 현재 집에서 영어 외의 언어를 말한다고 한다. 이 자료는 우리에게 다양성의 한 면을 보게 해 주지만 우리가 취하는 접근은 아니다. 예를 들어 우리는 2011년 호주 인구 조사에 따르면 채스우드에 거주하는 2만 1,194명 중 41퍼센트만 집에서 영어를 사용하고, 59퍼센트는 다른 언어를 사용하는데, 그중 가장 일반적으로 사용되는 언어는 표준 중국어(14%), 광둥어(13%), 한국어(8%) 그리고 일본어(3%)라는 것을 언급했을 것이다. 라자가바스테르는 처음부터 다음과 같이 지적했다.

이 통계는 과소평가된 것이다. 왜냐하면 집에서 모어로 말할 상대가 없는 사람들(예를 들어 혼자 사는 사람들), 그리고 사회적 관계(부모, 친지, 이웃 또는 친구) 속에서 규칙적으로 영어 이외의 다른 언어를 사용하는 사람들을 포함하지 않았기 때문이다. (p. 187)

이 숫자는 과소평가된 것이며 이동성, 변화, 여행, 통근 등 사람들이 오가면서 변화를 일으키는 사람 및 언어의 패턴에 대한 거의 확실한 다양성을 정적으로 표현한다.

도시에서 언어의 수치적 정보를 구하는 다중언어적 접근은 우리가 언어적 사상寫像 또는 '인구통계언어학적 표상'(Daveluy, 2011, p. 156)이라고 부를 수 있는 접근 방식이다. 이러한 접근은 우리에게 언어의 다양성에 대해 잠재적으로 유용한 자료를 제공하지만 언어와 다중언어주의에 대해 매우 구체적인 가정을 할 수 있게 한다. 에크스트라와 이아흐무르(Extra & Yağmur; 2008, 2011)는 다양한 유럽 도시를 살펴본『다중언어적 도시 프로젝트Multilingual Cities Project』를 통해 "집에서 주류 언어 다음으로, 또는 그 대신 다른 언어를 쓰는 학생의 비율은 도시에 따라 3분의 1에서 2분의 1의 사이였다."고 결론을 내릴 수 있었다(2011: p. 1182). 이러한 언어들에는 아랍어, 터키어, 쿠르드어, 중국어, 폴란드어, 베트남어, 베르베르어, 우르두어가 포함되어 있다. 따라서 그들은 유럽의 아이들이 상황이나 대화 참여자에 따라 일반적으로 두 개 이상의 언어를 번갈아 사용하며, 아이들이 (누가 봐도 알 수 있는 해로운 영향이 없이) 부모의 언어와 국가의 언어를 모두 사용하면서 성장하는 듯하다는 사실을 보여 줄 수 있었다(Barni & Extra, 2008; Martinovic, 2011 참고).

이러한 수치적 표상은 소수 집단이 더 나은 언어적 그리고 교육적 권리를 주장할 수 있도록 할 수도 있지만(아니면 국가의 총괄적인 시선의 일부로, 학교 교육을 통해서 더 큰 국가 개입에 의해 다양성 문제를 극복하려는 시도로 이어지거나), 우리에게 다양성에 대한 특별한 측면을 보여 주기도 한다. 이러한 접근은 언어들은 셀 수 있고, 사람들의 다중언어도 숫자로 설명될 수 있으며, 언어 유창성이나 숙달도도 정확하고 타당하게 측정될 수 있다는 가정을 분명하게 전제로 한다. 무어, 피에티카이넨과 블로마트(Moore,

Pietikäinen & Blommaert, 2010)가 설명하듯이, 수를 세는 것은 "필수불가결하게 언어 접촉이나 변화와 같은 담화 공동체의 역학으로부터 시선을 거두고", "실제 언어 사용의 복잡한 화용적 다면과 메타화용적 다면"(p. 2)을 희미하게 만들기 때문에 "'화자다움speakerhood'과 '언어다움language-hood'은 숫자로 치환되기 어려운 복잡한 문제"다. 그러므로 수치를 사용하는 것은 "사람들이 사회생활에서 사용하는 실제 언어 및 의사소통 자원에 대해 세밀하게 고려"하는 것에서 멀어지게 한다. 따라서 무어 외(Moore et al., 2010)에서처럼 우리도 "추상적인 '언어'와 '화자'에서 관행과 실제적 자원"(p. 2)으로 분석의 관점을 바꾸었다.

그러므로 이것은 방법이나 분석의 문제, 또는 질적 및 양적 연구 접근에 대한 지겨운 토론 이상의 것으로, 언어를 어떻게 우리가 이해할 것인가에 관한 더 심오한 질문과 관련이 있다. 마코니와 페니쿡(2007)에 따르면 언어 지도를 만드는 것은 "언어가 특정 지리적 지역성locality과 화자의 국가 정체성에 연결되어 있다는 19세기 개념" 속의 식민지 불변 프로젝트에서 유래한다(Makoni & Makoni, 2010, p. 260). 지도는 넓은 대륙에서는 (문제가 없을 수는 없겠지만) 잘 적용될 수 있을지 몰라도 언어들의 실체는 다르다. 언어는 좀 더 가변적이고, 좀 더 유동적이고, 고정시키기 더어렵다. 아프리카에서 상징이 선명히 새겨진 미니버스나 택시의 외부, 그 내부에서 요란하게 울리는 콰이토Kwaito 음악, 마을로 돌아가기 위해 차를 타려는 노동자들 간에 협상하는 여러 가지 언어로 특징지어지는 지역 '택시언어 문화taxilingua culture'(Makoni & Makoni, 2010, p. 269)는 언어 지도에서 어디쯤 있는가?

여기에서 중요한 것은 연구자들의 언어 이데올로기뿐만 아니라 연구 참여자들이다. 시드니 공사 현장의(2, 5, 6장 참조) 점심시간 대화에서 보스니아계 세르비아 근로자들 사이에 여러 번 등장한 말은, 구 유고슬라비아 언어 간에 차이가 형성되었음에도 불구하고(Busch & Schick, 2007 참조) 그 언어들을 따로따로 일일이 늘어놓을 근거가 없다는 것이었다. "저는 영어, 세르비아어, 크로아티아어 그리고 보스니아어를 써요. 하지만 이 세 언어는 같아요. 그렇잖아요. 문법도 같고, 단어 몇 개만 조금 달라요."(다미얀Damijan 인터뷰, 2011년 12월 3일). 보스니아계 세르비아 출신의 또 다른 노동자 즐라탄도 "세르비아어, 보스니아어 그리고 크로아티아어, 다 비슷해요."(즐라탄 인터뷰, 2012년 2월 14일)라고 말하면서 자신의 언어 레퍼토리를 영어와 세르비아어 두 언어로 인식하고 있다. 즐라탄의 이러한 말은 피지Fiji 출신의 동료인 네미아Nemia가 방금 자신이 "다른 언어, 아마 60개 언어?"를 말한다고 주장한 대화 상황에서 나온 것이다. 네미아는 "우리는 언어가 달라요. 그, 내가 사는 마을도 언어가 다르고, 다른 마을도 언어가 다르고, 또 다른 마을도 언어가 달라요. 그런데 모든 언어…, 모든 마을…, 저는 그 언어들을 말할 수 있어요."(네미아 인터뷰, 2012년 2월 14일)라고 설명한다. 즐라탄이 자신의 언어 레퍼토리를 두 개로 격하시키는 걸 보고, 네미아는 다시 생각한 후에 "네, 저는 하나, 둘, 셋, 넷, 다섯, 여섯… 일곱, 아마 열 개, 스무 개?"라고 응답한다. 네미아의 다중언어에 대한 생각의 전환은 자신이 구사할 수 있는 언어의 수를 세는 대중적인 경향성을 보여 주는 동시에 한편으로는 그 숫자가 무엇이고, 언어라고 할 수 있는 것이 무엇인지에 관한 굉장한 유연성을 보여 준다. 즐라탄은 간단하게 "그는 여러 언어를 할 수 있어요."라고 말한다.

또 다른 경우, 드라고(세르비아 출신이며, 1년 반 전에 호주로 이주했다)는 그가 마케도니아에 살면서 벽돌공으로 일한 적이 있으며, 여자 친구의 어머니도 마케도니아인이기 때문에 마케도니아어를 이해할 수 있다고 설명했다. 그러나 그는 이제 불가리아어도 포함해 이러한 다양성을 대단치 않게 생각한다. "우리는 가까워요. 세르비아 옆에 마케도니아가 있어요.

그리고 우리는 마케도니아에서 살았어요. 불가리아어도 같아요…. 모두
다 비슷해요…. 보스니아어, 세르비아어, 크로아티아어, 불가리아어, 마케
도니아어."(점심시간 대화, 2012년 7월 8일) 앞의 대화에서 네미아가 피지의
여러 언어에 대한 논의로 되돌아오는데, 건설 현장 책임자인 세르비아 출
신의 노동자 마르코Marko(그는 호주에 열 살 때 이주했다)는 이것이 언어가
아니라고 판단하여 "방언이야, 다른 언어야?"라고 물어본다. 이제 네미아
는 확신이 없다. "다른데…, 그런데…, 그래. 비슷해 비슷해."라고 말한다.
마르코는 네미아에게 "아마 다른 방언일 거야. 마치 북쪽 세르비아와 남
쪽 세르비아처럼…. 아, 굉장히 달라. 난 개네들한테 '뭐라고? 뭐?'라고 해
야 해, 내가 알아듣기 위해서."라며 가르친다. 드라고는 이어서 "마케도
니아에도 비슷한 일이 생겨. 작은 나라고, 방언이 많으니까."라고 확언한
다. 하지만 이것은 네미아를 설득시키지 못한 것 같다. "그런데 단어가 같
아?"라고 네미아가 반문한다. 그러나 대화는 계속 진행되고 이러한 언어
열거와 언어와 방언에 대한 논쟁은 정감 어린 점심시간 농담들 속으로 사
라진다.

마르코, 드라고, 즐라탄이 다중언어를 수로 계산하며 언어 개수를 내
려 세는 동안("다 비슷해요") 네미아가 숫자를 올려서 말했다가("아마 60개")
"아마 열 개, 스무 개?"로 줄인 것, 그리고 언어를 국가적 실체로 봐야 하
는지 아니면 마을의 것으로 봐야 하는지, 같은 언어를 말한다는 것이 상
호 이해를 수반하는지, 아니면 방언이나 언어의 관점에서 말해야 하는지
에 관한 불명확성으로 보아, 이러한 토론은 언어에 대한 자기 보고는 질
적으로 흥미롭지만 양적으로는 문제가 있다는 것을 보여 준다. 보고된 언
어 사용에 대한 공시적 단편을 통해 언어와 화자를 수치로 표현하는 것은
다양성을 이해하는 데 한계를 정한다. 이것은 언어를 "깔끔하게 경계가
있고, 추상적이고, 자주적인 문법 체계(각각은 깔끔하게 경계가 있는 '세계

관'에 해당된다)"(Moore, Pietikäinen & Blommaert, 2010, p. 2)라는 고정적인 개념으로 제시할 가능성이 있을 뿐만 아니라 이중언어나 다중언어가 무엇을 수반하는가에 대해서도 마찬가지로 고정적인 개념을 암시한다. 언어와 생각 사이에 추정되는 관계는 언어, 문화, 인지의 추상적인 사상과 관련하여 이해되지는 않는다. 오히려 언어 학습, 의미, 지위, 교육, 문식성, 대화 상대자, 가족 그리고 그 밖의 일상생활 맥락에서 이해될 필요가 있다. 이것은 단지 높고 낮은 수준의 이중언어, 또는 엘리트와 보통 사람의 이중언어 구별에 대한 문제가 아니라(de Mejía, 2002; Skutnabb-Kangas, 1981) 이중언어주의 또는 다중언어주의의 개념은 학습되는 언어의 복수성과 동일한 것을 가리키는 듯이 사용할 수 없다는 것이다. 다양하고 많은 다중언어주의가 있기 때문이다.

1장에서 언급한 바와 같이 우리는 이 책에서 '아래로부터의 다중언어주의', 즉 대중교통, 도시 광장, 식당, 가게, 공사장과 같은 공공장소에서 사람들이 끌어올 수 있는 모든 언어적(또는 비언어적) 자원으로 그럭저럭 버티고, 헤쳐 나가고, 접촉하는 일상적 다양성에 관심을 둔다. 4장에서 더 논의하겠지만, 우리는 개인의 궤적에 관한 개별적인 설명에도 관심이 있을 뿐만 아니라 특정한 장소에서의 언어 사용에도 관심이 있다. 그러므로 메트로링구얼리즘은 인구통계언어학적 열거를 통해서가 아닌 지역적인 언어 수행 연구를 통해서 매일의 다중언어를 이해하려는 도전을 하는 것이다. 메트로링구얼리즘은 매일의 다중언어(실행과 경험), 그리고 언어, 이동성과 도시 공간 사이의 상호관계성에 초점을 맞춘다. 메트로링구얼리즘은 일반적으로 정의되고 있는 언어적 범주나 공동체 및 영토의 개념에 의존하지 않는 도시의 언어를 이해하는 방법이다. 메트로링구얼리즘은 시드니 열차와 도쿄 식당에서 사용되는 매일의 다중언어주의에 대한 도전을 받아들이지만, 화자나 언어를 열거하면서 다양성을 설명하려고 하지는 않는다. 우리는 사람들이 도시언어적으로 이동하고 살아가면서 언어 경관을 형성하고 재형성하며, 그 과정에서 주방, 가게, 시장, 공원, 도시에서 이루어지는 지역적인 언어 수행에 관심이 있다.

숨 쉬는 도시

열차와 버스가 도시를 통과하면서, 사람들은 교외나 다양한 근무 패턴에 따라 다른 언어 패턴을 띤다. 이른 아침에 시작하여 오후 끝 무렵에 끝나는 건설업계의 특정한 시간대와 산업 분야마다의 특정 언어적, 민족적 연대감(2장 참조)으로 인해, 레드펀Redfern에서 남쪽으로 가는 3시 30분 열차는 진행 중인 다양한 새 건설 프로젝트에 따라 다음과 같은 특성을 띤다.

여기서 3시 30분 기차를 타면…, 제가 캠벨타운Campbelltown에 사니까…, 그 3시 30분 기차를 타면, 기차에 사람들이 꽉 차 있어요. 도시에서 온 기술자[1]들로 꽉 차 있어요. 그리고 그 사람들은 너무 시끄러워요! 그리고 그 사람들은 거푸집 기능공들이에요. 정말, 정말 시끄러워요. 그리고 그 사람들은 얘기하는데, 뭐에 대해서 말하냐면…, 왜냐면 그게 영어랑 그 사람들 언어로 나뉘어서, 그리고 보통 자신들의 권리는 무엇인지에 대해 말하고, 그리고… 항상 자신의 권리에 대해서예요. 그 있잖아요, 그들이 뭘 얻을 수 있는지.

....

1   'tradies'는 전기공, 배관공과 같은 일꾼들을 부르는 흔한 속어이다. 거푸집 기능공form workers(2장 참조)은 건설 현장에서 콘크리트를 붓기 전에 나무 구조를 만드는 시공업자이다.

열차가 남쪽으로 향하면서 ABC 건설 회사의 감독인 필립은 '그 사람들로 가득 찬 여덟 량의 객차'에서 사람들이 내리면 좀 조용해지고, 다른 사람들이 다른 지역으로 가려고 기차에서 내릴 때마다 다른 언어들이 열차를 지배한다고 말한다. 그러고 나서 필립이 말하기를 "홀스워디Holsworthy 근처에서는 실제로 소리가 줄어들고 그러면 대화를 듣기가 좀 쉬워져요. 제가 듣는다는 건 아니고, 전 자거든요. 그렇지만…, 그래요."라고 한다(필립 인터뷰, 2012년 10월 31일).

에덴서(Edensor, 2011, p. 191)는 "그 어떤 공간에서도 젊은이, 노인, 점원, 개를 산책시키는 사람, 신앙심이 깊은 사람, 축제를 즐기는 사람, 마약 중독자, 어린 학생, 쇼핑객, 일꾼, 주차 단속원, 학생과 같은 교외 거주자는 규칙적이며 불규칙적인 일상을 통해 공간을 집합적으로 조성하면서 수많은 사회적 행위자들의 활동과 상호작용을 한다."라고 지적한다. 도시에는 리듬이 있다. 가게가 문을 열고 닫고, 통근하는 사람들이 도시를 드나들고, 대중교통은 사람들을 여기저기로 데려다준다. 이런 리듬은 단지 자동차, 열차, 버스를 타고 9시에 출근해서 5시에 퇴근하는 회사원의 일과와 관련된 것만은 아니다. 다른 근로자와 도시의 다른 지역들의 일과는 다르다. 시장과 환경미화원, 배달원은 좀 더 일찍 시작할 것이다. 도시 중심에 있는 시장은 9시가 넘어서야 시작하는 반면, 시장의 많은 상품은 이미 아침 일찍 농산물 시장에서 구입해 배송된 것들이며, 이곳은 동 트기도 전의 어둠 속에서 분주해지고 카페는 사람들로 가득 차며, 구매자들은 채소와 과일 사이를 돌아다니고, 판매자들은 바쁘게 움직이며 땀을 흘린다.

일터로 가기 위해 이동할 뿐만 아니라 종종 다양한 건설 현장으로 일거리를 가지고 도시를 가로지르는 건설 노동자들은 하루를 일찍 시작하고 일찍 마무리한다. 미장공은 동료의 차를 얻어 타기 위해 교외 밖에서 또 다른 곳으로 이동하여 일찍 차로 함께 이동했다가, 오후에 또 다른 근무지로 이동할 수 있다. 여러 건설 현장을 감독하는 부카신은 매일 여러 건설 현장의 진행 상황을 확인하기 위해 아침 티타임이나 점심시간을 이용해 시드니 전역을 다닌다. 이러한 근무 리듬과 이동에는 언어의 중요성이 뒤따른다. 맥 기올라 크리오스트(Mac Giolla Chríost, 2007, p. 146)가 말한 것처럼, 언어는 "도시의 사회생활을 다양하게 정의하는 장소, 리듬, 이동, 고정불변, 연결, 단절의 중심"이다. 시드니 중심가 끝의 레드펀 역(3시 30분 기차를 타고 남쪽으로 가서 일하려는 필립이 있던 그 정거장) 근처 공사 현장의 지하 주차장에는 일꾼들이 혼잡한 사람들과 전화 통화 속에서 참여 패턴을 바꾸고 자신들의 언어 레퍼토리를 바꾼다.

휴대전화는 사회적으로도 업무적으로도 중요한 역할을 한다. 여러 현장의 서로 다른 근로자들을 연결하고 일하면서 서로 연락할 수 있게 해준다. 인터뷰 도중 즐라탄은 최근 다른 현장에서 일하는 동료 이고르와 대화를 나눴다고 보고한다. 즐라탄은 "사실은 어제 이고르랑 이야기했어요. 제가 전화했어요, 네. 그 사람들은 지금 본다이Bondi에서 일하고 있어요. 본다이 정션Bondi Junction인지 본다이 비치Bondi Beach인지, 확실히는 모르겠어요."라고 한다. 그들은 종종 점심시간에 전화 통화를 한다. 이러한 지하에서의 언어들은 거의 무언어(건설 현장 소음 속에서 이루어지는 최소한의 대화)에서부터 영어, 세르비아어(부카신과 마르코의 통화나 점심 식사 자리에서 마르코와 드라고의 대화) 그리고 피지어(네미아가 피지 친구와 자주 하는 통화)까지 혼재한 상태가 반복된다. 이러한 자원들은 그 공간의 리듬과 이동성(시간대, 업무 일정, 장비나 물건의 도착), 사물(휴대전화, 그들이 먹는 음식), 물질적 준비(점심 휴식을 위한 장소, 건설 공사의 상태, 건설 현장의 위치), 그리고 사람들(누가 그 공간에 있는지)에 따라 바뀐다.

발췌문 3.2에 부카신이 도착하고 마르코(세르비아계 현장 책임자), 드라고(세르비아계), 테모Temo(호주에서 태어나고 자란 피지계 통가인 2세이며 며칠 전에 일을 시작한 신입)와 네미아(피지계) 사이에서 오가는 세르비아의 테니스 선수인 노박 조코비치Novak Djokovic에 대한 점심시간 대화에 끼어든다.

발췌문 3.1

1. **마르코** 조코비치…, 지금. 그런데 처음 시작했을 땐 한참 어렸지. 부카신 온다. [부카신의 차가 건물 지하로 들어오는 걸 알아채고서] 지금 스물다섯인가? 처음 시작했을 때… 네 말처럼, 열여덟, 열아홉, 처음 나타났을 때. 그래.

2. **드라고** 누적 우승 상금. 삼천팔백만이야.

3. **마르코** 삼천팔백? 한 5, 6, 7년 동안?

4. **드라고** 아:: 내 생각에 [마르코가 지하로 걸어 들어오는 부카신에게 인사하느라 드라고의 말이 잘린다]

5. **마르코** 안녕하세요, 감독님, 잘 지내세요?

[부카신이 지시한다. 대화는 주로 마르코와 부카신이 영어로 한다]

6. **부카신** 좋아. 내일… 미장이 완전히 끝나야 해.

7. **마르코** 완전히. 네.

8. **부카신** 그리고 나서 청소해야지, 구역 청소.

9. **마르코** 네.

10. **부카신** 아 플라스틱 떼어 내고 싹 다 청소해.

이 발췌문을 보면, 부카신이 도착해서 대화를 방해할 때, 부카신이 마르코에게 준 지침이 최근 팀에 합류한 테모처럼 세르비아어를 사용하지 못하는 사람들을 포함해 그 공간에 있던 다른 일꾼들에게도 간접적으로 전해질 수 있도록 부카신과 마르코 사이에 영어가 사용되었다.

이 공간에 있는 사람들, 대화의 양상과 시간대는 언어 사용, 언어사용역, 레퍼토리의 다양성에 영향을 미친다. 마르코와 드라고는 세르비아어로 대화하면서 "페이스리파payslipa(pay slips, 급여명세서)"와 같은 세브리아어화된 영어 자원을 종종 사용한다. 마르코를 예로 들면, "Eto vidis ti si ima tri payslipa I sest ipo su zgrabili(자, 보다시피 너는 세 장의 급여 명세서를 가지고 있고 그들은 6개 반을 가져갔어)."라고 말하기도 한다. 다른 날 마르코가 점심을 먹다가 부카신의 전화를 받았을 때(옆에서 드라고와 네미아가 조용히 식사 중이었는데), 그들의 대화는 "a lot of(많이)"와 같은 영어 단어의 흔적이 있는 세르비아어(마르코는 부카신이 자신과 다른 방언을 쓴다고 주장함에도 불구하고)였다. 여전히 일에 대한 대화임에도 ('시카sika'라는 용어는 미장공과 관련 기술자들 사이에서는 흔한 것으로, 건설 제품 생산 업체인 시카라는 회사를 일컬으며 그 회사 제품에 비유해 여기서는 벽을 채우는 물질의 일종을 말한다) 이 대화는 다른 노동자들에게는 덜 분명하게 전달된다.

발췌문 3.2

세르비아어, 영어

1. **부카신** *볼예 가 네 모이 우바치바 네고, 네고 나비요 타이 시크.* 안에 넣지 않는 게 낫겠어, 그런데, 그런데, 그 식[시카] 안에 쑤셔 넣고.

2. **마르코** *노 파 시 비데오 콜코 메스타 이마 바스 이마 푸노 메스타.* 아니, 글쎄 얼마나 공간이 많은지 봤잖아, 공간 엄청 많아.

3. **부카신** *다.* 응.

4. **마르코** *바스 이마 어 랏 오브 시카 체 오티치 아코 아코 온다 우바치 체모 요스 타이 린텔 파 체모 나푸니티.* 시카 많이 있으니 다 써 버릴 거야, 만약, 만약 그러면 상인방을 던져 넣고 채우지.

구 유고슬라비아로부터 시드니의 이 건설 현장까지 일꾼들을 오게 한 장기 이주하는 이동뿐만 아니라 한 건설 현장에서 다른 현장으로의 이동, 부카신의 현장 방문, 휴대전화로 통화하는 것, 다른 배경을 가진 일꾼들의 등장과 같은 더 국소적인 이동은 지하 현장에서 다양한 언어 층위를 형성했을 뿐만 아니라(언어 층위에 관한 논의는 7장 참조) 새로운 언어적 혼합을 지속적으로 만들어 내고 있다.

이러한 일꾼들의 이동 경관과 건설 현장의 언어적 경관을 (필립이 감독하는) ABC 건설 현장에서 보는 관점과 마르코, 네미아, 드라고 그리고 테모가 일하는 건물 근처의 카페 사장이 보는 관점은 다를 것이다. 린다 Lynda(중국계)는 카페 주인에게서 인수받기 전부터 그 카페에서 일했다. 린다는 주방 직원이 "콜롬비아, 중국, 홍콩 그리고 거기에 방글라데시. 그리고 인도 출신이에요. 그래서 모든 문화가 섞여 있어요."(주방 직원에 대한 자세한 설명은 4장 참조)라고 말한다. 카페 사장으로서 린다는 주변에 살고 있거나 주변에서 일하고 있는 사람들의 이동과 특히 건설 산업이 어떻게 돌아가는지, 그 지역의 건설 현장에는 어떤 단계가 있는지 등에 대해 폭넓은 지식을 가지고 있다.

발췌문 3.3

1. **린다** 여러 집단이 있고, 그들은 서로 다른 일을 끝내죠. 그래서 제 생각에 우리는 [서리힐Surry Hills이 있는 동쪽을 가리키며] 저쪽에서 온 고객이 많았는데 이제 이 건물이 완공되었고, 사람들이 많이 이사 와서, 그래서 이미 이 일은 끝난 거죠. 그러니까 지금 이 일[ABC]을 시작한 게, 내가 보기에는… 작년 말에? 그래서 저는 정말 그 사람들에 대해 알지 못해요. 그렇지만 우리 고객에게 들은 건, 내:: 어:: 어떻게 말하죠? 다른 분야의 전문가들, 네.

2. **연구자** 그리고 가끔 몇 주 뒤에 사라지고요?

3. **린다** 네, 네, 네, 맞아요. 또 몇 주 뒤에는 다시 돌아와서 아, 난 방금 패러매타에서 일 끝냈어요라고 말하죠. 그러고 돌아와요. 그래서 그게 사람들이 서로 가깝다고 느끼게 만드는 거예요. 왜냐하면 매일 보니까, 30초나 1분이라도. 그렇지만 우리는 여전히 함께인 거죠. 그래서 뭔가 공유하는 게 있죠.

린다는 또한 최근에는 ABC 현장의 일꾼 중 라마단 기간 동안 오지 않는 사람이 많았다고 언급했다. 렌Len(레바논계, 필립 전의 감독)은 레바논계, 이라크계, 아프가니스탄계 일꾼 여덟 명 중 일곱 명(나머지 한 명은 기독교 신자인 이라크 사람)이 단식을 하고 있다고 설명했다. "나는 너무 몰아붙이지 않아요…. 우리는 우리가 할 일을 해야죠. 나는 그냥 그 사람들에게 말해요. 그냥… 그냥 이건 해야 하는 일이라고 말하고, 그들은 그러려고 노력해요. 그 사람들이 단식 중이라는 것을 이해해야 하고, 원래 그래요."(렌 인터뷰, 2012년 7월 23일) 린다한테는 잠시 사라졌다가 돌아오는 일꾼들처럼, 건설 현장 일꾼들이 라마단 기간 동안 오지 않는 것은 도시와 그들이 규칙적으로 반복하는 패턴 중의 하나이다.

라마단은 도시의 시간과 공간을 드러내는 정기적인 표지 중 하나가 되었다. 농산물 시장의 조셉(레바논계 기독교인)에게는 카페가 조용해지는 시기 중의 하나이다.

발췌문 3.4

1. **연구자 1** 지금은 변한 것 같죠, 라마단 기간에? 지금은 다른 거죠, 이번 달은?

2. **조셉** 그 주제는 넘어가요! [웃음] 그렇죠. 조금 조용해지죠. 그리고

그 사람들 낮에는 안 먹어요.

3. **연구자 1** 몇 시 전에 여는지,

4. **조셉** 자정부터 열죠.

5. **연구자 1** 오!

6. **연구자 2** 자정이요!

7. **조셉** 자정에요, 네, 열죠. 그러니까 12시 사이요…. 그런데 그 사람들, 그 사람들도 집이 있고…, 집에 먹을 게 있고…, 수후르Suhoor인지 뭔지라고 부르는 게 있는데, 아침을 일찍 먹어요. 그러고 다시 여기로 돌아와서 다른 걸로 배 채워요. 그리고 5시쯤 다녀가고 슬슬 다른 보통, 보통 손님으로 완전히 바뀌죠. (조셉 인터뷰, 2012년 8월 8일)

통근은 "여정의 장소와 시기에 따라 지속적으로 다시 새겨지는 것처럼 시간에 따라 일정표를 생산하고 장소들을 연결한다."(Edensor, 2011, p. 192) 이처럼 카페를 방문하고, 사라지고 다시 돌아오는 것이 반복되면서 도시를 하나로 만든다. 여기 린다의 커피숍에서는 건설 산업의 변화하는 리듬에 따라 오가는 다양한 사람들의 이동이 한동안 이 사업의 일부가 된다. 아침에는 영어를 거의 모르는 몇몇 아랍어권 일꾼이 서로 아랍어로 말하면서 손으로 쓴 메모를 건네며 커피를 주문한다. 카페는 건설 노동자를 위해 6시 반에 여는데, 린다는 "게다가 우리는 다른 손님, 역에서 나오는 단골손님이 있어요. 그러니까 대부분 아침에 와요. 이 사람들이 더 이상 안 오지만, 그전에는 보통 아침에 커피를 사러 왔어요, 6시 반에. 그래서 계속 아침 일찍 문을 여는 거예요."라고 말한다(린다 인터뷰, 2013년 2월 28일). 린다의 커피숍은 시간대마다 언어 경관이 다르다. 일의 리듬과 특정한 기술 분야에서의 민족적 연대감, 사람들이 사는 지역, 대중교통 수단은 모두 도시가 언어를 들이마시고 내뱉는 방법에 기여한다.

일본 골목에서 작은 식료품점을 운영하는(이 장의 처음에 등장한 역 근처의) 이시카와Ishikawa 씨는 그 골목의 일본 식당들을 따라 오전 11시쯤 가게를 열고 오후 9시쯤 닫는다. 바로 옆의 헌책방과 맞은편 식료품점도 영업시간이 비슷해서 고객을 공유할 수 있다(공간의 공생공락에 대해서는 5장 참조). 주중에는 보통 일본 여성들이 이시카와 씨네 식료품점에 들렀다가 1시쯤 근처 라면가게에서 점심을 먹고, 학생들(일부는 일본계, 일부는 비일본계)은 학교가 끝난 후 간식을 사러 오후 3시 정도에 이시카와 씨 가게로 몰려온다. 밤이 되면 그 거리에는 퇴근 후 초밥이나 라면을 먹으려는 사람들이 온다. 토요일에는 풍경이 다르다. 헌책방은 토요일 일본어 수업이 끝나고 만화책을 보러 온 아이들로 북적거리고, 아이들의 부모는 건너편에서 라면을 '후루룩' 먹는다. 한편 젊은 '오지ォ−ジ−: Ōji(호주 사람)'(5장 참조)가 운영하는 커피숍은 다른 시간대에 영업하는데(한 일본인 가게 주인은 '오지 스타일'이라고 부른다) 좀 더 일찍 열고, 오후 2시쯤에 닫는다.

이시카와 씨 가게 건너편의 식료품점은 주인 마리코Mariko 씨가 '행운의 토요일'이라고 부르는 매달 첫째 주 토요일이면 가게 앞에 세일 상품을 전시한다. 고객들과 다른 가게가 모두 행운의 토요일을 이용한다. 골목은 시드니 근처에 사는 고객뿐만 아니라 캔버라처럼 먼 도시의 고객도 끌어들여 한창 활발하다. 고객이 일본스러운 것들 사이에서 먹고, 말하고, 마시고, 쇼핑하고, 어울리며, 초밥을 먹은 후에 골목 건너편 커피숍에서 배달한 커피를 즐기는 등 일본 관련 활동을 하는 날이다. 사람들이 서로 합을 맞추면서, 그리고 학교, 주말, 교회와 사원, 어린이집, 헬스장, 열차의 리듬과 함께 이 골목은 낮 동안, 주중에, 그리고 매달 행운의 토요일을 중심으로 리듬과 언어가 바뀐다.

이와 유사하게 조셉이 일하고 있는 농산물 시장 단지는 날마다, 주마다, 해마다, 또는 더 긴 기간(토니 삼촌은 시장에서 75년을 보내면서 시장 종사자들이 이탈리아인에서 몰타인으로, 레바논인에서 중국인으로 바뀌는 패턴에 대해 특별한 통찰을 갖게 되었다)에 걸쳐 역동적으로 변화하는 언어적이고 문화적인 풍경이 펼쳐진다. 단지는 금요일에 농산물 시장에서 호주 기념품이나 가죽 재킷, 신발, 가방, 생활필수품 등을 파는 주말 벼룩시장으로 변하고, 토요일엔 다시 농산물 시장으로 돌아가 다양한 배경의 사람들을 끌어들인다.

> 금요일에는 말이죠—패디스Paddy's가 열리고—아주 흔하고 다양한 국적의 사람들이 와요. 그리고 토요일에는 더 많죠—제가 지난 2년, 2년에서 3년 동안 본 거는, 이라크, 아프가니스탄에서 외국인이 많이 온다는 거예요. 지난 5, 6년 동안 호주에 난민이 많이 왔죠.
>
> (조셉 인터뷰, 2012년 8월 8일)

비록 아직 영어가 공통적인 의사소통의 언어로 남아 있지만, 이러한 농작물과 사람들의 패턴 변화는 필연적으로 다른 언어 패턴을 야기한다.

> 하지만 지난 10년간 레바논식 아랍어가 이 시장 구역에서 매우 흔해졌다고 할 수 있어요. 이쪽 구역에서 그 사람들이 거래를 많이 하니까요. 그리고 음, 토요일은 날마다 다른데, 다른 언어로 돌아가요. 이탈리아어랑 그리스어 등등이요. 그런데 공통, 공통어는, 숫자로 따지자면, 영어 다음으로 제2언어는, 그, 아랍어라고 할 수 있어요.
>
> (조셉 인터뷰, 2012년 8월 8일)

일본 골목과 마찬가지로 주말 동안 사람들이 쇼핑을 하고, 친지를 만나기 위해, 주말을 보내기 위해 더 먼 거리를 이동한다. 매릭빌에서 크레이빙 커피 앤 너츠Craving Coffee and Nuts 가게를 운영하는 와피크Wafiq에 따르면 특히 특정 시기에 멀리서 그의 가게로 오는 사람이 많다고 한다.

> 목요일, 금요일, 토요일이요. 북쪽 해변 디와이Dee Why에서 오는 호주 사람들 있잖아요. 그쪽에는 이 가게 같은 그런 종류의 가게는 없어요. 그리고 그 사람들은, 그 있잖아요—커피 냄새와 향신료 냄새를 맡자마자 가게로 들어와요. 너무 많은 나라에서 온 아주 많은 제품을 찾죠. 그리고 이게 그쪽 동네에는 없거든요.
>
> (와피크 인터뷰, 2012년 7월 17일)

그는 이 "호주 사람들"(그가 사용한 "오지Aussies"와 "너무 많아요too many"의 사용에 대한 논의는 5장 참조)은 아이바르*ajvar*[2]와 같은 음식을 찾는다며 "아이바르, 있잖아요, 고추. 병에 든 거요. 향신료. 우리는 향신료가 너무 많아요!"라며 계속 설명한다.

민족적 구역ethnic precincts마다 다른 시간대를 유지할 수도 있다. 도시의 중국 지역은 좀 늦게 시작하고 다른 곳보다 훨씬 늦게까지 지속한다. 일요일 영업시간은 도시 리듬을 근본적으로 변화시켰다. 종교 활동 또한 많은 사람을 이동시키는데, 이는 아마도 금요일 오후 기도를 알리기 위해 모스크에서 울리는 무에진muezzin*의 외침에서 가장 많이 영향을 받을 것이다. 부분적으로는 전쟁이나 침공이 이유인 이주 패턴, 고용 가능성 그리고 민족 연대감으로 인해 금요일에 택시 기사들은 기도하려는 사람들

....
2   아이바르는 원래 터키 음식이지만 세르비아 요리로 가장 잘 알려져 있다.
*   기도 시간을 알리는 사람.

의 호출을 받아 도시 건너편에서부터 여러 모스크까지 이동하게 된다. 일본 골목의 배경에 대한 정보 제공자 중 한 명인 캐럴린Carolyn은 우리와 대화를 나눈 후 역 맞은편의 모스크 때문에 택시 잡기가 쉽다고 언급했다. 토요일에는 유대인들이 도심 지역에서 이동하고, 일요일에는 기독교인들이 이동한다. 스포츠 경기(토요일 저녁에 경기하는 도심 경기장이나 일요일 오후에 경기하는 교외 경기장), 나이트클럽, 공원 축제는 공간적으로나 시간적으로 도시와 모두 다르게 관계를 맺는다. 에덴서(2011)는 "리듬은 선형적일 수도, 순환적일 수도 있고 주마다, 달마다, 계절마다, 해마다, 생애마다, 100만 년마다 등 생물학적 주기에 따라 지질학적인 간격으로 작용한다."고 한 바 있다(p. 189).

시공간을 이해와 표상보다는 실천과 실행을 통해서 인지하는 것(Crang, 2001, p. 193)이 도시를 "사람과 사물의 순환, 조합, 재조합이 잘 어울리는 것"(p. 190)이라는 관점에서 보도록 돕는다. 그러므로 우리가 언어 지도화에 대한 인구통계언어학적 접근을 문제화하는 것처럼, 사람들이 출퇴근하고, 소비하고, 휴대전화로 통화하고, 같이 먹고, 기도하고, 일하고 쇼핑할 때 한 장소에서 언어 자원이 오전 8시에 어떻게 사용되고, 오후 3시에는 또 어떻게 다르게 사용되는지 볼 수 있다. 따라서 도시는 언어 실행들의 일시성이 다중적으로 충돌하는 장소이다(Crang, 2001, p. 189). 도시가 언어적 자원을 들이마시고 내뱉으며 일어나는 시간과 이동성의 패턴 들은 업무 일정에서부터 달라지는 시장의 장날까지, 라마단 기간에서 이주 패턴에 이르기까지 오랜 기간에 걸쳐 일어난다. 도시는 주방이나 시장의 국소적인 수준에서부터 더 넓은 범위의 네트워크까지, 즉 교외의 특정 지역색에서부터 더 넓은 이주 맥락까지 언어 실행과 이동이 만나는 강렬한 교차로이다.

메트로링구얼리즘, 공간과 유동성
: "셰프, 7번 테이블 예약 안 하셨고 두 명이에요"

우리가 메트로링구얼리즘의 관점에서 말하고자 함은 도시에 강한 초점을 두려는 것뿐만 아니라 코드 혼합, 코드 전환과 같은 전문 용어로부터 거리를 두려는 것이다. 이 용어는 본래의 의도와 상관없이 언어와 연대감, 서로 혼합되는 고정된 코드에 관한 선험적 가정과 밀접한 관계가 있는데, 우리가 다루고 있는 자료와는 잘 맞지 않는다. 이러한 우려는 우리뿐만이 아니라 다른 연구자들도 제기하였으며(Bailey, 2007; García, 2013, 2014; Heller, 2007), 이들 또한 이중언어주의, 다중언어주의, 코드 혼합 등을 뛰어넘는 새로운 용어를 찾고 있다. 가르시아(2007, p. xiii))는 "만약 우리가 더 이상 분리된 언어가 존재하지 않는다는 태도를 취한다면 언어 교육이 어떻게 될 것인가?"에 대해 질문한다. 덴마크 학교에서의 혼재된 언어 사용에 대한 연구(Jørgensen, 2008a)에서도 이중언어 및 다중언어와 같은 용어의 사용에 대한 유사한 의문이 제기되었다. 묄러(Møller, 2008)는 "만약 참가자가 전환과 관련하여 언어를 병렬로 보지 않는다면 어떨까?", "만약 그들이 그 대신 화자의 목적에 도달하기 위해 운용 가능한 모든 언어 자원을 사용할 수 있는 언어적 규범에 맞추려는 경향이 있다면 어떨까?"라고 묻는다. 만약 이런 경우라면, 묄러는 "이러한 대화를 이중언어나 다중언어 또는 언어 혼합으로 범주화하는 것은 적합하지 않다. 왜냐하면 이런 모든 용어는 언어적 범주의 분리성에 의존하고 있기 때문이다. 나는 그래서 '다수언어적polylingual'이란 용어를 제안한다."라고 주장한다(p. 218).

이러한 관점은 공통적으로 한 개 이상의 언어를 구사할 수 있는 능력보다는 이용 가능한 언어적 (그리고 비언어적) 자원(또는 요르겐센Jørgensen

이나 뮐러의 용어를 빌리면 특성들)의 사용에 초점을 둔다. 또한 '인간은 세상을 변화시키기 위해 언어를 사용한다'는 사실을 포착하기 위해 '언어하기languaging'의 관점에서 생각해 볼 필요가 있다는 공통된 견해도 있다 (Jørgensen, 2008b, p. 180). 리 웨이(2011)도 이와 동일선상에서 언어를 통해 무언가를 달성하는 적극적인 과정을 이해하는 데 '횡단언어 사용'이라는 용어를 사용한다. 가르시아와 리 웨이(García & Li Wei, 2014)는 '횡단언어 사용'을 다음과 같이 설명한다.

> 언어 사용, 이중언어주의와 이중언어 교육에 대한 접근으로, 전통적으로 그래 왔던 것처럼 이중언어 사용자의 언어 실행을 두 개의 분리된 자율적인 언어 체계로 간주하지 않고, 두 개의 다른 언어에 속한 것들로 사회적으로 구성된 특성들을 가지고 있는 하나의 언어 레퍼토리로 보는 것이다. (p. 2)

카나가라자(2013)는 비슷한 맥락에서 의사소통이 '개별 언어'와 단어를 초월하여 '다양한 기호학적 자원과 생태학적 행동 유도성'을 포함하는 '횡단언어 수행translingual practices'을 볼 필요가 있다고 주장한다(p. 6).

언어 사용에 대한 이러한 다수언어 접근과 횡단언어적 접근, 우리만의 메트로링구얼리즘 사이에는 분명히 관련성이 깊다. 그러나 메트로링구얼리즘은 사상 가능한 다중언어주의의 인구통계언어학적 열거나 횡단언어주의와 다수언어주의처럼 언어에서 언어로 초점을 맞춘다기보다, 일상의 언어 실행과 도시 공간과의 관계, 즉 도시의 공간과 리듬이 언어와 관련하여 어떻게 작용하는지에 초점을 둔다. 우리가 관찰하고 있는 자료를 더 잘 설명할 수 있는 새로운 사회언어학, 새로운 사고의 방법과 새로운 용어를 찾는 과정에서 마허(Maher, 2005)가 말하는 소위 '도시민족성'

에서 우리는 충격을 받았다. 이는 "우정, 음악, 예술, 음식, 의복 등에서 문화적 혼종, 문화적·민족적 인내, 다문화적 생활 방식을 지향하는 민족 또는 주류의 배경을 가진 사람들의 단면에 의해 발생하는 혼합된 '거리street' 민족성"이다(Maher, 2005, p. 83).

그러나 마허(2005; 2010)에게는 도시민족성과 도시언어가 여전히 스타일, 선택 그리고 놀이라는 개념에 묶여 있는데, 쿠플랜드(Coupland, 2007)와 램프톤(2009)은 단지 멋지다는 측면에서만 민족적 정체성을 얕은 형태로 해석한 것에 초점을 맞췄다. 그러므로 도시민족성이 유용하게 "전통적인 민족성에 대한 언어중심적logocentric인 메타적 서사를 거부"하고 "민족적 집단이 내부적으로 유효한 설명을 구성하기 위해 모여드는, 만신창이가 된 민족적 장벽을 회피"(Maher, 2010, p. 584)함에도 불구하고, 이런 선택의 여유가 주어지지 않는 맥락에서 언어와 민족성을 선택하거나 가지고 놀 자유를 과하게 강조하는 것처럼 보일 수도 있다(Rampton, 2009). 메트로링구얼리즘은 언어를 가지고 노는 것에서 유희적인 면을 거부하지 않으면서도, 장난스러우며 공생공락하기도 하는, 또는 분열을 초래하며 경쟁을 일으키기도 하는 도시 사람들의 일상 언어 실행을 중시한다(5장 참조).

그러나 도시언어 실행이 유희적인 언어 행동으로 보일 때조차도, 언어적 통설(언어에 대한 복고언어학적 관점)에 대한 도전은 만만치 않다. 우리가 또 다른 데서 논쟁한 바와 같이(Otsuji & Pennycook, 2014), 메트로섹슈얼metrosexual이 비록 피상적이고 패션 지향적인 스타일 선택을 통해서라도 젠더 정통성을 훼손할 수 있는 것처럼 언어 스타일(Coupland, 2007)과 언어 정통성의 복구는 중요한 의미를 가질 수 있다. 코드(Coad, 2008, p. 197)는 메트로섹슈얼리티를 단순히 치장이 아니라 좀 더 심오하게 볼 필요가 충분히 있다며 "메트로섹슈얼리티는 우리에게 성별 간의 관계성,

비규범적인 성적 취향, 그리고 젠더와 성적 취향이 개인과 개성을 나타내는 해석적인 도구로 어떻게 사용되는지에 대해 이야기해 준다."라고 말한다. 메트로섹슈얼 남성은 레트로섹슈얼retrosexual 남성에 비해 좀 더 예뻐 보이고 연약해 보일 수 있겠지만, 메트로섹슈얼리티는 성의 정치학 영역에서 좀 더 결정적인 변화의 일부분이다. 이는 이성애자 남성이 동성애자 남성과 상호작용하는 방법에 영향을 미치고, 성적 지향의 전통적 범주를 대체하는 과정 중에 있다. 마찬가지로 도시언어 실행은 의도적인 스타일화든 일상 언어 실행이든 간에, 언어적 통설과 언어, 정체성과 소속감에 대한 전제를 흔들 수 있다.

따라서 메트로섹슈얼리티는 혼종의 개념에 대한 문제들을 이해하는 데도 도움을 준다. 이것을 남성적이고 여성적인 혼합체로 보는 것은 이러한 정체성의 형성에 대해 규범적 입장을 유지하는 것이다. 메트로섹슈얼리티는 아무리 온유하고, 달콤하고, 멋스러워도 각 범주를 혼합하기보다는 범주화의 안정성에 의문을 제기한다. 메트로링구얼리즘도 마찬가지이다. 메트로링구얼리즘을 언어의 혼합체로 보는 것은 우리가 피하고자 하는 언어의 범주를 다시 불러오는 것이다. 따라서 이를 바탕으로, 우리는 도시언어 실행은 기존의 언어를 새로운 혼합물로 조합한다는 관점에서 혼종이 아니라고 주장하고자 한다. 혼종성은 문화나 정체성의 본질주의적인 설명으로 보이는 것을 반대하기 위해 동원되어 왔다. 사람들이 날 때부터 부여되고 알려져 있는 특성을 지닌 주어진 정체성(일본인, 주방장, 남자, 이슬람교도, 세르비아인, 미장공, 종업원 등)에 고착되어 있다고 간주하기보다 혼종성은 혼합된 결과의 다중성과 다양성을 강조해 왔다. 그러나 이것은 혼종성은 항상 뒤를 돌아보게 하며, 대체하고자 하는 필수적인 범주들을 항상 재환기하게 하는 문제를 초래한다. 그러므로 혼종성에 대한 접근은 "구식 권력의 형태를 공격하는 것에 고착되어 있으며 예전의 지형에서만 효과적일 수 있는 자유화 전략을 제안한다."(Hardt & Negri, 2000, p. 146) 메트로링구얼리즘에 대해 우리는 '혼종성-대화hybridity-talk'(Allatson, 2001; Hutnyk, 2000; 2005; Perera, 1994)에서 "'혼종'의 개념이 본질주의적인 권선징악만큼이나 하나의 범주로 고정될 수도 있다."(Zuberi, 2001, p. 239-240)는 잠재적인 덫을 피하려는 관점을 취한다.

　도시, 사람, 언어의 관계들이 어떻게 작용하는지 더 자세히 설명하기 위해서 도쿄에 있는 지중해 식당 カルタゴ(카르타고, 'Carthage')의 주방에서 일어난 대화를 살펴보겠다. 식당의 셰프이자 사장은 역사, 맛, 이동성을 상기시킬 의도로 현재는 튀니지의 수도인 튀니스(일본어로 라틴어인 카르타고Carthago를 비슷하게 쓴다. 과거에 '새로운 도시'를 의미하는 페니키아어에서 유래했다)의 일부인 고대 도시의 이름을 따서 명명한 것이다. 페니키아, 로마, 이슬람의 영향으로 인해 카르타고의 복잡한 궤적은 사람, 언어, 문물, 정치, 이데올로기가 교차되고, 충돌되고, 함께 거했던 모든 항구 도시처럼 다양한 언어적, 문화적 그리고 정치적 공간을 창조했다. 튀니지 출신이 많았던 파리의 한 지역에서 예술을 전공한 그는 파리에서 쿠스쿠스couscous를 먹어 본 기억을 바탕으로 식당을 개업했다.

　당시(80년대 초반)에 도쿄에서 먹을 수 있었던 쿠스쿠스는 'フランス人がやっているスパイスの効いていない上品なクスクスしか出てこなかった(프랑스인이 쓰는 향신료를 쓰지 않은 쿠스쿠스)'였다. 그라나다Granada에서 스페인어를 공부하면서 지중해를 지역과 주 경계를 초월해서 작동하는 개념으로 이해한 그의 아내와 함께 그는 '지중해'와의 연관성을 아우르는 식당을 개업하기로 했고, 그렇게 식당 카르타고가 등장했다. "国々は密接に関わっている。国境は人間が引っ張ったもの。文化はグラジュエイションのよう。(국가는 서로 밀접하게 연결되어 있어요. 국경은 사람들이 긋는 것이에요. 문화는 연속체고요.)"라는 그 셰프의 주장과 유사하게, 이 공간에서는 문화

적, 음식적인 경계뿐만 아니라 언어적 경계도 긋기가 어렵다.

편리하게도 나카노中野 역에서 걸어서 5분 거리에 위치한 (도쿄 중심지에 있는 신주쿠 선에서 5분) 카르타고의 주 고객층은 일본인이지만, 프랑스인, 북아프리카인, 중동인, 미국인 고객도 자랑할 만하다. 나카노 지역은 신-구, 보수-진보 등 다양한 얼굴을 하고 있다. 1980년대 후반 이후, 오타쿠 문화와 결부되어 일본 애니메이션이나 만화 캐릭터에 관심이 있는 전 세계 사람들을 끌어모으고 있다. 일본 만화책과 애니메이션의 가장 큰 시장 중 하나인 프랑스는 유럽에서 오타쿠 문화의 중심(Sabre, 2013)이기 때문에 이 지역에서 프랑스 사람들을 발견하는 것은 어렵지 않다. 카르타고의 셰프이자 사장은 "近年、目に付くのは、アニメブームで日本語がとても上手な外国人のお客が急増したこと。アメリカ人でもフランス人でも、中東人も(최근 내가 발견한 것은 애니메이션 붐 때문에 일본어를 잘하는 외국인 고객이 늘어났다는 거예요. 미국인, 프랑스인, 중동 사람도 있어요)."라고 말한다.

식당을 관리하는 마마Mama(셰프가 자기 아내를 부르는 말)[3]도 "ここにくるフランス人にもアニメオタクが多い。この間来たお客さんも、手塚治虫の漫画について、日本人と対等に議論していた(여기 오는 프랑스인도 애니메이션 오타쿠가 많아요. 얼마 전 우리 [프랑스] 고객 중 하나도 일본 사람하고 데즈카 오사무手塚治虫의 만화에 대해 열띤 토론을 하더라고요)."라고 덧붙인다. 셰프와 마마는 일본인에게 카레처럼, 프랑스인에게 쿠스쿠스가 일상적이고 가볍고 가정식 같은 음식이라는 데 동의한다(6장 참조). 식민지 독립 이후 지중해의 영향으로, 이 식당은 마그레비Maghrebi(프티 파리의 나빌을 포함해

....

3   우리는 일반적으로 연구에서 참여자들의 실제 이름을 사용했다. 그래서 식당의 주인이 사용한 대로 '마마'와 '셰프'를 사용했으나, 다른 데서는 점주를 가리키기 위해 '이시카와 씨 Ishikawa-san'라는 이름을 사용했다(그녀의 진짜 이름은 아니지만 타인이 경어로 사용하는 '씨san'를 붙이는 호칭 실행 유형을 재현했다).

알제리인, 튀니지인)와 중동(레바논인, 터키인, 이집트인, 이라크인 그리고 이스라엘인) 사람들뿐만 아니라 '집밥'을 갈망하는 '프랑스' 손님들도 종종 들른다. 카르타고는 음식, 문화, 언어가 한데 어우러진 곳이다.

발췌문 3.5와 3.6은 셰프와 마마의 대화이다. 녹음기는 화장실과 흡연 구역 근처, 주방과 식당에서 보이지 않는 좁은 공간 사이의 카운터 위에 올려 두었다. 마마는 주문을 받고, 요리와 서빙 시간을 맞추기 위해 식당 쪽 상황을 보고하고, 요리를 나르기 위해 식당과 주방 카운터 사이를 바쁘게 오가고 있었다. 때때로 고객이 흡연석에 앉아 셰프와 마마와 이야기를 나눈다. 식당 전체를 두 사람이 운영하기 때문에 프티 파리의 나빌(1장)과는 다르게 멀티태스킹이 지속적으로 이루어진다. 카르타고의 언어 레퍼토리는 다양하다. 테이블 번호, 손님 수, 주문한 요리 개수에는 터키어를 사용한다. 키시Kişi는 사람을 세는 단위이고, 타네tane는 요리 수를 세는 단위이다. 요리 이름은 아랍어, 터키어, 프랑스어인데 때때로 이름을 축약한다. 예를 들어, Patlican Mousaka(가지 무사카)는 파무사카pamusaka로 축약된다. couscous poulet(닭 쿠스쿠스)나 couscous poission(생선 쿠스쿠스) 같은 쿠스쿠스 요리에는 프랑스어가 사용된다. 그러나 마마에 따르면, 생선을 말할 때 셰프는 '포아송poisson'을 선호하는 반면 그녀는 아랍어 단어인 '사막samak'을 선호한다고 한다.

발췌문 3.5

일본어, 일본어 억양의 프랑스어,[4] 일본어 억양의 터키어

1. **셰프** 마마, 마마,

....

4 일본어가 아닌 단어를 일본어로 차용할 때, 일본어 음운 체계CV를 맞추기 위해 모음이 자음 뒤에 자주 들어간다. 'Y'나 'V'와 같이 일본어에 존재하지 않는 자음은 종종 'I'나 'B'로 변형된다.

2. **마마** 하이. 네.

3. **셰프** 에토, *포아송*, 음, 생선,

4. **마마** 포:: 포:: 아 *포아송*. 하이… 시츠레 시마시타. 생:: 생:: 아 생선. 네…, 실례합니다.

[소음]

5. **마마** *포아송*. 생선.

6. **셰프** 이에데 와 하야이 토 오모운데, 내 생각에 7번 테이블은 빠르니까.

7. **마마** 하이. 네.

8. **셰프** *쿠스쿠스* 데스. 쿠스쿠스 나왔어.

9. **마마** 하이… *셰푸*, 소레와 이키 데스 카? 네…, 셰프, 그건 2번 테이블입니까?

10. **셰프** 하이. 네.

발췌문 3.5의 주방 카운터에서 일어나는 셰프와 마마 사이에 사용된 코드 같은 언어, 예를 들어 테이블 7번과 2번을 언급하는 데 터키어 이에데 iede와 이키kiki를 사용한 것을 이해하는 데에는 영어, 일본어, 터키어, 프랑스어에 대한 지식이 도움이 될지 모른다. 그러나 이러한 언어를 사용하기까지의 역사적 궤도, 수차례에 걸쳐서 확립되고 퇴적된 실행, 그리고 고맥락적인 용어의 사용은 내부 정보 없이는 이해하기 힘들다(여기에 마마가 큰 도움을 주었다). 더구나 여기에 "포아송Poisson", "이에데iede(터키어로 Yedi라고 쓴다)", "쿠스쿠스"처럼 일본식 발음이 나는 용어에는 일본어, 프랑스어, 아랍어와 같은 언어 라벨을 붙이기는 어렵다.

발췌문 3.6

일본어, 일본어 억양의 터키어, *일본어 발음의 영어*, 일본어 발음의 프랑스어

1. **마마** 고마 와 도코 니? 이치방 시타? 참깨 어딨지? 맨 아래?

2. **하이** … **수사무 가 미에나이**. 네, … 참깨를 못 찾겠어.

3. **마마** 베시 이키마스. 제가 5번 테이블로 갈게요.

[마마가 홀에서 돌아온다]

4. **마마** *셰푸*, 우치 오네가이시마스. 셰프, 3번 테이블 좀 부탁해요.

5. **셰프** 하이. 네.

6. **마마** 아토, 하리사 조다이 … ***오루 라이토***. 고레 *오케*? 그리고 나한테 하리사 줄래, … 좋아. 이거 괜찮아?

7. **셰프** 음. 음.

[마마가 홀에 갔다가 4분 반 뒤에 돌아온다]

8. **마마** *셰푸*, 이에디 *에푸* 이키 키수. 셰프, 7번 테이블 예약 안 하셨고 두 명이에요.

말순서 1과 말순서 2에서, 마마는 참깨를 찾고 있는데, 처음에는 일본어인 "고마goma"를 사용하다가 나중에는 일본어화된 터키어 단어 "수사무susamu"(자음 뒤에 흔히 붙는 일본어의 'u'가 터키어 'susam'에 붙은 형태)를 같은 발화에서 사용한다. 참깨 용기를 찾은 후에 마마는 음식을 5번, "베시beshi(bes)" 테이블로 나르고 말순서 4에서 카운터로 돌아온다. 그녀는 셰프에게 3번, "우치uchi(üç)" 테이블에 나갈 음식을 준비하라고 요청한다. 여기서 전사를 할 때 다시 언어적 명료화가 어려워진다. 이것은 우리가 1장에서 프티 파리에서 카르파치오carpaccio와 같은 언어적 자원에 라벨을 다는 문제를 잠시 다루었을 때와 동일한 문제이다. 터키어의 'bes(5)'와 'üç(3)'는 마마가 자음-모음 구조인 '베시'와 '우치'로 발음하

는데, 이것은 각각 터키어 숫자 5, 3에서 유래한다. 말순서 6에서 마마는 튀니지 소스인 **하리사**Harrisa를 달라고 요구한다.

그녀는 음식이 준비되었는지 묻기 위해 "오루 *라이토*ōru raito"와 "고레 **오케**Kore ōkē?"라고 말한다. "*ōru raito*(좋아)"와 "Kore *ōkē*(이거 괜찮아)?"는 일상적인 일본어에서 자주 사용하는 표현이다. 4분 30초 정도의 침묵이 흐른 후에 마마는 말순서 8에서 식당에서 주방 카운터로 돌아와 셰프에게 예약 없이 온 두 손님이 7번 테이블에 앉았다고 말한다(*셰푸, 이에디 에푸 이키 키수*chefu, iedi efu iki kishu). 즉 "*셰푸*(chef, 주방장), **이에디**(iedi, 7) *에푸*(영어로 'Free'를 뜻하는 일본식 F 발음이며, 예약하지 않았다는 의미의 카르타고 식당의 용어) **이키 키수**(iki kişi, 두 사람)". 여기서 우리는 일본어의 통사적 체계에 다양한 언어적 코드가 놓여 있었다고 말할 수는 있지만, 여전히 어떤 언어로 말하고 있는지는 단정하기 어렵다. 이것은 1장에서 프티 파리의 나빌이 보조 직원에게 "pain two people and two people *onegaishimashu*. Enconre une assiette. De pain.(빵 두 명, 그리고 두 명 부탁해요. 하나 더 주세요. 빵.)"이라고 요구했던 것을 상기시킨다.

마마에 따르면 카르타고의 이러한 언어학적 특징들은 그들 삶과 그들 식당 역사의 궤적의 산물이다. 셰프와 마마는 카르타고를 열기 전에 터키 식당에서 일한 적이 있는데, 카르타고에서 터키어를 사용하는 것은 당시의 경험이 영향을 미친 것이다. 일본 음식 산업에서 재료의 신선도를 구분짓기 위해 흔히 형을 뜻하는 일본어 단어 '兄(ani)'를 별로 신선하지 않은 음식을 가리킬 때 쓴다. 그들이 전에 일했던 터키 식당에서는 터키어 '아비ab(형)'를 사용해 일본어 관습을 적용했고, 이 '비밀 암호'를 카르타고에도 가져왔다. 여기서 신선함을 잃어 가는 음식을 가리킬 때 사용하는 용어 'abi'는 일본어에서 매우 구체적인 언어사용역의 변이형으로, 정확히 일본어도 터키어도 아니며 카르타고라는 공간적 레퍼토리의 일부가 된, 퇴적된 언어 자원이다. 따라서 "kokoni aru *samuk* docchi ga abi?(생선 —아랍어로 사묵samuk* — 중에 어느 게 더 오래된 —터키어로 아비 abi — 거예요?)"와 같은 표현은 그들의 근무 경력과 삶의 궤적에서 기인한다. 그러나 이러한 퇴적화된 실행은 정태적이지 않으며, 그 예로 터키어 'yabanci(외국인)'라는 말이 일본어 '野蛮人[Yabanjin](일본어로 '야만인'이라는 뜻)' 소리와 유사해서 불편하게 들리므로 아랍어를 공부해 온 종업원이 알려 준 아랍어 단어 '아즈나비Ajnabi'로 대체되었다.

　　카르타고에서 사용된 언어의 예시는 메트로링구얼리즘에 대한 몇 가지 논의거리를 제공한다. 앞의 장에서 논의한 바와 같이 이러한 현상이 비도시 환경에서 일어날 수 없다는 것을 의미하는 것이 아니라, 도시 다양성이 극대화하면서(일본 만화에 관심을 갖고 찾아 오는 프랑스나 중동계 고객들부터 아랍어를 공부하던 종업원이 제시한 아랍어 단어를 추가한 것까지) 이 모든 것이 가능해졌다는 것이다. 도시의 리듬과 공간, 즉 가게가 문을 열고 닫고, 노동자와 고객이 점심과 저녁을 먹는 패턴도 이의 일부분이다. 셰프와 마마가 파리를 경유한 경로(그가 쿠스쿠스를 맛본 곳)와 도쿄의 터키 레스토랑이 터키어를 사용하게 된 경로도 중요하다. 그들이 지중해의 훌륭한 교역 항구이면서 혼합 지점인 카르타고를 선택한 것은 이러한 복잡성에 층을 더한다. 이러한 궤적들과 이동성은 식당의 언어적 패턴에 기여할 뿐만 아니라 일본 애니메이션 가게를 방문한 후 기차를 타고 식당에 방문하도록 하는 다른 사람들의 이동성도 유발한다. 이 식당은 식당, 쿠스쿠스, 프랑스, 카르타고를 연결하는 마그레비 출신의 나빌과 같은 사람

....

* 　원문에서 '생선'을 'samak', 'samuk'으로 표기하고 있다. 본문에 원문의 표기를 그대로 옮겼다. 아랍어를 들어 보면 소리는 'samak'에 더 가깝다. 저자가 전사할 때 소리 나는 대로 표기를 하면서 생긴 문제로 보인다.

도 끌어들인다.

카누Canut는 다음과 같이 해석한다.

> 언어 혼합, 언어 겹침 및 다수언어 실행은 모두 일상생활의 일부이고,
> 대부분의 경우 특별한 메타담화를 불러일으키지 않으며 단지 현실일 뿐
> 이다. 화자들은 연구자가 주제에 부여하는 중요성에 항상 당황해한다.
>
> (2009, p. 87)

그러므로 메트로링구얼리즘은 이국적이거나 예외적이거나 보기 드
문 언어 혼합을 일컫는 용어가 아니다. 반대로 그것은 일상생활에서의 도
시언어 사용을 표현하는 말이고, 아래로부터의 다중언어주의를 말한다.
따라서 마마가 말한 "*chefu*, iedi *efu* iki kishu(셰프, 7번 테이블 예약 안 하
셨고 두 명이에요)"가 흥미로운 것은 언어의 나열, 이국화, 혼종화가 아니
라 일상생활에서 사용되는 퇴적화된 언어 자원이라는 것이다. 마마에게
이러한 유형의 언어 사용은 그들 사이의 의사소통에서 가장 경제적인 방
법이다. 나빌의 "*Pizza mo* two minutes coming(피자도 2분 뒤에 나옵니
다)"(4장 참조)이나 마그레브 억양의 "Voilà. Bon appétit(여기요. 맛있게 드
세요)"도 도시에서는 일상 언어로 출현하기 때문에 그렇게 예상치 못한
것은 아니다.

메트로링구얼리즘은 도시의 언어에 대한 것이다. 이것은 확실히 스
타일의 형태(스타일 식별에 있어 종종 적극적인 선택으로 선택한다)에 기반을
두고 있지만 언어 선택의 개념을 중심에 두지 않는다. 카나가라자(2013)
의 도시언어 실행은 횡단언어 수행처럼 선택에 관한 문제인 만큼 일을 처
리하는 것, 일상생활 언어를 사용하는 것, 아래로부터의 다중언어주의에
대한 것이다. 따라서 우리는 사회 구조의 과잉결정(우리가 하는 것은 사회

적, 정치적, 경제적 질서에 대한 반사적 반응에 불과하다)과 언어 구조의 과잉 결정(언어는 규칙에 의해 결정된다) 그리고 주체에 대한 과한 강조(우리는 자유롭게 사회적, 언어적 선택을 할 수가 있다) 사이에서 입장을 취할 수 있도록 카누(2009)처럼 언어 실행을 우리 사고의 중심에 두고 있다. 무엇보다도 메트로링구얼리즘은 도시민족성, 다수언어주의 그리고 횡단언어주의에 의한 도전을 수용하고, 일상 언어 실행과 도시 공간 사이의 관계에 주목한다.

연구: 언어와 예측 불가성

시장, 식당, 가게, 건설 현장의 자료를 녹음할 때 어려운 일(접근성, 소음, 민족성 등의 문제는 차치하고) 중 하나는 무얼 발견할지 전혀 모른다는 것이다. 카르타고의 녹음을 분석하기 시작했을 때, 그곳에서 일어나고 있는 다양성을 관찰하면서 마음의 준비를 하긴 했지만 터키어, 아랍어, 일본어, 영어로부터 언어적 자원이 이처럼 혼합되었을 거라고는 예상하지 못했다. 언어는 예상치 못한 곳에서 등장한다(Pennycook, 2012a). 어떤 언어가 사용될지 예상할 수 있는 기관과 같은 비교적 안전한 장소와 달리, 시장, 가게, 주방, 식당의 열린 문은 언어가 드나들며 돌아다닐 수 있다는 것을 의미한다. 계승어 수업 연구(Blackledge & Creese, 2010)는 대단히 흥미로운 언어 사용, 저항의 형태와 조합을 발견했을지 모르지만, 연구자들은 대개 어떤 언어를 다룰 것이라는 사실을 아는 합당한 기회를 가진다. 램프톤(2006)의 독일어 사용에 대한 토의는 예상하지 못한, 그럼에도 불구하고 제어 가능한 사례이다. 우리가 시장, 가게, 거리, 근무지와 같은 제어되지 않은 언어 환경에 뛰어들고 나면 항상 예상치 못한 것들이 등장했다.

예를 들면 중국 시장에서(8장 참조) 우리는 광둥어, 약간의 표준 중국어와 영어를 다룰 것이라고 생각했다. 그러나 이것보다 훨씬 더 복잡하다는 것이 즉시 드러났다. 광둥어는 물론, 푸젠어福建話, Hokkien와 다른 중국어(몇 가지는 아직도 무엇인지 확실하지 않다)도 있었지만, 광둥어도 그냥 광둥어가 아니어서, 말레이시아, 베트남, 인도네시아계 중국 사람도 있었는데 그들의 광둥어는 누구와 이야기하느냐에 따라 달라졌고, 다른 언어와 혼합되기도 했다. 한편 시장에 있는 동안 러시아어, 스페인어, 한국어, 타이어와 같은 다른 언어도 끊임없이 들려왔다. 우리는 이 언어들을 더 탐구한다면 스페인어는 남미 스페인어, 러시아어는 그냥 러시아어가 아니라 특정 러시아어 종류로 분류하듯이 더 복잡해질 것을 알았기 때문에 이 언어들을 식별하는 것 외에는 하지 않았다.

우리가 파트리스Patris 주방의 언어(4장 참조)를 알아냈다 생각하고 네팔인 전사자를 구했을 때, 그녀는 그들이 한 부분에서 힌디어(그중 한 명은 네팔 억양이 있었지만)로 말하고 있다고 알려 줬다. 물론 인도 요리사도 거기에서 일하고 네팔 요리사인 니샬Nischal이 힌디어(네팔어와 관련 있지만)를 하기 때문에 그리 놀랍지는 않았다. 우리가 예상하지 못했을 뿐이다. 카르타고에서 테이블 번호를 가리키는 데 사용한 일본식 터키어 숫자의 예처럼 불가능해 보이는 언어의 혼합체를 식별하고 전사하는 것도 어려웠을 뿐만 아니라, 우리가 구성한 다중언어 전사자 팀이 자료를 해석할 때 동의하지 못하는 부분들도 많았다.

대표적인 사례로 프티 파리 자료를 분석하던 중 우리는 프랑스어, 일본어, 영어를 이해하는 전사자와 번역가가 필요했을 뿐만 아니라, 이들이 서로 변경 내용과 메모를 표시한 전사문을 주고받으면서 협력하여 상황을 설명해 줄 수 있도록 팀을 꾸릴 필요도 있었다. 따라서 우리는 일본어와 영어를 사용하는 사람과 프랑스어와 영어를 사용하는 사람이 협업하

도록 했다. 그렇게 해도 항상 명확한 것은 아니었다. 다음은 프티 파리 전
사문에 대한 해석을 주고받았던 예시이다(4장 참조).

발췌문 3.7

프랑스어, *일본어*, 영어

1. **나빌** *쏘리 스미마센, 고멘나사이. 앙? 조토:: 조토 스몰 플레이스 다*
    카라, 고코와 나, 미안합니다. 실례합니다. 미안합니다. 네? 좀 좀 좁은
    장소라서, 여기가,

2. **손님** *다이조부 데::스*. 괜찮아요.

[B 테이블 고객에게]

3. **나빌** *부알라*. 여기 있습니다.

첫 번째 전사문에서는 나빌이 "조토 스몰 플레이스 다카라Chotto Small
place dakara", "홀라Hola"라고 말했다고 표기했었다. 두 명의 전사자가 스페
인어를 알고, 나빌도 종종 스페인어 단어를 사용한다고 알려졌음에도 불
구하고 스페인어 '홀라Hola'가 여기에 등장하는 것이 어울리지 않았다(그
렇지만 다음 장에 파트리스 주방에는 등장한다). 추가 논의 끝에 프랑스어 '부
알라voilà'이거나 일본어 '고코 와 나koko wa na'의 두 가지 가능성이 등장
했다. 각 언어의 화자는 다른 언어를 선호하는 경향이 있었고(일본어 화
자는 프랑스어, 프랑스어 화자는 일본어가 맞다고 생각했다), 양쪽 언어 모두
를 구사하는 화자들은 왔다 갔다 하는 경향이 있었다. 이 문제를 해결하
기 위해 우리가 도시언어 자료의 특정 부분을 알아내고자 다중적인 언어
자원과 궤적을 갖고 있는 일본어 화자들과 프랑스어 화자들을 컴퓨터 앞
으로 집합시켰을 때 대부분의(그러나 전부는 아닌) 일본어 화자는 '고코 와
나koko wa na'를 이상한 일본어라며 좋아하지 않았다. 그러나 대부분의 프

랑스어 화자도 '부알라'를 확신하지 못했다. 결국, 논쟁 끝에 '고코 와 나 koko wa na'를 주장하던 쪽이 이겼다. 이 문제는 아마 결코 완전히 해결되지는 않겠지만, 얼마 후에 에미가 나빌과 몇 가지 세부사항을 확인하러 프티 파리로 돌아갔다. 그녀는 '고코 와 나'가 아닌 '부알라'일 거라는 확신을 가지고(초기 토론에서도 결론에 납득하지 못했었다) 프티 파리의 카운터에서 앨러스테어에게 메일을 보냈다. 당시 파리에 있던 앨러스테어가 젊은 파리 지인에게 그 녹음 파일을 들려주었더니 나빌의 독특한 마그레브 억양과 '부알라'의 다른 쓰임새에서의 강세를 지적하였다. 전사의 최후 버전에서는 둘 중 하나를 확신하는 것을 피하고 있다.

우리의 참여자와 다시 이야기해 보는 것도 물론 이러한 자료를 해석할 수 있는 또 다른 유용한 방법이었다(카르타고의 마마는 우리에게 '카르타고어Carthagonese'를 해독할 수 있는 지침을 보내주었다). 또 다른 경우, 재개발 건설 회사의 마르코가 피지 출신의 네미아에게 점심시간에 감자칩을 줬을 때(6장 참조), 처음에는 세르비아계 전사자가 '구라, 해브 섬 칩스, 브로 Gura, have some chips, bro'라고 전사했다. 그녀는 대화 참여자 중 한 명의 젊은 벨그레이드Belgrade 억양을 발견했고, "오케이OK"에서 세르비아어화된 영어 억양을 발견했으며, 마르코가 감자칩을 먹으면서 "아 요이A joj!"라며 만족하는 소리에 주목했지만 이 단어는 그녀를 괴롭혔다. 녹음한 지 1년 반 지난 후에 에미가 마르코와 휴대전화로 연락이 겨우 닿았는데(그는 휴가 기간이라 가족과 함께 오지에 있었다), 그는 그것이 그의 피지 출신 동료를 부를 때 쓰는 '울라Ula'라고 설명했다. 좀 더 조사를 해 보니 이것은 '불라Bula'라는 피지어를 그만의 버전으로 말한 것이었다. 한편, 다른 언어로(세르비아어에서 출발하여 프랑스어, 네팔어로) 된 노래를 추적하기 위해서는 다른 곳에 있는 연구 보조자들에게 선율을 재창조하여 들려주어야 했다. 그럼에도 불구하고 터키어가 카르타고에서 들리지 않을 이유가 없듯이, 페니쿡(2012a)이 우리가 예상치 못한 것에 대한 가정에 의문을 제기해야 하며 예상치 못한 것을 예상하는 것뿐만 아니라 예상하는 것도 예상하지 않아야 한다고 주장하는 것처럼, 우리와 우리의 연구 보조원들은 사람들, 사물들, 장소들의 궤적이 교차하여 그들만의 도시언어 레퍼토리를 만들면서 그 어떤 순간에서도 우리가 상상했던 것보다 더 많은 가능성을 볼 수 있게 되었다.

이러한 자료를 다룰 때 마찬가지로 힘든 것은 바로 전사 문제이다. 소음이 많은 환경에서 전사하는 어려움과는 별개로(교실이 힘들다고 생각되면 시장이나 주방은 어떨지 생각해 보라) 어떻게 전사할 것인지에 대한 격정이 크게 다가왔다. 전사 관습에 대한 고민과 얼마나 실제에 가깝게 묘사할 것인지에 대한 선택(억양, 휴지, 말 겹침 등)을 넘어 두 개의 가장 도전적인 질문은 다른 여러 언어를 어떻게 다룰 것이고 다양한 발음은 어떻게 표현할 것인지였다. "전사는 해석과 표현의 행위이며 이것은 권력 행위이기도 하다."(Bucholtz, 2000, p. 1463) 버콜츠Bucholtz가 충고하는 것처럼, 우리는 우리의 관습을 표준화하는 것으로는 이러한 문제를 극복할 수 없고, 오히려 이러한 문제를 인식하고 '우리 전사에 내재한 불안정성'(ibid)을 주지할 필요가 있다. 이것은 다중언어 자료와 다양한 스크립트 사용을 다룰 때 더 복잡해진다. 실제로 '부알라'인지 아닌지에 대한 토의와 더불어 그것을 어떻게 쓸 것인지에 대한 어려운 문제도 있었다.

프티 파리와 카르타고의 초기 전사는 로마자로 했고, 이는 부분적으로 연구자들이 서로의 전사문을 읽으며 작업할 수 있도록 하기 위함이었다. 그러나 다른 전사(시드니의 소상공인 인터뷰)는 일본어로 작성되었기 때문에 여기서도 그러지 않을 이유가 없었다. 또한 다른 부분에서는 중국어(광둥어) 문자를 쓰기로 했다(나중에는 포기했지만 병음粵拼; 粤拼; 유에핑; jyut-ping 표기법에 따라 음역한 광둥어, 8장 참조). 반면에 농산물 시장에서는 아랍어를 사용하지 않기로 했다. 아랍어는 오른쪽에서 왼쪽으로 쓰기 때문에 중국어와 마찬가지로 구어 텍스트로부터 거리가 멀어질 수 있는데, 우리 전사자들이나 함께 일했던 많은 사람들은 그것을 사용하는 것 같지 않는 듯해서 로마자를 선택했다. 세르비아어도 마찬가지로 우리는 키릴 문자를 쓰지 않기로 했는데, 이는 부분적으로 참여자들이 세르비아어와 관련해서 유지하기 꺼리는 듯한 일종의 경계를 만들 가능성이 있었기 때문이다.

그러나 일본어 맥락에서는 화자가 일본인이면 일본어를 쓰고(일본 골목 인터뷰 사례), 일본인이 아니면 로마자를 사용(잠재적으로 차별적인 전사 수행)해야 하는지에 대해 특별히 어려운 결정을 내려야 했다. 하지만 일본계 사람들이 말한 내용의 카르타고 전사는 오히려 로마자로 표기하는 것이 더 나았다. 우리는 한자, 히라가나, 가타카나 버전을 시도했지만, 여러 문제들이 야기됐다. 예를 들어 '카르파치오(カルパッチョ)', 심지어 '쏘리Sorry'와 어쩌면 '부알라Voilà'까지 가타카나로 표기하여 일본어에서 사용되는 '외래어'로 표현하는 게 좋을지, 또는 카르타고에서 쓰인 터키식 용어는 물론 '푸아송/포아송Poisson'도 가타카나로 표기해야 하는지의 문제들이 있었다.

이런 문제들은 전사할 때 문자를 사용한다는 점(음운적 전사는 더 넓은 독자층에게 도움이 되지 않는다)과 일본어 전사의 특별한 방식 때문에 나타난다. 일본어와 로마 문자는 동등하지 않다. 로마 문자는 다양한 언어에 사용될 수 있다. 때때로 로마자는 '영어'와 동일시되기도 하지만, 특정 언어에 특화된 것이 아니다. 반면에 일본어 문자는 적합한 일본어로 간주되는 것(한자, 히라가나)과 그렇지 않은 일본어(가타카나)에서 차이가 있다. 일본어 문자가 효과가 있을 때도 있었다. 예를 들어 일본 골목의 가게 주인이 '오지'에 대해서 말할 때, 우리는 원래 이것을 로마자로 전사했다가 이 맥락에서는 일본어에서 흔한 차용어임을 나타내기 위해 나중에 가

타카나 '오지ォーシー(Ōji)'로 바꾸었다(일본어Japanese와 중국어Chinese라는 용어를 일본어로 사용하기보다 자파니즈ジャパニーズ[Japanīzu], 차이니즈チャイニーズ[Chainīzu]로 사용하는 흥미로운 사례와 유사하다. 5장 참조). 일본어 문자를 사용하는 것은 '일본스러움'을 보여 주는 데 도움이 됐으나, 우리는 또한 가타카나의 양면성을 상대해야만 한다. 한편으로 차용어를 표기하는 문자가 따로 있으므로 차용이 용이하고 그로 인해 일본어에 다양한 용어를 포함시킬 수 있지만, 이는 다른 한편으로는 일본어가 아닌 것처럼 보이게 만들 수도 있다.

따라서 "*셰푸, 이에디 에푸 이키 키슈*(셰프, 7번 테이블, 예약 안 하셨고, 두 명이에요)"와 같은 발화를 위해 로마자를 사용함으로써 각 항목을 프랑스어, 터키어, 또는 영어로 구분할 것인지에 대한 어려운 문제가 남지만, 일본어와 일본어가 아닌 것을 구분짓는 것은 피할 수 있었다. '터키어(일본어 발음으로)'를 볼드체로 처리하기로 한 우리의 마지막 선택은 결코 이상적이진 않지만 최선의 선택이었다. 이러한 전사는 일련의 어려운 문제들을 제기한다. 로마자가 아닌 문자를 사용하는 것은 전사에서 중요한 '특이성otherness'을 나타내지만 여러 어려움을 낳는다. 그러나 로마자를 선택하는 것은 이것을 어떻게 보면 더 투명하게 나타낼 수 있는 위험을 안기도 한다. 버콜츠(2000)가 명확하게 말한 바처럼 모든 전사는 수많은 함의에 대한 부분적인 해석이다. 우리는 언어를 구별하기 위해 볼드체, 이탤릭체 등을 사용하는 것에 대해 어려움을 겪었지만 궁극적으로 이것은, 물론 그로 인해 일종의 식별에 대한 문제가 예상됨에도 불구하고 언어 간의 차이나 '차용'의 종류보다도 참여자들이 언어 자원을 넓은 범위로 사용하는 방식을 보여 주었다. 그러나 이러한 모든 전사는 재현하려는 매우 다른 구어 세계를 가리키는 일시적이고, 불안정하고, 문제가 많은 것으로 보아야 한다.

4장

'주방 담화'와 공간 레퍼토리

중남미 가게들과 식당들로 유명한 시드니 지역에 한 식당이 있다. 이 식당의 주인은 특히 점심시간에 이 식당을 찾는 손님들 대부분이 자신과 같은 콜롬비아 사람이거나 스페인어를 사용하는 다른 중남미 국가 사람이라고 하면서, 이 식당에서는 스페인어가 '100퍼센트' 사용된다고 설명한다.

발췌문 4.1

1. **식당 주인** 백 퍼센트예요.

2. **연구자** 백 퍼센트라고요?

3. **식당 주인** 그럼요, 백 퍼센트요.

4. **연구자** 그럼 모든 직원이 스페인어를 쓴다는 거죠?

5. **식당 주인** 아뇨, 아뇨. 어, 직원들은 인도네시아에서 왔어요. 그래서 우리는 영어를 쓰죠, 그렇죠. 하지만 다들 알아들어요. 메뉴도 다 스

페인어로 되어 있는데. 당신이 말하면, 그 뭐야, 스페인 요리에서 이
걸 이렇게 하라고 하는 것처럼, 그러면 하거든요. 아주 잘하죠.

6. **연구자** 그렇군요. 그러니까 그분들이 스페인어를 꽤 많이 익힌 거네
요? 재밌네요, 흥미로워요. 그러니까 식당에서는 그럼 음…, 사장님
은 인도네시아 직원들한테 영어로 얘기하고, 그들은 자기들끼리 인
도네시아어로 대화하고, 그리고 사장님은 또 스페인어를 쓰는 손님
들에게는 스페인어로 얘기하는 거고…, 그렇군요. 그러니까 항상 세
가지가 있는 거네요.

7. **식당 주인** 네, 네.

이 인터뷰를 진행하는 짧은 동안에도 스페인어를 100퍼센트 쓰는 이
식당에서는 직원과 손님 사이의 상호작용에 스페인어를 주로 사용하고,
식당 내 매개 언어로 영어와 스페인어를 사용하고(인도네시아 출신 직원들
은 음식 이름이나 숫자와 같은 스페인어 단어를 몇 개 익혔다), 주방 직원들 사
이에서는 의사소통 수단으로 인도네시아어(비록 우리가 이들이 쓰는 인도네
시아어 안에 또 어떤 다른 종류의 층위가 있는지 더 확인을 할 수는 없었지만)를
사용했다.

이러한 변화는 일본 골목에 있는 초밥집의 주인과 나눈 대화에서도
발견된다. 이 주인은 자신의 식당 주방 직원들이 대부분 일본인이라며(キ
ッチンは、まあ、日本人がほとんどなんですけど)、직원들이 더 다양하다(중국인
과 한국인)고 인정하면서 주방에서는 영어가 공통어라고 알려 주었다.

발췌문 4.2

1. **초밥집 주인** 중국 사람이랑 한국 사람도 일하고 있어서,

2. **연구자** 넵.

3. **초밥집 주인** 그래서, 그 친구들이 있을 때는, 대부분 영어예요.

그러나 식당 주인은 주방에서 쓰이는 언어에 대해 더 생각해 보더니, 한국인 직원들이 일본어(또는 최소한 "반쪽자리 일본어")를 아주 금방 배워서(日本語を半分覚えるんですよ、すぐ) 주방 언어는 사실 언어의 '믹스'(ほんとにミックスになります)라고 말한다.

발췌문 4.3
1. **초밥집 주인** 일본어가 난무하고 있고, 그래서 일본어, 영어랑 한국어랑 어떻게 보면 혼합된,
2. **연구자** 맞아요. 재밌네요.
3. **초밥집 주인** [웃음] 엄청난 언어가 되어 가는 거죠. [웃음]

드보락(Dvorak, 2012 공식보고서)은 급속도로 성장해 가는 점점 다양한 지역에서 영어를 공용어official language로 사용할 것을 규정하고 있는(히스패닉과 아시아 인구의 증가로 백인의 인구 비율이 2000년 88퍼센트에서 2010년 78퍼센트로 하락하여 백인 사회에 일종의 경종을 울렸다) 미국 메릴랜드Maryland주 프레더릭 카운티Frederick County 행정자치위원회의 결정을 거론하면서, 영어라는 언어가 이러한 맥락에서 왜 중요한지 지적한다.

프레더릭 시내 럭키 코너 식당Lucky Corner restaurant의 쯩 후인Trung Huynh이 운영하는 주방에서 모두가 자신의 모국어로만 이야기하는 장면을 상상해 보자. 간장에 졸인 돼지고기찜, 포(베트남 국수) 한 그릇, 연꽃 줄기 샐러드 주문을 조리하고 서빙하는 일은 그야말로 혼란의 도가니가 될 것이다. 열한 살에 미국으로 온 후인은 "나는 파키스탄어, 인도어, 베

트남어, 스페인어를 하는 사람들을 쓰고 있어요. 우리 모두가 영어를 못 쓴다면 아무도 할 일을 못 할 거예요."라고 말한다.

메릴랜드의 카운티에서 영어를 공용어로 정하는 이 별난 일은 차치하고, 우리의 관심은 이 주방의 다양성에 있다. 이는 우리가 관찰한 여러 다른 주방과 매우 비슷한데, 여기에는 린다가 건설 현장 인근 헝그리 카페Hungry Café(3장)의 주방 직원에 대해서 "콜롬비아, 중국, 홍콩 그리고 거기에 방글라데시, 인도 출신이에요. 그래서 모든 문화가 섞여 있어요."라고 한 설명도 포함된다.

여기에서 중요한 질문은 요리를 완성하기 위해서 과연 어떤 언어 자원이 필요한가이다. 우선 모든 사람들이 정말로 자신의 '모국어'를 사용한다고 상상해 보자. 물론 특별히 문제될 것은 없지만, 만약 얘기할 대상이 아무도 없다면 이런 일은 그다지 자주 일어나지도, 또 문제되지도 않을 수 있다. 이 장의 후반부에서 살펴보겠지만 그럼에도 불구하고 제1언어는 요리사들이 일터에서 노래하고 이야기하는 가운데 흥미로우면서도 또 때로 중재 역할을 하는 것으로 보인다. 그러나 이들이 각자 자신의 제1언어로만 이야기할 경우 바벨탑 이야기 같은 일이 벌어지게 되고 주방은 기능 부전不全 상태에 빠지게 될 것이다. 그러나 한편으로는 상황이 이렇다고 해서 모두가 영어(또는 프랑스어, 스페인어, 일본어 등 해당 맥락에서 더 폭넓게 작용하는 언어가 무엇이든)를 사용할 줄 알아야 한다는 것을 뜻하지는 않는다. 이러한 노동자들은 대부분 다양한 주방에서 일하면서 다른 언어의 일부를(대체로 아주 기능적인 일부만을) 익히기 때문에 복합적인 업무 및 언어 궤적을 가지고 있다.

주방과 식당은 상당히 다중언어적으로도 잘 운영될 수 있다. 우리가 이 책에서 특별히 관심을 갖고 보고자 하는 것이 바로 이러한 복합적인 도시언어적인 실행들이다. 살아가기 위해 단 하나의 언어만을 공유해야 한다는 주장은 언어적 다양성을 극복하는 유일한 방법이 하나의 언어를 공유하는 것이라고 가정하는 매우 특별한 언어 이데올로기로 볼 필요가 있다. 해리스(Harris, 2009)가 관찰한 바와 같이, 두 명의 화자가 "구어로 소통하기 위해 둘 다 반드시 동일한 언어를 알아야만 한다."는 것을 전제할 필요가 없으며(p. 74), 오히려 이들이 "자신의 기호 활동을 대화자의 것과 어떻게 통합시킬 것인지"를 알 필요가 있다(p. 75). 이러한 일터에서는 알려진 특정 언어를 공유 코드로 삼는 것보다는 다양하고 혼합적인 자원(우리는 언어적 다양성을 '극복해 낼' 필요가 없다)을 사용하여 기능한다. 우리가 앞서 '100퍼센트' 스페인어를 사용하는 식당과 '대부분 영어'로 소통하는 초밥집에서 보았듯이, 표면적으로는 단일언어로 보이지만 그 맥락 아래에는 다른 여러 언어가 항상 잠복해 있다. 주방이나 식당에서 서로 다른 언어가 통할 수 있는 것은 상당히 있을 수 있는 일이므로, 주방 직원들의 다양한 언어적 배경이 단일언어 정책으로 보완되어야 할 필요가 있다고 가정하지 않도록 주의해야 한다.

도쿄의 카르타고 식당에서 마마가 셰프에게 주문을 전달할 때(3장 참조), 다양한 언어 자원을 끌어다가(일본어 통사 구조 안에 숫자, 단위와 같은 터키 용어들을 적용하여) "*chefu*, iedi *efu* iki kishu(셰프, 7번 테이블, 예약 안하셨고, 두 명이요)" 또는 "*chefu*, beshi *tēburue* ni tsuika de shishi keba-bu ga biru-tane desu(셰프, 5번 테이블에 쉬쉬 케밥 하나 더요)"라고 얘기한 것은, 실질적인 이유도 있지만(직원들 사이에서 쓰이는 사적 코드가 유용할 수 있다) 그들이 일했던 도쿄의 터키 레스토랑을 포함한 언어 궤적이 누적되어 이루어진 언어 실행의 한 단면이라 할 수 있다. 따라서 주방 직원들의 제1언어는 그들의 요리 레퍼토리처럼 식당의 더 넓은 레퍼토리 안에 자리를 잡아야 할 필요가 있을지 모르지만, 다른 주방과 일터에서 만들어진 궤적으로부터 수집된 언어 자원들은 더 광범위한 일련의 가능성을 제공할 것이다. 앞으로 더 살펴보겠지만, 주방에서의 의사소통은 많은 종류의 물건, 인공물, 몸짓, 노래, 음식이 특정한 역할을 하는 대단히 다중형식적인 일이다. 따라서 영어, 프랑스어, 스페인어, 일본어, 광둥어, 스와힐리어, 우르두어, 힌디어, 이탈리아어 등등의 언어에 대한 약간의 공유된 지식은 물론 도움이 되고 흔하지는 않지만, 이들 주방과 같은 도시언어적 멀티태스킹 환경에서는 단일한 공유 언어의 필요성보다 훨씬 더 많은 문제들이 작용하고 있다.

'주방의 언어'에 대한 논의 또한 방언vernacular이나 혼합언어의 사용 현상을 기술하기 위해 종종 경멸적인 맥락에서 쓰였다는 점에서 좀 더 넓은 맥락에서 살펴볼 필요가 있다. 파블렌코와 몰트(Pavlenko & Malt, 2011)의 연구에서는 러시아 배경을 갖고 있으나 제한적인 러시아어에 노출되며 미국에서 자란 사람들의 언어를 '주방 러시아어Kitchen Russian'라고 조롱하는 경우가 있다고 언급한다. 주방이 방언vernacular language 사용과 연관되는 이유는 주로 주방 직원과 고용주 사이의(서로 다른 계급과 민족적 배경을 가진) 계급과 식민지 분할의 맥락에서 나타난다. 실제로 남아프리카에 걸쳐 통용되는 파나갈로Fanagalo어도 줄루Zulu어에 기반을 둔 피진*으로 '주방 카피르kitchen kaffir'로 불리곤 하는데, 이는 주방의 흑인 직원이 유럽인들과 상호작용을 하는 언어를 가리키는 모욕적인 용어이다(Mes-thrie, 1989를 살펴볼 것). 우리는 여러 배경의 사람이 주방에 오게 하는 요소인 노동 시장, 임금, 기술, 체류 비자와 같은 맥락에서, 그곳에서 일하는 사람들의 언어에 대한 경멸적인 시선들의 역사에 주목할 필요가 있다.

....

* 　서로 다른 언어를 쓰는 화자들이 상거래와 같은 의사소통을 위해 자연스럽게 형성한 언어. 문법이 간략하고 어휘가 극도로 제한되어 있어 임시적인 성격을 띤다.

피자 전문점: "이것도 다 그리스 문화의 일부거든요"

시드니 시내에 자리 잡은 피자 전문점 파트리스[1]는 그리스 이민 2세대가 운영하고 있고, 이탈리아어가 아주 가끔 역할을 할 뿐 여러 언어가 광범위한 폭으로 반향을 일으키는 공간이다. 도쿄의 식당 프티 파리Petit Paris와 메종 브레통Maison Bretonne, 카르타고에서 요리 및 문화 실행의 '재현reproduction'이나 '재배치relocation'가 그들의 운영 철학에서(즉, 파리 비스트로, 브르타뉴의 시골풍 집, 이국적인 지중해풍 공간, 6장 참조) 상당히 중요한 역할을 하고 있는 것이다. 이와 달리, 파트리스 피자 전문점은 흔한 그리스 이름이자 그리스 이민자들을 호주로 싣고 온 이민선 중 하나의 그리스 이름을 가져다 씀으로써 다른 종류의 재현과 재배치의 상징성을 보인다. 샹들리에로 쓰이는 탄산 음료 키노토Chinotoo 병 같은 식료품이나 몇몇 공산품을 제외하면 이탈리아와의 관련성을 거의 드러내지 않는다. 식당 홀에서 (주방과 매우 다를 수 있는) '브랜딩' 효과(프랑스어의 상징적 자본이 중요한 역할을 하는)가 나타나는 프티 파리와는 달리 파트리스에서는 이탈리아어의 존재감이 강하지 않다.

그리스 이민자 2세인 덱스터Dexter는 아버지가 인수한 피자 전문점을 물려받았다. 그리스 식당이 아닌 이탈리아 식당을 선택한 계기를 묻자, 덱스터는 "뭐…, 아, 이것도 다 그리스 문화의 일부거든요. 그리스 사람들이 운영, 운영하는…, 여러 장소에서 다양한 사업들로 확장했죠."라고 대답했다. 이처럼 민족적 사업을 자신의 민족적 배경과 분리시키는 경우는 2장에서 언급한 인도인이 운영하는 몬트리올의 베이글 가게와 유사하지

....

1 레스토랑 이름 '파트리스'는 여기에 언급한 다른 근무자들의 이름과 동일하게 가상의 이름이다. 가명을 쓰긴 했지만, 최대한 그리스 레스토랑의 이름이 갖고 있는 의미와 말맛을 살리려 했다.

만, 이러한 연관성은 임의적인 것이 아니다. 피자 전문점을 운영하는 것도 '다 그리스 문화의 일부'인 것이다. 그리스인 이민자들이 카페나 레스토랑을 운영하고 소유하는 전통은 원래 그리스 음식과 거의 관련이 없었다(이것은 훗날 트렌드가 되었다). 오히려 앵글로계 호주 음식이나 미국 음식에서 영감을 받아 소규모 사업을 운영하는 것과 관련이 있었다(Janiszewski & Alexakis, 2003). 더군다나 피자 전문점은 초국가적인 음식이라는 거시적인 차원에서도 유의할 점이 있다. 피자는 북아메리카로 이주한 이탈리아 이민자들이 개발한 음식으로서, 여기에서 시작된 '피자 효과'가 이탈리아와 다른 지역에서도 피자의 인기에 기여했다. 덱스터는 "네, 보시다시피, 우리는 굉장히…, 우리는 아주 기본적이고 단순한 이탈리아 음식을 하죠. 피자, 피자와 파스타요…. 그리고 아주 성공적이었어요."라는 입장이다. 피자 전문점을 이탈리아 식당과 혼동해서는 안 되지만, 또 이탈리아 식당이 '이탈리아어'로 운영될 것이라고 예상해서도 안 된다. 파트리스는 '메트로에스닉metroethnic'하면서 '메트로링구얼metrolingual'한 가벼운 식사 공간으로 설명하는 편이 더 나을 것이다.

여타 다른 소규모 사업과 마찬가지로, 식당은 특정 민족 및 언어 형태, 이주 유형과 연결되어 있을 수도 있다. 앞서 2장에서 논의한 바와 같이, 이러한 사업은 전형적으로 가족, 언어 및 민족적 관계에 의존하며, 전통적인 연계나 연결망을 활용하여 유사하게 운영되는 또 다른 지역 상점, 식당 및 소규모 사업과 긴밀한 관계를 유지한다(Panayiotopoulos, 2010). 그러나 이주, 소유권 및 노동 시장의 패턴의 변화는 일반적으로 노동과 언어 구성을 붕괴시키기 시작하고, 이 때문에 '민족 구역ethnic precincts'(Collins & Kunz, 2009)과 '틈새 민족ethnic niches'(Eckstein & Nguyen, 2011)이 확립되더라도 직원들의 배경은 상당히 다양해질 수 있다. 식당에 따라서는 음식과 언어, 손님을 연결해 줄 일종의 '전면에 내세울' 언어를 택해야 할 필요가 있는데, 여기에는 노동 시장, 체류 비자, 시급제 종업원의 구성과 같은 문제가 복잡하게 얽혀 있고, 민족성이라는 겉모습 뒤에 숨은 언어적 복잡성으로 이어짐을 알 수 있다. 나아가, 이 책에서도 주장하겠지만, 도시언어 기능의 삼층언어 모형triglossic model에 대한 크롭 다쿠부(Kropp Dakubu, 2009)의 비판적 논평에서 언급한 것처럼 언어의 기능적 역할을 명확하고 상세하게 기술할 것으로 가정한다면 이러한 공간의 역동성을 포착하고 기술하는 데 실패할지도 모른다.

파트리스는 카페, 식당, 부티크, 갤러리, 바 등이 있는 비교적 부유한 거주 지역에 위치해 있다. 교차로가 가까이 있고, 길 건너편에는 일식 레스토랑과 빅토리아풍의 오래된 펍(19세기 후반에 지어졌다)이 있다. 그리고 고급 식료품 체인점이 바로 이웃해 있다. 인구학적 지표로는 앵글로계가 우세한 곳이나, 파트리스를 들여다보면 대부분 이민자들이거나 노동 및 학생 비자로 체류 중인 폴란드인(크리스티안Kristyan, 알렉시Aleksy, 토메크Tomek), 그리스인(덱스터, 사이먼Simon), 네팔인(니샬), 인도인(자이데브Jaidev), 프랑스인(장), 타이인(베티Betty), 앵글로계 호주인(마크Mark) 등 민족적, 언어적, 문화적으로 다양하다. 물론 이렇게 식별하면 이곳은 이들 종업원들이 일반적으로 훨씬 더 복잡한 문화적, 언어적 궤적에서 어느 단계에만 있다는 것이 되므로 신중해져야 한다. 예를 들어 13세에 호주로 이민 와서 40대가 된 베티는, (중국계) 어머니와는 차오저우어로 대화를 나누고, (타이에서 자란) 자매들과 친구들과는 타이어로 이야기하며, 다양한 근무 장소에서나 다른 친구들과는 주로 영어를 사용하며, 이에 더해서 라오어(타이의 유모가 라오스 출신이었기 때문에)와 베트남어(호주로 이민 후 학교를 다니면서 선택한 외국어)를 구사할 수 있다고 설명한다.

따라서 베티의 삶의 궤적에서 현재의 언어 레퍼토리를 보고 간단히 '타이인'이라고 식별하기는 매우 복잡하다. 그렇지만 여기에서 우리가 관심을 둔 것은 한 개인 안에 누적되어 있는 언어 자원의 총체totality로서의 개인의 언어 레퍼토리와, 식당이라는 공간 안에서 이용 가능하고 잠재적으로 동원 가능한 언어 자원의 총체로서의 식당 언어 레퍼토리 간의 관계에 대한 질문이다. 네팔인 요리사 니스찰Nischal은 네팔어, 벵골어, "구자라트어 조금, 펀자브어 조금…, 인도어는 확실히 많이" 할 수 있는 데다가 영어까지 할 줄 아는데, 최근 다른 식당 직원들과 접촉하고 소통하면서 언어 레퍼토리가 변했다며 "사실 저는 체코 말이랑 슬로바키아 말도 조금 할 수 있어요. 왜냐하면 일할 때는 대부분, 단어를 쓰니까…."라고 설명한다. 그래서 우리는 주방에서 주로 쓰이가 언어가 영어인지 물었다.

발췌문 4.4

1. **니스찰** 폴란드어요.
2. **연구자** 폴란드어라고요?
3. **니스찰** 폴란드어. 여기서는 영어는 별로 안 써요.
4. **연구자** 정말요? 음, 근데 저 형제 얘기로는 그렇지 않던데요. 저 형제는 다들 영어만 쓴다는데요?
5. **니스찰** 뭐, 아마 그건 저 친구의 [형제 중 한 사람을 가리키며] 말이죠, 왜냐면 저 친구는 폴란드 말을 못하는 콜롬비아인 여자 친구가 있거든요.
6. **연구자** 네, 네. 그렇군요. 그러니까 니스찰 씨 생각에는, 대부분… 주방에 있을 때는 대체로 폴란드어라는 거죠?
7. **니스찰** 폴란드어죠.

이 대화로 두 사람 모두 요리사이자 폴란드 출신에 형제인 알렉시와 크시슈토프Krzysztof가 자기들끼리 대화할 때 말고는 주로 영어를 사용한다고 사전에 말한 것과 반대라는 점에서 새로운 의미를 알게 되었다. 우리가 니스찰에게 폴란드어를 사용하는지 추가로 묻자, 그는 "조금이요. 그런데 저는 말할 필요가 없고요, 그냥 일해요. 저 친구들이 말을 하는 사람들이고요."라고 답하였다. 여기서 알 수 있는 것은 이와 같은 환경에서 일을 할 때는 매우 최소한도의 언어에 의존해도 된다는 것으로 이는 결코 사소하지 않은 명확한 지적이다. 주방은 활동 공간이자 전문성이 공유되는 곳이며, 또 구두 의사소통의 필요성이 제한된 곳이기도 하다.

　더 중요한 것은, 니스찰이 폴란드어가 주방 언어이고 대개 말은 자신을 제외한 사람들이 한다고 말한 것으로 보아, 폴란드어와 영어는 물론, 포르마지오formaggio(이탈리아어로 '치즈')나 무사카moussaka(가지, 감자 등의 채소와 치즈로 만드는 그리스, 터키의 음식) 등 식품, 인공물이나 재료 이름을 포함한 다른 언어의 간헐적인 사용뿐만 아니라 비언어적인 자원의 사용과 공유된 요리 실행까지, 폴란드어가 이 주방의 공간적 레퍼토리에서 한 부분을 차지하고 있다는 사실이다. 앞서 살펴본 바와 같이, 언어 조정에서부터 혼합언어 사용에 이르기까지, 또 건설 실행 지식부터 육체적 이행에 이르기까지 혼합적이고 다중언어적인 노동력이 다양하게 실행되는 시장이나 건설 현장 등 우리가 연구하는 다른 맥락에서도 이 점을 관찰할 수 있다. 이러한 패턴은 우리가 주방에서 녹음한 자료들을 통해, 폴란드어, 영어 또는 힌디어로 지적하고 욕설도 하고 노래하고 농담하면서 굉장히 많은 요리와 다양한 활동을 하는 모습에서 확인할 수 있었다.

　니스찰은 언어 레퍼토리에 대해 설명하면서 "저는 이 친구들 전에도 폴란드 친구들이 있었어요."라고 말했다. 그가 폴란드어에 대한 지식을 쌓은 것이 이 특정한 주방에서 형제들과 일한 것보다 앞선다는 사실이 드러났다. 니스찰이 얼마나 폴란드 말을 잘하는지 묻자, 폴란드 출신 또 다른 직원인 토메크는 "굉장히 잘해요. 첫 공부치곤 굉장히 잘해요."라고 대답했다. 니스찰은 자신이 폴란드 말을 몇 퍼센트나 이해하는지를 두고 전에 다소 점잖게 했던 논쟁의 일부를 다시 언급했다(처음에는 폴란드어의 40퍼센트를 이해한다고 주장했다가 25퍼센트로 낮게 낙찰을 보았다). 니스찰은 "좋아요, 25. 그 친구가 25라고 말하면 25죠. 왜냐면 그 친구가 저보다 더 많이 알 거니까. 그리고 그 친구 나라 말이니까, 그래서…, 네, 그런데 저는 아마 3퍼센트에서 5퍼센트만 말할 수 있어요."라며 인정했다. 이 종업원들이 언어 사용을 백분율로 협의하고 협상할 준비가 되어 있는 것 자체가 (대중적인 담화나 지역 언어 이데올로기의 한 부분으로서) 흥미롭지만, 앞서 살펴본 스페인어가 100퍼센트 사용되는 식당과 마찬가지로 이러한 설명은 물론 실제 언어 상호작용의 본질을 포착하는 데는 거의 도움이 되지 못한다.

우리가 이 식당의 개별적이고 공간적인 레퍼토리를 다루는 과정에서 몇 가지 복잡성이 명백하게 드러났다. 사람들이 자신들의 언어 사용에 대해 이야기할 때는 언어에 이름을 붙이거나 누구와 어떤 언어로 대화하는지에 대해 설명하거나 퍼센트를 사용한다는 것이다. 그들이 이야기한 개인 레퍼토리가 다양한 삶의 궤적뿐만 아니라 언어에 대한 특정 관점에서 생겨난 산물이라고 인정할 정도로 그들이 믿을 만한 언어 정보원이 아니라는 의미는 아니다. 앞서 3장에서 건설 현장의 점심시간에 보스니아어, 세르비아어, 마케도니아어, 피지어에 대해 벌인 토론에서 살펴본 바와 같이 화자 자체의 관점이 중요하다. 우리는 폴란드어가 주방의 언어라는 니스찰의 의견과 영어가 주방의 언어라고 주장한 알렉시와 크시슈토프의 의견이 모두 다 옳을 수도 있다는 관점을 수용해야 한다.

바삐 돌아가는 도시언어적 일터(제한된 양의 언어 사용만이 요구되는 장소)에서는 어떤 언어로 상호작용하는지는 중요하지 않다고 생각할 수 있을 뿐만 아니라, 누군가가 쓴 폴란드어가 다른 사람에게 영어로 이해된다는 점에서 그것이 사실일 수도 있다. 월터(Walter, 1988)가 제안했듯이, 본래 링구아 프랑카는 "각각의 사용자가 상대방의 언어라고 생각하는 특정한 자질"(p. 216, 저자 번역)로 인해 작동하므로, 아마도 중요한 것은 '어떤 언어'로 소통했느냐가 아니라 어떤 언어를 통해 무슨 작업을 완료해 냈느냐가 될 것이다. '언어하기languaging', 즉 "언어 사용자가 의사소통 목적을 달성하기 위해 사용 가능한 언어적 특성을 무엇이든 활용"(Jørgensen, 2008a, p. 169)하는 행위는 언어에 대한 인식(또는 특수성)을 대체한다. 이런 의미에서 요리를 하거나, 땅을 파거나, 접시를 씻거나, 채소를 거래하는 데 어떤 언어가 필요한지가 문제가 아니라 다양한 언어 자원과 수행하는 업무가 어떻게 상호작용하는지가 문제이다.

이는 또한 언어는 다중 모드 및 멀티태스킹 환경의 한 부분일 뿐이며, 실제 행위들의 여러 특정 지점과 어느 정도 관련성이 있다는 사실을 지적한다. 식당 직원들 역시 훨씬 더 넓은 궤적 및 일상생활의 일부로서 이러한 지점에 일시적으로 놓일 때가 많다. 따라서 특정 시점에서 개인의 언어 레퍼토리를 포착하려는 것이 유용할 수 있지만, 우리는 동시에 사람은 언어적 자원을 담는 저장 용기로서가 아닌, 자원이 풍부한 의사소통(Pennycook, 2012a)을 상호작용적으로 달성할 수 있는 주체로서 인식해야 한다. 그러므로 우리가 다음 절에서 소개하는, 니스찰이 폴란드어, 스페인어, 영어, 힌디어를 사용할 수 있는 것은 그가 이런저런 현장에서 가져온 자원이라기보다는 국지적locally으로 그 현장에서 구체적인 상호작용을 통해 갖게 된 자원 덕분이다. 그러므로 우리는 바쁜 작업 환경에서 흔히 볼 수 있는 도시언어적 멀티태스킹의 흐름에 따라 끊임없이 변화하는 작업 공간의 언어 레퍼토리와 관련시켜서 이러한 개별 레퍼토리를 살펴볼 필요가 있다. 따라서 그것은 항상 일시적으로(식당의 주기적인 변화) 실현되고 공간적으로(식당의 평면도와 위치) 실현된다.

주방 레퍼토리

연구 자료를 수집하던 어느 날, 새로 온 프랑스인 요리사는 입구 옆에서 피자 도우를 반죽하고 있었다. 그의 뒤로 계산대와 젤라토 카운터가 있다. 젤라토 카운터 맞은편의 닫힌 주방 문 옆에는 피자 오븐이 있다. 이곳은 피자를 굽고 자르고 서빙하는 일을 담당하는 크시슈토프의 구역이다. 자이데브와 베티는 손님들을 맞이하느라 바쁘며, 덱스터와 홀 일을 돕는 그의 그리스인 친구 사이먼은 바bar에서 가볍게 그리스어로 잡담을 나누고 있다. 바로 그날, 니스찰과 알렉시는 주방에 있었다. 주방은 이 두 사람의 사회 활동과 직업적인 전문 활동이 서로 혼합되며 일어나는 공간이다. 다음의 짧은 대화는 주방 문 근처에서 자이데브가 니스찰에게 다가가며 나눈 것이다.

발췌문 4.5

힌디어, 영어

1. **자이데브** *차 예 라스트 빠다 후아 헤?* 그래, 이게 마지막이야?

2. **니스찰** 잇츠 올라이트 … 잇츠 올 유어즈. 괜찮아…, 너 가져.

3. **자이데브** *하야? 헤 떼레 빠스 두싸라?* 진짜로? 너 더 있어?

4. **니스찰** 아일 바이. 살 거야.

발췌문 4.5에서 자이데브가 힌디어로 한 질문에(영어 단어 'last' 포함) 니스찰은 영어로 답한다. 자이데브가 말순서 3에서 한 발화, "*하야? 헤 떼레 빠스 두싸라?*"와 같은 비격식적인 표현을 쓴 것은 두 사람이 서로 편한 사이임을 나타낼 뿐만 아니라 니스찰이 힌디어의 비격식적인 구어 표현을 이해하고 이에 참여할 수 있다는 사실을 자이데브가 이미 알고 있음을 나타낸다. 니스찰이 영어로 반응한 것으로 보아 그가 인도어의 두 가지 언어에 대한 지식(어쨌든 힌디어와 네팔어는 서로 가깝다)을 모두 갖고 있다는 것을 확인할 수 있다. 또한 그의 언어 사용이 생산적이라기보다는 수용적이라는 가능성을 보여 주는데, 인도 축제에 대한 이후의 대화는 거의 대부분 힌디어로 이루어진다. 그렇다면 여기서 식당 홀과 주방 사이에서, 주방의 공간 레퍼토리는 자이데브와 니스찰이 담배 개비를 두고 힌디어로 나눈 대화를 포함하여 더욱 확장된다.

잠시 후 알렉시는 폴란드어로 크시슈토프를 부른 다음, 흥얼거리는 목소리로 일하며 혼잣말을 시작한다.

발췌문 4.6

폴란드어

1. **알렉시** 나중에? 이거 손으로?

[알렉시가 크시슈토프를 부르는데, 듣지 못한다]

2. **알렉시** 빌어먹을. 다시 해야겠네.

[이때 알렉시가 비속어로 흥얼거리며 혼잣말을 한다]

여기서 폴란드어의 비속어(이러한 언어 사용은 아래로부터의 다중언어주의의 또 다른 측면이다)와 행동을 동반해야만 이해되는 단어 사용, 일을 하면서 노래를 부르는 것과 혼잣말을 하는 것과 같은 종류의 상호작용은 이러한 일터에서는 비교적 일상적이다. 이것은 일을 완성하는 데 있어서 폴란드어 자원이 공간 레퍼토리의 일부로서 혼잣말을 하는 또 다른 역할을 한다는 것을 제시한다.

이후 15분 동안은 (잘 판단이 안 되는 미세한 구어 상호작용은 제외하고) 주방의 조리 기구 소리, 식재료를 써는 소리, 음식을 튀기는 소리, 수돗물

소리, 발소리 등 시끄러운 소음만 채워졌다. 다음은 이어진 16분 사이에 일어난 다양한 상호작용의 내용들이다.

1. (00:00~01:52) 알렉시는 니스찰의 도움을 받아 식료품 공급업자에게 전화를 걸어 대용량 물품을 주문한다.
2. (06:24~06:30) 니스찰은 베티가 "나는 싱글인데" 하고 큰 소리로 말하자 그녀가 듣는 데서 비욘세Beyoncé의 〈싱글 레이디스Single ladies〉를 부른다.
3. (10:35~11:48) 알렉시는 콜롬비아인 여자 친구의 전화를 받고 주방을 빠져나간다. 베티는 계속 뒤에서 말하고 있다.
4. (11:56~12:12) 알렉시가 돌아와 조리 재료인 마늘을 놓고 크시슈토프와 폴란드어로 대화를 시작한다.
5. (16:18~16:33) 니스찰은 알렉시의 스페인어를 놀려대고, 이어 그가 준비하고 있는 양고기 요리에 대해 의논한다.

이 목록은 시간순으로 나열한 장면이기는 하나, 이 안에서 이루어진 상호작용이나 행위는 일련의 조리 과정(니스찰은 이날 양고기 요리를 했는데, 요리 바로 전 알렉시와 크시슈토프가 폴란드어로 마늘에 대한 이야기를 시작한 때부터 마지막에 그와 알렉시가 완성된 요리에 대해 의논하는 것까지), 또 전화를 하거나(알렉시가 전화로 식료품을 주문한 것) 전화를 받는 것(알렉시가 여자 친구의 전화를 받은 것), 밖에서 베티의 목소리가 들리자 니스찰이 비욘세의 〈싱글 레이디스〉를 불러 응수하는 것까지 겹친다. 이렇게 주방은 '어떤 특정한 장소에서 마주치고 얽히는 사회적 관계의 일단'을 보여 주는 '유기적인 장면들'이 벌어지는 장소이다(Massey, 2005, p. 28).

두 번째 장면에서, 니스찰은 최근에 앵글로계 호주인인 남편과 이혼

한 베티를 놀리려고 〈싱글 레이디스〉를 부른다. 주방은 사람들이 각자의 업무를 완수하는 전문적인 공간인 만큼 사람들의 구체화된 삶과 사회생활이 서로 많이 교차하는 곳 중 하나이다. 사람들의 삶의 궤적과 사연, 이들이 갖는 매일의 관심사가 주방의 일부가 되기도 하며, 또한 이 주방이 이들의 삶의 한 부분이 되기도 한다. 베티의 이혼과 알렉시의 여자 친구는 그런 의미에서 이 공간에 없지만 있는 것이다. 이 주방에서 녹음된 데이터 속에는 각종 발언, 전화 통화, 욕설, 노래, 농담이 곳곳에 쌓여 있고, 이 모든 것들은 도시언어적 멀티태스킹과 공간 레퍼토리의 한 부분으로 볼 수 있다. 니스찰은 어떤 때에는 영어나 네팔어로 혼자 (혹은 음식을 두고) 노래를 하고 어떤 때에는 다른 사람들에게, 또는 다른 사람들과 함께 노래를 부른다. 이어지는 다음의 대화 발췌는 노래가 어떻게 주방의 공간 레퍼토리의 일부가 될 수 있는지를 보여 주는 예시이다.

발췌문 4.7

[베티가 카일리 미노그Kylie Minogue의 〈도저히 널 머릿속에서 지울 수 없어 I just can't get you out of my head〉를 부르기 시작한다. 니스찰은 다시 비욘세의 〈싱글 레이디스〉를 부르며 응수한다.]

1. **니스찰** [처음에는 베티의 노래를 흉내 내다가 그냥 가락에 맞춰 가사 없이 "와 와 와 와"하며 부르더니 비욘세의 노래를 시작한다.] "아임 어 싱글 레이디! 아임 어 싱글 레이디."

2. **알렉시** "아임 어 싱글 레이디! 아임 어 싱글 레이디."

3. **베티** "올 더 싱글 레이디! 올 더 싱글 레이디."

[웃음]

4. **니스찰** 이제 저 젊은 애 하나 망치겠구먼. [알렉시를 지목하며]

5. **베티** "이프 유 라이크 왓 유 시 풋 더 링스 온 잇! 이프 유 라이크 왓

유 시 풋 더 링스 온 잇! 오 오 오, 오 오 오…." [웃음]

니스찰이 베티가 노래하는 분위기를 살려 베티를 놀리려고 〈싱글 레이디스〉로 노래를 바꾸자 알렉시도 끼어든다(말순서 2). 〈싱글 레이디스〉는 이 식당에서 한때 베티를 위한 테마 음악 같은 것이었다(연구를 위해 녹음한 내용 중 수차례 이 노래를 따라 부르며 즐기는 상황을 확인할 수 있었다). 말순서 5에서는 베티가 이 노래를 살짝 비틀어 "If you like what you see put the rings on it!"이라고 하면서* 그녀만의 코러스 버전을 만들었다. 여기에서 언어유희는 앞뒤로 여러 언어를 여기저기에 집어넣는 차원을 넘어 자신만의 역할, 내부 농담 및 음악도 만들어 낸다. 이처럼 자신의 자리를 확보하는 행위는 사람들의 일상생활, 음악과 언어 자원들을 이으면서 공간적 레퍼토리를 차례로 구성해 나간다.

노래 부르기는 우리가 조사한 여러 장소에서 누차 발견되었다. 이는 (사무실 같은 곳과는 달리) 딱히 조용하지 않을 만하고 일시적으로나마 혼자 일을 하는 일터의 특징이다. 프티 파리의 직원 중 하나인 레위니옹 출신 피에르 역시 '노래하는 셰프'였다. 그가 영어나 프랑스어로 부르는 노래는 광범위한 공간 레퍼토리의 일부가 되었고(이곳은 개방형 주방이 갖춰져 있다) 카운터 쪽에 앉는 단골손님들의 대화 주제가 되기도 했다. 마찬가지로 건설 현장에서 만났던 세르비아 출신 건설 노동자 마르코는 점심시간에 다른 인부들을 기다리면서 때에 따라 세르비아의 대중가요를 부르거나 전통 집시 노래를 불렀다. 따라서 사람들이 기다리거나 일하는 시

....

* 비욘세의 〈싱글 레이디스〉의 원래 가사는 '(Cause) if you like it, then you shoulda put a ring on it[만약 네가 좋아한다면 반지를 껴 줬어야지(청혼을 했어야지)]'이다. 베티는 원래 가사를 살짝 바꿔서 "If you like what you see put the rings on it[만약 네가 이 장면이 마음에 든다면 (갖고 있는) 반지들은 내놓고 가셔야지]."라고 부르고 있다.

간에 혼자 노래를 부르는 독백과 같은 (상호작용이 없는) 순간들은 음악에 관해 이야기하거나, 노래를 따라 부르거나 또는 다른 노래로 반응함으로 써 다른 사람들이 이어 가고 빼앗으면서 잠재적인 공간 레퍼토리의 한 부분이 된다. 사람들의 개인 레퍼토리 속의 이러한 언어 자원들은 그 자체 로 머물 수도 있겠지만 언제든 잠재적인 공간 레퍼토리의 한 부분이 된다. 사람, 음식, 언어와 음악은 다양한 잠재적 결과들과 상호작용한다.

앞서 소개한 장면의 가장 앞부분에 있었던, 알렉시와 니스찰이 식료 품 공급자에게 주문을 하는 전화 통화의 장면 또한 (대화를 주고받는 가운 데 나타나는 언어의 사용은 '모차렐라'와 같은 단어가 있긴 해도 영어 이외에 그 리 두드러진 것은 별달리 없긴 하나) 우리가 도시언어적 멀티태스킹이라 칭 할 수 있는 또 다른 사례라 하겠다. 여기에서 알렉시는 전화를 거는 사람 으로, 니스찰은 주문할 품목의 목록을 읽어 주는 사람으로 등장한다.

발췌문 4.8

1.   **알렉시** 네, 안녕하세요?
2.   **니스찰** 햄 여섯,
3.   **알렉시** 전 좋아요. 네, 그럼요. 아:: 반쪽짜리 햄 여섯 개 주시고요,
4.   **니스찰** 반쪽짜리 여섯 개…, *모차렐라* 열두 개,

여기서 우리가 관심을 갖는 것은 이 대화에서 드러난 협동적인 성과 와 중첩된 활동이다. 예를 들어, 니스찰은 알렉시가 전화로 인사와 친교 를 나누며 사회적 활동에 참여하고 있는 가운데 그 옆에서 "햄 여섯"이라 고 읽어 준다. 필요한 만큼의 사회적 상호작용을 마치고 나서 알렉시는 '햄 여섯'을 "반쪽짜리 햄 여섯 개"로 바꾸어 말하고, 니스찰은 다음 주 문인 "*모차렐라* 열두 개"로 넘어가기 전에 이를 반복한다. 여기서 나타

난 언어 레퍼토리는 주방과 요리 중심적이지만, 이러한 일련의 사건들에서 볼 수 있듯이 주방의 레퍼토리가 이러한 대화들에만 국한되는 것은 결코 아니다.

알렉시가 '모차렐라 열두 개'를 주문하는데, 이처럼 피자집에서 이탈리아어 용어들이 튀어나오는 것은 그리 놀랄 일은 아니다. 이러한 용어들을 어떻게 분류해야 하는지는 명쾌하지 않지만(1장에서 나빌이 카르파치오라는 말을 쓴 것과 같이, 이 용어가 이탈리아어 자원으로 간주되어야 하는지도 알기 어렵고, 대체로 중요하지 않다), 그럼에도 불구하고 우리는 어찌 되었든 이곳이 피자집이라는 사실이 주방 레퍼토리에서 언어학적인 함의를 갖는다는 점을 알 수 있다. 다음의 대화는 니스찰, 크시슈토프와 알렉시가 앞의 전화 주문 약 30분 후에 일어난 것인데, 크시슈토프는 폴란드어가 아닌 이탈리아어로 치즈를 가리키는 영어 단어를 찾으려고 애쓴다.

발췌문 4.9

이탈리아어, 영어

1. **니스찰** 노 … 더 *모차렐라*. 앤 어 홀 백 오브 포테이토스. 아일 컷 잇.
   아니…, 모차렐라. 그리고 감자 한 자루. 내가 자를게.

2. **크시슈토프** 아일 브링 *포르마지오* … *포르마지* … 왓에버 왓에버 잇
   이즈! 난 포르마지오… 포르마지…, 아 몰라 그거 갖다 줄게.

3. **알렉시** 치즈. 치즈.

4. **크시슈토프** 예스. 응.

5. **니스찰** 치즈 웰 댓츠 왓 잇 이즈. 치즈. 그래 그거.

여기서 피자집의 이탈리아스러움이 이들의 언어 협상 사이에 개입한다. 크시슈토프는 아마 니스찰이 모차렐라를 언급한 부분을 얼핏 듣고 치

즈와 관련된 대화를 하기 위해 그들 사이의 공유된 자원을 찾아내려 한 듯하다. 물론 이 부분에 개입된 말은 폴란드어가 아니라 이탈리아어인 *포르마지오*이고, *포르마지오*는 이 공간의 레퍼토리에 자리 잡은 '재료'이다.

한편 알렉시의 콜롬비아인 여자 친구는(니스찰에 따르면 여자 친구가 폴란드어를 못하는 것이 요리사들이 폴란드보다 영어를 더 많이 함께 쓴다는 알렉시의 생각에 영향을 주었을 것이라고 한다) 가끔 스페인어를 사용하여 이 주방의 공간 레퍼토리를 넓혔다. 알렉시가 전화를 받으러 주방을 빠져나가지만, 니스찰은 통화 앞부분을 귓결에 듣고는 알렉시가 통화를 마치고 주방에 돌아왔을 때에야 관심을 드러낸다.

발췌문 4.10

스페인어, 영어

1. **니스찰** *올라*. 안녕.
2. **알렉시** *올라*. 안녕.
3. **니스찰** *올라, 코모 에스타스?* 소 유 캔 스피크, 라이크, 리얼리 굿 스패니시 나우? 안녕, 잘 지내? 이제 너, 그, 스페인어 아주 잘하는 거야?
4. **알렉시** 예 오브 콜스. 그럼 물론이지.
5. **니스찰** 하우 굿? 캔 유 스크림 인 스패니시 인 더 나이트? 얼마나 잘해? 너 밤일 할 때도 스페인 말로 소리 지르냐?
6. **알렉시** 아이 … 오브 콜스 아이 캔. 뭐…, 당연히 그럴 수 있지.

이런 종류의 (남자끼리 하는) 가벼운 농담이 스페인어의 특정한 사용 능력을 의미하는 것은 아니지만, 현재로서는(Li Wei, 2011 참고) 이용 가능하고 (알렉시와 그의 여자 친구가 몇 달 후 헤어질 때까지) 점점 퇴적되어 가는 특정 스페인어 자원들이 주방의 공간 레퍼토리의 한 부분을 이룬다.

이렇게 각자 서로 다른 언어적 자원들은 다중적인 양식 및 멀티태스킹 환경과, 현재 이 주방 레퍼토리의 일부로 이용 가능한 더 큰 자원 집합의 한 부분일 뿐이다. 담배 한 개비를 꾸고, 남자 친구에게 전화를 하고, 노래 부르고, 대용량 물품을 주문하며 사람들이 오가는 가운데, 서로 다른 언어 자원은 이 공간에서 이용 가능해진다. 특정한 언어 항목이 개인의 언어 레퍼토리의 한 부분이 되는 시점을 판정하기 어려운 것처럼, 어떤 특정한 장소에서 사용 가능한 언어 자원이 그곳의 공간 레퍼토리의 일부로 퇴적되기 시작하는 시점을 지목하는 것 또한 힘든 일이다. 그럼에도 한 가지 분명한 것은, 우리가 주방이라는 곳을 사람(요리사, 홀의 직원, 전화 통화), 인공물(칼, 체, 접시), 음식(식재료, 조리 과정, 완성된 요리) 등의 다양한 궤적이 교차하는 시공간의 축으로 볼 때, 활동, 언어적 자원과 공간이 언어 사용을 새롭게 구성하기 위해 어떻게 상호작용하는지를 관찰할 수 있다. 이러한 구성은 언어 간 관계(횡단언어, 다수언어, 복수언어, 다중언어), 기능적 영역(어떠한 목적을 위한 언어), 개인 레퍼토리(언어 자원에 대한 개개인의 설명)만 갖고는 정확히 이해할 수 없으므로, 여러 작업과 사용 가능한 자원을 관련지어 볼 필요가 있다.

공간 레퍼토리: "피자 모 투 미니츠 커밍"

시드니의 피자 전문점에서 포르마지오가 공간 레퍼토리의 일부였던 것처럼, 도쿄의 프티 파리에서는 피자와 검은 올리브, 앤초비, 그리고 개방형 주방에서 가져다 놓은 덴표(주문서)까지도 다 똑같이 이 공간 레퍼토리의 일부이다. 발췌문 4.11은 분주한 어느 저녁 프티 파리에서 이루어지는 공간 레퍼토리의 전형적인 사례이다.

발췌문 4.11

프랑스어, *일본어*, *이탈리아어*, 영어

[A 테이블 손님에게]

1. **나빌** *쏘리 스미마셍, 고멘나사이.* 아? *조토:: 조토 스몰 플레이스 다카라, 고코와 나.* 미안합니다, 실례합니다, 죄송합니다. 네? 조금 조금 좁은 곳이라서, 여기가요.

2. **손님** *다이조부 데::스.* 괜찮아요

[B 테이블 손님에게]

3. **나빌** 부알라. *야사이 토 앤초비 쿠로 올리브 소스.* 여기 있습니다. 채소와 앤초비 블랙 올리브 소스입니다.

4. **손님** *하 ::이.* 네엡.

5. **나빌** 본 아페티! 맛있게 드세요!

[셰프에게]

6. **나빌** 셰프 ⋯ *옹 페 패어 마시 르 카르파치/오,* 아, *재 미 인 리느 메 옹 프 랑 부아예. 드 라 시스.* 셰프⋯, 카르파치오 나가면 돼, 응, 내가 줄 그어 놨는데, 나갈 수 있어. 6부터.

[C 테이블 손님에게]

7. **나빌** *하이. 다이조부 다이조부 다이조부.* 네네, 괜찮아요, 괜찮아요, 괜찮습니다.

[스테판에게]

8. **손님** *하이* 두 자시에트 실 부 플레. 네, 접시 두 개 부탁해요!

[C 테이블 손님에게]

9. **나빌** *도조. 피자 모 투 미니츠 커밍.* 여기 있습니다. 피자도 2분 뒤에 나옵니다.

말순서 1에서, 나빌은 B 테이블에 요리를 가져가면서 A 테이블을 간신히 지나가며 협소한 공간(조토 스몰 플레이스 *다카라*)에 대해 영어와 일본어로 사과의 표현을 한다(쏘리 *스미마센*). 여기서 프랑스어로 미사여구를 쓰는 동시에(**부알라, 본 아페티**) 앤초비와 검은 올리브 소스를 얹은 샐러드 요리를 소개한다(*야사이 토 앤초비 쿠로 올리브 소스*). 이어서 그는 방향을 돌려 요리사에게 요리해서 서빙할 타이밍에 대해[이들이 주문을 관리하려고 벽면에 붙여 놓은 덴표(주문서)에는 서빙할 타이밍을 조절하기 위해서 요리명 사이에 줄을 그어 놓는다. 나빌은 이 줄에 대해 얘기한 것이다.]([사진 4.1] 참조) 프랑스어로 지시한다. 그다음에, 그는 다른 손님에게 일본어로 "*하이, 다이조부 다이조부 다이조부*"라고 말하며 모든 것들이 제대로 되고 있다고 확인시켜 준다. 말순서 8에서, 나빌은 손님의 요청을 확인한 후(*하이*) 스테판(홀 직원)을 불러 접시 두 개 더 달라고 요청한다(**두 자시에트 실 부 플레**). 말순서 9로 넘어가, 그는 손님들에게 요리를 서빙하고 난 다음(도조), 그들이 주문한 피자도(모) 곧 나올 거라고 확인시켜준다(***피자*** 모 투 미니츠 커밍).

　이 대목에서 우리는, 지금까지 도시언어적 멀티태스킹이라고 불러온 것의 주요한 사례를 보게 된다. 나빌의 일상적 다중언어 사용은 한편으로는 주로 영어, 프랑스어, 일본어, 그리고 간혹 아랍어(나빌은 그의 형과 전화 통화를 한다)로부터 생성되는 문어와 구어의 혼합체이다. 그리고 다른 한편으로 이러한 자원들과 일상적 실행들(식당을 운영하고 이곳에서 서빙하는 것), 이 활동의 일부를 이루는 대상물들objects(덴표에 그어 놓은 선들, 접시, 채소 요리, 피자), 그리고 그 외에 식당의 다양한 부분들의 일시적인 공간 레퍼토리를 구성하는 나머지 자원들 사이의 상호작용이기도 하다. 프티 파리의 진한 수프와 같은 혼합체는 "*야사이 토 앤초비 쿠로 올리브 소스*"처럼 언어학적 혼합뿐만이 아니라, 앤초비 블랙 올리브 소스를 채소

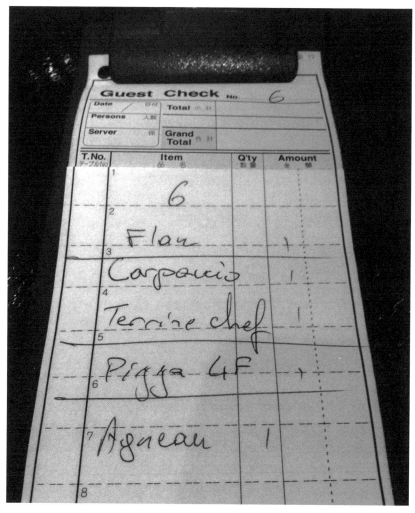

[사진 4.1] 프티 파리의 덴표(주문서)

위에 올려놓은 그 요리 자체가 이 혼합의 한 부분이 되는 것이다.

프티 파리 레퍼토리의 복잡성은 여기서 일어나는 일들을 간편하게 언어 라벨이나 코드 전환의 표상을 부여해서 제대로 설명할 수 없다는 것을 알려 준다. 여기서 쓰이는 '좁은 곳', '올리브', '앤초비', '소스', '피자',

'맛있게 드세요'와 같은 수많은 표현과 용어에 들어맞는 명확한 라벨을 찾는 것은 어려운 일이다. 여기에는 몇 가지 이유가 있다. 음식 용어 중에서는 그 자체로 언어적인 이동성을 갖는 경우가 있다. 즉 피자와 같은 용어가 여러 언어에 존재하는 것으로 더 잘 분류되고 있는지는 불분명하다. 또한 이렇게 서로 다른 장소에서 피자가 서로 다른 문화적, 요식적料食的 의미를 어떻게 가지게 되었는지를 주목해 보는 것도 필요하다. 그리스인이 운영하는 시드니 피자 전문점에서 파는 치킨 데리야키, 마리나라,* 모로코식 양고기, 엘 디아블로 피자는 알제리계 프랑스인이 운영하는 도쿄 식당의 마르게리타 피자, 알자스식 플람쿠헨La Flammenküche Alsacienne, 피살라디에르 니수와즈La Pissaladière Niçoise와 비교했을 때, 식당과 그 도시 및 교외의 요리 풍경이 사뭇 다르다.

나빌이 구사하는 문법과 발음은 언어 라벨의 측면에서 그림을 복잡하게 한다. "*조토:: 조토 스몰 플레이스 다카라*"와 "**피자** 모 투 미니츠 커밍"과 같은 구문들은 일본어 통사에 영어가 섞여 일본어와 영어의 코드 혼합으로 분류할 수 있는 것처럼 보일 수 있지만, "스모루 후레이수(small place)"나 "투 미니추(two minutes)"와 같은 (영어이지만 일본어 어투의 잔향이 배어 있는) 어색한 표현들이 이를 덜 명확하게 만든다. 또 "앤초비 쿠로 올리브 소스"의 발음도 들어 보면 이것이 어떤 언어인지 의문이 든다. 예를 들어 '올리브Olive'를 프랑스어/영어의 'l'과 'v' 발음과 일본어의 'ri(リ)'와 'bu(ブ)'(올리브/오리부) 발음 사이 무엇인가로 발음하거나, '소스sauce'의 종성을 '수(su)'로 발음하는 것은 이 단어들을 애매모호한 상태로 남겨 둔다. 여기서 주목할 점은 나빌이 언어 자원을 사용하는 데 있어 '이 언어 아니면 저 언어'를 택하여 말하는 것은 자신의 업무를 효과적으

....

* 토마토, 양파, 향신료로 만드는 이탈리아 소스.

로 수행해 내는 것과 그다지 상관이 없다는 사실이다. 일본에서 몇 년 거주하는 사이, 나빌은 고객들이 더 잘 알아듣도록 단어 종결부 발음이 변화되었고(예컨대 소스의 종성을 '수'로 발음하는 것) 이는 그의 언어 레퍼토리의 한 부분이 되었다.

이 점이 우리가 전사하는 데(3장 참조) 여러 딜레마를 안겨 주었다. 실제로 우리는 앞에서 제시한 전사 자료가 아니라 "黒オリーブソース(*kuro oribu sōsu*)"와 같은 식으로 전사 자료를 작성하기도 했다. 더구나 'Bon appétit[본 아페티]'와 'Voilà[부알라]'와 같은 용어도 반드시 프랑스어 청자를 고려해 언어적 역량을 사용했다는 의미가 아니라, 오히려 프랑스어의 언어적 자본과 미적·상징적 가치(Leeman & Moden, 2009), 그것이 식당의 레퍼토리에서 차지하는 위치를 활용했다는 의미이다. 우리는 여기서 이 작은 식당 중심의 용어들[비근한 예로 이탈리아 식당에서 *ciao*(안녕), *grazie*(감사합니다), *prego*(주문하시겠습니까) 등을 사용하는 것]을 포함해 '다중언어적 의사소통'의 예시와 더 복잡한 상호작용을 수반하는 '진정한 다중언어적 실행'(Redder, 2013, p. 278)의 예시를 구분하고자 하지는 않는다. 그 대신 이러한 공간에 이렇게 많은 언어 자원이 어떻게 동원되는지, 그리고 어떻게 해서 음식, 음료, 대화가 서로 얽히는지에 관심을 갖는다.

발화의 내용으로 어느 나라 말인지를 식별하려는 시도나 관점만으로는 더 깊이 있는 안목을 갖기 어렵다. 오히려 우리는 나빌의 자원들이 프티 파리 레스토랑의 언어적 수프의 일부이며, 훌륭한 수프처럼 그 성분과 재료의 식별이 잘되지 않는다는 사실을 설명하고자 한다. 우리의 관점에서 적어도 같은 비중으로 관심을 둔 것은 프티 파리의 일부인 활동, 공간과 인공물의 활용, 그리고 더 확장된 레퍼토리에 관한 것으로, 이것이 이 모든 것을 이해할 수 있게 해 준다. 그러므로 나빌이 프티 파리 와인 바자르wine bazaar에서 "도조. *피자* 모 투 미니츠 커밍"이라고 말했을 때, 이 말은 일본어, 영어, 또 아마도 이탈리아어의 조각들뿐만 아니라 더 중요한 공간, 시간, 대상과 활동을 모두 아우른 것이다. 이는 나빌이 알제리의 티파자를 떠나 파리와 도쿄의 여러 식당을 거쳐 지금 자신의 프티 파리의 와인 바자르에 오기까지의 노정路程과, 더불어 일본 가구라자카에 들어선 프티 파리가 겪어 온 시간, 또 이 공간을 스쳐 지나간 사람들과 사물들의 흔적을 포함한 사람과 공간 모두의 궤적을 포함한다.

따라서 우리는 이 책의 처음 몇 장에 걸쳐서 탐구해 온 도시언어적인 멀티태스킹, 즉 분주한 일터에서 벌어지는 교직交織하는 활동들과 기호학적인 자원들의 그림에 더해서, '공간 레퍼토리'라고 불러 왔던 것을 더 깊이 있게 발전시키고자 한다. 메트로링구얼리즘은 한편으로는 특정 장소에서 벌어지는 일상적 실천들과 다양성의 산 경험인 일상적 다중언어주의에 초점을 둔 것이지만, 다른 한편으로는 언어와 도시 공간의 상호관계에도 초점을 두고 있다. 맥 기올라 크리오스트(Mac Giolla Chríost, 2007)가 지적한 바와 같이, 언어는 도시 맥락에서 공간과 장소의 의미, 용도, 의의에 기초한다. 마찬가지로 언어와 공간의 관계는 메트로링구얼리즘이라는 사상의 중심이 된다. 이는 열거의 측면(다중언어주의)에서 언어의 고정된 틀에서 벗어나려고 하는 시도라는 점에서 횡단언어 사용과 다수언어 사용polylanguaging의 접근과 유사한 기반을 공유하고 있지만, 메트로링구얼리즘은 도시 공간(메트로)과 언어 실천 사이의 관계를 중심에 두고 초점을 맞춘다. 언어적 특징의 복수성(다수언어)이나 언어들 사이의 이동(횡단언어)을 가운데에 놓고 분석하기보다는, 메트로링구얼리즘은 이러한 언어학적인 통찰들을 공간과의 관계에 연결시킨다.

언어 사용에 대한 최근 사고를 공간 관념과 연관시켜야 할 필요성은 '횡단언어 사용 공간'에 대한 리 웨이의 해석에서 부상했다. 리 웨이는 이 공간을 "횡단언어 사용 행위를 위한 공간이자 횡단언어 사용을 통해서

창조되는 공간"으로 이해하였는데(2011, p. 1223), 그에게 횡단언어 사용이란 "다중언어 사용자들을 위한 사회적인 공간을 창조하는 것"인데, 이는 이들 개인사의 다양한 측면들이 다중적인 언어 수행을 통해 모이기 때문이다. 그러나 언어 레퍼토리를 "사람들이 따르는 사회적, 문화적 여정"으로 기술한 관련 논의(Blommaert & Backus, 2013, p. 28)들처럼, 여기서 중점적으로 초점을 두고자 하는 것은 개인과 자원 사이의 관계이며, "개인이 자신만의 공간을 창출해 내기 위해 사용하는 자원"(Li Wei, 2011, p. 1223), 혹은 어떻게 "서로 다른 자원들이 우리 연구 대상의 레퍼토리 안으로 들어가는지"이다(Blommaert & Backus, 2013, p. 26).

베노어가 지적한 바와 같이(2010, p. 161), "사회언어학적 양식에 관한 최근의 연구에서는 개개인을 사회언어학적 자원의 레퍼토리를 이용하는 주체로 간주한다." 램프톤(2011)은 양식에 초점을 맞추게 되면서 사회 구조나 발화speech의 사회성을 이해하는 다른 수단보다 개인의 작용에 초점을 맞추게 되었다고 주장한다. 그렇기에 '횡단언어 사용'이나 '레퍼토리'와 같은 개념을 사용함에 있어, 담화 공동체와 같은 구시대적인 발상들을 필연적으로 피하면서도 개인을 레퍼토리의 유일한 소재로 삼아 버릴 위험성이 생겨난다. 블로마트와 배커스(2013)는 초다양성superdiversity 조건 아래에서 공동체가 더 이상 유용한 범주로서 작동하지 않으므로, 레퍼토리의 개념은 주체 각자의 언어 궤적을 추적하는 것이 더 유용하다고 주장한다. 비록 이러한 언어적 레퍼토리의 발달에 대한 설명들은 삶의 궤적에서 보이는 신체적, 감정적, 역사-정치학적 차원을 포함할 수 있다(Busch, 2013). 하지만 검퍼즈가 원래 (언어의 사회적 이론이라면 관심 있게 다루는) 레퍼토리란 "사회적으로 유의미한 상호작용 과정에서 규칙적으로 적용되는 언어 형태의 전체"라고 이해(1964, p. 137)한 레퍼토리 개념의 일부인 사회적 본질이 사라질 수 있다.

개인과 공동체 사이의 이러한 긴장감은 사회언어학 전반과, 구체적으로 레퍼토리와 같은 개념 논의에서 꽤 오랫동안 관심거리였다. 플랫과 플랫(Platt & Platt, 1975, p. 35)은 담화 레퍼토리(공동체)와 발화 레퍼토리(개인)를 구별하면서, "담화 레퍼토리는 화자가 재량껏 조절할 수 있고, 또 그 담화 공동체의 구성원으로서 적절하게 사용할 수 있는 언어적 다양성의 범위"라고 주장하였다(1975, p. 35). 담화 공동체, 구성원으로서의 공동체 의식, 적절성과 같은 개념들은 모두 비판적 검토의 대상이 되었지만, 개인 능력 중의 일부분으로서, 내부적으로가 아니라 외부적으로 '재량껏' 쓸 수 있는 언어적 자원을 갖는다는 개념은 잠재적으로 유용하다. 레퍼토리를 사용 가능한 자원으로서 이해하고 우리의 연구 범위에 노래, 다양한 여러 언어의 조각들, 좀 더 넓은 범위의 기호학적 환경 등을 포함시킴으로써, 우리는 개인의 궤적(모든 사회적, 역사적, 정치적, 경제적, 문화적 영향을 포괄해서)이 가져오는 자원들과 특정 장소에서 벌어지고 있는 자원들 사이의 상호작용도 예상할 수 있게 된다.

이런 의미에서 레퍼토리는, 나빌처럼 한 사람이나 한 명의 노동자—고객 공동체가 독점하고 통제할 수 있는 것이 아니라 피자, 덴표, 영어 단어, 프랑스어 단어, 분류하기 어려운 단어들, 그리고 역동적인 사람, 사물, 활동과 같은 자원들이 서로 멀티태스킹하는 상호작용의 산물로서 받아들여져야 한다. 따라서 레퍼토리를 "사람들이 따르는 사회적, 문화적 여정"(Blommaert & Backus, 2013, p. 28)과 동치시키기보다, 우리는 생산된 장소에서 융합과 분화를 꾀하는 공간적 자원과 개인 사이의 관계에 더 흥미를 갖는다. 언어란 사회적 상호작용뿐만 아니라(Harissi, Otsuji & Pennycook, 2012) 공간적 상호작용의 발현체이기도 하다. 그렇다면 우리의 관점에서 우리는 위에서 기술한 언어 실천을 좀 더 완전하게 설명하기 위해 언어적 궤적, 현재 이루어지는 활동, 공간적 조직 사이의 관계를 이해할 필요가 있다.

여기서 우리는 최선의 방법으로, 블로마트와 배커스(2013), 베노어 (2010), 부시(2012b; 2013)의 레퍼토리에 관한 통찰과, 리 웨이(2011)가 제 시한 '횡단언어 사용 공간'의 개념을 바탕으로 메트로링구얼리즘에 필요 한 언어와 도시 공간 사이의 보다 광범위한 역동성과 관련해서 레퍼토리 의 개념을 확장시켰다. 따라서 개별적인 삶의 궤적을 통해 형성된 레퍼토 리를 이러한 언어적 자원이 전개되는 특정한 장소에 연결하는 '공간 레퍼 토리'의 개념을 보는 것이다. 스리프트(Thrift, 2007)가 '일어난 일들을 다루 는 지리학'(p. 2)이라고 설명한 그의 '비재현 이론non-representational theory'을 좇아서 우리는 사회적 공간과 언어 실천의 장소를 일컬어 '언어학적으로 일어난 일을 다루는 지리학'이라고 칭하고자 하는 것에 관심을 갖는다.

공간 레퍼토리의 개념은 내용 영역domain(Fishman, 1972)의 개념 설정 에서와 같이 언어 사용의 맥락이나 상황(Hymes, 1974)을 광범위하게 다 루는 일반 사회언어학적인 용어들과는 다르다. 내용 영역은 일반적으로 언어 기능과 각 기능에 연결된 요소별 언어(한 내용 영역에서 특정 목적에 부합하는 하나의 언어와 다른 내용 영역에서 여러 다른 목적에 부합하는 또 다른 언어)라는 측면에서 고려되었다(Mesthrie, 2014). 그러나 하버랜드(Haber-land, 2005)가 설명한 바와 같이, "광범위한 코드 전환이 대화 발화자의 언 어 레퍼토리의 일부인 상황에 내용 영역 개념을 적용하기는 곤란"하다 (2014, p. 234). 분명히 우리가 여기서 다루는 맥락은 한 언어가 특정 기능 을 수행하는 것이라기보다는 자원들이 유용하게 활용되는 맥락이다. "언 어마다 기능상 틈새가 있었다"는 언어 사용에서의 양층 또는 삼층 언어 사용 모형(Kropp Dakubu, 2009, p. 22)으로는 다중언어적인 도시에서의 상호작용이 가지는 역동성을 설명할 수 없다(García, 2014).

공간 레퍼토리와 개인 레퍼토리는 물론 서로 밀접한 관계가 있다. 따라서 이것은 이분법적인 다중/다수언어의 구분(다수언어주의plurilingualism는 개인적이며 다중언어주의는 사회적이라는) 또는 발화 레퍼토리와 담화 레퍼토리의 구분을 재구성하는 것이 아니다. 이 구분은 라투어(Latour, 1999)에 기반해서 '저 밖의' 언어와 '이 안의' 언어의 구분을 허용한 '현대의 언어 정착'이라는 관점에서 볼 수 있을 것이다. 공간 레퍼토리는 개인뿐만 아니라 사용 가능한 다른 자원들을 끌어들이는 반면, 개인 레퍼토리는 공간 레퍼토리로부터 도출되어 공간 레퍼토리를 형성하는 데 기여한다. 주방의 레퍼토리는 사람과 공간의 언어적 궤적을 통해 이곳에 들어온 언어 자원(메뉴, 식당의 상호, 와인 병의 라벨 등과 같은 것들을 포함하여)의 총체들이 조직된 것이다. 파트리스 주방에 대한 논의에서 살펴본 바와 같이, 이는 또한 그들에게만 나타나는 것으로 국한되지 않는다.

그러므로 어떤 면에서는 검퍼즈가 언급한 "사회적으로 유의미한 상호작용 과정에서 규칙적으로 적용되는 언어 형태의 전체성"과 어떤 면에서는 비슷하다고 할 수 있겠으나, 그럼에도 이 입장은 언어적 공동체를 상정하지 않고 오히려 공간의 언어를 이해하기 위해 공간 이론을 적용하였다. 프랫(Pratt, 1987)과 마찬가지로, 우리의 초점은 공동체의 언어보다는 접촉의 언어에 있다. 프랫이 주장하듯이, 공동체적 관점은 항상 의심이 들 정도로 규범적이고 유토피아적인 이상형이었기 때문에 이 관점을 문제 삼은 것은 최근의 논의에서만 있었던 게 아니다. 프랫은 언어학적 분석이란, 언어를 공유하는 듯이 보이는 공동체를 연구하는 것이 아니라 "두 개의 언어를 말하고 세 개째의 언어를 이해하며, 다른 이들과는 공통된 하나의 언어만 사용하는 사람들로 가득 찬 방"을 연구하는 것이 더 유익할 수 있다고 제안한다(1987, p. 50). 아니면, 그녀는 도시의 주방을 연구하는 것을 통해 언어학적 분석이 더 나아질 것이라고 말했을 것이다.

지역과 말투

그러므로 공동체 개념의 효용성에 대한 회의론은 개인 레퍼토리보다는 이러한 접촉 공간에서 일어나는 공간적 역동성에 더 초점이 기울 수도 있다. 이와 비슷하게 매시Massey와 같은 문화지리학자는 제한되고 응집된 사회 집단에 대한 의식이 점점 더 쓸모가 없어진다는 근거로 공동체의 관점에서 공간을 식별하는 것의 문제점을 제기하였다(Massey, 1991). 따라서 언어를 공간 이론spatial theory과 관련하여 탐구하는 것이 더 유용할 수 있는데, 여기서 공간 이론이란 공간 개념을 사회 및 역사적인 것과 함께하는 범주로서 다루기 위해 비판적이고 문화적인 지리학에서 출현한 광범위한 연구를 일컫는다(Massey, 1994; Soja, 1996). 우리가 1장에서 살펴본 것처럼, 새벽 5시 농산물 시장은 부산스러우면서도 활기찬 가운데 사람들은 각자의 임무를 다하기 위해 시장 안팎을 분주히 드나든다. 조셉은 30년 넘게 사방이 막힌 한 장소에서 작업을 하고 있고 토니 삼촌은 1970년대 이래로 거의 같은 장소에 앉아 있었음에도 불구하고 언어 경관은 결코 정체되지 않았다. 그것은 지정학적 요인과 호주 이민의 패턴, 기술의 개입(지게차, 컴퓨터, 휴대전화), 요일(같은 공간의 다른 쓰임새)이나 그날의 시간, 또는 생산물들과 생산물의 상태(누런 호박)에 따라 계속 변화한다. 이러한 모든 것이 다른 언어적, 문화적 경관을 이루어 간다.

따라서 사회언어학이 현대 언어 사용에 관한 연구에 "유용한 사회적 상호작용의 전개와 애매모호한 경계를 면밀히 관찰"할 수 있는 역량을 제공한 것은 맞지만(Heller & Duchêne, 2011, p. 14), 언어 사용을 제한하는 것은 공간, 움직임(유동성), 행위에 대한 무관심의 발로이기도 하다. 여기서 앞으로 나아갈 한 가지 방법을 스콜론과 스콜론(Scollon & Scollon, 2003, p. 12)이 제기한 '장소기호학geosemiotics'에서 찾을 수 있다. 장소기호학은 "우리가 장소라고 부르는 것의 의미들을 함께 형성하는 이러한 다양한 기호학 체계의 통합적 관점"을 제시한다. 장소는 '공간 속의 인간, 산 경험 또는 존재감'으로 정의된다(p. 214). 이 관점은 유용하게도 장소를 "물리적, 사회적, 경제적 과정의 매개에 필요한 지리적 맥락으로서 총체적인 관점에서 보기보다는 어떠한 일이 '그저 일어나는' 표면적인 위치"로 보는 현대 사회과학적 가정에서 우리를 멀어지게 한다(Agnew, 2011, p. 317). 이것은 사센(2005)의 '회복의 장소recovering place'와 느낌이 비슷한데, 그녀는 이를 "이 풍경 안에 존재하는 것들이 다양성을 회복하는 것"(p. 40)으로 설명한다.

스콜론과 스콜론(2003)에서는 장소를 사회적 범주로 전환했지만, 이는 "토지나 건축 환경 일부의 객관적이고 물리적 차원 및 특성"(p. 216)이라는 공간의 개념을 희생시킨 것이다. 이때 객관적으로 주어진 공간과 관련하여 장소(우리가 이해하는 장소)에 대한 현상학적 접근의 두 가지 함정—즉 공간이 주어지면, 장소가 해석된다—을 피하기 위해 우리는 한편으로 장소를 "특정 장소에서 마주치고 얽히는 사회적 관계의 일단"으로 구성되는(Massey, 1991, p. 28) "사회적 관계와 이해 관계망 안에서 유기적으로 연결된 지점"(p. 28)으로서 역동적이고 사회적으로 이해해야 한다고 주장한다. 그리고 다른 한편으로는 공간을 '사회적 산물'로서, 즉 "'정신적 공간'이자 '물질적 공간'이 합쳐지는 방식으로 사회생활을 통해 구성되는" 것으로 이해해야 한다고 주장한다(Livingstone, 2007, p. 72). 실행은 단지 공간적, 시간적 맥락에서 발생하는 것이 아니라 오히려 공간과 시간 모두에 얽혀 있다. 즉, "교직하는 활동의 시공간은 사회 현상을 설명하는 데 있어 필수적이다."(Schatzki, 2010, p. 165)

르페브르(Lefebvre, 1991)를 비롯한 여러 연구를 뒤쫓아, 리빙스턴Livingstone의 '말하기의 공간space of speech'(2007, p. 75)에 대한 관심은 공간과 장소를 사회적 범주로 바라보는 틀framework 안에 있다. 그렇기에 장소place는 단지 공간의 실증이 아니라 행동과 상호작용이 관련되는 현장이며, '발현지와 발화location and locution'(p. 75)의 현장이다. 계속해서 리빙스턴은 사회적 공간은 "말하기에 의해 형성되는데, 이는 특정 장소에서 말할 수 있는 것과 말할 수 없는 것, 어떻게 말하는지와 어떻게 들리는지에 의해 형성된다."(p. 75)고 언급한다. 대조적으로 장소는 공간의 특성과 관계가 있다. 장소란 지역적 실행을 통해 이루어지고, 사회적, 공간적 실행에 의해 구성된다(Pennycook, 2010). 문화지리학자를 위해서 우리는 특정한 발현지location에서 일어나는 발화locution에 대해 구체적으로 이해하는 것을 목표로 삼는다. 사회언어학자를 위해서는 이러한 발현지에 대해 그곳에서 일어나는 발화와 관련지어 이해를 발전시키는 것을 목표로 삼는다.

그러므로 공간 레퍼토리는 특정 장소에서 일어나는 언어학적, 여타 기호학적 자원들의 '어쩌다 함께 됨throwntogetherness'(Massey, 2005, p. 140)*이라 할 수 있다. 사회적 상호작용은 단지 개인 궤적의 충돌뿐만 아니라 기호학적 자원들의 공간적 조직이자 공간의 기호학적 조직이다. 따라서 공간 레퍼토리의 개념화는 우리가 이 책에서 발전시키고 있는 메트로링구얼리즘에 더 중요한 차원을 추가해 준다. 그리고 행동망 이론(Latour, 2005)에 대한 이해의 일부를 활용하여 우리는 스리프트(2007)가 공간을 연합적associational이라고 보는 관점에 언어학적 요소를 추가할 수 있다. 여기서 행동망 이론은 인간의 행동에서 사물의 역할과, 보편적이

....

*   '어쩌다 함께 됨throwntogetherness'이란 표현이 다소 어색할 수도 있지만, 이 말은 특정한 장소에서 개인이나 사물이 '불규칙한 시간 주기로 내던져지고thrown' 그 자리에서 '서로 한데 엉기어 덩어리지는togetherness' 역동적인 사태 또는 그 형체를 뜻하며, 이 말뜻을 살리기 위해 역자들이 고민 끝에 만들어 낸 말이다. 이에 대해서는 6장에서 좀 더 심층적인 논의가 전개되니 참고하기 바란다.

고 일시적인 개인의 특성과 관련된 개념(비록 사상事象의 직접성immediacy보다는 네트워크에 초점을 두려는 경향성이나 인간관계의 네트워크 안에서 인간에 관한 구체적인 설명이 모호하다는 한계를 지적받기는 하나)을 말한다. 이는 유동적인 공간, 언어 실행, 사물의 상호 밀접한 역할에 관심을 모은다. 일상생활은 "역사적으로 퇴적된 사용 양상을 지닌 상징적이고 실체적인 인공물에 의해 매개되거나 제한된다."(Thorone & Lantolf, 2007, p. 188)고 주장하는 의사소통 활동의 언어학을 바탕으로, 우리는 인공물과 사물뿐만 아니라 개인 레퍼토리와 공간 레퍼토리가 특정한 장소에서 어떻게 의사소통 활동을 형성하는지 알아보려 한다. 우리는 언어의 실질성materiality of language과 사물의 중대성significance of material objects의 역할 인식을 언어에 대한 이러한 관점에 통합해 보고자 한다.

장소에서의 언어, 유동성 및 실행 연구

최소한 라보브(1972)의 '흑인 영어 방언'에 대한 고전적인 연구로 거슬러 올라가는 도시 사회언어학의 길고도 출중한 역사는 도시를 특정한 언어가 형성되는 기본 지점key location으로 여겨 왔으나, 그와 동시에 도시의 공간들과 유동성에 대한 민족지학적인 이해를 발전시키는 데는 어려움이 있었다(2장 참조). 스리프트(2007)는 공간을 연합적이라고 보고 유동적인 공간, 사회적 관습, 사물의 상호 밀접한 역할에 관심을 기울였다. 그러므로 유동성에 대한 이해가 무엇이든 공간에 대한 접근의 중심이 되어야 한다. 헬러와 두셴(Heller & Duchêne, 2011, p. 14)은 근자에 "사회언어학은 고정된 장소와 순간에 대한 전통적인 관심을 인식해 왔는데, 이것으로는 더 이상 언어와 유동성 문제를 해결할 수단을 제공받지 못한다."

고 언급했다. 블로마트도 유사하게 "보다 전통적인 언어학 및 사회언어학을 가지고 시간과 공간의 고정된 위치로부터 언어와 언어적 사건의 이탈dislocation"에 대해 이해할 필요가 있다고 했다(Blommaert, 2010, p. 21). 이 것은 장소 안팎을 오가며 언어학적 자원, 장소 안에서의 자원들의 움직임과 변화, 둘 다에 적용된다.

　　장소는 '어떤 특정한 장소에서 마주치고 얽히는 사회적 관계의 일단'(Massey, 1991, p. 28)으로서, 우리의 연구는 날마다 일어나는 도시언어적 실행 속에서 개인 레퍼토리와 공간 레퍼토리가 모이고 흩어지는 방식을 이해하는 데 관심을 가지고 이루어져 왔다. 리 웨이(2011, p. 1224)의 주장에 따르면, 그간 사회언어학과 화용론 연구의 주요 초점은 "변인 또는 변화에 대한 구조화된 패턴, 또는 언어적 행동을 이끄는 일반적인 격률maxims을 묘사하는 것"이었다. 그러나 이러한 명확한 패턴은 "다른 개인에 의해 인지되고, 채택되며, 반복됨으로써 패턴이 된", "장기간에 걸친 독창적이고 일시적인 행동들의 결과물outcome"이다. "빈도 및 규칙성에 의존하는 패턴 탐색 접근법에서 개인의 즉흥적이고 순간적인 행동과 수행으로" 초점을 옮겨 간 리 웨이(2011, p. 1224)의 '순간 분석Moment Analysis'에 따라, 우리의 초점은 언어 사용의 패턴을 정립하는 것이 아니라(또 앞에서도 언급했듯이 개인에도 관심을 두지 않고) 특정 시간 특정 장소에 퇴적되거나 순간적으로 나타나는 언어 실행을 이해하는 것이다. 이것은 결코 이러한 언어 실행이 무작위적이거나 무분별하다는 것이 아니라, 오히려 체계성에 초점을 맞추는 것이 마찬가지로 상호작용의 역학을 이해하기 어렵게 만들 수 있다는 의미이다.

　　따라서 사람, 공간, 사물, 움직임에 대한 상세한 민족지학적 설명뿐만 아니라 사람들이 특정 장소를 드나들 때 그 공간에서 사용하는 언어를 녹음하는 특별한 방법이 필요하다. 이 역동적인 상황을 포착하기 위해 우리는 부분적으로 라마르와 라마르(Lamarre & Lamarre, 2009)의 '비정적non-static 접근법approche non-statique'(저자 번역)을 활용하여 다양한 현장을 오가는 참가자들의 궤적, 특히 우리 연구 현장 안의 궤적을 따라다녔다. 우리는 두 가지 주요한 공간 연구 방향을 개발했다. 한편으로는 (대개 녹음 장치를 달아) 그 장소들을 드나드는 개인을 따라 다닐 수 있었다. 이것이 나빌이 프티 파리에서 움직일 때 선택한 옵션이었다. 또 한편으로는 파트리스 주방에서처럼 고정된 장소에 초점을 두고(주방 선반에 녹음 장치를 놓고) 특정 장소에서 사람, 음식과 언어가 오가는 것을 (조리하는 소리, 물로 헹구는 소리, 노래하는 소리 등 다양한 소음 속에서) 포착하려고 하였다. 여기에서 우리는 공간 레퍼토리의 한 부분인 유동성, 움직임, 멀티태스킹의 느낌을 포착하려고 노력했다. 녹음기를 주방 문에 설치하여 우리는 주방을 드나드는 사람, 음식, 언어의 움직임뿐만 아니라, 다양한 기호학적 레퍼토리가 주방을 둘러싼 공간을 형성하는 방식도 포착할 수 있었다.

우리는 한편으로는 공간을 가로질러 나빌을 따라다니며 그의 달라지는 상호작용을 관찰하였고, 다른 한편으로는 한 장소에서 어떻게 언어 자원들이 오가는지를 관찰하면서 언어 자원들의 '어쩌다 함께 됨'을 살펴볼 수 있는 서로 다른 두 방법에 집중했다. 이를 통해서 우리는 식당 레퍼토리의 일부인 일의 물리적 활동(요리, 음식 주문, 손님에게 음식을 서빙하는 일), 참가자들의 사회적 및 역사적 궤적(여자 친구, 노래, 전화 통화, 언어 자원들), 공간의 구성(테이블의 근접성, 주방으로 난 여닫이문)과 특정 장소에서 일어나는 언어적 자원(스페인어, 프랑스어, 일본어, 폴란드어, 인도어, 네팔어, 영어 등)을 관련지을 수 있었다. 여기서 언급해야 할 점은, 공간을 통해 개인을 관찰하거나 사람들이 오가는 공간을 관찰했다고 해서, 이것이 꼭 개인 레퍼토리(첫 번째 경우)나 공간 레퍼토리(두 번째 경우)에 초점을 맞춘 것은 아니라는 것이다. 두 가지는 공간, 자원과 관계 맺는 방식이 서로 다르다.

이와는 대조적으로 정적인 상황을 녹음한 것과 공간을 오가며 녹음한 것의 차이는 다른 맥락에서는 모호하다. 예를 들어 농산물 시장 녹음 자료는 앞서 말한 두 가지 접근 방식 사이 어딘가에 놓여 있다. 나빌처럼 과일과 채소가 있는 공간에서의 움직임을 포착하기 위해 탈리브와 무히브에게 이동용 녹음기를 달았지만, 그들의 움직임보다는 손님이 오갈 때 (이동용) 판매대에서 이루어진 대화나 직원들에게 한 지시가 더 많이 녹음되었다. 이것은 고정된 장소에서 녹음한 파트리스 주방 녹음과 일부분 비슷했다. 이와 비슷하게 메종 브레통은 주방과 홀 사이 카운터에서 녹음했지만, 식당의 크기 말고도 (개방형) 주방과 손님들이 음식을 먹는 테이블 사이가 가까울 경우에는 특정 공간 안에 들어가 있는 사람들의 상호작용 위주로 녹음한 경우에 비해 더 폭넓은 상호작용이 녹음되었다. 셰프와 홀 직원의 대화, 직원과 손님의 대화, 그리고 손님들 간의 대화가 섞여 있었다. 따라서 정적인 녹음 방법과 비정적인 녹음 방법은 어떤 특정 일터의 공간 배치, 근무의 실행, 상호작용에 따라 달라진다.

고정된 오디오 녹음 방식은 장소, 행동, 움직임의 역학을 포착하는 데 취약한 면이 있지만 어떤 특정 장소를 오가는 사람들과 언어 자원도 포착하게 해 주었기 때문에 언어 유동성의 다양한 측면들을 수집하고 개인에게서 레퍼토리를 분리시킬 수 있었다. 반면에 개인을 쫓아 공간을 이동하는 방식 또한 한계와 가능성이라는 양면을 모두 보여 준다. 식당을 오가는 나빌의 궤적을 관찰하면서 이 도시언어적 장소에서 그가 보이는 도시언어적 멀티태스킹이 얼마나 중요한지를 보았지만, 이는 또한 병렬적인 활동과 인과관계가 되는 활동의 중요성을 잠재적으로 약화시켰다. 우리가 파트리스 주방에서 녹음한 내용에서 보듯이, 그리고 아널드 웨스커 Arnold Wesker의 희곡 「키친The Kitchen」(1960)에서 다른 방식으로 명쾌하게 보여 주듯이, 이러한 장소는 교차하고 흩어지는 언어와 행동이 끊임없이 겹치면서 이루어진다.

　나빌의 '주변'에서 무슨 일이 있는지가 아니라 어떤 활동들이 조직되는지가 중요하다. 이것이 민족지학적인 현장 기록이 대단히 중요한 이유이며, 특히 6장에서 논의할 참여적 실행이 중요한 이유이다. 예를 들어 미용실에서 눈썹을 다듬는 경험은 피면담자의 일상과 일과를 가늠해 보는 데 도움이 됐을 뿐만 아니라, 연구자들에게 공간과 실행에 대한 더 나은 감각을 가져다주었다. 이처럼 고객이 되어 프티 파리의 카운터에 혼자 앉거나 친구와 함께 테이블에 앉아 나빌과 직원의 서빙을 받거나, 파트리스의 여러 테이블(때로는 주방 출입문 근처, 때로는 다른 곳)에 앉아 봄으로써 그 공간과 밀접하게 관련되는 언어와 활동을 이해하는 감각을 더 키울 수 있었다.

5장

공생공락하며 갈등하는 도시

"여긴 언어가 진짜 너무 많아요": 교외 지역의 다양성

이 도시의 여러 장소에서 이루어진 노동자들과의 대화에서는 공통적으로 그들의 동료와 이웃, 도시, 그리고 다중문화 및 다중언어 상호작용이 공유되는 공간에 대한 언급이 나타났다. 이는 다양성을 반가워하는 동시에 무심결에 일어나는 차별을 명백히 드러낸다는 점에서 양면적으로 보인다. 프로듀스 마켓에서 과일과 채소를 거래하는 형제 중 한 명인 무히브는 주위의 다양한 노동자에 대해 이렇게 설명한다.

여긴 다 있어요. 귀머거리, 벙어리, 맹인, 바보, … 다른 인종인 거죠…. 여기 오면 다 보실 수 있어요. 아마 세상에서 가장 완벽한 장소일 겁니다. 여기서 일할 수 있으면 세상 어디에서나 일할 수 있어요. 여기보다 좋은 곳은 없을 거예요.

"아마 세상에서 가장 완벽한 장소일 겁니다."라는 말에서 긍정적인 시각을 엿볼 수 있지만, 뿐만 아니라 "귀머거리, 벙어리, 장님, 바보, … 다른 인종인 거죠…."라는 말에서 지역적 다양성에 대한 심한 농담조의 경멸하는 듯한 관점을 보게 된다. 이번 장은 이러한 양면성, 즉 사람, 언어, 문화, 배경의 다양성이 그 어느 곳보다 일을 더 잘할 수 있도록 한다는 공생의 다문화주의와 동시에 다른 이들을 조롱하듯이 폄하하는 용어들이 나타나는 것에 초점을 둔다.

의사소통의 도구로서 언어에 담긴 의미와 사용은 제한적이며, 또한 인간의 상호작용도 블로마트(2013b, p. 7)가 제시한 '명제적 의미, 색인된 입장, 정체성, 또는 주체적 위치'와 같이 우리를 둘러싼 중요한 것들로만 구성되어 있고, 이는 우리가 하는 많은 것들이 행복, 잘 지내는 것, 상대방을 위로하는 것 등을 위한 것이라는 사실을 간과하게 한다. "의사소통의 전반적인 환경과 이에 큰 영향을 미치는 의사소통의 기능적인 구성 방법은 자주 간과되거나 단지 '열쇠', 즉 특정한 상호작용이 일어나는 '일반적인 배경' 정도로 여겨져 왔다."(p. 8) 그리고 우리가 찾은 이곳은 사람들이 일상적인 다양성을 즐기고 참여하는 공생의 장소이다. 비록 우리가 때때로 연구 참여자들이 사용 가능한 자원을 가지고 일상 업무를 수행하고 일을 완수하는 등의 도시언어학 실행의 기능을 강조해 왔지만, 우리 자료에는 사람들이 그들이 일하는 다양한 환경을 기꺼이 받아들이는 공생의 증거가 뚜렷하게 나타나고 있었다.

이러한 상호작용의 양면성은 매릭빌에서 가게를 운영하는 와피크의 말에 역설적으로 나타난다. "매릭빌에서 정말 흥미로운 점을 발견했어요. 여긴 언어가 진짜 너무 많아요." 매릭빌은 문화적으로나 언어적으로 다양한 시드니 외곽 지역으로서, 인구 구성이 이탈리아인과 포르투갈인에서 그리스, 베트남, 아랍계 중국인과 태평양의 섬사람들로 급격히 바뀌었다(Mohr & Hosen, 2014). 2장에서 논한 것처럼, 복잡한 이주 패턴과 노동망, 입주 가능한 주택은 도시의 특정 지역에서 민족적으로 집중되는 특정한 형태로 이어졌다. 이러한 형태는 시간이 지나면서 변화하기 때문에 그 지역들에서는 과거와 현재 사이의 협상 과정이 끊임없이 일어난다. 2011년 매릭빌에서는 가정에서 많이 사용하는 언어로 영어 다음으로 주로 그리스어, 베트남어, 아랍어, 포르투갈어, 광둥어가 기록되어 있었다. 그런데 교외 지역에 대한 이러한 통계 기반의 조망은 이미 언급한 바와 같이 이 지역에서 일어나는 역동적인 풍경, 융합과 확산, 사람과 사물의 일상적 이동은 포착하지 못한다.

매릭빌에는 가게(1장의 '송가네 할인점' 같은), 빵집(6장의 '파리 베이커리Paris Bakery'를 포함하여), 터키식 커피숍, 베트남 미용실(2장), 은행(사이프러스 은행Cyprus Bank), 치과, 변호사 사무실, 식당이 서로 다른 언어의 간판을 사용하며(7장) 비좁게 모여 있는 두 개의 중심 활동 거리가 있다. 터키식 커피숍에서 일하고 있으며, 할아버지가 처음에 터키에서 매릭빌로 이주한 사비하Sabiha는 다음과 같이 설명한다.

여기 오는 손님들은, 여기가 터키 식당이라서 터키 사람들이 많아요. 하지만 그리스 사람들도 우리와 비슷한 문화를 가지고 있기 때문에 많이 와요. 그리고 아랍 사람들도요. 그리고 그, 베트남 사람도 많고, 네, 중국 사람도 많이 다녀요. (사비하 인터뷰, 2012년 11월 20일)

두 개의 중심 거리가 교차하는 곳에서 와피크는 대부분 중동 지역과 유럽 동부, 남부에서 가져온 커피콩을 볶아 팔며, 견과류, 향신료, 그 밖의 다양한 식료품도 파는 가게를 운영한다. 와피크는 그리스, 덴마크, 불가리아와 터키의 다양한 치즈와 요거트도 많이 판매한다. 가게의 야외 간판에는 아랍어가 조금 쓰여 있지만, 가게에 들어서자마자 그리스어가 적힌 올리브 캔과 올리브유 캔, 터키어가 적힌 신선한 빵과 세몰리나,* 중국어와 베트남어가 적힌 쌀 자루와 향신료 상자 등 다른 언어도 많이 눈에 띈다. 또한 독일식 양배추 절임 사우어크라우트와 오이 피클 게르킨, 인도 향신료와 에티오피아 커피도 있다. 가게를 가득 채운 커피와 향신료 냄새는 세계 여러 곳에서 온 것으로, 이는 그가 상대하는 사람들의 다양성과 이 교외 지역의 변화하는 정착 패턴 때문이다.

그는 직원들과 마찬가지로 레바논 출신으로, 4년째 가게를 운영하면서 교외 지역의 다양성을 즐기고 있다.

발췌문 5.1

1. **와피크** 매릭빌에서 정말 흥미로운 점을 발견했어요. 여긴 언어가 진짜 너무 많아요.

2. **연구자** 너무 많아요?

3. **와피크** 언어가 너무 많아요. 그리스어, 마케도니아어, 크로아티아어, 베트남어, 중국어, 레바논어, 터키어, … 벌써 일곱 개네요. 네, 너무 많아요!

4. **연구자** 왜 이게 너무 많은 거예요? 모든 사람들에게 맞춰 주어서?

5. **와피크** 아뇨, 아뇨, 사실은, 있잖아요, 다른 가게에 들어가면 다들 다른 언어로 얘기해요. 저는 그게 정말 흥미로워요. 다문화적이잖아요. 음식도 다르고, 다양하고, 다른 것들이 있어요. 그게 너무 좋아

---

* 파스타나 빵을 만드는 데 사용하는 밀가루의 한 종류.

요. 호주 사람들은 여기 가게에 와서 해외에서 온 이 모든 제품들을 보고 놀라워해요. 그게 너무 좋죠. 전 정말 좋아요.

이 대화에서 와피크가 "너무 많아요"라고 한 표현 때문에 혼란을 겪었는데, 이후에 그가 이를 '매우'라는 의미로 사용했음이 드러났다(영어에 나타나는 의미 구별 방식은 아랍어와 같이 하나의 표현을 두루 사용하는 언어와는 동등하게 연결시킬 수 없다) 다문화 및 다언어화된 교외 지역(언어가 진짜 너무 많아요)에 대한 모순적이고 부정적으로까지 보이는 관점 아래에서, 우리는 그러한 다양성을 즐거워하는 모습을 발견했다(저는 그게 정말 흥미로워요. 다문화적이잖아요). 그럼에도 이러한 양면적인 상황은 결코 먼 곳에서의 일이 아니다. 우리는 이와 관련하여 이번 장의 후반부에서 앵글로계 호주인 공동체를 지칭하는 '호주 사람', 일상적으로는 '오지'라고 하는 용어가 가진 함의를 다룰 것이다.

와피크는 다문화적인 교외 지역에 대한 긍정적인 관점을 갖고 있었지만, 그럼에도 그것이 늘 쉬웠던 것은 아니라고 말한다. 그가 경험한 한 가지 문제는 교외 지역에서 높은 비율을 차지하고 있는 나이 든 그리스 사람들이 그가 그리스어를 할 줄 안다고 여긴다는 것이다.

발췌문 5.2

1. **와피크** 왜냐하면 있잖아요, 때때로 그리스 사람들이 여기 오는데 이해를 못해요. 어:: 그들이 원하는 거요, 그 물건들 있잖아요, 제품들. 그런데 전 그리스어 못해요! 전 두 가지 언어를 말하는데 그들이 뭐라고 하는지 못 알아듣겠어요!

2. **연구자** 그런데도 그 사람들은 그리스어로 말해요?

3. **와피크** 그리스어로요! 그리고 나는, 그 있잖아요, 이 가게 사장으로

서 그들을 이해해 줘야 하잖아요. 어떤 사람들은 화를 내지만, 제 알
바 아니죠, 그렇잖아요. 모르겠어요. 그들은 나이 든 사람들이고…,
여기서 40년이나 살았어요.

이 대화에서 와피크는 가게 주인으로서 고객들의 언어를 이해할 수
있어야 한다는 실용적인 사업 성향을 드러냈는데, 도시 외곽 지역에서 오
래 거주한 노인들이 갖고 있는 자신들의 언어에 대한 정당한 기대와 가
게 주인과 언어가 달라져도 알아차리지 못하는 데서 오는 좌절감을 그가
이해해야 함을 말한다. 그럼에도 불구하고, 나중에 그가 설명했듯이, 그는
그리스어를 어느 정도 배워 와서 거리에서 나이 든 그리스 주민들을 만날
때 결실을 맺었다고 한다.

제가 공과금을 내거나 다른 가게에서 무언가를 사려고 길을 나서면 어
르신들은 '안녕!', '반가워', '잘 지내?' 하며 대화를 하고 싶어 해요. 노인
과 젊은이. 좋은 거죠. 어떤 다른 사람들은, 있잖아요, 다른 지역에서는
인사하지 않거든요. 이건 일종의 사회생활이고, 다른 사람들과 접촉하
면서 그들이 어떻게 생각하는지 알아내고, 어떤 언어인지, 좋은 일이에
요…. 제가 몇 마디 주워들었는데 괜찮았어요! [사람들이 말하길] '아 너
그리스어로 말하네!' 하면 저는 '네, 네, 아직 배우는 중이에요, 배우는
중이에요'라고 해요. 네, 다른 언어를 약간 배우는 건 좋은 일이죠.

와피크의 가게에서 한 블록 떨어져 있는 이웃 할인점의 주인은 이에
대해 다소 다른 견해를 갖고 있다. 기독교의 성상聖像 옆 힌두교 작은 신상
들, 플러그 꽂는 곳 옆의 호주 문물, 불이 켜지는 메카Mecca 홀로그램, 건
강과 번영을 기원하는 조화와 타이어가 적힌 나무 현판, 그리고 아래로부

터의 지구화를 상징하는 온갖 장식품이 모여 있는 이 다민족이 사는 교외 지역의 할인점에서, 공동 운영자인 송과 그녀의 단골 그리스 손님은 계산대 앞에서 말하고, 웃고, 안으면서 가볍게 교류하고 있다. 양로원에서 일하면서 매일 뭔가 사기 위해 송의 가게에 들르는 그리스 여성은 '시 유 투 마로우'라고 말한다.

발췌문 5.3

그리스어, 영어

1. **그리스인 손님** 쉬 노우 그레코. 그레코 포겟. 송은 그레코 알아요. 그레코 잊어버렸어요.

2. **송** 예, **야슈 야슈**. 예, 안녕 안녕.

3. **연구자** 유 캔 스피크 그릭! 그리스어를 할 수 있군요!

4. **그리스인 손님** **야슈, 칼라, 에프하리스토**. 안녕, 좋아요, 고마워요.

5. **송** **야슈** 안녕.

[웃음]

6. **그리스인 손님** 시 유 투마로우! 내일 봐요!

7. **송** 예, 시 유! 네. 내일 또 오세요!

송가네 할인점은 다양한 상품이 뒤섞여 있을 뿐만 아니라 이러한 언어학적 요소들로도 가득하다. 그녀는 그리스인 고객과 정기적으로 교류하면서 (송이 [jaʃu]로 발음한) yassou(안녕)와 같은 몇 가지 그리스어('Greco')를 배울 수 있었다. 송의 친구는 **칼라**(좋아요), **에프하리스토**(고마워요)와 같이 지난 몇 년간 송에게 가르쳐 준 몇 가지 일상 용어들을 나열한다. 이런 교류가 오래전부터 이어져 왔다고 한다. 두 사람에게 서로 얼마나 오래 알고 지냈느냐고 묻자 웃으면서 농담으로 답했다.

발췌문 5.4

[두 여성이 소리치며]

1. **송** 20년. [웃으며]
2. **그리스인 손님** 더! 더! 더!
3. **송** 20년 이상!

송은 중국계 라오스인이고, 송의 남편은 타이인이다. 송은 타이어와 라오어, 차오저우어(우리가 머무는 동안 오랜 단골손님과 차오저우어로 짧은 대화가 이루어졌다), 표준 중국어와 영어를 하고, 22년간 가게에서 일하면서 광둥어와 베트남어, 그리스어와 피지어를 이것저것 주워들었다. 송은 다양한 언어를 배우는 일에 특별한 관심과 자부심을 갖고 있는 듯했으며, 가게를 운영하고 단골 고객의 요구와 욕구를 만족시키기 위해 언어 능력이 필요하다는 것을 느끼고 있었다.

그들은 영어를 조금 할 줄 알지만, 여기에 물건 사러 오면 베트남어를 해요. 이게 내가⋯ 몇 단어라도 배우려는 이유예요. 가끔 저는 사람들한테 '알아서 찾아봐요'라고 [⋯] 제가 베트남어를 조금이라도 이해하지 못하면, 저는 '아, 네, 알아서 찾아보셔야 해요'라고 해야 해요.

이것은 분명히 다양한 언어에 대한 가벼운 지식이긴 하지만, 그녀는 자신의 능력에 자부심을 갖고 있었다.

발췌문 5.5

1. **송** 어떤 사람들은⋯ 잘 모르지만⋯, 피지 같은데. 여기 와서 그냥 '어떻게 지내요'라고 해요. 그리고 저는 조금만 대답할 수 있는데,

[그러면 그들이 말하기를] '아! 어떻게 말할 줄 알아요!' [웃으면서] 그냥 조금만….

2. **연구자** 그럼 피지어를 조금 이해한다는 거네요?
3. **송** 아뇨 아뇨 아뇨 조금만 알아요!

여기서 우리는 일상의 도시언어주의를 구성하는 사회성, 절충, 협상의 혼합은 물론, 더 넓은 교외 지역과 이런 가게들에서 벌어지는 공간 레퍼토리를 볼 수 있다. 이러한 일상의 다중언어주의의 양상은, 일상의 다문화적 만남에서 일어나는 공유와 혼합에 기뻐하면서 우리가 반복적으로 마주하는 것이다. 공간과 언어, 정체성의 소유권을 넘어서서 광범위한 갈등의 일부로서 이번 장에서 초점을 두고 있는 것은 이러한 '다름'에 라벨labelling과 명칭naming을 부여하는 것과 공생공락 사이의 긴장감이다.

공생공락과 도시

도시는 서로 다른 사람들이 아주 가까이서 끊임없이 마주치는 곳이다. 즉, 도시라는 곳은 서로 다른 것들의 만남을 바탕으로 세워졌다. 어떤 도시이든지 발전을 위해서는 무역과 교통이 필수적이었기 때문에, 도시는 불가피하게 교역로 위에 세워졌다. 전통적으로 도시는 물(강, 바다, 운하)과 가까운 것을 의미했으나 항상 그런 것은 아니었다. 사마르칸트Samarkand와 같은 도시는 현재의 우즈베키스탄, 즉 실크로드로 알려진 분주한 교역로의 매우 건조한 지역에서 발달했다. 도시는 언제나 문화적·언어적, 경제적인 내적 차이에 의해 특징지어진다. 도시는 교역을 통해, 그리고 안정적인 이주 패턴을 통해 다양한 배경의 사람들을 유인하고, 이 사람들은 서로 어울려 살아가야 한다. 정착지의 밀도와 사람들의 다양성은 서로 다른 것들이 항상 삶의 일부로서 가까이에 있음을 의미한다.

도시는 사람들이 농촌에서 도시로 이동하면서 성장했다. 이는 토지 개혁, 농업의 산업화, 그리고 도시가 제공하는 일과 교육의 기회의 결과이다. 21세기인 지금도 여전히 시골에서 도시로 사람들이 이주하지만, 이제는 과테말라Guatemala 시골에서 뉴욕으로, 라오스 언덕에서 로스앤젤레스로, 스리랑카 해안 마을이나 레바논의 사이프러스 숲에서 시드니로, 통가Tonga와 사모아Samoa의 암초 지역에서 오클랜드Auckland로, 아나톨리아Anatolia의 보리밭에서 베를린으로, 말리Mali의 조 수확 지대에서 파리 근교로, 방글라데시와 파키스탄의 목화밭에서 영국 북부의 공업 도시로, 파라과이Paraguay의 수수밭에서 상파울루의 빈민 지역으로 이주한다. 물론 도시에서 도시로의 이동도 있다. 예를 들어 바마코Bamako, 리브르빌Libreville과 다카르Dakar의 나이트클럽에서 마르세유Marseille, 리옹, 파리의 녹음실로, 포르토프랭스Port-au-Prince의 빈민가에서 몬트리올의 택시 승차장으로의 이동이다.

예상대로, 이 프로젝트에 참여한 많은 사람들이 유사한 궤적을 나타내었다. 보스니아의 작은 마을에서 시드니로(재개발 건설회사의 부카신), 폴란드의 작은 마을인 오스트로비에츠 스비앵토크시스키Ostrowiec Świętokrzyski로부터 시드니로(파트리스의 폴란드 형제), 티파자로부터 파리를 거쳐 도쿄로(프티 파리의 나빌), 브르타뉴Brittany반도에서 파리를 거쳐 도쿄로(메종 브레통의 드니Denis), 일본의 니가타로부터 시드니로(일본 골목 라멘가게의 야마Yama 씨), 레위니옹에서 도쿄로(프티 파리의 피에르), 아오모리현의 작은 마을에서 파리를 거쳐 도쿄로(카르타고에서 온 요리사) 이동한 것이다. 항상 도시를 향해 이동했지만, 그 도시 공간은 또한 다르게 해석될 수 있다. 와피크가 매릭빌 거리에서 공생공락하는 관계에 대해 설명했듯이, 나빌은 이와 비슷한 면에서 다음과 같이 설명한다.

전 한눈에 가구라자카를 사랑하게 됐어요. 왜냐하면 저에게 가구라자카는 도쿄가 아니라… 그냥 작은 마을이에요. 가구라자카는 진짜진짜 작은 프랑스 마을이고, 모두들 다 알아요. 안녕, 안녕하세요, 좋은 아침, 좋은 아침, 좋은 아침. (…) 저에겐, 그냥 작은 마을이에요…, 저에게는 우리가 완전히 도쿄에 있는 게 아니에요.

한편 시드니의 일본 골목에서 일본 식료품점을 운영하는 마리코 씨는 이 쇼텐-가이(상점가)가 에도 시대로 거슬러 올라가 상인들과 장인들의 거점이고, 친근하고 편안한 것으로 명성이 있는 도쿄 시타-마치(번화가)와 같은 '시내' 느낌이 난다고 설명했다.

발췌문 5.6

일본어

1. **마리코 씨** 일본에서 뭐라고 하죠…, 상점가나 시타-마치 분위기랄까…, 시타-마치를 뭐라고 해요? … 이건 시타-마치 분위기여서,
2. **연구자** 시내요…. 네 다르죠
3. **마리코 씨** 시내 분위기, 이 공간에는 그게 있어서 약간 그걸 망치고 싶지 않아요.

그러므로 우리는 도시가 외곽 지역보다 중심적인 역할을 한다고 가정하지 않고, 오히려 이들을 상호 관련되고 조망되는 공간으로 바라보아야 한다. 농촌과 도시는 공간적 범주로 해석될 뿐만 아니라, (공사장, 시장과 같이) 프티 파리와 같은 공간의 다양성에는 집중성이나 여러 수준의 시

골스러움이 맞물려 있다. 예를 들어 레위니옹의 작은 마을에서 온 요리사는 주방에서 일본 노래를 부르고, 알제리의 티파자에서 온 주인은 식당 홀을 바쁘게 다니면서 일본 시골 출신 일본인 직원에게 "투 보르도 오네가이시마스(보르도 두 잔 부탁합니다)"라고 주문한다. 한편 피지, 세르비아, 중국의 시골에서 온 노동자들은 빠른 도시화가 오랜 원주민 역사를 변화시키고 있는 시드니 중심부 빌딩의 작은 지하실에 나란히 앉아 음식을 나누고 있다. 도시는 이 모든 사람과 관습, 가공품을 수용하는 공간이며, 그들이 어떻게 어우러져 살아갈지 알아낼 필요가 있다.

시드니시의 시장市長은 마을 도시로서의 시드니라는 아이디어를 추진해 왔다. 도쿄에서 프랑스 식당을 운영하는 나빌은 도쿄 교외의 구도심을 작은 프랑스 마을에 비유한다. 시드니에서 기차역으로 난 도로 하나를 따라 즐비한 작은 일본 관련 가게들은 '시타마치'의 마을 공동체 같은 느낌을 갖고 있으며, 이는 지방 의회에서 후추나무를 심으면서 더 강화됐다. 여기에 새로운 커피숍('완전히 오지'로 분류할 수 있는 젊은 남자 셋이 운영하는데, 뒤에서 설명할 것이다)이 문을 열었을 때 이시카와 씨는 '개업을 축하합니다'라고 아이싱을 올린 환영 케이크를 준비했다. 커피숍 주인들은 페이스북에 '이시카와 씨의 예쁜 정성을 담은 한 조각'이라며 케이크 사진을 함께 올렸다. 길 건너의 체육관 주인은 환영의 의미로 커피숍에 맥주한 박스를 보냈다. 건너편 라면가게 주인인 야마 씨는 커피숍 주인 중 한명의 아버지와 친구이자 이 골목의 아버지 같은 존재이다. 초밥집 주방 직원들은 미린mirin*이 떨어지면 구석 식료품 가게로 달려가고, 손님들은 건너편에서 커피 한 잔을 배달시킬 수 있다. 마리코 씨는 이시카와 씨가역 건너 은행에 입금하러 가면 그동안 가게를 대신 봐 준다.

....

* 맛술의 한 종류.

이 마을과 공동체의 분위기는 이 골목 밖으로 확산되었다. 마리코 씨는 지역 학교와 기업에 도시락을 공급하고, 가게 안팎에서 지역 사회의 행사나 활동을 홍보하며, 고양이 주인들의 이주를 돕고, 지역의 일본 불교 사찰을 후원한다. 그녀는 지속적으로 사회적 관계를 맺는 것이 업무적인 만남보다 더 중요하다고 말한다. 이러한 관계는 구매 후의 일회성 관계여서는 안 된다("お店行って買ったら終わり、はいぽん、じゃなくて"). 마찬가지로 파트리스 피자 전문점의 폴란드 요리사들은 화요일(맥주 배관을 청소하는 날)에 퇴근하면 사거리를 가로질러 건너편 펍에 가서 피자를 맥주 몇 잔과 교환한다. 가끔은 다른 의도로 근처 일본 식당에서 일하는 젊은 일본 여자들에게 피자를 가져간다. 사람, 사물, 활동과 욕구가 마을과 같으면서도 국제적인 교차점을 지나면서 공생공락하는 느낌을 유지하고 발전시킨다.

밀링턴(Millington, 2011, p. 205)은 구도심은 "이민자의 정착과 인종 및 정체성 정치학, 공생공락의 상징적 장소"라고 말한다. 공생공락이란 개념은 도시의 생활과 문화적 및 언어적 산물이 산업화, 건설 환경, 구직 면에서 구축된 것으로 보는 것만이 아니라 도시에서 사람들이 평범하고 일상적인 상호작용을 하면서 함께 살아가려고 노력하는 과정으로도 보게 하는 시각을 열어 준다. 이렇게 어울려 사는 일상성이 이 책의 중심인 만큼, 공생공락의 개념 역시 그러하다.[1] 공생, 즉 함께 살아간다는 용어에

....

[1]   영어로 공생공락conviviality이라는 용어를 사용하는 것(프랑스어와 스페인어 계통의 다양한 양상과는 다르게)이 가벼운 농담으로 치우치는 경우가 있다는 문제점을 지적하며, 일리치(Illich, 1973)는 유희의 말eutrapelia이나 우아한 장난스러움에 가까운 의미를 제시한다. 그런 면에서 일리치에게 공생공락이 지정하는 것은 "산업적 생산성의 반대이다. 나는 이를 사람들 사이의 자율적이고 창의적인 교류intercourse, 그리고 환경과 사람의 교제를 의미하는 것으로 보았다."(p. 6)

포함된 기본적인 관념은 가까움과 같은 중립적인 용어보다 더 행복한 공동생활을 암시한다. 이것은 또한 사람들이 건설 현장에서 점심을 함께 먹고, 프티 파리에서 마카나이(식당 제공 식사)를 먹고, 파트리스의 젊은 직원들이 퇴근 후에 함께 술을 마시는 공동식사, 즉 함께 먹고 마시는 것(심포지엄 참조)에 대한 다음 장의 논의와 연결될 것이다.

길로이(Gilroy, 2004)는 도심에서 다양한 배경을 가진 사람들 사이의 활기차고 일상적인 상호작용이 일어나는 일상의 다문화적 생활을 설명하는 데 '공생하다'라는 개념을 사용하고 있다. 이는 이 책에서 아래로부터의 다문화주의라고 불렀던 것이나, 노블(2009)이 구멍가게 코즈모폴리터니즘corner-shop cosmopolitanism, 진부한 코즈모폴리터니즘, 실용적인 공존 또는 안정적 다문화주의라고 부른 것과 비슷하다. 길로이의 공생공락은 "영국의 도시 지역과 식민지에서 독립한 곳의 도시에서 다문화를 일반적인 특징으로 만든 공생과 상호작용의 과정들"이라고 설명할 수 있다(2004, p. xv). 그렇다면 이는 도시 맥락에서 어울려 살아가는 데 일상적으로 필요한 것이다. 또한 길로이가 언급한 바와 같이, 공생은 계급, 인종, 성별의 관계를 이해하는 데 초점을 두는 정체성 개념의 한계를 벗어나도록 한다.

힌치클리프와 와트모어(Hinchcliffe & Whatmore, 2006, p. 134)의 '공생공락 정치학politics of conviviality'이라는 개념도 마찬가지로 "사람들과 도시의 다른 거주자들의 생활 패턴과 리듬이 전문가의 디자인과 청사진을 따르거나 거스르는 살아 있는 도시"의 개념에 초점을 둔다. 그들은 라투어(1993, 1998)가 '근대주의의 정착'을 거부한 것을 반영하여 "이질적으로 구성된 기업과 더불어 사는 난잡한 일을 진지하게 받아들이는 공생공락의 정치학"에 동의하며 사회와 자연, 인간과 비인간nonhuman 사이의 오래된 구분을 거부해야 할 필요성을 주장하였다. 여기서 우리는 특히 공생공락의 언어학, 즉 서로 이야기하는 얽힘 및 '난잡한 일'에 관심이 있다. 하지만 공생공락이 배제와 차별의 형태로 서로 상반된 두 가지로 귀결되는 방식에도 관심이 있다.

"내가 해결할 거야, 이 레바논 놈들!": 일상이 된 갈등

공생공락하는 다중언어주의는 상당히 조화롭게 잘 어울리며 우리가 탐구한 많은 일터에서 공통적인 특징인 듯이 보였지만, 부정적인 면을 보일 때도 많았다. 더 대립하는 관계를 보인 사례도 많았다. 루스모어와 차우(Loosemore and Chau, 2002), 루스모어와 리(Loosemore and Lee, 2002)가 언급했듯이, 에를 들어 2장에서 제시한 다소 원활한 다문화적 건설 현장 사진과 함께, 직장 차별 인식과 의사소통의 어려움에 대한 보고가 수없이 많다. 우리의 자료를 통해 '긍정적인 다문화주의'이면서 동시에 환원적으로 차별적이기도 한 수많은 사례들을 볼 수 있다. 필립은 자신의 작업장에서 있었던 다음과 같은 사례를 설명한다.

시에라리온에서 온 남자가 내 밑에서 일했었어요. 그리고 그…, 그가 우리한테 자기 아내 둘에 대해 말했는데 그건 대단한 이야깃거리였어요. 왜냐하면 굉장히 재밌었거든요, 인종차별은 하지 않으면서, 굉장히 재미있었어요.
(필립 인터뷰, 2012년 10월 31일)

그러므로 일상생활에 대한 우리의 논의는 결코 일상성이 차별, 논쟁 또는 마찰을 빚는 것으로부터 자유롭다고 가정하지는 않는다. 힐(Hill, 2008)이 미국에서 '백인 인종차별주의의 일상 언어'에 대한 조사에서 분명히 밝히고 있듯이, 이를 위험하게 만드는 것은 바로 그 평범함, 만연하는 일상성, 그리고 그것이 일상 대화로 스며드는 방식이다. 인종에 대한 민중론(인종은 인간을 구성하는 요소라기보다는 생물학적인 것으로, 예를 들어 특정 특성에 따라 다른 인종이 될 수 있다는 것)이 일상적인 차이 표현의 일부일 때, 인종차별은 끊임없이 재생산되고 있다. 앨림과 스미더맨(Alim and Smitherman, 2012)이 보여 주는 것처럼, 이러한 일상적인 인종차별은 예를 들어, 버락 오바마Barack Obama가 '말을 잘한다'라고 한 논평에서 드러나는 듯하다. 그가 (흑인 래퍼의 발화가 아닌) 백인들이 편안하게 느낄 수 있는 방식으로 말한다는 것, 즉 그가 상당히 백인처럼 들리게 말한다고 오만하게 인정하는 것은 칭찬 같지만 그 이면의 인종 차별주의자적인 의미를 감출 뿐 아니라, 인종에 대한 태도의 기초가 되는 현실까지 가린다. "수많은 아프리카계 미국인들의 침울한 현실은 여전히 아무리 '말을 잘' 해도, 직접 만나면, 그럼 이 땅 주인님들은 속일 수 없다는 거야. 까맣잖아!"(Alim & Smitherman, 2012, p. 55).

호주 역시 오랜 백인 인종차별의 역사를 가지고 있다. 2장에서 인터뷰한 중국계 소농업인들은 나이와 제한된 언어 능력, 그리고 경쟁이 치열한 채소 가격 때문에 여전히 힘겹게 생계를 유지하고 있지만, 그럼에도 불구하고 그들은 호주에서의 반중국계 대상 인종차별의 오랜 역사에서 마침내 벗어나 부유하고 성장하는 새로운 중국인 시대에서 일하고 있다. 이미 1860년대에 금광에서 중국인 노동자와 비중국인 노동자 사이에서 격렬한 갈등이 일어난 뒤, 중국인의 노동을 제한하는 법률이 제정되었다. 윌리엄스(1999)가 지적했듯이, 호주 원주민과는 별개로, 뉴사우스웨일스주에서 중국 태생의 사람들은 다른 어떤 사람들보다 더 많은 법적 제한을 받았다. 이것들이 '백호주의 정책White Australia Policy'(Fitzgerald, 2007; Markus, 1979)의 근거를 마련했는데, 토니 삼촌은 여전히 이것을 분명하게 기억하고 있다. "홍콩. 중국···, 중국에서. 그전에 오는 게 쉽지 않았거든···, 호주의 백인 정책 때문에. 오기가 매우 어려웠지, 그래."

　중국계 소농업인들은 다양한 차별을 겪었다. 19세기 말 한 신문(Our Market Supply, 1897, p. 5)에서는 세 남자가 중국 근교 농원에서 채소를 훔친 혐의로 재판을 받고 있다는 뉴스를 보도하였는데('밤을 틈타 말 한 필과 수레를 끌고 중국인Chinaman*의 밭을 습격하여 3킬로그램가량의 채소를 훔쳤는데, 경찰에 따르면 수레째 시장으로 몰고 가 판매했다고 한다'), 법정에서 중국 노동자들의 영어는 확실히 차별적으로 표현되었다. 한 목격자인 아쿠이Ah Cooey 씨에 대해서는 "전날 밤 물건들이 '괜찮았지만(alright; Allee light로 표기함)' 다음 날 아침에 그가 '가서 보니 양배추가 모두 없어졌다(go'em look, an' cabbage em all all gone으로 표기함)'."라고 설명한 것으로 보도되었다. 이 기사에서 기자는 계속해서 아링이 발락Ballack을 배럭Barrack이라고 발음한 것과 같이 그가 어떻게 틀래인tlane이 있는 래일웨이Lailway역에 갔는지 말한 것과, "애스크 엠 더 가드 후 블로우트 뎀ask 'em the guard who blought them"이라고 발음한 것을 곱씹었다. 아쿠이는 덩컨Duncan 경사가 그를 심문할 때 'Allee light'라는 말로 끼어들면서 법정에 약간의 재미를 주었다. 현재 중국인 채소 재배 및 판매 네트워크는 이러한 차별과 주변화, 이민의 배경에서 이해할 필요가 있다.

　호주 백인과 다른 사람들 간의 더 일반적인 관계도 이러한 배경에서 이해할 필요가 있다. 여기에는 항상 대중적 담론으로서의 환원적 다문화주의의 긴장이 있으며, 겉으로 보기에는 다문화주의의 속성을 찬양하거나 차이의 고정성으로 인해 나타나는 일상적인 불균형의 문제를 유동적인 협상을 통해 다른 사람들의 관행과 신념을 수용한다. 그 예로, 필립은

········

*　　중국계 사람을 낮추어 말할 때 사용하는 표현.

툴박스 회의(호주 백인 한 명을 포함한 보스니아, 아프가니스탄, 레바논 배경의 10여 명의 근로자가 냉방 장치가 설치된 방에서 현장 안전 보장을 위해 개최하는 모임)를 주도하면서, 한 선로 직원이 여성 행인에게 휘파람을 불어 발생한 성희롱 사건을 언급한다.

발췌문 5.7

1. **필립** 그래, 그러니까 제발, 앞에 나와서…, 너희들이 내 눈이야, 내 눈이라고…, 다시는 그런 일이 일어나는 걸 보고 싶지 않아. 그리고 너희들이 내 눈이야, 알았어. 우리 모두 그 앞에서 잘해 왔고, 다들 함께 잘하고 있었지만 오늘 바보 같은 일이 일어났어. 그리고 다신 그런 일이 일어나선 안 돼. 알겠어? 난 여자들에 대한 성희롱으로 법정에 서 봤고, 성희롱으로 두 남자 때문에 노조에도 연루됐었어. 그래서 다시는 같은 일을 겪고 싶지 않아. [한 레바논 남자에게 손짓하며] 그리고 너희 문화로 볼 때, 나는 네가 여성을 존중할 것이라고 확신해. 그래? 응? 맞아?

2. **노동자** 네.

3. **필립** 그럼, 그렇지. 좋아…, 다른 건 없어? 내가 했던 말 중에서 다들 이해하지 못한 건 없어? 내가 방금 한 말 모두들 이해하겠어?

4. **노동자** 네, 모두 다요.

필립이 노동자들에게 성희롱 소송을 피하기 위해 협력할 것을 요구하면서(여성을 괴롭히지 말자는 것이 아니라, 법적 조치를 피하자는 측면에서) 그는 자신의 주장에 동의를 얻기 위해 레바논 출신의 한 노동자를 확실히 지목했다. 그러나 시드니의 작업장을 탐험하면서 우리는 실제로 그러한 '오지'(호주 백인들을 항상 지칭했듯이)들과 별로 이야기해 보지 않았다. 그래서 여기서는 백인이 아닌 사람들 사이의 상호작용의 복잡성에 더욱 주의를 기울이고자 한다. 도입부에 나온 무히브의 논평에서 보았듯이, '세상에서 가장 완벽한 장소'는 장난스러우나 경멸을 담은 용어들인 '귀머거리, 벙어리, 맹인, 바보, … 다른 인종'이 그 특징일 수도 있고, 또는 이곳에서 탈리브와 무히브가 고객을 상대할 때, 인종차별적인 뉘앙스가 섞인 정겨운 농담을 고객과 나누는 일상적인 언어 혼합에서 더 긴장감을 살려 명명하고 위협하는 것을 볼 수 있다.

발췌문 5.8

아랍어, 영어

1. **탈리브** 아이 돈트 싱크 소. *쉬박* 조니? 난 그렇게 생각하지 않아. 조니 뭐가 잘못됐어?

   [뒤에서 소리 지르면서]

   허? *왈라 마 바레프*. 뭐? 난 맹세코 몰라.

2. **손님** 아일 퍽큰 픽스 유 업 돈트 워리! 웨이트 투 시. 예 아일 픽스 유 업, 야 렙스! 내가 존나 해결해 줄 테니까 걱정 마! 두고 봐. 내가 해결할 거야, 이 레바논 놈들! [웃음] [다른 누군가에게 소리 지르면서]

3. **탈리브** 무히브, *완 엘 쿠사 일러히스? 아르하스 이시*. 무히브, 저럼이 호박은 어딨어? 가장 싼 거.

여기서 탈리브와 무히브가 아랍어와 영어를 번갈아 쓰며 끊임없이 바쁘게 움직일 때, 그들의 실망한 고객은 'Lebs(레바논 놈들)'라는 흔한 표현을 사용하면서 농담으로, "I'll fucken fix you up don't worry(내가 존나 해결해 줄 테니까 걱정 마)!"라고 위협한다. 이러한 순간들에, 이러한 상호작용을 가능하게 하는 일상적 다중언어주의는 차별, 배제, 인종 차별이라는 불안한 영역과 중복되기도 한다.

　물론 누가 누구에게 어떤 용어를 말하느냐가 근본적으로 중요하다는 것은 널리 알려져 있다. 위대한 유대인 배우 조셉 애들러Joseph Adler가 1901년(Simon, 1992)에 뉴욕에서 이디시어를 할 줄 아는 관중 앞에서 〈베니스의 상인Merchant of Venice〉의 샤일록 역을 맡아 공연할 수 있었다거나, '니거nigger'나 '퀴어queer'와 같은 가학적인 용어를 사용할 수 있었고, 그 용어조차 그 말이 겨냥한 바로 그 집단이 전용할 수 있었다. 니거라는 용어는 "1. 친한 친구, 내 편이 되어 주는 사람, '가장 친한 깜둥이'"(Alim & Smitherman, Black Talk, 2012, p. 112)라는 뜻이다. 그럼에도 불구하고, 그러한 용어가 지역 사회 내에, 그리고 지역사회 전반에 걸쳐 유포되는 것이 항상 '인종차별'로만 분류되는 것은 아니지만, 언제나 잠재적으로 해롭다는 것은 논쟁의 여지가 있다. 여기서 유동성을 가능케 하는 고정성의 요소들은 본질적인 것일 뿐만 아니라 손상을 입히는 칼날도 갖는다. 그렇게 보면 다중언어 관계와 다문화 관계를 주고받는 데에는 적어도 동전의 양면과 같은 양가적 가치가 있다. 따라서 도시에서의 만남을 특징짓는 유동적인 도시언어적 관행을 볼 때, 우리는 다른 논의에서 '고정성'과 '유동성'이라고 부르는 것들(Otsuji & Pennycook 2010; 2014)의 작용에도 똑같이 관심이 있다. 우리는 언어적·문화적 정체성을 고정된 범주로 배치해 온 것을 무시할 수가 없다. 여전히 이러한 접근은 우리가 살고 있는 정신 없는 세상의 일부로서 매우 현실적이며, 또한 일상적 다중언어주의의 유동성과 공생공락을 즐기는 사람들은 이러한 범주를 똑같이 그리고 동시에 배치할 수 있다. 그러므로 여기에는 우리가 간단하게 풀어내야 할 몇 가지 복합적인 층위가 있다.

　언어 사용과 정체성은 고정성과 유동성의 끊임없는 밀고 당김에서 형성된다. 램프톤(2009)과 같이, 변함없는 유동성의 세계가 실현 가능하고 바람직하다는 것만 강조할 수 있기 때문에 유동성을 강조하는 것이 위험하다는 사실을 우리는 알고 있다. 아파두라이(1996)가 지적했듯이 우리는 유동적인 세계에서 살고 있을지 모르지만, 또한 고정적인 세계에도 살고 있다. 언어와 문화는 흥하고 쇠하는 정도에 따라 정치, 경제적으로 한계가 있으면서도 고정된 정체성에 애착도 강하다. 정체성과 혼종성에 초점을 둔 연구들은 종잡을 수 없는 체계로서 다원성이나 불안정성이 중심 양상이 되는 사이에 카테고리의 물화reinfication에 동등하게 관여할 때가 있다. 카누(2009)는 이에 대해 "우리는 다원적 담론에서 이른바 '정체성'을 알아내려고 애쓰면서도 궁극적으로는 분류, 계층 형성, 인구 감시의 정치학을 유효하게 하는 범주들을 보장한다."고 하였다(p. 99). 우리는 정체성을 인식하려고 할 때, 너무나 자주 특정한 분류 방식을 재적용한다. 마찬가지로, 3장에서 주장했듯이, 혼종성이라는 개념은 흔히 "뚜렷이 다른 두 개의 코드나 결합된 별개의 독립체가 존재한다는 가정에 근거한다."(Makoni, 2011, p. 683) 그렇다면 다양성과 혼종성의 형태를 언급하는 것은 그 차이가 의존하고 있는 안정성의 형태를 언급하는 것과 같을 수 있다.

이는 혼종성과 같은 개념이 제기하는 이론적이자 실천적인 측면의 고충이다. 위반이란 개념도 비슷한 우려를 불러일으킨다. 비록 저비스(Jervis, 1999)는 "성적 취향의 위반은 현실과 환영이 현대적으로 구성한 '실제'에 대한 범법 행위이며, 이는 도덕적인 문제 이전에 인식론적 '범죄'"(p. 177)라고 보았지만, 이러한 위반이 관습을 거스르는 성격을 가지려면 이는 기존에 정의된 젠더 역할에 달려 있다. 푸코(Foucault, 1977)가 지적한 바에 따르면 한계와 위반은 서로 의존하고 있으며 "만약 절대적으로 넘어설 수 없다면 한계란 있을 수 없고, 반대로 환상과 그림자로 이루어진 한계를 그저 넘어서기만 한다면 위반은 초점을 잃는다."(p. 34) 따라서 이것은 우리가 이 책에서 다루고자 하는 딜레마 중 하나이다. 우리는 참여자들이 자주 언급하고 대중적인 담론과 학문적인 담론 모두에서 유통되는 고정된 정체성의 범주에 대해 매우 잘 알고 있지만, 메트로링구얼리즘을 그러한 고정성의 혼합물로 보지는 않는다.

우리는 또한 메트로링구얼리즘을 억제가 되지 않는 유동적인 언어로 제안하고 싶지 않다. 오히려 그것은 주어진 다양성과 다양성의 적enemy인 제도적·분산적 적 사이의 상호작용과 관련된다. 푸코는 다음과 같이 위반을 설명한다.

흑에서 백으로, 금지된 것에서 불법인 것으로, 외부에서 내부로, 또는 건물의 개방된 영역에서 밀폐된 공간으로의 제한과는 관련이 없다. 오히려 관계는 간단한 침해로는 무너지지 않는 나선형의 형태를 띤다.(p. 35)

마찬가지로 메트로링구얼리즘을 고려할 때 우리는 사람들이 정체성의 고정된 양식을 통합한다는 사실을 결코 간과하지 않는다. 메트로링구얼리즘은 서로 맞물리는 다양성(고정된 요소의 혼합)이 아니라 사람들이 이해와 언어와 정체성을 이해하고 사용할 때 고정되었다가 유동적이었다가 하면서 나선형 형태로 출현하는 역동성이다.

갈등하는 도시

도시는 언제나 갈등의 장소이다. 레이먼드 윌리엄스(1980, p. 9)는 "언제나 하이드파크로 다시 갈 필요가 있을 것이다."라고 경고했다. 이 경고는 1866년 런던에서 일어난 투표권 시위를 떠올리게 한다. 매슈 아널드Matthew Arnold 같은 작가는 투표권 시위를 무질서 상태로 보고 더욱 강력한 법과 질서를 요구했다. 공공장소는 오랫동안 대중의 시위 장소였고, 어떤 이들은 이것을 폭동, 무질서 상태, 법과 질서의 쇠퇴라고 보았지만, 어떤 이들은 공공장소에 대한 민주적 권리의 일부로 여겼다. 스페인의 '분노한 사람들Indignados'과 그리스의 '반금욕주의운동Aganaktismenoi', 카이로, 런던이나 워싱턴의 점거 시위에 이르기까지 전 세계적으로 일어난 '점령하라occupy' 운동의 물결은 공간적이고 언어적이다(Rojo, 2014 Chun, 2014 2015). 시드니의 크로눌라Cronulla 해변은 보통 수영하거나 휴식, 바비큐하러 찾는 평화로운 곳인데, 2005년에 중동 사람에 대한 인종 차별과 민족 갈등의 장소가 되면서 '우린 여기서 자랐고, 너흰 여기로 날아왔어We grew here, you flew here'라는 구호나 더 간단한 '꺼져 레바논 놈들Fuck off Lebs!', '호주의 긍지Aussie Pride', '꺼져 유색인들Fuck off wogs!'이라는 구호와 슬로건이 난무했다(Collins, 2009). 이러한 물리적이고도 언어적인 다툼은 공간과 도시, 호주인의 정체성을 주장하는 것이었다.

이 논쟁은 우리로 하여금 1968년(다른 입장에서 시민과 거리가 중요했던 해)에 출간한 르페브르의 핵심 저서 『도시에 대한 권리Le Droit a la ville』를 다시금 주목하게 한다. 르페브르가 후에 『공간의 생산La Production De L'Espace』에서 확장시킨 핵심적인 주장은, 공간과 도시가 사실상 거주민들에 의해서 생산된다는 것이었다. 르페브르(1968, 1973)의 주장은 이 책 안의 여러 주제를 발전시키는 데 영향을 주었다. 그 주제는 도시 생활의 공적 특성, 차이 문제에 관여할 필요성, 그리고 이 장에서 중요하게 다룰 도시 생활이 갈등과 함께하는 방식이다. 르페브르에게는 이러한 도시 공간의 생산에 참여하는 서로 다른 사람들의 권리를 강조하는 것이 매우 중요했다. 미첼(Mitchell, 2003, p. 35-36)은 '공공장소의 생산', 즉 '도시에 대한 권리를 가능하게 하는' 수단은 언제나 공공 영역에 대한 생각을 둘러싼 투쟁이며, 이는 특정한 사회적, 공간적 의미를 가진다고 주장한다(Purcell, 2002).

그라피티graffiti는 이와 같은 논쟁 가운데 하나로(Pennycook, 2009, 2010), 소유권과 부동산에 대한 노골적인 도전을 담고 있다. 베를린에서 부동산 소유자에게 도전([사진 5.1])한 그라피티를 보면, (이중언어로 된) '판매용 숙박 시설Wohnungen zu verkaufen'과 '도시의 젊은 고소득층 쓰레기를 사자Buy Yuppie Scum'라는 문구를 읽을 수 있다. 시 당국은 그라피티를 기물 파손이나 "주민의 시각적 공간을 공격적으로 오염시키는 이해할 수 없는 상형 문자"(Milon, 2002, p. 87)로 간주하지만, 그라피티 예술가들에게는 도시의 의미와 외관, 공간을 둘러싼 투쟁의 일환인 경우가 많다(Millington, 2011 Modan, 2007). 여기서 문제는 누가 도시를 만들어 낼 권리를 갖고 있느냐는 것이다. 시드니에서 은행의 현금 인출기ATM가 마르디 그라Mardi Gras 축제에 맞춰 반짝거리는 모양([사진 5.2])으로 새롭게 꾸며졌을 때, 누가 이 공개 전시를 허가했는지가 중요하다.

광장에서 쇼핑몰에 이르는 도시의 공간은 공유되며, 또한 포괄적이거나 안전하고 배타적인 곳일 수 있다. 많은 도시에 있는 값비싼 쇼핑몰의 출입문을 지키는 경비원은 누구를 들여야 할지, 또 때로는 누구를 다시 내보내야 할지 공공연하게 감시한다. 일본인 보행 골목만 해도 1990년대 초에 야마 씨가 라면가게를 열었을 때는 공생과는 거리가 멀었다. 그때만 해도 어둡고 위험한 빈민 지역으로 알려져 있었다. 지역 역사 협회의 애덤Adam은 "거기는 사업이 성공한 적이 없어요. 가난한 쪽이거든요. 선로 반대편이야말로 활발하고, 성공하는 곳이었죠."라고 말했다. 그의 동료 캐럴린도 동의했다. "그리고 그런 태도로 계속 그곳을 대했다면… 선로 이편으로는 오지 않고, 모든 게 반대편에 있으니까…. 여기 친구들은 정말 대단한 일을 하고 있는 거예요."

[사진 5.1] 베를린 그라피티

[사진 5.2] GAYTM

야마 씨가 이 장소를 선택한 이유는 저렴한 임대료와 역 옆이고 주변에 충분한 주차 공간이 있다는 편의성이 결정적이었지만, 여기에는 대가가 따랐다. 이 골목은 또한 절도나 마약 거래가 흔했다. 그는 "開店した時は、もうバットとか常にもっていました(가게를 열었을 때는 야구 방망이를 늘 곁에 두었어요)."라고 말한다. 그러나 결국에는 (야마 씨의 제안으로) 이시카와 씨의 식료품점, 헌책방과 같은 다른 가게들이 개업하면서 가게 주인들과 지역 의회의 협력이 결실을 맺어 이 보행자 골목은 점차 가족 친화적인 공간으로 변하였다. 여전히 골목 입구를 지켜야 할 때도 있지만(마리코 씨에 따르면, 야마 씨와 초밥집의 마코토 씨는 '마약쟁이' 둘이 어슬렁거리자 골목을 지켰다) 야마 씨와 다른 가게 주인들이 골목 입구에 보초로 서 있는 것만으로도 공간의 의미가 바뀐다고 말했다. 마리코 씨는 좀도둑을 목격했을 때 위험을 알리는 비밀 신호를 반대편 가게의 이시카와 씨와 공유한 것도 설명해 주었다.

　이제는 이 구역에서 좀도둑과 마약쟁이가 쫓겨났다. 도시 생활 공간을 이렇게 이해하면 도시 환경뿐만 아니라 사람들이 만들고 재창조하며 권리를 주장하는 공간으로 도시를 생각할 수 있다. 하비(Harvey, 2008, p. 23)는 "우리가 어떤 종류의 도시를 원하느냐는 우리가 어떤 종류의 사회적 유대감, 자연과의 관계, 생활방식, 기술, 미적 가치를 원하는지와 분리시킬 수 없다."고 설명하였다. 그러므로 도시에 대한 권리는 "도시 자원에 접근할 수 있는 개인 자유 그 이상이다. 이것은 도시를 변화시켜 우리 자신을 변화시킬 권리이다". 이것은 앞서 살펴본 예시들에서 보았듯이 "변혁은 필연적으로 도시화의 과정을 재형성하는 집합적인 힘의 행사에 의존한다."는 점에서 개인적이기보다는 집합적인 권리이다. 하비(2008: 23)는 우리가 직접 도시를 만들고 개선해 가는 자유는 "우리 권리 중 가장 소중하지만 무시되었던 것 중 하나"라고 주장한다.

왓슨(Watson, 2006)의 관점에서 보면, 우리는 한편으로는 다양한 배경, 즉 다양한 계층, 인종, 민족, 성, 연령의 사람들이 공존하는 "임시적이고 환상적인 '다문화적' 도시"를 갖고 있다. 이러한 관점에서 차이와 함께 살아가는 것은 "본질적으로 도시 생활이 무엇인지"(p. 1)에 대한 것이다. 그럼에도 차이와 긴밀한 관계를 형성하는 사회적, 경제적, 정치적, 문화적, 물리적 힘은 도시를 갈라놓기도 한다. 그러므로 포괄적이고 기념할 만한 이야기들을 통해 보면, 도시는 "차별, 구분, 배제, 위협과 경계의 공간"인 쪼개진 공간이며, 이는 사람들이 서로 어울리고 상호 문화적인 순간들을 교환하는 긍정적인 공간이 적대감, 공포감, 소외감으로 대체되는 공간이다(p. 1). 일본 골목의 경우, 두 구역을 나눈 것은 원래 철로였다. 캐럴린과 애덤의 말처럼, 모든 것은 철로 저편에 있었고, 사람들은 좀처럼 이쪽으로 오지 않았다.

건설 노동자들이 점심을 먹던 시드니의 어느 지역은(3장과 6장 참조) 평판이 좋지 않은 도심의 외곽으로, 대규모 공공 주택과 해외 출신, 토착민이 많다(대략 50퍼센트). 그런데 이 건설 노동자들이 있다는 것은 재개발이 이루어지고 있음을 의미한다. 이는 주택 가격이 오르고, 새로운 사람들이 들어오고 오래된 주민이 밀려난다는 것이다. 이러한 갈등과 변화의 과정은 세계 곳곳의 도시에서 되풀이된다. 도쿄의 산야山谷는 에도 시대에는 소위 '손댈 수 없는' 지역이었다. 그랬던 곳이 1960년대의 값싼 숙박 시설이 일용직 근로자용 임시 거주지로 바뀌더니, 이제는 외국인 배낭 여행객을 위한 저렴한 장소로 바뀌어 호스텔과 인터넷 카페 밖에 영어와 일본어로 된 간판이 내걸렸다. 도시는 이와 같은 공유된 정착 기간을 거친다. 도시는 주변화, 저항, 질서와 무질서가 표시되는 다루기 어려운 장소이다.

주킨(Zukin, 1991 1995)이 '권력의 풍경'과 '일반 주택 양식'이라고 부르는 것 사이에는 기본적인 긴장과 투쟁이 있는데, 전자는 일반적으로 금융지구의 높이 치솟은 번쩍이는 빌딩을 나타내고, 후자는 낮고 수평적인 주택 지역을 나타낸다. 다른 관점에서 보면, 이 구분은 요새citadel와 빈민가ghetto로 논의되었는데, 오피스 타워와 가난한 교외라는 두 세계 사이의 사회공간적 불평등을 다시 지적하는 것이다(Friedmann & Wolff, 1982).

세계적인 도시들이 세계 자본의 선두 부문과 증가하는 소외 계층(이민자, 소외 계층 여성 다수, 유색 인종 대부분, 그리고 개도국의 거대 도시, 대규모 판자촌 거주민들) 둘 다에 집중한다는 것을 고려하면, 우리는 도시가 모든 일련의 갈등과 모순에 대한 전략적 지형이 되어 왔다는 것을 알 수 있다. (Sassen, 2005, p. 39)

계층과 민족적인 분열은 도시에 내재한다. 파리 주변부에 사는 것을 예로 들어 보자. 파리는 19세기에 오스망 남작의 개조로 '빈곤의 주변화'가 시작되어 "1960년대 파리의 북부 및 동부 주변 지역에 대규모 주택 건설이 정점에 이르렀다."(Millington, 2011, p. 159) 파리의 주변부나 시카고처럼 서로 다른 인종으로 구별되는 도시의 빈민가에 산다는 것은, 와칸트(Wacquant, 2008)가 주장한 것처럼 더 진전된 형태의 소외를 경험하는 것이고, 도시의 낙오자가 되는 것이며, 계급, 인종, 민족적 편견의 낙인이 찍히는 것일 뿐만 아니라 교외 주택 지구banlieues[2]로부터 공간적으로 배제당하는 것이다.

....

2   그람시와 손(Kramsch and Thorne, 2002)이 보여 준 것처럼, 교외suburbs의 의미는 프랑스와 미국이 매우 다를 수 있다. 프랑스에서는 주변적인 것, 이민자와 노동자 계급을 의미하고, 미국에서는 녹색의, 널찍한, 중산층을 의미한다. 마찬가지로 일본 맥락에서 논의한 '시내downtown'의 의미는 역사적으로나 지리적으로 매우 다른 의미일 수 있다.

[사진 5.3] 벨빌의 베트남 음식점 세유Chez Yu

[사진 5.4] 벨빌의 정육점 케이디Caïdi

[사진 5.5] 벨빌의 시계 수리점 차리

낸디(2006)는 코치Kochi, Cochin에서 많이 발견되는 공동체의 조화는 안정적이지만 서로에 대한 혐오(타자를 좋아하지 않을 수 있지만, 어쩔 수 없이 그들도 우리와 도시 일부를 구성한다는 생각)를 통해 이루어졌다고 주장한다. 사이먼(1997)은 파리의 매우 다양한 주변부 중 하나인 벨빌Belleville(19구와 20구에 걸쳐 있다. [사진 5.3]-[사진 5.5]) 지역은 벨빌의 중재라고 불리는 지속적인 타협을 통해 살아남을 수 있었다고 말한다. 벨빌은 구도심 지역의 전형적인 변화 단계를 거쳐 왔다. 아르메니아인, 그리스인, 아시케나지 유대인부터 중국인(파리 차이나타운 중 하나가 있다)과 북부 및 사하라 이남의 아프리카인까지, 노동자 계층과 예술적 영역(에디트 피아프Edith Piaf는 그곳 어딘가의 가로등 아래에서 태어났다고 알려져 있다)뿐만 아니라 "코즈모폴리턴 지역의 전형 … 뚜렷한 갈등 없이 지나치게 함께 살아가는 마법 같은 곳"으로도 자리 잡았다.

그러나 이것은 특히 공공장소에서 서로의 공간을 철저하게 존중할 때 달성된다. 벨빌에서는 모두가 줄을 서며, 이웃을 침해하지 않으려 한다. 특정한 경계의 폐쇄는 집단의 자율성을 보존하지만, 동시에 뒤섞이는 것을 제한한다(p. 35).

이러한 긴장은 도시에 새로 들어온 사람들이 해결해야 한다. 중앙 아메리카에서 미국의 거대한 위성 도시로 이주한 이민자들은 복잡한 언어 협상을 거쳐야만 한다. 뉴욕에 있는 한국인이 운영하는 직장에서 일하는 한 과테말라 이민자는 "*Cuando quiero hablar con ellos, mezcho los cuatro idiomas*(내가 그들과 얘기하고 싶을 때는 언어 네 개를 섞는다)"라고 말하며, 그 네 개의 언어는 스페인어, 영어, 한국어 및 칵치켈어 Kaqchiqel(과테말라 중부 칵치켈족이 사용하는 마야어)라고 말한다(Velasquez, 2013, p. 10). 이러한 다중언어적인 협상은 매우 경계가 고르지 못한 영역이다. 한(Han, 2009)이 명확히 밝힌 바와 같이, "한국인 근로자는 주문을 받아 돈을 챙기는 반면 히스패닉 근로자는 선반을 채우고, 식탁을 치우며 설거지를 한다."(p. 237)라는 맥락에서 히스패닉 근로자들은 싼 임금으로 고용할 수 있고, 미국 내에서의 (불)법적인 지위 때문에 순응할 때가 많아 분노과 편견, 차별 또한 깊다.

도시의 공간과 일은 서로 다른 일의 특성과 그 일을 하는 사람들의 배경이 얽혀 매우 성별화되어 있다. 2장에서 중국인 소농업인과 과일 판매자들, 세르비아 도장공과 미장사, 베트남인 네일 아티스트와 같이 관련된 배경을 가진 사람들을 이어 주는 언어적, 문화적 소속을 살펴보았듯이, 이러한 소속은 종종 성별과 함께 작용하기도 한다. 여성 의류업 노동자들, 아일랜드계 건설 현장 교통 감독(시드니 건설 현장 주변에서 교통 안내 표지판을 들고 있는 다수의 여성들은 대부분 아일랜드계 출신이었다), 그리고 미용실에서 일하는 여성들에서 택시 기사, 건설 현장 인부, 요리사까지, 우리는 언어, 인종, 성별에 따라 특정한 형태로 배열된다는 것을 발견하였다. 조셉은 프로듀스 마켓에서 일하는 것을 좋아하는 한 가지 이유를 다음과 같이 설명하였다.

> 보세요. 내가 이걸 왜 좋아할까요? 이걸 왜 좋아할까요? 난 시장이 좋아요. 이건 남자⋯, 이건 거대한 남자들의 클럽이죠. 내가 클럽이라 함은⋯, 당신은 모두와 말하고, 모두와 수다 떨고, 짐을 싸서 집에 돌아가고, 어디로 갈 필요가 없죠. 동네 술집이나 클럽에 갈 필요가 없다는 거예요. 수다는 이미 떨었잖아요. 이건 정말 괜찮은 사교의 장소예요. 그리고 전 수년간 이곳에서 은퇴한 많은 노인들이 아직도 가까이 살고 있다는 것을 지켜봐 왔어요⋯. 그들은 여전히 여기 와서 커피를 마시고 수다를 떨고 모두에게 말을 하죠⋯. 그들이 시장에서 40년, 45년 어깨에 짐을 지고 내리면서 일한 것들에 대해서요.

우리는 언어 소속, 일과 사회적 관계를 볼 때, 이것들이 사회적 조직에서 발생하는 계층과 성별 계열과 결속되는 방법 또한 살펴볼 필요가 있다.

도시에 대한 권리 및 도시가 노동자 계층과 소수 민족 관점에서 어떻게 보이는지에 대한 소유 의식과, 이것이 어떻게 깊이 성별화되는지는 모니카 알리(Monica Ali, 2003)의 소설『브릭 레인Brick Lane』에 잘 나타나 있다. 외부자와 관광객, 방문객에게 런던과 같은 도시는 유명한 건물과 다리, 거리, 강과 가게로 알려져 있다. 거주민에게 이런 것들은 도시 경관의 일부로, 어딘가로 버스를 타고 가거나 걸어가는 동안 보이는 건물들이다. 그러나 모니카 알리(2003)는 대부분의 삶을 런던 동부의 브릭 레인(이 지역에 대한 추가 논의는 7장 참조) 근처에 있는 집에서 보내는 폐쇄적인 삶을 사는 나즈닌Nazneen을 통해서 이 도시를 엿볼 수 있게 하였다. 그녀의 남편 찬우Chanu는 그가 런던에 온 지 30년 후, 가족을 데리고 도시 속으로 여행을 떠나기로 결심을 한다. 찬우는 "나는 반평생을 여기서 보냈어." 라며, "그런데 여기 있는 거리 몇 개를 벗어나 본 적이 없어."라고 말했다 (p. 238). 나즈닌은 버킹엄 궁전 앞에서 남편과 딸들의 사진을 찍었는데, 이 사진은 "주방에서 살고, 작업장 뒷면에 타일에 기대어 그녀의 요리 냄비에서 튀는 황갈색 기름방울로 덮일 것"이었다(p. 243). 이건 어떻게 보면 도시에 대한 권리를 찾아가는 시도로서, 도시를 자신의 것으로 만들려는 시도이다. 비록 최종적으로는 도시에 대한 소유 의식이기보다는 그녀가 주로 시간을 보내는 레인지 앞에서 희미해져 가는 사진에 포착된 여행의 기억일지라도 말이다.

이 연구의 참여자들은 도시에서 여러 가지 다른 방법으로 투쟁했다. 넓어진 거대 도시에서 그들의 작은 도시 공간을 조각하는 나빌(프티 파리)과 카르타고의 요리사부터 야구 방망이로 골목을 지키는 야마 씨, 또는 언어적인 경계가 있는 가게 점원들까지 모두 도시의 일부에 대한 권리를 주장하고, 그렇게 하면서 도시가 의미하는 바를 바꾸는 데 바쁘다. 이와는 대조적으로 중국 소농업인들(2장)이 재배하는 채소들(과이로우초이, 외국 채소들을 포함해서)은 도시를 가로질러 방글라데시인 소유의 가게나 교외 북부 지역에서 레바논인이 운영하는 과일과 채소 가판대, 또는 허스트빌 남쪽의 중식당까지 이동하기도 하지만, 교통편 부족, 공항으로 들어가는 비행로 아래 밭 옆의 쓰러질 듯한 오두막, 제한된 언어 레퍼토리와 장시간 피곤한 몸으로 하는 노동은 이 도시에 대한 그들의 목소리를 제한한다.

오지와 '최악의 일반적인 아시아인'

외국 농산물에 대한 생각은 '다른 것the Other'에 이름을 붙이는 문제로 되돌아가는데, 우리의 많은 연구 참여자에게 이는 일반적인 '오지(Aussies)'와 혼합적인 'オージー(Ōji)'를 의미했다. 이 장의 초반에서 언급했듯이 레바논인 가게 주인인 와피크는 "너무 많아요"라는 말을 별나게 사용하고, '호주인들'이 가게에 왔을 때 느꼈을 흥분에 대해서도 주목했다. 이 용어는 지역 공동체의 외부인이나 내부인 모두가 사용하는 것이다. 이어지는 대화 발췌문에서도 한 앵글로계 호주인은 몇 년 전 스미스필드Smith-field 건설 현장에서 일했던 것을 묘사하면서 이를 구별하려는 관점을 견지한다.

> 스미스필드는 매우 다문화적인 사회인데, 그 당시에는 이탈리아인과 그리스인이 많이 살고 있었어요. 그런데 저와 같이 일한 사람 중에는 터키인과 몰타인이 많았고 이탈리아인도 많았고 그리스인도 많았고 독일인도 많았고, 그리고 음, 유고슬라비아인도 많았고, 그리고 저는 또, 혼혈도, 영국인들이 많았죠, 영국계 이주민. 그리고 호주 토박이들도 많았어요. (필립 인터뷰, 2012년 10월 31일)

한편 마리코 씨는 자기 가게의 고객들을 일본어로 이렇게 묘사한다. "그렇네요, 최근에 절반…, 음 50, 30, 20인데 거의 50이 일본인이고 30이 오지, 20이 중국인과 베트남인이에요." 마리코 씨는 이야기를 하면서 인종을 일본어로 나열[nihonjin(일본인), chūgokujin(중국인)]하는 대신에 마리코 씨의 용어 '자파니즈', '차이니즈', '베토나미즈'에서는 그녀의 일본스러움이 섞인 인종에 대한 '호주식' 구분이 나타난다. 그런데 그녀는 '오지'를 일본어 투로도 말하였다. 이러한 '오지'의 사용은 빈번하게 일어났다. 예를 들어 한 네팔인 식당 근로자는 '대부분의 오지 고객'에 대해 이야기를 했다. 네일숍에서 일하는 림에게 베트남 고객이 많은지 물었을 때 "베트남 사람은 별로…, 음…, 안 오고. 네, 오지죠. 오지와 다른…, 다른 사람. 현지인. 네."라고 하였다(인터뷰, 2012년 11월 20일).

'오지'는 언어에서부터 채소에 이르기까지 어떤 것에든 붙일 수 있다. 레바논 식료품점의 주인은 "나는 레바논 사람에게는 레바논어로 말하고, 이탈리아 사람에게는…, 아니! 대부분 언어는 오지, 영어예요…."라고 하였다. 오이에 대해 물었을 때, 그는 "전에는 오지 오이를 팔았었는데…, 이젠 아무도 안 사요."라고 설명했다. 같은 쇼핑몰의 일본인 가게 주인 우에키Ueki 씨는 이렇게 설명했다.

발췌문 5.9

일본어

1. **우에키 씨** 현지인들은… 별로… 많이 안 써요.
2. **연구자** 정말요?
3. **우에키 씨** 네.
4. **연구자** 돈을요?
5. **우에키 씨** 아직은요.
6. **연구자** 역시 비싸서? 일본 음식이 비싸서요?
7. **우에키 씨** 음:: 아니, 아직 그건…, 그건 아닌 것 같아요. 아마… 그:: 그런 문화죠.
8. **연구자** 일본 음식이,
9. **우에키 씨** 오지는 그렇게 돈을 쓰지 않아요. 먹는 것에.
10. **연구자** 아, 그렇구나, 그렇구나.

11. **우에키 씨** 보통 사람, 보통 오지는 안 쓰죠.

　　이 가게 주인은 '오지들'이 먹는 데 돈을 잘 쓰지 않는다고 한탄할 뿐만 아니라(이들 가게 주인들의 주요 손님은 일본인이었고, 한국인, 중국인 고객이 약간 있었다) 이러한 주요 고객들을 '후츠노 닌겐(보통 사람)'으로 분류한다. 앞의 대화 말순서 1과 말순서 7에서 더 머뭇거리는 답변과 달리 말순서 9와 11에서 '오지(オージー)'가 돈을 많이 쓰지 않는다고 주장할 때는 발언이 더 단정적(하강조)이다. 하지만 교외의 다른 일본 초밥집 주인은 다른 경험을 했다. 예를 들어 그 식당의 고객들에 대해 물었을 때, 일본어로 그는 "ええっとですね…変なんですけど、オージーのお客さんが多いんですよ(가만 보자…, 이상하게도 오지 손님이 많아요.)"라고 답했다. 그는 계속해서 "でコリアンかチャイニーズか… ジャパ、あの:: オーストラリアンですね. オーストラリアンが大体…, 70% 来るかなって言うぐらいですね(그리고 한국인, 또는 중국인, 또는 일보…. 음:: 호주인이에요. 호주인이 대략… 70퍼센트가 오지라고 말할 수 있죠.)"라며, 가게 손님의 70퍼센트가 오지 손님이라고 설명한다. 그는 이것이 발코니와 야외 테라스 때문이라고 생각했다. 이 두 가게의 주인들은 오지 소비자의 관행에 대해 다른 경험을 한 것이지만, 일반적으로 보았을 때 넓은 범주의 백인 호주인 또는 보다 일반적으로는 비아시아계 호주인으로 보인다.

　　그런데 그가 말하는 일반적인 '오지(Aussies)'와 혼합된 배경의 'オージー(Ōji)', 특히 반대편 커피숍 젊은이들에 대해서는 "まあでも、もう完全にオージーですけどね(글쎄요, 하지만 그들은 이미 완벽히 오지이지만요)."라며 그들을 '완벽한 오지'로 지칭하기 때문에 유색인의 여부에 따라 분류하는 것이 아니다. 실제로 그는 심지어 일본인 부모에게서 태어났지만 호주에서 자랐고 영어를 할 줄 아는 그의 아들이 비슷한 분류일 수도 있다고 보았다. 새로 문을 연 커피숍을 운영하는 청년들 또한 한 명은 일본인과 앵글로계 호주 혼혈이고(맞은편 그 커피숍 인수는 그 청년의 아버지와 라면가게 주인의 연결 고리를 통해 이루어졌다) 한 명은 중국계임에도 불구하고 'オージー(Ōji)'로 분류된다. 초밥 가게 주인에게 'Ōji'는 인종만큼이나 문화적이고 언어적인 라벨이다. 그러나 커피숍의 벤Ben은 이러한 상반된 정체성을 인정한다. 그는 중국 배경에 대해 묻자 "저도 몰라요! 전 가장 최악의, 그, 가장 일반적인 아시아인이에요! [웃음] 끔찍해요! 저는 중국어도 할 줄 몰라요."라고 설명하였다.

공생공락과 갈등의 공간인 여기 다문화적인 도시에서 벤은 '일반적인 아시아인'이나 '오지'보다는 '중국인'이 되어야 한다는 압박을 느끼고 있다. 파푸아뉴기니의 중국인 가족이 호주로 이주해 또 다른 중국·호주 가족(이쪽 할머니는 전화상으로는 '금발에 푸른 눈동자'를 가진 것처럼 들리게 말했다)과 결혼을 한 그의 유동적이고 이동적인 역사 때문이기도 하지만, 중국어를 구사하는, 중국스러움이라는 고정성에 끌리기도 한다. "그래서 저는 반은 중국인이거든요. 사실, 공식적으로는, 8분의 7이 중국인이고 8분의 1이 아일랜드인이에요! 그래서…, 전 그래도 반쪽이에요. 이를테면, 겉으로는 중국인이지만, 중국어는 말할 줄도 몰라요. 조금은 이해할 수 있지만…, 저는 별로 쓸모가 없어요." 그는 '중국어를 사용하지 않는' 앙(Ang, 2001)의 딜레마에 빠진 것이다. 맞은편 일본 초밥집 주인은 그를 '오지'로 분류할 수도 있지만, 그는 또한 중국어를 해야 할지도 모른다는 민족정 정체성에 끌리면서도 그렇게 하지 않아서 평범한 아시아인으로 남을 뿐이다. 여러 소규모 가게 주인이 점차 자기 권리를 확보해 가고 있는 공생 공간인 일본 골목에서는, '가장 최악의, 그, 가장 일반적인 아시아인', '중국어도 할 줄' 모르는 '8분의 7이 중국인'인 사람, 그리고 커피숍을 운영하는 '오지'가 각자 살 궁리를 찾아 나가면서 정체성의 고정성과 유동성에 대해 끊임없는 논쟁이 벌어지고 있다.

연구와 이야기: 닭 흉내 내기

도시의 다양한 일터에서 많은 사람에게 말을 걸었을 때 우리는 이야기의 형태로 많은 것을 들었다. 많은 내러티브 연구(예: Bruner, 1991)에 대한 토론이 우리에게 말해 주듯, 이것은 사람들이 자신의 삶을 이해하는 방법이고, 자신의 삶이나 특정한 에피소드와 만남을 들려줄 수 있는 이야기로 바꾸는 방법이다. 그러므로 그러한 이야기에 대한 우리의 관심은 인터뷰에서 덜 형식적인 방식을 끌어내기 위해 이야기를 장려하는 라보브의 사회언어 연구 전통이 아니라(Mesthrie, 2014), 오히려 연구 참여자들이 자신을 어떻게 이해하고, 어떻게 자신의 담론적, 문화적, 공간적 위치를 파악하는지 이해하는 것이었다. 이것들은 도시에서의 삶에 대한 사람들의 이해를 엿볼 수 있는 '작은 이야기들'이다(Bamberg & Georgakopou, 2008).

몇 가지 사례는 커피숍의 벤과 같은 개인적인 이야기였다. 그가 "최악의, 그, 가장 일반적인 아시아인"이라고 말한 배경은 그의 가족 이야기를 통해 들을 필요가 있다. "네, 그래서, 제 어머니와 어머니의 할머니… 그리고 어머니…, 네, 열한 명 정도 있었는데, 어머니가 어렸을 적에 파푸아뉴기니에서 여기로 이주했어요. 왜냐하면, 알잖아요, 큰 아시아 공동체가 있잖아요, 중국인 공동체." 그는 그의 할아버지가 제2차 세계대전 이후 호주로 이주하기 전 파푸아뉴기니에서 이발사로 일했다고 설명한다.

파푸아뉴기니에서 할아버지가 어렸을 때, 아마 일본인들이 총을 쐈나,

어, 일본 전투기들이 건너가서 할아버지의 다리를 쏜 것 같아요. 전 할아버지의 다리를 실제로 본 적은 없어요. 뭐, 우리한테 안 보여 주시거든요. 그런데 어…, 네, 그런 거죠. 제 어머니도 본 적이 없는 것 같아요. 그래서… 할아버지한텐 그게 그냥 아픈 기억인 것 같아요. 뭐, 그래도, 일본인 친구들도 있어요.

그의 어머니는 호주에서 그의 아버지를 만났다. "우리 아빠조차도 반半 중국인이고, 만약 아빠의 어머니와 전화로 이야기해 보면, 할머니가 중국인임에도 불구하고 금발머리에 파란 눈을 가지고 있다고 생각할 거예요. 하지만 할머니는 내륙의 서부 지역에서 자랐거든요." 물론 그러한 이야기들은 개작된 이야기들이 쌓인 역사, 이 가족 구성원들이 말하고자 하는 이야기의 종류, 이야기를 구성하는 담론, 그리고 이야기를 듣고 있는 사람들에 의해 조정된다. 이 이야기들은 도시의 도시언어 역사의 일부로 읽을 필요가 있는 것들이다.

다른 이야기들은 개인적인 이야기가 아니라 다중언어를 구사하는 이주민의 경험을 특정 방식으로 표현한 듯이 보이는 것으로, 도시에 대한 신화와 여러 면에서 유사한, 훨씬 일반적인 공동체의 특성과 고정성의 증가에 대한 것이다. 예를 들어, 와피크는 우리에게 1960년대에 막 시드니로 이주하여 영어를 거의 몰랐던 한 이민자의 이야기를 들려준다. 동네 가게에서 달걀을 좀 사려고 찾아다녔지만 찾을 수가 없었다. 그의 영어 실력으로는 질문할 방법이 없자 다른 방법을 시도해 달걀을 낳는 닭의 흉내를 내기 시작했다. 그는 상점을 이리저리 걸으면서, 닭 울음소리를 내며 날개를 퍼덕거렸고, 자신의 관심사는 닭 자체가 아니라 조심스레 낳듯이 몸으로 표현하고 있는 달걀이라는 것을 보여 주려고 신경을 썼다. 결국 그는 메시지를 전달했고, 달걀 구입을 협상하는 데 성공했다. 얼마 후에야 그는 이 식료품점 주인 역시 아랍어를 구사할 수 있고 실제로 주인 또한 레바논 이민자라는 것을 알게 되었다.

우리가 들은 이야기들은 와피크의 이야기처럼 재미있기도 했고, 즐라탄의 이야기처럼 로맨틱하기도 했다. "저는 몬테네그로에서 그녀를 만났어요. 그녀는 그녀는 휴가 갔:., 중이었고 저는 그녀를 만났고… 반년 후에 호주에 와서 결혼했어요."(즐라탄 인터뷰, 2012년 2월 14일). 또한 매우 슬픈 이야기들도 있었다. 이민은 종종 전쟁(레바논 내전, 보스니아 전쟁, 제2차 세계대전, 알제리 전쟁)을 포함한 삶의 붕괴에 의해 일어난다. 에미의 아파트에서 식사를 하며, 건설노동자 이고르(1장 참조)는 자신이 세르비아어가 아닌 '유고슬라비아어'를 말한다고 주장하면서 보스니아 전쟁에 대한 가슴 아픈 이야기를 공개했다. 그는 호주로 이사한 이유에 대해 설명했다.

저는 우리 나라에서 아주 멀리 가고 싶었어요. 우리 나라에서 아주 멀리, 돌아갈 수 없게. 왜냐하면 더 이상 돌아가는 게 좋지 않거든요. 왜냐하면 그곳에서 아버지도 죽었고, 어머니도 죽었고, 여동생도 죽었어요. 제 여동생은 지금 서른 한 살이 되었을 테지만, 모두 다 전쟁에서 죽었어요. 네, 전 돌아가고 싶지 않아요.   (이고르 인터뷰, 2011년 12월 3일)

이야기에 담긴 중대성과 슬픔에도 불구하고, 그는 미소를 지으며 말했다. "조국을 떠나는 것은 매우 어려워요. 하지만 무슨 일이 일어났는지 생각해 보면, 거기서 어떤 지랄 맞은 일들이 일어났는지, 그것도 오직 종교만을 위해서, 왜냐하면 넌 크로아티아 사람이고 나는 세르비아 사람이니까, 이런 개소리 있잖아요. [웃음]" 물론 그러한 이야기는 초기에는 좀처럼 등장하지 않는다. 몇 달간 가벼운 잡담과 일상적인 인사만 나눈 뒤,

그는 쉬는 시간에 에미의 아파트에 앉아서야 이런 이야기를 했다.

다시 라면가게 주인인 야마 씨의 이야기로 되돌아가면, 약간 느낌이 다르다. 그를 호주로 오게 한 것은 로맨스도 전쟁도 아닌 라면에 대한 열정이었다. 우리가 국물이 맛있다고 칭찬했을 때, 야마 씨는 라면 육수를 만드는 그의 철학과 예술에 대해 열정적으로 이야기하기 시작했다. 야마 씨에 따르면, 그는 지구의 에너지를 최대한 활용하기 위한 최고의 시기인 이른 아침에 몇 시간 동안 일본 다시마를 끓인다. 1시간 30분 동안 진행된 인터뷰 중 라면 제조의 철학과 미덕에만 1시간이 소요됐다. 그는 지금은 일본 구역으로 바뀐 철길의 '문제 있는' 지역에서 최초로 일본 관련 사업을 시작했다. 그는 적당한 장소를 찾아 역 출구에 서서 통근자들의 행동을 관찰했다. "2, 3개월 동안 저는 역의 이쪽에 서서 지나가는 사람 수를 세었어요." 그의 추산에 따르면, 대략 3,000명이 매일 저녁 이 '위험한' 골목길을 지나갔다. 그의 관찰은 또 다른 발견으로 이어졌다. 비록 대부분의 사람이 그 골목길을 서둘러 지나치고 싶어 하는 것 같았지만, 역에서 나오자마자 항상 그들의 눈에 띄는 듯한 특별한 장소가 하나 있었고, 그곳이 오늘날 그의 라면가게가 자리 잡은 곳이다.

우리가 국수를 후루룩 들이키거나, 눈썹을 다듬고, 보드카를 마시고, 과일과 채소를 구입하면서 이러한 이야기를 듣는 것은 우리의 참여 연구 관행(6장 참조)과 밀접하게 연관되어 있었다. 이것은 우리가 참가자들의 세계의 일부가 될 수 있도록 하는 라포르와 관계 구축에 관한 것이다. 우리의 참여자들이 들려준 이야기를 통해 우리는 그들의 삶의 궤적, 그들의 역사, 그들이 깊이 간직하고 있는 견해와 열정을 통찰할 수 있었다. 그러한 이야기들은 아무리 사실이 아니고 달라지더라도, 그리고 아무리 말해질 필요가 있고 재연될 필요가 있다 해도, 이것들은 또한 다중언어가 사용되는 시드니라는 양날의 세계에 대한 이야기들이다. 우리는 연구자로서, 참가자들이 우리에게 이런 이야기들을 말하기 편안하게 만드는 방법, 그들의 이야기를 ('연구 질문'으로 방해하지 않으면서) 듣는 방법, 그리고 그들이 우리에게 언어, 삶, 도시에 대해 말해 주는 모든 것들에 대해 해석하고 인식하는 방법을 배워야 한다.

6장

음식에 대해서 이야기하기 : 공동식사와 도시

환타는 고향 게 더 낫다

우리는 이번 연구를 통해 음식과 언어가 매우 밀접한 관계를 맺고 있다는 것을 분명하게 깨달았다. 이에 대해서는 시장, 채소, 주방, 식당에 대한 논의에서도 이미 언급한 바 있지만(예를 들어 2장과 4장 참조), 이 장에서는 음식과 그 관련된 것들에 대해 이야기하면서 메트로링구얼리즘을 더 자세히 살펴보고자 한다. 이는 공동식사, 공생공락(같이 살기, 5장 참조), 그리고 일상 속 언어에 대한 것이다. 예를 들어 건설 현장의 기술직 노동자들은 일하는 분야에 따라 커피를 마시는 시간이나 점심을 먹는 시간이 다르다. 2장에서 언급했듯이, 건설업계에서는 언어적, 민족적 연대감으로 사람들이 모이며 이는 언어학적인 함의를 가진다. 여기서 드라고 (세르비아 출신으로 1년 반 전에 호주로 이주)와 마르코(역시 세르비아 출신이며 열 살 때 호주로 이주)가 골목 귀퉁이 치킨 가게(3장에 나온 린다의 '헝그리 카페' 건너편)에서 드라고가 사 온 감자칩과 치킨 케밥을 먹으면서 대화를 나누고 있고, 네미아(피지 출신)는 그들 옆에 앉아서 집에서 준비해 온 점심을 먹고 있다.

발췌문 6.1

세르비아어, 영어, 피지 언어에서 온 단어

1. **마르코** *파 예비 가 사드 수 크레눌리*. 뭐, 젠장 됐어, 걔넨 이미 시작했어.

2. **드라고** *파 스토 티 … 토 라디?* 근데 왜…. 걔가 하는 모든 게?

3. **마르코** *네 에드레수 데 에 라디오 스바키 다니 다툼*. 아니, 걔가 맨날 일했던 주소와 날짜 말이야. [네미아에게] **울라 해브 섬 칩스 메이트,** **울라**[호칭어], 감자칩 좀 먹어, [드라고에게] *우즈미 조스 칩스*. 감자칩 좀 더 먹어.

    [누군가가 마르코에게 무엇인가를 건네준다]

4. **마르코** 땡큐, 고마워.

5. **드라고** *오보 환타, 타코?* 이게 환타인가, 그렇지?

6. **마르코** 옙. 응.

7. **드라고** *네마 카오 코드 나스 예비 가!* 젠장, 우리 거랑 달라!

8. **마르코** 예. 어.

9. **드라고** *호세스 조스 코카 콜루?* 콜라 더 마실래?

10. **마르코** *네 흐알라. 코드 나스 판타 젤레나 예보테. 주타, 주타. 파 우즈미*. 아냐 됐어. 젠장 우리 고향 환타는 초록색인데. 노란색이야, 노란색. 받아.

대화에서는 주로 세르비아어가 사용되었지만, 이 세르비아어는 영어가 혼합된 변이형으로 여기에는 인부들이 살아온 다양한 삶의 궤적이 반영되어 있다. 호주에서 산 지 꽤 오래된 마르코는 영어를 자주 사용한다. 드라고가 이 대화 직전 감자칩을 가지고 돌아왔을 때도 마르코는 영어로 "Thank you very much. Is this for me? Thank you. I think this is too much… Oh yeah(정말 고마워. 이거 내 거야? 고마워. 나한테 너무 많은 것 같은데…, 오 좋아.)"라며 감사를 표했다. 이에 대해 드라고는 세르비아어로 "*Uzeo sam ove*(내가 산 거야)."라고 대답하고, 마르코는 다시 영어로 "Ahh. Thanks Drago(아. 고마워, 드라고)"라고 답한다. 마르코의 대답은 습관적으로 영어를 사용한 것처럼 보이기도 하고 동시에 같은 공간에 있는 네미아를 배려한 것처럼 보이기도 한다. 그런데 마르코가 발췌문 6.1의 말순서 10에서 사용한 "*Ne hvala*(네 흐알라)"라는 표현은 세르비아어이긴 하지만 다소 어색하다. 세르비아어에서 부탁이나 감사를 표할 때 이런 식으로 표현하는 경우는 거의 없다. 이 표현은 'no thank you(아냐 괜찮아)'라는 영어 표현을 세르비아어로 번역한 느낌이다. 그래서 비록 표면적으로는 세르비아어로 말하고 있지만 여기에는 동시에 다른 문화적·언어적 실행이 연관될 수 있다. 음식을 먹는 것, 음식을 나누고 권하는 것은 이러한 문화적·언어적 실행과 깊게 연결되어 있기 때문에 이와 같은 공간에서는 이런 전이 현상이 흔하게 나타난다.

말순서 3에서 세르비아어로 대화하는 중간에 마르코는 네미아에게 감자칩을 권하며 영어로 "Ula, have some chips mate(울라, 감자칩 좀 먹어)"라고 말하고, 그다음 드라고에게는 세르비아어로 "*uzmi jos chips*(감자칩 좀 더 먹어)"라고 말한다. 마르코에 따르면 울라Ula(마르코는 나중에 우리에게 이 말의 철자가 U-L-A라고 했다)는 다정하게 사람을 부를 때 쓰는 피지 말로, 그가 다른 건설 현장에 있는 피지계 노동자들에게서 배운 말이다. 사실 '울라'는 피지어에서 일반적으로 사용되는 호칭어 '불라bula'(직역해서 '삶'이란 뜻)에서 온 것으로 보인다. 이 말은 '안녕하세요', '건강하세요', '환영합니다' 등등의 수많은 의미[하와이어 알로하aloha와 유사하게 사용된다]를 가지고 있다. 여기에서 발칸 지역 출신의 인부와 피지 출신 건설 노동자들의 접촉을 통해 '불라'에서 '울라'로 바뀐 이 말은 건설 현장 지하에서 공동식사에 대한 공간 레퍼토리의 일부가 되는 축적된 언어 자원의 작은 항목 중 하나로 작동한다.

이 장면에서 나온 감자칩이나 음료처럼 지역 카페나 패스트푸드점을 자주 방문하는 건설 노동자들은 서로 음식이나 음료를 공유한다. 여기서 우리는 또 음식이 어떻게 '고향의 것'과 관계되는지 볼 수 있는데, 앞의 상황에서는 전통적인 음식보다도 환타가 초록색인지 노란색인지에 대한 대화에서 나타난다.[1] 이 대화는 명백한 기원을 가진 특정 민족 음식에 대한 것이 아니라(예를 들어 우리는 이 장 후반에 무사카라는 음식에 대한 논의로 되돌아올 것이다), 흔한 청량음료의 눈에 확 띄는 차이에 대한 것이었다. 친근하게 남자들만의 농담을 하고, 음식을 주고받으며 이야기를 나누기는 하지만 세르비아 남성들이 장악한 이 건설 현장의 점심시간은 공손한 대화가 오가는 시간이 아니다. 그보다 이 시간은 음식과 언어가 뜨거운 냄비 하나에 복잡하게 섞여 있는 것처럼, 흥겹게 같이 음식을 나누며 매일매일의 공생공락을 나누는 시간이다.

---

1   이것은 아마도 발칸 지역에서 일상적으로 볼 수 있는 엘더베리elderberry(루마니아어로 soc)를 주재료로 만든 환타 쇼카타Fanta Shokata를 가리키는 듯하다.

음식에 대해 얘기하기

음식이 우리 연구의 주요 주제로 등장하는 것은 그리 놀라운 일이 아닐 것이다. 도시의 언어 생활을 들여다보다 보면, 사적 영역(집 또는 가족 모임)이든 공적 영역(학교나 다른 공공 기관들)이든 우리는 어쩔 수 없이 음식이 행위의 초점이 되고 대화의 주제가 되는 식당, 시장, 가게를 다룰 수밖에 없었을 것이다. 음식은 문화적, 경제적 측면뿐만 아니라 기본적인 신체적 측면에서도 인간 삶의 중심을 차지한다. "음식은 인간 존재의 가장 핵심에 있다. 개인이 살기 위해 반드시 먹어야 하는 것처럼, 어떤 종류의 사회적 질서이든 식량의 생산, 분배, 소비를 조직화해야 한다."(Inglis & Gimlin, 2010, p. 3) 두르즈와 러크먼, 비숍(Duruz, Luckman and Bishop 2011, p. 600)이 언급했듯이 음식의 공유와 교환은 "민족의 경계를 넘어 문화적 교류가 이루어지게 하는 주요 방법 중 하나이다." 그러한 점에서 와이즈(2009, p. 23)는 "문화적 차이는 공동식사와 음식 교환의 기반이 될 수 있다. 여기서 정체성은 사라지는 것이 아니며, 오히려 비위계적인 상호호혜의 순간에 개방되고 변화할 수 있고, 그 과정에서 때로는 서로에게 맞춰 조정될 수 있다."고 말한다.

이런 이유에서 음식은 오랫동안 학자들의 주요 관심사였다. 건강에서부터 전 지구적 식량 분배와 지속 가능성의 경제, 신제국주의의 상징으로서의 맥도날드의 성장, 지역 생산 운동의 정치학까지 음식은 접근, 불평등, 지구화, 대기업, 생산 기술화와 그 밖의 많은 것들의 주요 초점이 되었다. 민족과 음식 선택에 대한 연구(Singer & Mason, 2006)와 식도락가와 음식 사진에 대한 연구(Johnston & Baumann 2010; Mikkelsen, 2011; Yasmeen, 2006)도 있다. 모어와 호센(Mohr & Hosen)이 말했듯이, "음식은 사회적 정체성과 문화 자본의 한 요소이다."(2014, p. 101) 그러나 벨라스코(Belasco, 2008)에 따르면, 대부분 음식의 문화적 의미보다는 영양과 영양실조, 농업, 마케팅, 음식 생산 노동자의 젠더 특성 등과 같은 주제에 더 초점을 맞춘다. 벨라스코는 그러한 주제에 초점을 맞추는 데는 몇 가지 이유가 있다고 제시하는데, 이런 이유에는 (여성의) 사적 소비보다 (남성의) 공적 생산이 지배하는 젠더 체계, 요리와 식사는 사소한 문제라는 의식, 언어와 마찬가지로 음식이 너무 평범하고 흔해서 그 의미가 당연시된다는 것까지 포함된다.

그러나 신체, 물질성materiality, 장소성/위치성situatedness 그리고 담화를 둘러싼 문화적 전환은 음식과 관련된 다양한 문제들을 야기하였다. 프로빈(Probyn, 2000)은 우리가 먹을 때 다음과 같은 것을 생각한다고 제시한다.

우리는 생물과 무생물, 진정성authenticity과 성실성sincerity, 가족 형태의 변화, 지역적인 것과 세계적인 것, 성적 편향과 편식이 우리 자신에 대해 알려 주는 것은 없는지의 여부, 빼앗은 땅에서 살고 있는 사람들에게 남겨진 과거 식민 지배의 유산, 우리가 먹고 있는 것인지 먹히고 있는 것인지에 대한 문제로 고심한다. (p. 3)

프로빈은 또 음식을 준비하고 소비하는 것이 젠더, 성적 취향, 정체성과 마주하는 것이라고 주장한다. 음식을 직접 마주하는 것은 "음식의 껍질, 질감, 맛, 향, 음식의 외부와 내부"를 우리 자신과 연결시키는 것이기 때문이다(2000, p. 60). 이 책에서 더 중요하게 우리가 관심을 갖는 부분은 음식과 민족성의 연관성, 즉 서로 다른 공동체들이 각기 가지고 있는 특별한 식사 실행eating practice과 다양한 민족 음식점ethnic restaurants을 수용하고 '다른 음식 먹어 보기eating the other'를 실행할 수 있는 도시 공간의 이용 가능성이다.

'다른 음식 먹어 보기'는 하게(Hage, 1997)가 도시 중심부에서 경험하는 세계인으로서의 소비, 즉 사람들이 외식으로 '민족 음식'을 소비하는 '음식 세계-다문화주의culinary cosmo-mulculturalism'와 이주민 공동체 문화의 대표적인 특정 음식을 준비하는 과정을 통해 '고향 만들기'가 이루어지는 지점을 일컫는 '고향의 다문화주의multiculturalism of the home'를 구분하기 위해서 사용한 용어이다. 외식은 접대의 맥락에서 다루어지거나(Derrida & Dufourmantelle, 2000 참조), 더 넓게는 술집, 식당, 카페와 같은 도시의 사회적 공간에서 수행되는 사회적 관계를 우리가 어떻게 이해하고 있는지와 관련이 있을 수 있다. 벨(Bell, 2007, p. 8)이 '환대하는 도시hospitable city'에서 썼듯이, 손님들을 환영하는 일은 '하루 동안 도시로 들어오는 손님들의 흐름' 속에서 이루어진다. 즉 환영은 도시의 술집, 식당, 카페, 클럽에서 제공하는 상업적 환대를 통해서 수행된다. 우리는 이러한 상호작용을 환대의 형태라기보다는 상업적인 거래의 관점에서 해석하는 것을 선호하지만, 벨은 다음과 같이 주장한다.

　　술집, 카페, 식당, 클럽, 펍에서 공감하는 방식은 도시의 삶에 새로운 활력을 주는 일종의 '공생공락의 윤리ethics of conviviality'를 만들어 낼 가능성이 있는 것으로 봐야 한다. 따라서 이러한 공간에서의 만남은 환대의 윤리와 정치에 대한 담론을 통해 재설정된다.　　　　　　　　(p. 12)

　그러나 5장의 논의에서 강조했듯이, 공생공락은 권리와 논쟁에 관한 문제들과 대조하여 이해되어야 한다. 이는 누가 외식을 할 수 있으며, 누가 외식할 여유가 있는지, 누가 술집 안으로 들어올 수 있고 누가 클럽 밖으로 쫓겨나는지의 문제이다. 또한 이는 한쪽으로 편향된 젠더, 낮은 임금, 불안정한 일자리, 일하기 힘든 시간대에 근무하는 것과 같은 문제를 포함한다. 외식이 또한 '다른 음식 먹어 보기'를 수행하는 것일 때, 우리는 식문화 실행culinary practices을 다문화주의의 정치적 맥락 안에서 이해해야 한다. 관련하여 노블(2009, p. 49-50)은 '지역적이되 폐쇄적이지 않은 공동체 실행의 관계'를 일컫는 '함께 있기'의 중요성에 주의를 기울였다. 우리는 이 장에서 그와 마찬가지로 외식하기와 집에서 먹는 것이 교차되는 지점의 사례들, 특히 음식에 대한 대화가 이루어지는 직장에 주목한다. 다양한 배경을 가진 사람들이 일상 속에서 접촉하면서 음식을 나누고 그에 대해 이야기함으로써 도시언어적 실행이 만들어지는 결정적인 순간들이다.

　인간의 삶에서 음식이 중심이라면 언어도 그러하다. 그리고 이 둘은 몇몇 중요한 지점에서 겹쳐진다. 예를 들어 함께 모여서 먹고 이야기할 때, 침묵하는 경우는 매우 특이한 예외적 상황이다. 식사할 때 대화가 금지되는 것은 종종 종교적인 이유, 즉 침묵의 서약을 한 종교적 명령(트라피스트회 수도사들은 침묵 속에서 벨기에 맥주를 주조하기도 한다)에 의해서나 가족 또는 가부장적인 규칙(스트라빈스키는 자신의 악상이 방해받지 않도록 가족이 점심을 먹을 때 말하는 것을 금지했다. Modjeska, 1999) 때문이다. 우리는 음식에 대해 이야기한다. 우리는 TV로 요리 쇼를 보기도 한다. 실제로 요리 과정만을 보여 주는 요리 채널도 따로 생겼다. '마스터 셰프Master Chef', '네이키드 셰프The Naked Chef', '아이언 셰프Iron Chef', '얀 캔 쿡Yan Can Cook?'과 같은 요리 프로그램, 그리고 많은 유명 요리사(제이미 올리버 Jamie Oliver, 고든 램지Gordon Ramsay, 나이젤라 로슨Nigella Lawson, 줄리아 차일드 Julia Child, 마틴 얀Martin Yan과 스티븐 얀Stephen Yan)는 음식과 대화(설령 고든 램지의 경우 요리 쇼에서 '이걸로 누구든 빌어먹을 채식주의자로 만들 수 있어'라고 말하는 것처럼 주로 직원들에게 내뱉는 욕설로 이루어졌다고 해도)[2]를 흥

………

2　　Gordon Ramsay in The F Word, Series 2, Episode 6, July 26, 2006.

미롭게 뒤섞는다. 제이미 올리버와 나이젤라 로슨의 요리 쇼에 대한 연구가 보여 주듯이, 이들 쇼에서 중요한 것은 음식 자체가 아니다. 여기서 중요한 것은 "자신감 있고 쾌활한 노동자 계급인 제이미"에서 "감각적이고 품격 있는 나이젤라"에 이르기까지, 요리가 다양한 퍼포먼스와 수다의 장이 될 수 있는 가능성이다(Chiaro, 2013, p. 101).

집단 소속감의 상당 부분은 두서없이 산만하게 구성되며, 또 음식을 나누는 것, 즉 공동식사는 사회적·문화적 유대감 형성에 있어서 결정적인 역할을 하기 때문에, "음식에 대한 이야기는 집단의 소속감을 실제 두 배나 올려 준다."(Karrebæk, 2012, p. 2) 다른 문화와 음식 배경을 가진 두 명의 학생이 점심을 먹을 때 소고기 소시지와 커리 퍼프curry puffs를 바꿔서 먹는 것을 관찰한 노블은 "교환은 그 자체로 중요하다."고 주장한다(Noble, 2009, p. 58). 즉 나누는 행위는 "문화적 의미, 사회적 유대감, 개인 정체성을 형성하는 데 있어서 음식의 사회적, 문화적 중요성을 폭넓게 인식한다". 물론 이전 장에서 지적했듯이, 다른 종류의 도시락에 대한 대화는 논쟁거리가 될 수도 있다. 〈리걸리 브라운Legally Brown〉(2013)이라는 호주의 코미디 방송은 사람들이 집에서 가져온 '냄새 나는' 음식을 조롱하는 일반적인 경향을 뒤틀어 깔끔한 촌극으로 만들어 냈다. 이 방송에서 건설 현장에서 일하는 두 명의 '아시아계' 남자는 백인 남자에게 점심 도시락을 열게 한 후 냄새 나는 흰 빵 샌드위치를 조롱한다. "점심으로 뭐 먹어?"(손을 뻗어 백인 남자의 도시락을 연다), "와"(손을 코앞에서 휘젓는다), "빵, 아, 냄새나." 모어와 호센(2014, p. 102)은 다음과 같이 말한다. "그러므로 음식이 사회적 정체성의 핵심을 대표하게 되면, 특정 음식을 선택하는 것이 사회적 분열을 초래할 수 있다. 비만과 나쁜 식습관을 도덕적 타락과 연결시키거나 할랄 음식을 테러리즘과 관련시키는 것이 그 예이다.

음식에 대해서 이야기하는 것, 특히 식사 시간을 통한 사회화 과정

(Ochs & Shohet, 2006; Paugh & Izquierdo, 2009) 역시 우리가 먹는 음식을 이해하는 방식에 강력한 영향을 미친다. 건강한 식습관('채소를 먹어라')이나 주는 대로 먹기('접시에 있는 것을 먹어라')와 같은 도덕적 담론에서부터 음식의 맛이나 냄새가 주는 즐거움과 같은 좀 더 감각적인 담론에 이르기까지, 우리는 우리가 먹고 마시는 방법을 통해 사회화된다. 그리고 우리는 우리가 먹고 마시는 것을 생각하는 방식을 통해 사회화되는데, 이는 식탁과 주방에서의 대화를 통해 이루어진다. 캐러벡의 연구(Karrebæk, 2012)가 보여 주듯이, "음식 실행은 사회 공동체에 대한 개인의 소속을 구성, 증명, 해석하는 데 사용된다."(p. 3) 따라서 특히 이민과 학교의 도시락이라는 맥락 안에서, 건강식이란 무엇인지에 대한 담론은 음식뿐만 아니라 건강과 도덕적 규범을 논의하는 현장이 된다.

음식과 대화 사이에 분명하고 깊은 연관성이 존재함에도 불구하고, 직장에서 이루어지는 음식에 대한 대화 연구는 거의 이루어지지 않았다(Holmes, Marra & King, 2013). 그럼에도 홈스 외에서는 직장 담론에 대한 분석에서 "음식은 유머, 잡담, 사건 묘사와 같은 관계를 만드는 직장 상호작용의 다른 요소와 유사한 기여를 한다."(p. 205)고 언급한다. 마찬가지로 우리는 다른 연구에서도 호주 직장 환경에서 음식, 특히 음료에 대한 이야기의 중요성에 주목했다(Otsuji & Pennycook, 2010; 2014). 홈스 외에서는 음식 대화가 상호작용의 경계(예를 들어 만남의 시작이나 끝)에서 일어나는 경향이 있으며, 비록 공적인 자리에서는 문제가 되거나 불쾌함을 유발하기도 하지만 경계를 표시하거나, 친목을 형성하거나, 격식 차리는 것을 완화하기 위해 의도적으로 활용되는 것을 발견했다. 우리의 연구는 홈스 외의 연구와는 몇 가지 면에서 차이가 있다. 홈스 외의 연구는 뉴질랜드의 주류인 파케하Pakeha(뉴질랜드 백인)들이 직장에서 보이는 상호작용 양상을 연구 대상으로 삼은 반면, 우리 연구는 비공식적인 직장 상황

맥락에서 나타나는 음식과 도시언어의 관계에 초점을 맞춘다. 더 나아가, 건설 현장에서의 점심 식사, 식당에서의 점심 식사, 또는 음식 서빙과 음식 판매와 같은 비공식적인 공간에 초점을 맞춤으로써, 우리는 함께 먹는 행위가 이루어지는 공생공락의 공간commensal space에 관심을 기울인다. 이 공간은 상업화된 공간(식당, 카페 등등), 가정적인 공간(사람들을 초대하는), 가족이나 공동체 중심의 공간(공원에서 가족들이 하는 바베큐 파티)가 아니라 일터에서의 교류가 일어나는 공간이다.

일터에서 일어나는 식사와 대화에 관한 우리의 관심사는 더 나아가 도시언어적 상호작용이 일어나는 주요 지점에서의 공동식사를 관찰하는 것이다. 이것은 도시에 관한 것이고, 도시에서 사람들을 모이게 하는 음식에 관한 것이며, 함께 식사할 때 나타나는 언어에 관한 것이다. 위의 예에서 우리가 살펴보았듯이, 이것은 "*Kod nas fanta jelena jebote. Zuta, zuta. Pa uzmi*(아냐 됐어. 젠장 우리 고향 환타는 초록색인데. 노란색이야, 노란색. 받아)."와 같은 일터에서의 거친 언어를 포함할 수도 있지만, 이러한 점심 식사 시간의 대화는 세르비아어와 영어의 일상적인 혼합을 넘어서 음식 나누기, 음식에 대해 이야기하기, 정체성에 대한 표시(우리 고향 환타는 초록색인데), 그리고 음식의 국경을 넘나들면서 '함께 있다'는 느낌까지 포함한다. 이에 관해 마르코, 드라고, 네미아의 관리감독자인 부카신은 다음에서 이렇게 설명한다.

발췌문 6.2

1. **부카신** 네. 다시 말하자면, 다른 문화, 다른 것들이죠. 그건 언제나, 언제나 흥미로워요. 우리가 휴식 시간을 가질 때 다른 나라에서 온 다른 음식들을 볼 수 있어요. 그래서 재미있죠. 꽤 다르거든요.

2. **연구자** 휴식 시간 때 그 사람들이랑 대화를 하세요?

3. **부카신** 네, 물론이죠. 우리는 서로의 음식을 먹어 봐요.

음식은 종종 문화적 격차를 좁혀 주는 다리로 간주된다. 음식은 문화 간에도 공유될 수 있는 보편적 요구와 욕구이며, 심지어 언어적 차이까지도 극복한다(Mohr & Hosen 2014, p. 102).

다음의 예에서는 발췌문 6.1에서와 같은 건설 현장 지하실에서의 점심 식사를 다루고 있다. 드라고는 무사카를 먹고 있는데, 이 무사카는 마케도니아 출신인 드라고의 여자 친구가 만들어 준 것이다. 이 음식이 세르비아/마케도니아 전통 음식인지 묻는 질문에 마르코는 간략하게 그에 대한 역사를 설명한다.

발췌문 6.3

1. **드라고** 맞아요. 내 생각에는 이거 전통 음식 같아요. 확실하지는 않아요. 마르코?

2. **마르코** 미안, 뭐라고?

3. **드라고** 무사카 말이야. 전통 음식인가, 아닌가?

4. **마르코** 내 생각에는… 아마 터키 음식일 걸?

5. **드라고** 터키 음식?

6. **마르코** 어! 무사카 말이야.

7. **연구자** 무사카! 아…, 무사카는 매시 포테이토하고 같이 먹는 거 아닌가요?

8. **마르코** 맞아요. 우리 엄마가 가끔씩 만들어 주세요.

9. **연구자** 그래요?

10. **마르코** 네. 무사카요. 무사카.

11. **연구자** 무사카가 터키 음식이에요?

12. **마르코** 네, 그건…, 아…, 유고슬라비아 일부 지역은 몇백 년 전인지 모르겠지만 터키의 지배를 받았는데, 그게…, 오백 년 동안이요. 네, 그리고 나서, 그들의 단어를 많이 쓰게 됐죠… 많이는 아니고…, 몇몇 단어.

13. **드라고** 많아, 많아.

14. **마르코** 많아! 그래? 걔들이 쓰는 단어 몇 개, 음식이 많지…, 커피도 예를 들어, 쇼트 블랙이라고 하잖아.

무사카는 우리 자료에서 오이처럼(7장 참조) 계속 나타나는 음식 항목 중 하나다. 무사카는 도쿄 나카노에 있는 카르타고 식당에서 터키 음식(파트리칸 무사카Patlican musaka)³으로 메뉴판에 올라 있고, 그리스 이민 2세대가 운영하는 호주 시드니의 파트리스 피자 전문점의 메뉴판에서도 보인다. 여기서 드라고가 말순서 3에서 무사카가 유고슬라비아 지역의 전통 음식인지를 마르코에게 묻자, 마르코는 이 음식과 음식 이름이 유고슬라비아 일부 지역에서 어떻게 재지역화됐는지 설명하기 위해 오토만 제국의 역사에 대해서 간략하게 알려 준다. 무사카의 기원을 밝히는 것은 민족적 정체성을 확립하는 것인 동시에 그 정체성을 복잡하게 만드는 것이다. (무사카는 터키인들이 가져온 세르비아 전통 음식이다) 하지만 마르코가 커피의 도입에 대해 설명할 때(말순서 14) 흔하게 사용되는 세계적/이탈리아어 표현인 에스프레소 대신 호주 영어인 '쇼트 블랙short black'이란 표현을 사용함으로써 무사카라는 말을 둘러싼 상황이 호주의 상황과도 유사함을 드러낸다. 마케도니아에서 터키까지, 그리고 오토만 제국에서

....

3 'moussaka'의 철자는 상당히 다양하다. 일본어 가타카나의 사용은 이것을 더 복잡하게 만들었다. 카르타고에서는 터키식 철자인 musakka를 사용했다.

호주까지 지역 정체성 표식의 이동성(Noble, 2009)을 이 짧은 대화에서도 관찰할 수 있다. 이런 건설 현장의 지하실과 같은 공생공락의 공간에서 (문자 그대로 아래로부터의 메트로링구얼리즘) 겉으로 보기에 사람들은 일상적인 식사 실행을 행하는 것 같다. 그러나 이 과정에서 사람들은 음식과 공간의 공유를 넘어 일상적인 문화 및 지역적 연대감도 재정비한다.

가난한 사람들의 마카나이

발췌문 6.4

일본어, 프랑스어

[프티 파리에서 직원들의 점심(*마카나이*)을 준비할 때 나빌이 농담을 한다]

1. **나빌** 디스 이즈 어 푸어 *마카나이*. 이건 가난한 마카나이예요.
2. **연구자** 에::? 푸어 *마카나이*? 네? 가난한 마카나이요?
3. **나빌** 예스 … *마카나이* 데 푸버 사. 그래요…, 가난한 사람들이 먹는 마카나이죠, 이건.

나빌은 직원들의 식사를 뜻하는 일본어 용어 마카나이에 대한 말장난으로 그들의 점심을 (처음엔 영어로) "poor *makanai*(가난한 마카나이예요)"라고 언급한다. 그리고 나서 "*Makanai* des pauvres ça(가난한 사람들이 먹는 마카나이죠, 이건)"로 약간 변형시켜서 말한다. 여기서 'ça(이것)'가 문장 끝에 위치하는 것, 'appétit'나 'bolognaise'(다음을 참조)와 같은 단어처럼 어말 강세를 피하려는 경향, 연구개음 [R]보다는 혀끝소리[r]로 발음하는 것은 모두 마그레비 스타일 프랑스어의 일반적인 특징이다(Saya-hi, 2014). 이런 특징들은 나빌이 사용하는 프랑스어의 다른 특징과 함께 나빌이 영어와 일본어를 말하는 방식에 영향을 준다. 그리고 4장에서 우리가 살펴보았듯이 나빌이 일본어를 하는 방식은 식당에서 특히 빠르게 진행되는 도시언어적 멀티태스킹 과정에서의 영어와 프랑스어의 사용에도 영향을 미친다.

　일본어로 마카나이는 주방에서 요리하고 남은 재료로 만드는 점심식사를 뜻하는데, 여기서 나빌은 마카나이로 스파게티를 만드는 것이 매우 흔한 일이라고 설명한다. 그러나 프티 파리에서는 마카나이를 신 메뉴 개발을 위해 새로운 요리를 맛보는 기회로 삼는 경우가 많기 때문에 '가난한 마카나이'와는 거리가 먼 경우가 많다. 다른 사례에서 나빌은 다음과 같이 말한다. "마카나이는 요리 평가의 장이에요. 우리는 음식이 어떻게 구워지는지, 요리로 내놓기에 적절한지, 재료의 질은 어떠한지 확인할 수 있지요. 이는 새로운 요리를 개발하기 위해 따로 요리를 만들어 보는 것보다는 훨씬 효율적입니다."(Takano, 2012, p. 139, 저자 번역) 따라서 직원들은 요리를 나눠 먹으면서 요리의 질에 대해 이야기한다. 그런 이유로 지하실 점심과는 달리, 프티 파리의 공동식사는 음식에 더 초점이 맞춰져 있다.

　프티 파리는 점심(11:30~15:00)과 저녁(17:30~2:00)에 가게를 연다. 그 사이에 나빌과 셰프를 비롯한 직원들은 마카나이를 먹고, 실내를 걸어 다니고, 식당 밖에서 담배를 피우거나 옆 건물의 창고에서 휴식을 취한다. 2시간 동안 프티 파리의 직원들은 점심시간의 부산함에서 벗어나 회복의 시간을 갖고 저녁 시간을 준비한다. 발췌문 6.5가 녹음된 날에는 볼로녜즈 스파게티(나빌이 일상적으로 먹는 요리, 따라서 "가난한 사람들이 먹는 마카나이죠, 이건")와 와인 한 병이 나왔다. 연구자는 나빌, 스테판(홀 직원), 셰프(패트릭Patrick), 그리고 하타 씨(일본인 지배인)와 함께 테이블에 앉았다.

발췌문 6.5

일본어, *프랑스어*, *영어*

1. **나빌** 본 아페티. 맛있게 드세요.

2. **스테판** 본 아페티. 맛있게 드세요.

3. **나빌** 위 해브 어 파스타:: 볼로네즈. 저흰 파스타 볼로네즈 먹어요.

4. **연구자** 흠 *마이니치*? 음, 매일이요?

5. **나빌** 노 노 노 에브리데이 … 캔트 … 오브 콜스 *마이니치 야 나이*. 디펜드 디펜드 더 **이메르** 오브 셰프. 아뇨, 아뇨, 아뇨 매일은… 그럴 순 없죠…. 물론 매일은 아니에요. 셰프의 기분에 달렸, 달렸어요.

6. **연구자** 아 셰프… *와 타베나이노*? 아 셰프님…은 안 먹어? [셰프에게] 유 아 낫 … *타베나이노*? 셰프님은… 안 먹어?

7. **나빌** 셰프 이트 암 프럼 나인 언틸 스리 히 이트. 앳 스리 위 스타트 투 이트, 히 스탑. 제 디 크 부 모지 드 네프 에르 아 케즈 에르. 셰프는 음…, 9시부터 3시까지 먹어요. 3시에 우리가 먹기 시작하면, 셰프는 그만 먹죠. 제가 당신은 9시부터 3시까지 드신다고 말씀드렸습니다. [웃음]

8. **셰프** *고 지*. 다섯 시.

9. **연구자** *고 지*? 다섯 시?.

10. **나빌** 히 프리퍼 애프터. 늦게 먹는 게 좋대요.

나빌은 화요일 하루만 쉬는데, 근무시간이 길기 때문에 딸 라미 Rami(당시 한 살 정도였다) 그리고 일본인 아내 나루미Narumi와 함께 보낼 시간이 많지 않았다. 따라서 마카나이 휴식 시간은 나루미와 라미가 프티 파리를 찾아와 가족으로서 함께 시간을 보내는 때이기도 하다. 하루 중 이 시간에 이 공간과 장소는 직업적 공간, 사회적 공간, 가족의 공간, 그리고 회복을 위한 (사적) 공간이 겹쳐지는 영역으로 변하고, 그에 따라 이 공간의 역학과 리듬이 다시 바뀐다. 이 시간, 즉 점심 영업을 끝내고, 저녁 영업을 준비하는 막간의 시간이자 직원들이 점심을 해결하는 프티 파리의 휴식 시간을 살펴보면 우리는 이 시간이 식당이라는 세계와는 다른 리듬을 가졌음을 알게 된다(3장 참조). 아침 9시부터 오후 3시까지 요리를 하면서 계속 먹는다며 나빌이 놀렸던 셰프는 '가난한 사람들의 점심 식사' 자리에 끼기는 하지만 함께 식사하지는 않는다. 대신 그는 5시에 일을 다시 시작할 때 무언가를 먹는 것을 선호한다.

이 공생공략의 공간은 일(식사, 요리 방법, 새로운 요리들에 대한 토론)과 사교적 대화 및 가족 간의 대화가 섞이고, 프랑스어, 영어, 일본어가 뒤섞이며, 직장에서 함께 식사하는 것을 강조하는 일본식 성향(마카나이)과 점심을 먹고 대화하기 위한 여유로운 공동 공간으로 인식하는 프랑스식 성향이 합쳐진 혼합 공간이다. 이 공간은 도시언어적 멀티태스킹이 이루어진다는 점에서 다른 부분(1장과 4장)에서 설명한 빠른 언어 혼합language mixing과 유사한 특성을 여러 면에서 공유하지만, 이 자리는 여유가 있는 상황이기 때문에 언어 자원을 효율적으로 사용할 필요는 없다. 그래서 연구자가 셰프에게 비격식적인 일본어("*타베나이노?*")를 사용했을 때 나빌은 더 공손한 'vous' 형식을 사용한다['vous mangez(당신이 드시다)].* 정신없이 빠른 속도로 요리하고 서빙하는 상황이 아니고 손님도 없기 때문에, 공간은 변하고 공간 레퍼토리는 변화하였다. 그러나 프티 파리는 문화적, 언어적, 사회적, 직업적 다양성이 지속되는 공간이다. 이는 부카신이 휴식

....

* 많은 언어에서는 상대방에 대한 정중함을 나타내는 경어법 체계가 있는데 그중 대표적인 것이 2인칭 대명사의 선택이다. 대표적인 것이 프랑스어에서 영어 단수 'you'에 해당하는 'tu'(너)와 복수 'you'에 해당하는 vous(당신)의 구별이다. 이를 간단히 T/V로 나타내기도 하는데, T 형태는 친밀함을, V 형태는 정중함을 나타낸다. 참고로 독일어, 이탈리아어, 스페인어 등의 언어는 T/V를 구별하는 반면, 영어는 T/V의 구별이 없다

시간에 건설 현장을 방문하고, 네미아가 그의 동료를 피지어로 부르고, 마르코가 네미아에게 전날 아내와 샤워 칸막이 때문에 부부 싸움한 이야기를 하며, 마르코가 세르비아 전통 민요를 부르면서 골목 모퉁이 가게에서 치킨 케밥과 감자칩을 사오는 드라고를 기다리는 지하실 건설 현장의 휴식 시간과 유사하다.

"마 피 프루트 비 놈(과일이 하나도 없어요)?"

음식은 식재료를 재배하고, 사고, 요리하고, 먹고, 나누며, 음식 자체 그리고 음식과 관련된 것에 대해 이야기하는 등 복합적인 영역에 걸쳐 도시언어적 실행의 일부가 된다. 음식에 대한 대화가 이루어지는 다른 공간은 노동자들이 공유하는 점심 식사보다 더 기능적이다. 예를 들어 음식과 관련된 시장 대화에서는 일반적으로 음식의 가격과 질에 대한 이야기가 오간다. 바쁘게 거래가 이루어지는 새벽 농산물 시장(1장 참조)에서는 고객을 영어로 대하다가 아랍어를 쓰는 다른 사람들과 인사하고, 다른 일꾼 이야기를 하다가(5장 참조) 일꾼들에게 소리 지르면서 지시하고, 가격을 흥정하다가 급한 지시를 내리는 일이 예사로 일어난다.

발췌문 6.6

아랍어, 영어

1. **탈리브** 히어. 아이 두노, 애스크 마이 브라더. *아살라무 알레이쿰*. 여기요. 저는 잘 모르겠어요. 제 형제한테 물어보세요. 당신에게 평화가 있기를.

2. **남자 행인** *와 알레이쿰 아살람 와 라흐마 알라 와 바라쿠*. 그리고 신

의 평화와, 자비와, 축복이 당신과 함께하기를.

3.　**탈리브**　*마 인드나 이랄 할라베흐 비스테글루 에드나*. 여긴 무능한 사
　　람들만 일해요.

4.　**탈리브**　*하다 둘러 와 누스 엔디프*. 그건 1.5달러예요, 깨끗해요.

[다양한 대화와 휴지]

5.　**탈리브**　댓 블로크 원티드 해프 어 박스 오프 배너너스, 더즌트 매터,
　　저스트 기스 잇 투 힘. … *타마나, 타마나 … 오 락 트난 알하바 카비
　　라 바독 야후나?* 저 친구가 바나나 반 박스를 사고 싶어 하는데, 별거
　　아니니까, 그냥 줘. … 여덟 개, 여덟 개, … 아니면 여기 두 개 있어요.
　　이 과일은 큰데 살 거예요?

6.　**손님**　*마바리프*. 잘 모르겠네요.

7.　**탈리브**　*왈 시타 엔다프*. … 유 라이트 메이트? 라임스? 예. 서티-식
　　스. 서티-식스 벅스. 그리고 여섯 개는 깨끗해요. … 거기 괜찮아요? 라
　　임? 네. 삼십육. 삼십육 달러예요.

8.　**손님**　서티 식스? 댓츠 더 프라이스? 유 갓 애니싱 치퍼, 오어? 삼십
　　육? 정말 그 가격이에요? 더 싼 거 없어요?

9.　**탈리브**　노 댓츠 잇. 서티-파이브 더즌트 매터, 벗 … 아뇨 그게 다예
　　요. 삼십오 달러도 괜찮고, 그렇지만… [소음/잡담] 겟 도즈 투 레몬스
　　프럼 오버 데어. 노, 노, 투 레몬스. 레몬스. 파. 컴 온 살레 맨. 잇 더
　　즌트 매터. 저스트 비하인드 뎀. 더즌트 매터. 저쪽에서 레몬 두 개 가
　　져와요. 아니, 아니, 레몬 두 개. 레몬. 저 멀리. 가져와요 살레 양반. 괜
　　찮아요. 그 뒤에. 괜찮다니까.

아랍어와 영어의 사용, 두 언어의 다른 스타일의 사용, 상품을 사고
파는 것, 공간의 중요성(말순서 1, 2에서 지나가는 행인에게 인사하는 것), 상

품을 가져오기 위해 다른 이에게 하는 지시[말순서 9에서 "Get those two lemons from over there. No, no, two lemons. Lemons(저쪽에서 레몬 두 개 가져와요. 아니, 아니, 레몬 두 개. 레몬)", 그리고 과일과 가격을 놓고 흥정하는 것[말순서 5에서 "Or 'lak tnan elhabeh kabira badok yahoon?(아니면 여기 두 개 있어요. 이 과일은 큰데 살 거예요?)", 말순서 6에서 "Mabaref(잘 모르겠네요)"], 이 모든 것들은 모두 도시언어적 멀티태스킹과 이 시장의 공간 레퍼토리의 일부분이다. 때로는 빠르게, 고함치듯 이루어지는 대화의 양식과 속도가 달라지기도 한다. 한 여자 손님이 너무 늦게 딸기를 사러 왔을 때, 대화의 톤은 좀 더 부드럽고 익살스럽게 변한다.

발췌문 6.7

아랍어, 영어

1. **여자 손님** *마 피 프루트 비 놈?* 과일이 하나도 없어요?
2. **탈리브** [웃음] *라*. 네.
3. **여자 손님** *알라히드 비스타일*. 어떤 사람이 간절히 원하네요.

[다른 사람들과 많은 대화]

4. **여자 손님** *마바 안다크 프레즈?* 딸기 더 없어요?
5. **탈리브** *라 왈라*. 네, 맹세해요.

정신없이 소리 지르며 물건을 사고파는 와중에, 이 여성은 여전히 딸기frez(프랑스어의 fraises 참고)가 남아 있는지 확인하기 위해 약간 다른 방식으로 물어본다. 이에 대해 말순서 2에서 탈리브는 웃으면서 무뚝뚝하게 "*라*"라고 답한다. 하지만 이 여성이 다소 시적인 표현 "*Alwahid by-istahli*(어떤 사람이 간절히 원하네요)"라고 말하고 "*Maba' andak frez*(딸기 더 없어요)?"라고 다시 물었을 때, 탈리브는 "*La wallah*(네, [신에게] 맹세해요)"라는 아랍어의 흔한 표현을 이용해 답하며 발화의 톤을 부드럽게 만든다.

왈라wallah, 또는 아욜라(Ayoola, 2009)에서도 언급하는 왈라히wallahi 라는 표현은 라고스Lagos 시장의 유루바Yoruba어 화자의 맥락에서, 심지어 손님에게 "Wallahi, nobody go answer you for this market!(내가 맹세하는데, 이 시장에서는 누구도 손님을 신경 쓰지 않을 거예요!)"(p. 398)라고 나이지리아식 피진을 사용하는 경우에도, 손님에게 진실을 말한다고 확신시킬 때 사용되는 일반적인 표현이다.

시장 담화에서는 이렇게 자기 말이 사실임을 강조하는 것이 일반적이다. 8장에서 논의된 시장 사례에서도, 우리는 판매하고자 하는 강한 열망을 반복해서 드러내는 것을 확인할 수 있다. "真係(정말)… 真係喋, 唔係呃你(정말이에요. 저는 거짓말하는 게 아니에요)". 그러나 여기에서는 팔 수 있는 과일이 없다는 것을 말하기 위해 이 특별한 함의를 가진 표현 왈라, 즉 알라에게 맹세한다는 표현이 사용되는 다른 담론의 장이 펼쳐지고 있다. 통상적인 아랍어와 영어 대화가 가지는 무뚝뚝함에서 좀 더 친근한 대화로 바뀌는 이러한 아랍어 스타일의 변화는 이러한 공간에서 여성들이 흔하지 않은 존재라는 점(우리가 확인했듯이 이 여성의 역할은 손님이기 때문에 상인에게 공손할 필요가 없다), 이 여성이 딸기를 사고 싶어 한다는 점, 그리고 이 여성이 애원할 때 사용하는 언어에서 기인한다. 따라서 이러한 스타일 변화는 대인 관계, 공간, 과일의 색깔이나 맛과 연관된다.

붉은 셀러리와 의미에 대한 협상

다중언어로 주고받는 이러한 종류의 협상에 대해서는 많은 논의가 이루어졌다. 카나가라자(2013)는 다음과 같은 네 종류의 다른 '횡단언어적 협상 전략'을 구별하였다. 이 전략에는 "어떤 언어적 자원을 언제, 어디서 혼합할 것인지는 전략적 선택을 수반한다."(p. 80)는 목소리내기envoicing 전략, 사람들이 "이해하기 좋은 방식으로 대화를 형성해 나가야 하며 의미 협상을 위해 적절한 발판을 마련해야 한다."(p. 80)는 재맥락화recontextualization 전략, "대화 참여자가 의미 협상 또는 수사적 및 사회적 목적을 위해서 상대방의 전략을 보완 또는 저항하는 전략을 적용하는"(p. 82) 방식인 상호작용 전략, 그리고 "화자나 필자가 텍스트의 시공간적 차원을 이용하여 그들의 담화 생산 과정을 모니터링하고 관리하는 방법"(p. 84)인 텍스트화하기entextualization 전략 등이 포함된다. 나빌이나 탈리브가 어떻게 언어 자원을 선택하고, 누구와 대화하는지에 따라 그들이 해야 할 말을 어떻게 구성하고, 대화의 역할에 따라 어떤 변화를 주고, 어떻게 다양한 방법으로 텍스트 자원을 통제하는지를 살펴보기 위해, 우리는 이 틀을 이용해서 이 장과 다른 장에서 다루었던 상호작용의 양상들을 분류할 수 있을 것이다.

그렇지만 우리의 연구 목적은 도시언어적 해석을 분류하는 것이 아니라 도시 언어를 다양한 관점에서 이해하는 것이기 때문에 우리의 접근법은 (카나가라자가 다중언어 맥락에서 링구아 프랑카인 영어에 초점을 맞춘 반면, 우리의 경우 영어가 존재하는지의 여부를 불문하고 다중언어 맥락에 관심을 가지고 있다는 사실은 제외하고도) 카나가라자와는 여러 측면에서 다르다. 또한 우리의 연구 자료를 살펴보면 의사소통에 대한 주류적인 접근법agentive approach에서 살짝 벗어날 필요가 있다는 것을 느끼게 된다. 즉, 대화 참여자들은 다른 사람, 사물, 공간과 상호작용하며, 그들을 둘러싼 개인 및 공간 레퍼토리에서 대화를 이끌어 낸다. 이 때문에 대화가 언제나 제안된 전략적 방식으로 진행되는 것은 아니다. 우리는 또한 상호작용이 잘 안 되는 의사소통 양식에도 관심을 기울이고자 한다. 즉, 직장에서 빠르게 진행되는 도시언어적 멀티태스킹 속에서 언어는 오고 가고, 사람들은 상호작용하며, 욕하고, 외면하고, 다른 무엇인가를 하는데, 그런 상황 속에서는 종종 의미가 분명하게 성립되지 않는 경우가 있다. 새해 전날 프티 파리에서 나온 다음 발췌문이 그 예이다.

발췌문 6.8

일본어

[나빌은 카운터에 앉아 셰프와 다른 직원들과 이야기하고 있는 단골손님에게 디저트를 가져온다(나빌과의 다른 대화에서 이 손님은 다른 이탈리아 음식 또는 식당과 연관된 것으로 보인다)]

1. **나빌** *고레… 마슈 세로리. 니 세로리.* 이것은… 으깬 셀러리예요. 셀러리 스튜.
2. **손님** *니 세로리.* 셀러리 스튜.
3. **나빌** *니 세로리.* 셀러리 스튜.

여기서 셀러리 스튜가 디저트 요리라고 하기에는 다소 부족해 보이지만, 나빌과 손님이 셀러리serori, セロリ와 스튜ni, 煮를 일본어로 표현하는 와중에 어떤 요리가 제공되고 무엇을 먹을 것인지에 대해 적당히 합의에 이른 것처럼 보인다. 그러나 곧 손님은 셀러리 스튜라고 하는 요리의 색깔을 알아차리고 어리둥절해한다.

발췌문 6.9

일본어, **프랑스어**, 영어

1. **손님** *핑쿠, 세로리. 에에?* 핑크색. 셀러리. 에에에?

2. **나빌** 핑크? 핑크색이요?

3. **손님** (…) *세로리* 셀러리.

4. **나빌** 에? 에?

5. **손님** *아.* 아

6. **나빌** *나니* 베트라브 무슨 베트라브요

7. **손님** *에?* 에?

8. **나빌** 베트라브, 노? 아. 세러리 레뮬라드, 유 노우? 베트라브, 아니에요? 아, 셀러리 레뮬라드, 아세요?

이 시점에서 상황은 다소 혼란스러워진다. 핑크색이라는 말에 같이 어리둥절해진 나빌은 **베트라브**betterave(비트)라는 프랑스어를 사용하여 (말 순서 6에서 나빌은 어말 강세로부터 전환, 독특한 설첨음 [r]을 선보인다) 그 색이 비트의 색깔임을 설명한다. 그러나 비트를 뜻하는 이 프랑스어 단어가 손님에게 그리 도움이 되지 않는 것처럼 보이자 나빌은 빠르게 전략을 바꿔 다른 옵션을 취한다. 나빌은 그 음식이 레뮬라드 소스(마요네즈 베이스의 소스로 생선 요리에 함께 곁들인다)와 셀러리 뿌리('셀러리악celoriac'이라고도 한다)를 갈아 만든 흔한 요리인 셀러리 레뮬라드Céleri rémoulade라고 설명한다. 셀러리 레뮬라드는 일반적인 요리로(어떤 면에서는 코울슬로 샐러드와 같은 계열이다), 비트 같은, 다른 크뤼디테crudités(프랑스 전통 전채 요리)와 함께 나온다. 따라서 나빌의 입장에서 그가 내놓은 분홍색 요리와 셀러리, 비트 간에는 연결되는 부분이 있다고 할 수 있다. 그러나 이것이 셀러리 레뮬라드일 가능성은 희박하다(셀러리 레뮬라드는 분명 작은 식당에서 나오는 일반적인 요리이지만, 어떤 경우에도 핑크색을 띠는 경우는 없고, 디저트로 나오는 경우도 없다). 나빌이 제시한 두 음식(셀러리 레뮬라드와 비트) 사이에는 둘 다 생채소 전채 요리로 나올 수 있다는 정도 외에는 명확한 관계가 없으며, 이 둘 중 어느 하나도 나빌이 내놓은 요리들, 특히 디저트 요리와도 관계가 없다. 당연하게도 손님은 계속 혼란스러워한다.

발췌문 6.10

일본어, 프랑스어, 영어

1. **손님** *핑쿠 핑쿠 핑쿠 고레 ⋯ 세로리 세로리 세로리 세로리.* 핑크, 핑크, 핑크, 이게⋯ 셀러리, 셀러리, 셀러리, 셀러리.

2. **나빌** *핑쿠?* 핑크?

3. **손님** *핑쿠 핑쿠* 핑크, 핑크

4. **나빌** *핑쿠::* 핑크

5. **손님** (??)

6. **나빌** 아아. 아아

7. **손님** *세로리 세로리 세로리* 셀러리, 셀러리, 셀러리

8. **나빌** **셀러리 루즈?** 빨간 셀러리?

9. **손님** 노 노. 아니요, 아니.

10. **나빌** [식사에 대한 다른 손님의 질문에 대해] *치사이? 고코? ⋯ 쏘리? 고코? 작아?* 이게? ⋯ 뭐? 이게?

11. **나빌** **세프! 세프! 세 쿠아 셀러리 루즈 앙 프랑스?** 세프! 세프! 빨간 셀러리가 프랑스어로 뭐지?

12. **나빌** [자신이 서빙한 요리의 양에 대한 다른 손님의 질문에 대해] **일 디 세 그랑.** 많은 거라고 하네요.

나빌은 여기서 언제나처럼 동시에 여러 가지 일(요리의 양에 대한 다른 손님의 불만)을 처리하면서 그가 가지고 있는 다수의 언어 자원을 동원하는데, 마침내 요리를 설명하기 위해 사용했던 셀러리와 비트가 모두 잘

못되었다는 것을 알아차린다. 손님이 혼란스러워 하는 것을 눈치채고, 나빌은 '핑크'를 '핑쿠'와 같이 더 일본어처럼 발음하고, 심지어는 자음 뒤에 모음을 삽입하여 '핑쿠::'(말순서 2와 말순서 3)라고 과장해 발음하여 손님의 이해를 돕는다. 영어와 일본어(ピンク) 모두에서 나타나고 이 자료에서 양 언어의 스타일로 발음되는 '핑크'라는 단어는 여러 언어 사이를 맴도는 듯한 그런 용어 중 하나이다. 여기서 나빌은 '핑쿠::'의 마지막 모음을 필요 이상으로 강조함으로써 명확하게 손님의 의사를 수용하려 한다. 나빌이 손님에게 '셀러리 루즈'라고 설득시키려는 시도가 거부당하자, 나빌은 셰프에게(말순서 10) '빨간 셀러리céleri rouge'가 프랑스어로 무엇인지 묻는다. 잠시 뜸을 들인 후, 두 명의 셰프는(패트릭: 셰프 1, 피에르: 셰프 2) 모두 그것이 '루바브rhubarb(대황)'라고 맞장구친다.

발췌문 6.11

프랑스어

1. **셰프 1 아, 루바브!**
2. **나빌 루바브! 루바브!**
3. **셰프 2 루바브.**
4. **나빌 아아 루바브. 아 루바브. 쎄 파 셀러리. 위 위 루바브.** 아, 루바브. 아, 루바브. 셀러리가 아니네. 그래 그래, 루바브.

'빨간 셀러리'는 루바브와는 명백히 다른 말이기 때문에(빨간 셀러리는 사실 그 자체로 셀러리의 한 종류이다) 'céleri rouge'에 대한 나빌의 질문을 정확하게 해독해 낸 셰프들이 놀라운 해석 능력을 가졌다고 생각할 수도 있다. 그러나 다시 한번 보면 여기서 셰프들이 재빨리 해석할 수 있었던 것은 우선 그들이 루바브 요리를 준비했다는 사실을 눈치챘기 때문일 수도 있고, 또한 이 혼란스러운 대화를 엿들었기 때문일 수도 있다. 셰프들은 셀러리 루즈를 언어적 단서에만 기대어 루바브로 번역한 것이 아니었다. 셰프들은 나빌이 빨간 샐러리에 대해 이상한 질문을 하는 이유가 그가 방금 손님에게 건네준 루바브 타르트 때문이라는 것을 알아냈다. 이 빨간색 요리의 이름을 찾는 일에 공간적 배열, 요리 실행, 공간 레퍼토리가 기여한 것이다.

마침내 누락된 말이 루바브라는 것이 분명해졌지만 나빌은 손님이 루바브라고 얘기하면 이해할지 확실하지 않았기 때문에 피에르 셰프(셰프 2)에게 "Rhubarbe, *nihongo wa*. J'ai oublié. Pierre?(루바브, 일본어로. 난 잊어버렸어. 피에르?)"라며 루바브가 일본어로 무엇인지 물어본다.

나빌의 일본어 질문("*니혼고 와*")을 다른 셰프인 패트릭이 받고, 피에르는 다른 일로 넘어간다.

발췌문 6.12

일본어, 프랑스어, 영어

1. **셰프 1** **루바브** *니혼고 노 나마에::* 루바브가 일본어로

2. **손님** *세로리. 세로리.* 셀러리, 셀러리.

3. **나빌** 노 노 노. 아뇨, 아뇨, 아뇨.

4. **셰프 1** *아카 세로리?* 빨간 셀러리?

5. **손님** *세로리 세로리.* 셀러리 셀러리.

6. **나빌** *니혼고 와?* 일본어로?

7. **손님** *니혼고 모 세로리.* 일본어로도 셀러리.

8. **나빌** *아 혼토 데스 까? 아카-세로리?* 아, 정말요? 빨간 셀러리?

9. **손님** *세로리.* 셀러리.

손님이 이 요리가 사실 루바브라는 사실을 알아채지 못한 듯 혼란스러워하며 '세로리'라는 말을 뒤에서 계속 읊는 동안 셰프는 루바브가 일본어로 뭔지 기억하려 하다가, 확실치 않지만 나빌이 먼저 제안했던 'céleri rouge'(말순서 4)의 일본어 번역 '아카 세로리'를 제안한다. 나빌은 분명 손님이 반복해서 '세로리'를 외치고 있는 것을 알아차리지 못하고 대신 손님이 이제 이것이 사실 루바브라는 것을 알고 있다고 가정하고 손님에게 셰프가 말한 '아카 세로리(빨간 셀러리)'가 맞는지 확인해 달라고 부탁하는데(말순서 6), 손님은 말순서 7에서 일본어로도 셀러리가 맞다고 답한다. 그러나 손님은 그것이 셀러리라는 생각에 여전히 어리둥절해하면서, 영어, 프랑스어, 일본어에서 셀러리를 가리키는 단어가 어느 정도 동일하다는 말만 하고 있는 듯하다. 그러나 나빌은 루바브의 일본어가 '아카 세로리'라는 셰프의 주장(말순서 8)을 손님이 인정했다고 생각하는 것 같다.

그리하여 마침내 나빌은 자신이 손님에게 갖다준 음식이 루바브 타르트라는 것은 알아냈지만, 그는 이제 루바브가 일본어로 '아카 세로리'라고 믿는 듯하다[일반적으로 알려져 있지 않지만, ルバーブ(rubābu)라는 말이 사용되기도 한다]. 다행히도, 나빌과 손님의 대화는 안전한 화제인 맛에 대한 이야기로 돌아온다.

발췌문 6.13

일본어, 프랑스어, 영어

1. **나빌** *아, 수. 타르토 스고이 오이시 데쇼?* 아, 좋아요. 이 타르트 정말 맛있죠?

2. **손님** *오이시. 고레 오이시.* 맛있네요. 이거 맛이 좋아요.

3. **나빌** **타르트 아 라 루바브. 세 트레 트레 봉.** 루바브 타르트. 이건 정말정

말 맛있어요.

비록 우리는 표면적으로 이 대화에서 무슨 일이 일어나고 있는지 어느 정도 알아낼 수 있고, 직장에서 사용되는 다양한 다중언어 전략도 확인할 수 있지만, 이런 전략들이 대부분 실패하는 것도 관찰하게 된다. 즉 몇몇 대화 참여자들이 알지 못하는 **베트라브**나 *아카 세로리*와 같은 용어가 사용되고, 나빌이 제안한 프랑스어(**셀러리 루즈**에서 **셀러리 레물라드**까지)는 거의 이해가 되지 않는 듯하다. 나빌은 이제 '*아카 세로리*'가 루바브의 일본어라고 믿는 것 같으며 손님은(요리로 인해 충분히 행복하지만) 여전히 혼란스러워한다. 그렇지만 이런 전략들은 언어가 서로 넘나들고 맞서면서 의미들이 협상되는 방식이다. 마침내 나빌은 음식의 맛에 대한 이야기로 넘어가고, 미묘한 메타언어적 수용 전략을 사용함으로써 상호작용 문제를 해결한다. 여기서 미묘한 메타언어적 수용 전략이란 일본어가 사용되는 말순서 1에서 "*타르토 스고이 오이시 데쇼?*"라는 말을 추가함으로써 타르트를 더 일본어처럼 만든 후, "Tarte à la rhubarbe. C'est très très bon"이라고 프랑스 요리를 지칭함으로써 프랑스어가 가진 자본을 이용하는 것이다.

이러한 대화는 몇 가지 함의를 가지고 있다. 도시언어적 맥락에서 의미 협상은 성공하지 못할 수도, 부분적으로 성공할 수도, 또는 그저 안개처럼 모호한 상태로 남아 있을 수도 있다(어쨌든 이 대화가 이루어진 날은 한 해의 마지막 날이었다). 이는 놀라운 일이 아니다. 이 대화가 함의하는 것은 이 대화에 등장하는 특정 음식들이 이 대화에서 분명히 중요한 중재 역할을 하고 있다는 것에 있다. 즉, 음식들은 행위의 일부분이다. 이리저리 움직여 가며 접시에 담겨 있는 것이 무엇인지 알아내려는 시도를 하는 대화 참여자들에게 음식이나 맛은 단순히 자기네 것과 다른 어떤 것을 의미하는 데 머물지 않는다. 대화 참여자들이 가지고 있는 음식 문화의 배경에 따라 음식이나 맛은 매우 다른 의미를 가지게 된다. 일본에서는 루바브가 '이국적인' 채소(어쩌면 어떻게 요리되느냐에 따라 과일이 되기도 한다)이기 때문에 프랑스에서 루바브를 이해하는 의미와 매우 다르다. 하지만 외식업계에도 몸담고 있는 이 손님은 이 디저트 요리의 재료에 대해 집요하게 궁금해한다. 지하실 점심시간(발췌문 6.3)에 무사카의 기원이 중요시되고 대화를 발생시키는 방식과 마찬가지로, 이 대화에서도 낯선 '외국'의 재료를 확인하는 것이 중요시된다. 따라서 음식의 재료, 의미, 사람, 언어적 자원의 이동성은 이곳의 공간 레퍼토리의 일부로서 함께 어우러진다. 이러한 음식과 대화의 조합은 도시언어적 실행의 필수적인 요소들이다.

재지역화

프티 파리에서 루바브가 재료로서, 요리로서, '*아카 세로리*(빨간 셀러리)'로서 다차원적으로 재지역화Relocalization되는 것은 음식과 언어가 다른 장소에서 어떻게 재작동하는지를 보여 준다. 앞서 점심 식사 때 대화의 주제가 된 무사카는 호주의 마케도니아인이 만든 요리이자, 마케도니아와 근접한 터키와 그리스를 통해 마케도니아에 소개된 음식[이는 발췌문 6.7에서 탈리브가 사용한 아랍어 "*왈라*(맹세해요)"에서 오토만 제국을 통해 전해진 세르비아어 단어 *발라*вала('물결')와 유사하다]으로, 이런 요리와 이들에 대한 언어적 표식, 음식들을 요리하고 먹는 방식, 이것들이 언급되는 방식들은 이동성에 대한 역사를 상기시킨다. 프티 파리의 경우, 알제리 생활의 필수 요소들이 도쿄의 파리를 통해 이식되고, 다른 요리 및 언어적

요소들이 서로 얽히는데 이러한 재지역화의 패턴은 식민주의, 식민지 이후의 관계, 이주의 오랜 역사의 연결선을 따라 만들어진다. 나빌이 도쿄의 프랑스 레스토랑 레퍼토리로 준비한 '쿠스쿠스 아뇨 에 메르게즈cous-cous agneau et merguez(양고기와 현재 프랑스 등지에서 흔히 볼 수 있는 북아프리카의 매운 소시지인 메르게즈와 함께 나오는 쿠스쿠스)'가 특징인 '수아레 쿠스쿠스 오 프티 파리Soirée Couscous au Petit Paris(クスクスパーティ)'는 쿠스쿠스가 프랑스에서 일반적인 요리로 자리 잡게 된 역사를 가지고 있기 때문에, 쿠스쿠스가 알제리 요리라는 점을 많이 반영하지는 못할지도 모른다.

네덜란드 사람들이 리스타펠rijsttafel('밥상', 수마트라의 나시 파당nasi pa-dang을 기본으로 한 여러 요리로 구성된 식사)을 즐기는 것처럼 카레는 영국 요리에 스며들어 재배치되고 재현되었다. 가장 유명한 예는 '치킨 티카 마살라chicken tikka masala'로, 로빈 쿡Robin Cook 전 영국 외무장관은 이에 대해 다음과 같이 설명한다.

이는 진정한 영국 국민 요리이며, 그 이유는 가장 인기가 많기 때문만이 아니라, 영국이 외부의 영향을 흡수하고 적응하는 방식을 완벽히 보여 주고 있기 때문이다. 치킨 티카는 인도 음식이다. Massala[원문 표기 그대로 옮김] 소스는 영국인들이 고기를 그레이비소스와 함께 먹기를 좋아하는 욕구를 충족시키기 위해 더해졌다. (Robin Cook, 2001)[4]

이 요리는 현재 인도, 특히 영국 관광객들이 많이 찾는 지역에서도 제공되고 있다. 이와 마찬가지로 쿠스쿠스는 프랑스 음식의 주요한 일부

....

4 마두르 제프리(Madhur Jaffrey, 2014)에 따르면 막스 앤 스펜서Marks & Spencer는 인도 식당에서 이 요리가 매주 18톤씩 팔리며, 연간 2,300만 인분이 팔린다고 주장한다.

분이 되었다. 카르타고 사장이 말했듯이(3장), 쿠스쿠스는 일본의 *카레라이스*カレーライス처럼 일상적인 가벼운 가정식이다. 셰프의 말에 따르면, 나빌이 자주 들러서 식사를 하던 그 시절부터 '쿠스쿠스 식당'이라고 불렀던 이 식당을 개업하게 된 동기 중 하나는 그가 파리에 살았을 때 매일 먹던 쿠스쿠스와 북아프리카 음식을 재현하기 위한 것이었다(나빌은 튀니지인 구역에 살았고, 학교 구내식당의 요리사는 알제리인이었다). 프티 파리의 메뉴에는 쿠스쿠스보다는 쿠스키Couski가 사용되는데 'Couskiはチュニジアの發音表記(쿠스키는 튀니지어의 발음표기이다)'라는 설명이 함께 제시되어 있다. 베르베르어 케스쿠kesksu에서 튀니지 아랍어 쿠스키couski, 그리고 프랑스어의 쿠스쿠스couscous에 이르는 과정을 통해 이 음식은 이제 도쿄의 레스토랑에서 프랑스적인 것을 대표하게 됐다.

그러나 이러한 재지역화의 과정은 역사, 기호signs, 장소를 신중하면서도 또한 가볍게 다시 조합해야 하기 때문에 단순히 음식을 현지화시키는 것 이상으로 복잡하다. 프티 파리는 전통적인 도쿄와 프랑스 문화가 혼합된 것으로 유명한 가구라자카에 위치해 있다. '프랑코-자포네 드 도쿄 학교'와 '프랑코-자포네 드 도쿄 고등학교Lycée Franco-Japonais de Tokyo'[5]의 초등 구역 설립은 프랑스 음식과 언어 그리고 사람들을 불러들였다. 에도 시대(17~19세기)로 거슬러 올라가는 작고 경사진 자갈길은 흔히 파리의 몽마르트를 떠올리게 한다고 한다(Tauzin, 2009). 프티 파리의 주인인 나빌은 알제리의 작은 도시인 티파자[알베르트 카뮈의 「티파자에서의 결혼Noces à Tipasa」이라는 작품 덕분에 유명해졌다. 카뮈 자신도 알제리 출신 프랑스인 동료 자크 데리다와는 또 다른, 식민지 역사에 대한 자신만의 복잡한 관계를 가진 실향민 피에 누아pied noir(알제리 출신 프랑스인)였다]에서 모로코인

....
5   '프랑코-자포네 드 도쿄 고등학교'는 2012년 도쿄의 기타구(北区) 지역으로 옮겼다.

[사진 6.1] 프티 파리 로고

어머니와 알제리인 아버지 사이에서 태어났다. 16세쯤 되었을 때, 그는 파리로 이주하여 여러 레스토랑에서 일했다.

시드니에서 그리스 이주민이 운영하는 이탈리아 피자 전문점과 마찬가지로, 폴란드와 네팔 출신 요리사와 홀을 담당하는 타이, 인도 출신 직원이 있는 이러한 식당들은 사람, 언어 자원, 문화적 가공물들의 왕래 속에서 '프랑스', '파리', '이탈리아'가 재지역화되고 재생산되면서 공간과 이웃을 다시 재구성하는 과정의 일부이다. 이러한 재지역화는 "현시점을 협상하는 피할 수 없는 도전(그 자체로 그 당시와 그 시대의 역사와 지리를 활용하는) '어쩌다 함께 됨throwntogetherness'을 통해 달성된다. 따라서 재지역화가 일어날 때에는 인간과 비인간 각각의 내부에서의 협상"(Massey, 2005, p. 140), 그리고 인간과 비인간 사이에서의 협상이 반드시 발생한다. 따라서 도쿄의 프티 파리를 구성하는 것은 복잡한 역사(식민지 시대 이후의)와 사람, 언어, 사물('비인간')이 한데 모이는 지리적 특성이다. [사진 6.1]의 로고에는 프티 파리의 '와인 바자르'를 만든 '어쩌다 함께 됨'의 요소들이 나타난다.

나빌은 '스푼과 포크, 와인 잔, 와인 병을 가지고 로고를 만든다'는 것을 하나의 원칙으로 삼았지만, 그의 고향인 알제리 티파자를 가리키기 위해서 바자르bazaar('바bar'와 '바자bazar'를 장난스럽게 결합시킨)라는 말을 로고에 사용했다고 말한다. "이 도시에서, 우리끼리는, 티파자 사람들은, 그것을 '바자르'라고 불러요. […] 내 인생의 오래된 기억, 좋은 기억들이 거기 있어요. 프랑스에, 알제리에, 모든 것이요." 스푼, 포크, 와인 잔, 와인 병으로 만들어진 두 개의 P는 일본어 한자 巴里(파리)의 첫 글자를 닮았는데 여기서 우리는 '유희적 복합양식성Ludic multimodality'을 확인할 수 있다. 프티 파리가 만들어지는 복잡한 과정은 우리가 티파자에서 파리로, 프티 파리와 가구라자카로 이동할 때 어떤 궤적과 이동성이 작용하는지에 대한 질문을 열어 둔다. 식당에서의 바쁜 하루가 지나가는 동안, 이 공간에서는 파리, 티파자, 가구라자카에 대한 다양한 의미들이 서로 상호작용을 한다.

우리는 이 식당을 2년간 관찰했는데, 이 식당에서 일하는 사람들은 여러 명의 셰프(11년 전 도쿄로 이주하기 전에 쿠바, 레바논, 이탈리아, 그리스에서 일했던 프랑스 출신 장과, 도쿄로 오기 전에 파리에 살았고 최근에는 몬트리올과 토고Togo에서 셰프로 일했던 레위니옹 출신 피에르)와 도쿄 출신의 일본인 매니저, 두 명의 홀 담당 직원(나빌과 스테판인데 스테판은 코트디부아르에서 태어나 어릴 때 모로코와 뉴욕에서 자랐고 아버지가 르노Renault에서 일했기 때문에 어릴 때 이주했다)으로 구성되어 있었다. 작가 다카노와의 인터뷰에서 나빌은 "プチ・パリという名前を背負っているので、今後もスタッフはフランス人かフランス語圏の人にしたい(프티 파리라는 이름이 붙어 있기 때문에 앞으로도 프랑스 사람이나 프랑스어를 할 수 있는 직원을 두고 싶어요.)"(Takano, 2012, pp. 145-146, 저자 번역)라고 설명한다. 따라서 프티 파리에서 이루어지는 언어적, 문화적, 미식적 통합은 다양한 궤적, 시간성,

역사성, 이동성의 복잡한 왕래와 상호작용을 수반한다. 이때의 통합은 상상 속에 고착화된 파리가 아닌 식민지배 이후의 프랑스어권 세계와 연결된다. 마르세유와 다카르, 몬트리올을 연결하는 힙합 '플로의 순환circuit of flow'처럼(Pennycook, 2007), 이러한 삶의 궤적들은 언어 그리고 언어를 둘러싼 식민지 이후의 상황과 엮여 있다. 이런 이유 때문에 수아레 쿠스쿠스를 파는 도쿄의 이 식당은 나빌이 만들고 싶어 했던 프랑스어 위주의 분위기를 만들 수 있는 직원들이 일하고 있다. 그러나 이 직원들의 삶의 궤적은 알제리, 레위니옹, 코트디부아르, 몬트리올, 토고에서 형성된 것이다.

프티 파리에서 몇 블록 떨어진 곳에는 치킨 로티세리* 가게인 이브 테라스Yves Terrace가 있다. 자신의 가게를 '캐주얼 프랑스 카페'로 묘사하는 사장 이브Yves는 나빌과는 다른 철학을 가지고 있다. 나빌이 프랑스어 사용 여부를 직원 선발 기준으로 하는 것과 달리 이브는 더 유연한 선발 기준을 가진 것으로 보인다. 이브는 다음과 같이 말한다. "フランス語しゃべってから働いていいよじゃなくて、何か友達の紹介で(프랑스어를 할 줄 알아서 여기서 일할 수 있는 것이 아니라, 뭔가…, 친구들 소개로)." 이브에 따르면 직원들은 영어든, 프랑스어든, 일본어든 순간 떠오르는 언어로 말을 하는데, 비록 일본어가 주방의 주요 언어이지만 일본 직원들이 프랑스어를 배우는 것도 드물지 않은 일이라고 한다(4장 참고). 서아프리카 사람인 이브는(원래 토고 출신이지만 파리에 있을 때 로티세리 요리를 공부했다) 쿠스쿠스를 팔지 않고 대신 가나, 베냉Benin, 토고, 세네갈Senegal과 같은 서아프리카 국가의 요리를 선보인다. 여기서 아프리카 요리는 가구라자카에서 '프랑스스러움'의 다양한 가능성을 제기하면서 캐주얼 프랑스 카페라는 이름 아래 재지역화된다.

....

* 꼬챙이에 꿰어 구운 고기를 판매하는 식당.

突然の大雨！

洗濯物が〜！とか、びしょぬれになっちゃった〜！
とか、聞こえてきそうです。

という訳で、雨に濡れるブルターニュの海。
水面を打つ雨模様が美しい、ブルターニュらしい風景
です。

コートダルモール県（Côte d'Armor)の北に浮かぶ小
さな島、ブレア島（Île de Brehat)の小さなお家。
雨の音を聞きながら、ゆっくりコーヒーとデザートク
レープを。

幸せな気持ちになれそうですね♪

あ、手軽なブルターニュは笹塚にあります☆

[사진 6.2] 메종 브레통 페이스북 페이지

한편, 사사즈카笹塚 지역의 메종 브레통에서는 다른 종류의 재지역화
가 이루어지고 있다. 크레페와 갈레트galette(메밀로 만든 크레페) 냄새가 풍
겨 나오는 이 가게에서는 브르타뉴 지역의 음악이 흘러나온다. 가게에는
브르타뉴 시골집에서 가져온 무거운 녹슨 문이 달려 있고, 벽에는 거친
바다 한가운데의 등대 그림이 걸려 있다. 크레페 요리사이자 가게의 주인
인 드니는 브르타뉴에서 나서 자랐고, 그의 일본인 아내 에리코Eriko는 벨
기에에서 3년간 요리를 공부했다. 이 가게의 콘셉트는 브르타뉴의 바다
와 날씨이다. 날씨가 흐리면 에리코는 종종 레스토랑 페이스북 페이지에
브르타뉴가 떠오른다고 쓰고, 이어서 '手軽なブリターニュは笹塚にありま
す(사사즈카에서 간편한 브르타뉴를 만날 수 있습니다)'라는 글을 올려서 고
객들에게 이렇게 궂은 날에는 가게로 와서 커피와 크레페를 즐기라고 권
한다([사진 6.2]).

갑자기 비가 내리면, 저는 사람들이 '내 빨래~!', '빨래가 다 젖었어'
라고 말하는 게 들리는 것 같아요. 자, 그렇다면 여기에는 비에 젖어드는

[사진 6.3] 파리 베이커리

브르타뉴의 바다가 있지요. 이런 날씨는 브르타뉴의 전형적인 풍경이고 잔물결이 아름다워요. […] 빗방울 소리를 들으면서 긴장을 풀고 커피와 디저트 크레이프를 먹는 것은 어떨까요? 그러면 행복해지지 않을까요? 브르타뉴는 사사즈카에서 만날 수 있습니다.

(2013년 6월 23일 자 페이스북 게시물: 저자 번역)

브르타뉴 시골에서 서아프리카와 마그레브에 이르기까지, 도쿄에 있는 이 프랑스 식당들은 프랑스의 의미와 맛, 이미지를 재지역화한다. 시드니 매릭빌에서 베트남인이 운영하는 파리 베이커리 또한 이들과 다른 방향의 프랑스어 사용 회로를 보여 준다([사진 6.3]). 이 지역의 다른 베트남 제과점과는 달리 이곳에서는 반미bánh mì(베트남 돼지고기 롤빵) 판매대가 없고 오히려 프랑스식, 호주식 페이스트리와 과자를 주로 판매한다. 원래 남베트남 출신인 가게 주인은 '사이공'에서 왔다며 "사이공. 자유. 사이공. 공산주의 말고[웃음]."라고 덧붙이며, 파리 베이커리라는 상호명은 그녀의 가게가 프랑스식 크루아상을 만들기 때문에 붙여진 것이라고 설명한다. "왜냐하면 여기서 우리는 파리에서처럼 크루아상을 만들기 때문이에요. 프랑스식이요." 그녀는 이것이 그 지역의 다른 베트남 빵집들과는 다른 점이라고 단호하게 말한다. "아뇨, 아뇨, 그들은 다른 방식으로 만들어요. 맛을 보면 알 수 있어요. 하지만 우리의 크루아상은 프랑스식이에요, 우리 나라에서 배웠죠."

여기서 베트남('자유로운 남쪽'에서만)에서 배운 프랑스식 크루아상은 시드니에서 재지역화되었다. 더 넓은 프랑스어 사용 회로 안에 포함된 요리사들이 있는 나빌의 프티 파리는 이미 재지역화된 (프랑스) 쿠스쿠스를 그의 도쿄의 식당 메뉴로 재지역화하는 반면, 파리 베이커리는 사이공에서 만드는 방법을 배워 온 프랑스식 크루아상을 시드니 교외에서 재지역화한다. 이러한 재지역화의 과정, 다시 말해 다른 지역에서 지역성을 다시 만들어 내는 과정은 재지역화의 과거 역사(파리의 쿠스쿠스, 사이공의 크루아상)와 함께 브하브하(Bhabha, 1994)가 언제나 모방과 문화적 번역의 한 부분이 될 수밖에 없다고 말한 '불이행slippage'과 '과잉excess'을 모두 수반한다. 따라서 이러한 일들이 반복될수록 이들은 절대 같아질 수 없다. 예를 들어 크루아상은 시드니에서 남베트남의 프렌치 페이스트리 제조 방식을 바탕으로 다시 만들어지기 때문에 이러한 재지역화를 통해서 조금씩 달라지기 마련이다(그럼에도 지난번에 거기서 크루아상을 사 먹었는데 맛은 좋았다). 우리가 결코 같은 강물에 두 번 발을 들여놓을 수 없듯이 (Pennycook, 2010), 브르타뉴, 쿠스쿠스 수아레, 세네갈식 요리, 크루아상의 재창조는 언제나 또 다른 재작업이 된다.

멀티태스킹 및 참여 연구

연구 자료를 수집하면서 우리가 직면했던 문제 하나는 사람들을 어떻게 참여시킬 것인가, 어떻게 하면 연구에 기꺼이 참여하도록 그들의 신뢰를 얻을 수 있는가, 어떻게 하면 연구자와 연구 대상이라는 관계를 해체하고 그들의 세계로 더 성공적으로 진입할 수 있는가였다. 5장에서 제시했듯이, 벤의 가족이 파푸아뉴기니에서 이주한 이야기, 와피크의 닭 이야기, 야마 씨가 식당을 차리게 된 이야기와 라면 요리법에 대한 이야기, 또는 이고르가 보스니아에서 비극적으로 이주해 온 이야기를 듣기 위해 우리는 사람들을 편안하게 만들면서 상호작용하는 방법을 찾아야 했다. 많은 경우, 그 방법은 연구 대상자를 여러 번 방문하고, 다시 찾아가서 이야기를 나누고 관계를 형성하는 것이었으며, 이는 연구 대상자들과 장기적인 관계를 발전시킬 수 있게 하는 동시에 연구 현장의 리듬과 공간 레퍼토리를 더 잘 포착할 수 있도록 만들었다.

많은 상황에서 맞닥뜨렸던 첫 번째 장애물은 우리가 어떻게, 그리고 왜 사람들과 상호작용하고 있는지에 대한 질문이었다. 예를 들어, 번잡한 시장에서는 구체적인 질문을 던지는 것은 고사하고, 사람들과 말을 섞는 것 자체가 어려웠다. 그러나 우리는 곧 물건을 사야 한다는 것, 즉 망고를 살펴보고, 가격을 묻고, 흥정을 해야 한다는 것을 깨달았다. 그런 이유로 우리가 연구 현장에서 돌아올 때 우리 손에는 연구 노트와 녹음 자료뿐만 아니라 과일과 채소 봉지도 들려 있었다(프로듀스 마켓에서 아티초크와 잠두콩 한 박스를 굉장히 좋은 가격에 샀고, 센트럴 마켓Central Market에서 조사를 마친 후에는 동료들에게 과일을 돌렸다). 시장 사업에 진지하게 관여하면서 과일을 고르고 돈을 주고받으면서야 우리는 대화를 시작할 수 있었다.

따라서 도시언어적 멀티태스킹은 우리가 이러한 연구 현장에서 관찰한 내용이자, 우리를 연구 상황에 직접 관여하게 만드는 참여 연구 방법론이기도 했다. 우리는 이시카와 씨의 식료품점에서 파는 무기차(일본식 보리차)를 대량 구매했다. 에미는 자료 수집 기간 동안 프티 파리의 단골 고객이 되었고 별난 '와인 바자르'를 친구들에게 소개하기 시작했다. 우리가 두 번째로 '매드 커피 앤 넛츠 숍Mad Coffee and Nuts Shop'을 방문했을 때, 와피크는 우리에게 으깬 잠두콩으로 만드는 일상적 아랍 요리인 '풀fūl' 요리법을 손으로 직접 써 주었다.

발췌문 6.14

1. **와피크** 자. 토마토. 한 개나 두 개. 한 개면 충분할 거예요. 작은 조각 하나면 돼요. 작은 조각.

2. **연구자** 그걸 넣어서 같이 요리해요? 아니면 그냥 생으로?

3. **와피크** 아니, 아니, 아니, 아니에요, 그냥 생으로요. 작은 조각만 있으면 돼요. [한숨] 허브랑 향신료도…, 넣을 게, 어…, 전 너무 많이 넣어요. 수맥sumac을 써도 돼요.

[…]

4. **와피크** 그래서. 어떻게 하느냐. 준비가 될 때까지 풀을 만드는 거예요, 아주 부드럽게. 아, 마늘을 다져요, 다 넣고 한꺼번에 다지는 거예요. 이것도 다져요. 파슬리와 민트를 준비하는 거예요. 알았죠? 그리고 토마토도. 다 넣어서 그냥 다 저어요. 커민, 소금 약간, 수맥을 다 넣으세요. 레몬. 레몬은 하나면 괜찮을 거예요. 올리브오일은… 넣고 싶은 만큼 얼마든지 넣으세요. 왜냐면 맛있거든요. 그리고 부드럽게 만들어요, 알죠, 그냥 으깨세요. 그래서 그렇게 다…, 모든 것이 다 합쳐질 거예요. 수맥, 올리브오일, 다. 그러고 나서, 그릇에 담아요. … 제가 여기 가지고 있네요. 내 생각엔, [얕은 테라코타 그릇을

보여 주며] 아시죠. 여기에 넣고 올리브오일을 위에 다시 뿌리고 파
슬리하고 민트를 가져와서 위에다 뿌리세요.

　이러한 대화를 통해서, 이 일상적인 아랍 요리는 아스트리드의 주방
레퍼토리의 일부가 되었다. 그러나 이 대화는 우리에게 인터뷰할 때와는
다른 와피크의 면면들을 알게 해 주었다는 점에서 의미가 있다. 그 면면
들이란 와피크의 활기찬 말하기 방식, 몸짓(그의 가게의 또 다른 공간 레퍼
토리의 일부인 테라코타 그릇을 보여 주면서 선보인), 그의 가게에 있는 많은
향신료의 중요성(7장 참조), 그리고 음식에 대한 그의 열정과 지식이다.
인터넷에서 베껴 쓴 요리법과는 다르게, 여기서 우리는 향신료 냄새를 맡
고, 테라코타 그릇을 만지면서 더 넓은 와피크의 세계를 살짝 엿볼 수 있
었다.
　이런 참여 연구의 전형적인 예는 베트남의 미용사(2장)에 대한 연구
였다. 그녀를 대화에 끌어들이기 위해 안간힘을 쓰던 에미와 아스트리드
는 자신들이 손님이 될 필요가 있음을 깨달았다. 그래서 그들은 그곳에서
눈썹 손질을 받았다. 자리에 앉아 시술을 받는 동안, 에미와 아스트리드
는 이 노동자의 정상적인 대화 공간에 들어갈 수 있었다. 시술은 미용사
가 손님과 이야기를 나눌 수 있는 시간과 방식을 확보하는 방법이다. 에
미와 아스트리드가 안마 테이블에 누워 통증을 참으면서(특히 에미에게는
눈썹 뽑는 첫 경험이었기 때문에) 약한 모습을 보였을 때 관계의 전환이 일
어났다. 베트남 미용사는 힘의 균형이 깨지자 대화를 주도하기 시작했다.
그래서 에미와 아스트리드가 그날의 현장조사를 마쳤을 때, 그들은 유행
하는 새로운 모양의 눈썹뿐만 아니라 베트남인 미용사와 나눈 길고도 아
주 흥미로운 대화 녹음 자료도 들고 있었다.
　에미가 공사장 근처의 카페 주인인 린Lyn을 알게 된 것은 커다란 맥

주 상자를 어깨에 메고 안으로 들어설 때였다. 공사장 지하의 식사 공간에 녹음기를 놓고 온 에미는 근처에 카페와 주류 전문점이 있다는 것을 알아챘다. 맥주 한 상자가 점심시간 대화를 녹음해 준 노동자들에게 감사를 표하는 훌륭한 방법인 것 같아서 에미는 맥주를 어깨에 메고 커피를 마시러 가기로 했다. 맥주 한 상자를 들고 다니는 일본 여자의 모습에 놀란 린은 무거운 상자를 들고 있는 에미를 도왔다. 곧 에미가 특이한 커피 스푼(린이 중국 고향 마을의 작은 시장에서 산 것)에 대해 언급하자, 두 사람의 대화는 길게 이어졌다. 대화를 통해서 린이 그 지역의 건설 현장, 작업자, 현장의 리듬에 대해 상당히 정밀한 지식을 갖고 있는 것이 밝혀졌다. 대부분의 노동자들이 라마단 기간(맥주는 당연히 다른 현장의 세르비아인과 피지 출신 노동자들을 위한 것이었다) 동안 단식하고 있는 다른 공사장에 대해 안내를 해 준 것도 린이었다. 에미는 다른 건물의 지하실을 방문하기 전에 렌(레바논 출신의 관리감독자로 우리는 그와 나중에 다시 이야기를 나누기로 했었다)과 대화하기 위해서 또 한 번 맥주를 들고 공사장을 찾았다. 점심시간이 거의 끝날 즈음이었다. "오 마이 갓." 마르코가 외쳤다. "다른 사람들은 우리가 알코올 중독자라고 생각할 거야". 인부들이 웃었다. 마르코가 물었다. "아, 고마워요. '고마워요'는 어떻게 말해요?" 에미는 맥주를 테이블 위에 올려놓으며 '아리가토'라고 말해 주었다. 마르코가 외쳤다. "아리가토! 아리가토."

이와 비슷한 이야기는 수없이 많다.[6] 이 장에서도 확인할 수 있듯이, 앨러스테어, 아스트리드, 에미가 일본 골목의 커피숍에서 커피를 마실 때,

....

6   우리는 일하면서 먹는 점심과 아침, 약간의 비용이 적절한 연구 프로젝트 비용이며, 연구를 위해 어떤 면에서 필수적이긴 해도 맥주, 보드카, 과일이나 채소 구입은 덜 적절하다는 것을 알고 있다. 이 모든 물품은 결국 우리가 결제해야 했는데, 이것이 우리가 헌신적이지만 가난한 연구자로 남아 있는 이유이다.

또는 새벽 5시에 농산물 시장에 있는 조셉의 카페에서 수맥sumac* 빵 한 접시를 나눌 때, 아니면 파트리스의 폴란드 '남자애들'과 보드카를 마실 때(엘러스테어와 에미는 보드카를 끊기로 맹세했다)처럼, 연구자들은 같이 먹고 마시는 공생공락의 순간commensal moment에 많은 연구 아이디어를 떠올렸다.

　　마시고, 이야기하고, 물건을 사고, 먹는 것, 이러한 모든 일상적인 활동들은 우리를 우리가 함께 작업했던 사람들의 삶에 더 가까이 다가서게 했고, 연구자와 연구 대상의 경계를 넘나들게 만들었다. 이는 연구 현장 속으로 들어가는 방법이자 우리가 현장 속에서 관계를 유지하는 방법이었고, 결국 이것은 우리의 삶의 일부가 되었다. 아스트리드의 파트너는 무기차에 중독돼서 우리는 이시카와 씨의 가게를 계속 찾아야 했다. 프랑스어와 영어를 사용하는 관광 가이드인 에미의 일본인 친구 한 명은 프티 파리의 단골 고객이 되었는데, 이제는 일본에서 '서양' 음식을 먹고 싶어 하는 손님을 프티 파리로 데려갈 정도이다. 세르비아와 보스니아 출신 노동자 부카신, 이고르, 즐라탄이 수리해 준 에미의 발코니 벽은 이제 일본산 야생 얌으로 뒤덮였는데, 이 감자는 뒷마당에서 유기농 농사를 하는 일본인에게서 사 온 버려진 감자 중 하나에서 자란 것이다(아베 씨, 7장 참조). 연구 현장에서 다양한 층위의 참여가 이루어질 때, 우리는 사람들의 삶 속으로 들어가고 그들의 세계 또한 우리의 세계로 들어오기 시작한다.

....

* 　아랍권에서 향신료로 쓰는 옻.

7장

―――

계층, 공간, 기호, 네트워크

어울리지 않는 텍스트

일본 골목에 있는 식료품점 앞 유리창에는 동네 소식을 알리는 메모가 잔뜩 붙어 있다. 벽돌로 된 나머지 벽 안쪽에는 일본인 수의사가 운영하는 동물병원, 요가와 가라테 수업 광고 전단지 등 더 많은 소식이 붙어 있다([사진 7.1]). 하지만 가게 안쪽으로 오래 묵은 무기차(보리차) 티백, 기코망 간장 병, 큐피 마요네즈, 수제 일본 과자(사쿠라 모치, 다이후쿠), 낫토와 도시락이 들어 있는 냉장고, 비겐 머리염색약, 호카론 핫팩, 다이켄 무와 밥솥을 지나면 벽에 있는 문구를 보존하기 위해 유리로 시공한 창고가 나온다([사진 7.2]). 붉은 벽돌 벽에는 커다란 흰색 글씨로 '쿡 앤 코 Cook & Co의 부동산 사무소'라고 쓰여 있다. 그 아래에는 다른 글씨체로 '남영국 보험회사,[1] 화재, 사고, 근로자 보상'이라는 문구가 있다. 이 광고

[사진 7.1] 일본 커뮤니티 게시판

[사진 7.2] 쿡과 코Cook & Co의 부동산 사무소

[사진 7.3] 윌크로스로路, 1924년

들은 벽돌 벽에 흰 글자를 쓰는 것이 일반적인 광고 방식이었던 시대로 거슬러 올라간다. 이 건물은 주변의 다른 건물들과 마찬가지로 1924년에 지어졌는데, 필립 로버트 쿡Phillip Robert Cook은 이 건물을 짓고 1944년까지 부동산 중개업 사무실로 사용하였다(Heritage Report, 1998).

　이 거리의 건물들이 지어진 직후인 1924년에 찍은 사진([사진 7.3])을 보면, 현재 일본 식료품점이 들어선 작은 건물을 볼 수 있다(이 건물은 중앙에 위치한 두 건물의 오른쪽에 있다. 두 건물 중 하나는 과거에 약국이었다가 지금은 일본 헌책방으로 바뀌었다). 지붕 처마 아래에는 P.R. Cook 부동

1　1872년 뉴질랜드 남영국 소방해상보험회사South British Fire and Marine Insurance Company로 설립되었다가 1907년에 합병되어 남영국 보험회사South British Insurance Company Ltd로 이름을 변경하였다.

산 광고가 간신히 보인다. 사진의 전경에 위치한 건물에는 부셸스 티Bush-ells Tea 광고가 그려져 있다. 이 사진 속 광고들은 분명(그 사진을 찍은 위치로 봐서는) 철로 쪽을 향해 있다. 벽에 그려진 이 광고판들은 이 책의 5장에서 다룬 그라피티와 공간의 소유권에 관한 논의를 상기시키지만 이 장에서 우리가 주목하는 것은 '도시의 계층the layering of the city', 즉 서로 다른 지역의 인구 구성이 변화하면서 서로 다른 텍스트와 언어들이 지워지고 다시 쓰이는 복기지複記紙, palimpsest로서의 도시이다. 이제 시드니 북부 교외(2장)의 작은 일본 골목에 있는 일본 식품점 뒷벽에 쓰인 P.R. Cook & Co 부동산의 텍스트는, 일본인 커뮤니티의 게시판 맞은편에 절인 무와 생강과 같은 다른 저장 식품들 사이에 위치해 있다.

동시에, 계층layer이란 단지 평평한 표면에 텍스트가 겹쳐지는 것을 말하는 것이 아니다. 그보다는 과거로부터 축적되어 왔지만 여전히 작동하고 있는 실행practice과 활동activity이라는 관점에서 이해할 필요가 있다. 1924년에 찍힌 이 사진은 원래 이 거리에 새롭게 문을 연 커피숍의 페이스북 게시물에서 찾은 것이다. 젊은 주인들은 오래된 사진 속에 있는 자기 가게 위치를 보여 주려고 이 사진을 올렸다. "우리 가게는 약국 옆에 있는 건물이에요."(2012년 12월 28일. 가게 주인이 올린 페이스북 게시물) 이 사진은 지역 비영리 커뮤니티에서 일하는 캐럴린이 주인들에게 전해 준 것으로, 이 단체는 이 지역에 대한 방대한 역사적 자료를 보유하고 있으며 지역에 대한 기록 활동도 수행한다. 이 활동의 목적은 교외 지역 주민의 정신적, 신체적, 문화적인 복지를 유지 및 증진하는 것이다.

거기는 아주 오래, 오랫동안 약국 자리였죠. 병원이 있었고, 그리고 지금 벤[커피숍]이 있는 자리는, 그 병원 진료실이었고, 그 옆은 차고였죠. 그리고 한때 대기실로 사용됐어요. 그러고 나서… 사람들은 이 거리에

차를 몰고 다니기 시작했어요. 맨 끝에는 택시 승차장이 있었어요. 그런데 길바닥이 너무 거칠고 움푹 팬 곳이 많아서, 길이 얼마나 나쁜지에 대한 공문도 있었거든요. 택시 기사가 의회에 편지도 썼었는데, '제 차가 입은 모든 손상은 모두 이 거리의 거친 도로 상태 때문입니다', 뭐 이런 내용이었어요. (캐럴린 인터뷰, 2013년 3월 4일)

실제로 젊은 주인들이 가게를 고치다가 벽 아래에서 과거의 흔적을 발견했다. "이것이 우리가 벽면 아래에서 발견한 겁니다. 우리도 지역 유산 보호 위원회 회원한테 우리 가게가 한때 도로 옆 차고로 쓰였다는 말을 들었는데요, 이제 이해가 되네요."(2012년 12월. 가게 주인들이 올린 페이스북 게시물) 택시 승강장, 차고지, 병원 진료소는 특정 유형의 사람들이 모였다가 헤어지는 장소이자 교통이 집중되었다가 분산되는 장소다. 이 거리는 한때 상당히 위험한 장소로 알려졌지만 지금은 교통이 통제되면서 일본인들이 공생공락하는 지역(5장)으로 바뀌었다. 벽에 있는 이 흔적들은 이동성의 역사를 말해 준다. 현재 커피숍 벽돌 벽은 벽에 직접 거는 백보드 메뉴판 등과 같은 물건들로부터 벽 표면을 보호하기 위해 금속 격자판으로 덮여 있는데([사진 7.4]), 여기서 활동과 관련한 또 다른 텍스트적 층위들이 만들어지고 있다. 크로크 마담,* 블랙 포레스트 집시 햄,** 그뤼에르***와 디종,**** 토끼 고기로 만든 테린,***** 네덜란

....

*   Croque Madame. 빵 사이에 햄과 치즈를 넣고 구운 크로크무슈 위에 달걀 프라이를 올린 것.

**   Black Forest Gypsy Ham. 최고급 돼지다리살에 향신료를 발라 대를 이어 만드는 독일 슈바르츠발트 햄의 영어 이름.

***   Gruyère. 알프스 초원의 풀을 뜯는 소의 젖으로 만드는 스위스 계절 치즈.

**** Dijon. 프랑스 디종에서 처음 만든 매콤한 머스터드 소스.

***** 테린terrine 틀에 살코기와 달걀, 크림 등을 넣고 섞어 익힌 다음 차게 식혀 먹는 음식.

[사진 7.4] 커피숍 메뉴

드 당근,* 훈제 와규,** 퀴노아***와 같은 메뉴는 그 자체로 현대의 지구
화된 식생활 공간에서 형성되는 또 다른 층위들을 보여 준다. 오래된 벽
돌을 보호하는 격자판 위의 메뉴판은 일본 식료품점(옆으로 두 번째 집이
자, 헌책방에 바로 붙어 있는 집) 뒤편에 보존되어 있는 P.R. Cook & Co 부
동산 광고와 마찬가지로 이 건물에서 이루어지는 적층된 활동이 쌓인
모습을 보여 준다.

....

*   Dutch Carrot. 17세기 네덜란드에서 오늘날 주황색 당근 품종이 개량되면서 붙은 이름.

**   일본의 토종 소.

***   Quinoa. 고대 잉카문명 때부터 재배해 온 고단백, 고 영양 작물.

도시 역사의 계층

나중에 살펴보겠지만, 도시 계층화는 헤이마켓 역사의 일부로서 오래된 벽돌 벽을 통해 의도적으로 보존돼 왔다. 이러한 도시의 층화, 그리고 소유권, 이동성, 텍스트가 퇴적된 역사는 언어와 도시에 대해 가장 중요한 이야기를 들려준다. 도시는 시간과 공간의 변화에 따라 달라진다. 도시는 구역별로 다른 모습을 보이기도 하지만, 같은 공간에서도 하루 동안 통근자, 쇼핑객, 노동자, 음료나 음식을 찾는 사람들, 환경 미화원이나 건설 노동자들이 오고 가면서 시간에 따라 변화하기도 한다(3장의 도시 리듬에 대한 논의 참조). 우드와 랜드리(2008)에 따르면, 도시는 "선명하고 고정된 경계로 표시되는 개별 공동체의 공간이라기보다는 다차원적인 연결이 겹쳐지고 충돌하는 지역적이고 공적인 영역으로 봐야 한다."(p. 251)

도시는 역사적 관점에서 이해되어야 한다. 사람들 사이의 새로운 형태의 협력을 요구한다는 점에서 도시의 성장은 인류 발전의 중심이 되어 왔다. 왓슨(2005, p. 100)은 "이 밀접한 인접성", 즉 "대면적 공동거주 형태는 특히 글쓰기, 법률, 관료주의, 전문직, 도량형처럼 함께 살아가는 데 필요한 기본적인 도구에서의 새로운 아이디어의 확산에 대해 설명해 준다."고 말한다. 따라서 도시의 성장은 사회 및 경제적 실행이 변화된 결과물(예를 들어, 공동 관개의 필요성을 불러오는 기후 변화)이자, 동시에 사회적 협력, 문화적 실행, 의사소통 형태의 새로운 변화를 가져오는 원동력이기도 했다. "도시는 거의 모든 면에서 인간의 삶을 진보케 하는 아이디어, 사고, 혁신의 산실産室이었다."(Watson, 2005, p. 130) 홀(Hall, 1998)은 "명백한 그 모든 약점과 문제에도 불구하고, 가장 거대하고 가장 세계시민주의적 도시들은 유사 이래로 인간 지성과 상상력의 성스러운 불꽃이 타오르는 장소였다."고 주장한다(p. 7).

홀(1998)이 언급한 것처럼 '황금시대'는 언제나 도시의 시대였다. 기원전 5세기 아테네, 14세기 피렌체, 16세기 런던, 18세기와 19세기 빈, 19세기 말 파리, 20세기 초 베를린에서는 문화, 학문, 경제, 건축 활동이 활발하게 꽃피었다. 물론 이 활동을 어떻게 분류하느냐에 따라 이런 도시의 목록에 들어갈 후보 도시가 많이 달라진다. 1960년대의 도쿄도 아마도 이러한 도시 중에 하나였을 것이다. 특정 시기의 도시들이 기술적, 예술적 번영의 중심지가 되는 데는 다양하고도 복잡한 이유가 있으나, 인류의 발전이라는 면에서 보다 보편적으로 찾을 수 있는 이유는 도시가 인간이 해결해야 할 많은 문제들을 만들어 내기 때문이라는 것이다. 도시는 노동자들, 음식, 물, 하수 등 엄청나게 많은 조직과 움직임이 필요하며, "도시를 계속 유지하려면 노력이 필요하다."(Byrne, 2001, p. 15) 도시가 만들어 내는 기본적이고 일상적인 문제들, 예를 들어 "송수로, 하수구, 지하철, 정신병원, 작업실과 교도소, 법과 규정"(Hall, 1998, p. 6)과 같은 문제들을 해결하기 위해서 도시는 인류 혁신의 최전선에 서 왔다.

도시의 성장은 도시와 농업, 기술과 산업 간에 밀접한 관계가 형성되면서 인류 발전에서 결정적인 단계로 작동했다. "산업 혁명은 과거에도 현재에도 도시의 혁명이다."(Byrne, 2001, p. 14) 역사적인 시각은 도시가 어떻게 다른 시대의 정착, 이주, 산업이 층화된 복기지가 되어 왔는지 보여 주고, 표지판, 거리 명, 교회와 모스크(특히 한 곳이 다른 곳으로 바뀌었을 때)가 어떻게 인구 이동의 퇴적된 역사를 드러내는지를 보여 준다. 역사적 관점은 또한 우리가 각 도시가 가진 특이점들을 바라볼 수 있게 도와준다. 지구화된 도시(Magnusson, 2000; Sassen, 1998; 2005)가 잠재적으로 그 지역성에서 분리되어 있는 것처럼 보이는 시대에, 어찌 됐든 도시들의 다른 점을 살펴보는 것은 중요하다. 시드니는 거대한 자연 항구이자 과거에 식민지였다는 공통점을 많은 대도시들과 공유한다. 그러나 18세기에 유배지로 개발된 시드니의 역사는 시드니와 다른 도시 사이의 큰 차이점을 만들어 냈다. 마찬가지로 도쿄는 초고층 빌딩숲이나 인구밀도가 높은 도심이라는 점에서 다른 아시아 대도시들과 공통적인 특징을 공유하지만, 도쿄의 역사적, 자연적 조건이 도쿄와 다른 도시와의 차이를 만들어 낸다. 특히 쇄국시대(에도 바쿠후는 일본인과 외국인 모두에게 일본을 떠나거나 들어오지 못하도록 문호를 닫았다), 에도 시대의 봉건제도, 제2차 세계대전의 폐허, 1960년대 제2차 세계대전 후의 급속한 경제성장, 빈번한 지진은 여러 가지 요인 중에서도 가구라자카(프티 파리), 나카노(카르타고), 사사즈카(메종 브레통)에 그 흔적을 남겼다(앞장 참조).

도시는 계절마다 변한다. 시카고, 토론토에서부터 모스크바와 하얼빈에 이르는 추운 도시의 겨울은 사람들을 실내, 지하 쇼핑몰, 난방이 되는 교통편, 예배소로 몰아넣는다. 그러나 여름이 되면 거리는 다시 사람들의 차지가 된다. 몬트리올과 같은 도시들에서 거리는 보행자 전용 구역이 되어, 축제와 거리 파티가 열리고, 야외 식당들이 가득 자리를 잡는다(1월에서 2월 사이에는 눈 축제 'Fête des Neiges'가 열리지만, 여름이 되어서야 재즈 축제, 'Le Mondial de la bière'*, 'Les weekends du monde'**가 거리와 공원을 강타한다). 홍콩과 같은 더 더운 도시의 사람들은 에어컨 냉방이 제공되는 실내 상가나 실내 산책로를 찾는다. 리우데자네이루Rio de Janeiro나 시드니 같은 따뜻한 해변 도시 사람들은 여름이면 해변으로 향하고, 연중 내내 다양한 수상 스포츠를 즐긴다. 하루 동안의 시간 변화에 따라, 계절의 변화에 따라 베네치아의 피아차piazza, 멕시코의 소칼로zocalo, 파리의 스퀘어square, 아바나의 말레콘malecon, 상하이의 와이탄外灘과 같은 도시 공원과

....

*   캐나다 몬트리올의 맥주 축제.
**   캐나다 몬트리올에서 열리는 주말 축제.

공공장소들은 사람들로 가득 차기도 하고 텅텅 비기도 한다.

도쿄 중심부의 우에노공원은 1873년 최초의 정부 지정 공원이 된 후, 인접해 있는 신사, 공연장, 박물관, 미술관, 동물원, 도쿄예술대학 등과 함께 다양성과 변화의 공간이 되었다. 우에노공원은 또한 한동안(최근에 행정 당국에 의해 많은 임시 거처가 강제 철거되었다) 많은 노숙자들의 거처였는데, 도심은 이들의 종이 박스와 비닐로 가득했다. 이란·이라크 전쟁 당시 우에노공원은 젊은이와 노인, 일본인과 외국인, 중산층과 노숙자들이 도시의 리듬에 따라 오고 가는 와중에 이란 난민들이 정보를 교환하는 허브 역할을 했다. 4월 하나미(벚꽃놀이) 시기가 되면 사람들은 나무 밑에 앉아 사케를 마시고, 도시락을 먹으며 연분홍 벚꽃이 봄바람을 타고 부드럽게 떨어지는 풍경을 즐긴다. 따라서 이동과 이동성은 도시를 이해하는 데 있어 중요한 역할을 한다. 카누(2009)가 지적하듯이 도시 공간을 이해하기 위해서는, 사람들이 항상 장소 사이를 이동하고 있음을 인식해야 한다. 즉 "도시의 조건이란 장소들 사이의 공간을 근거로 만들어지는 것이다."(p. 89) 우리는 도시 안에서 이동하면서, 도시의 크기, 다양성, 차이를 느낀다.

새로운 지역이 건설되고 새 교통 시스템이 도입되는(또 어떤 교통 시스템은 사라지는) 등 도시는 긴 시간에 걸쳐 변화하기도 한다. 우리가 건설 현장에서 수집한 자료의 상당 부분은 젠트리피케이션gentrification이 진행되는 지역에서 모은 것이다. 세르비아의 환타 색깔, 무사카와 오토만 제국의 역사가 화제가 되었던 건물의 옆 구역(6장 참조)에는 이제 최신 유행의 새 호프집이 생겼다. 이 지역에 속한 모든 거리와 구역은 범죄와 폭력 문제를 안고 있는 도시 빈곤의 역사를 지닌 주택가에서 중산층을 위한 최신 유행의 가게와 아파트가 들어서는 지역으로 변화하고 있다. 지역 신문 하나는 이 지역에 대하여 "카페와 타파스 바가 들어온다는 것은 당신이 사는 동네가 달라지고 있다는 뜻이다."라고 논평한다(Gentrification, 2011) 이러한 변화를 구축하는 데 도움을 주는 것은 여러 기술직과 다양한 민족 연대감을 가진 건설 노동자들이다(2장 참조).

도시 지역은 이주의 양상에 따라서 변화한다. 예를 들어 런던이나 리즈Leeds와 같은 영국의 도시에서 백인 노동자 계층이 사는 지역은 점차 남아시아나 카리브해 출신 이주민들로 채워졌다. 이러한 변화는 종교나 상업 건물에도 적용된다. 예를 들어 런던 스피탈필즈Spitalfields의 푸니에르로Fournier Street와 브릭 레인이 만나는 모퉁이의 벽돌 건물은 현재 대규모 방글라데시 공동체가 주로 사용하는 자메-에-마스지드 사원Jame-e-masjid mosque이 되었다. 그런데 이 건물(라 나프 에글리즈La Neuve Eglise)은 원래 프랑스에서 일어난 박해를 피해 도망쳐 온 위그노 교도들이 1743년에 지은 것이다. 19세기 초 이 건물은 대규모의 러시아 및 중부 유럽 유대인 공동체를 기독교로 개종시키는 것을 주요 목적으로 하는 감리교 웨슬리Wesleyan파 예배당이었다. 하지만 그 이후에 스피탈필즈 유대교 회당Great Synagogue이 들어선 것으로 보아 이 프로젝트는 기대만큼 성공적이지 못했던 것 같다. 유대인 인구가 의류 산업에서 탈피하여 도시 전체로 흩어지면서 방글라데시(특히 실헷Sylhet 지역)에서 새로운 이주자들이 도착하였고, 결국 이 건물은 오늘날의 이슬람 사원이 되었다. 프랑스어를 구사하는 칼뱅주의자들, 영어를 구사하는 감리교도들이 이곳에 거처를 마련하였고, 이디시어와 히브리어가 사용되는 유대교 회당, 방글라데시어, 실레티(실헷어), 아랍어가 사용되는 이슬람 사원이 들어섰다(Eade, Jahjah & Sassen, 2004; Multicultural London, 2003). 이처럼 도시는 역사적인 계층을 가지고 있다.

프티 파리가 있는 가구라자카도 이와 유사한 역사적 계층을 가지고 있다. 프티 파리 앞에 있는 카류카이(게이샤 지구) 탄생지 기념 공원, 가구라자카의 옛 자갈길과 집들은 다른 종류의 실행으로 이루어진 역사의 계층을 보여 준다. 비사문텐毘沙門天 신사는 에도 시대가 막을 내려가던 1791년에 이전했는데, 그 이후 이 귀중한 가구라자카의 랜드마크 주변에는 사람들이 넘쳐나고 가게들이 번성하였다(Taniguchi & Murozawa, 2011). 비사문텐 신사는 본래 에도 시대의 초대 쇼군인 도쿠가와 이에야스德川家康의 번영을 기원하고 지키기 위해 설립되었지만 2007년부터 인기 보이밴드 아라시嵐의 성지가 되었다(이 절은 아라시 멤버 중 한 명이 출연하는 텔레비전 프로그램의 촬영지였다)(Taniguchi & Ito, 2011). 행복한 관계를 기원하기 위해 다리에 걸어 놓는 사랑의 자물쇠처럼, 비사문텐 신사에는 에마絵馬* 위에 새긴 새로운 텍스트들이 쌓여 있다. 에마는 사람들이 소원을 쓰는 나무판으로, 사람들은 그걸 지정된 장소에 걸어놓는다(에마의 기원은 8~12세기 헤이안 시대까지 거슬러 올라간다). 이제 이 신사에는 젊은 아라시 팬들이 손으로 쓴 에마가 텍스트의 계층을 이루고 있는데, 그 내용은 아라시의 콘서트에 갈 수 있기를 기원하고, 아라시 멤버의 안녕을 비는 것이다. 아라시 팬들의 이와 같은 행동은 카류카이(게이샤 지구)와 프랑스 레스토랑(프티 파리의 로고 포함, 6장 프랑스어 지역화 참조) 옆에 자리 잡은 사찰의 역사 및 불교 관습과 통합되어 새로운 형태의 계층화된 언어 실행을 만들어 낸다. 이처럼 새로운 언어의 층들은 주로 적층되는 사회적, 언어적 실행으로 드러나게 될 것이다.

이번 장에서 우리는 공간, 리듬 및 인접성과 관련된 도시의 범주화 문제와 깊게 연결되어 있는 도시의 계층과 네트워크에 관심을 갖는다 (Mac Giolla Chríost, 2007). 도시가 가진 인접성이란 특히 시장과 같이 사

....

* 발원發願을 할 때나, 소원을 이룬 사례의 의미로 말 대신에 신사나 절에 봉납하는 말 그림 액자.

람들을 지속적으로 접촉하게 만드는 사회적 상호작용 및 상업적 거래 현장의 성질을 가리킨다. 매시Massey는 도시를 "기이할 정도로 강렬한, 그러면서도 이질적일 수 있는 사회적 궤적의 일단—▨"이라고 말한다(2000, p. 226). 이러한 관점에서 "도시란 밀집도가 상당히 높은 공간적 형성물로서, 이 형성물 안에는 다양하고도 이질적인 사회적 상호작용, 물질성, 이동성 및 상상력이 복합적으로 섞여 있다."(Edensor, 2011, p. 190) 우리는 이미 이 장과 3장에서 도시의 리듬에 대해 논의했다. 일단 우리가 도시를 시간, 움직임, 공간의 관점에서 고려한다면, 도시를 통과하는 모든 인간은 "궤적들과 일시성이 교차하는 가운데 맥동하고 있는 공간 속에서의 움직이고 있는 요소"이다(p. 190).

그러므로 시간이 흐르면 도시에는 언어들이 층층이 쌓인다. 건물, 벽, 거리, 표지판 등 과거의 흔적을 담고, 이주, 이동, 예배, 성공과 실패에 대한 현재의 이야기를 들려주는 등 언어가 적층되는 장소가 되어 간다. 우리가 관심을 갖는 것은 이처럼 지구화가 지역적으로 발현되는 것, 글로벌 도시들이 "지구화 과정의 다양성이 구체적이고 지역적인 형태를 가정하는 지역"이 되는 방식(Sassen, 2005, p. 40), 이러한 아래로부터의 지구화, 지구화된 도시이기 때문에 생겨나는 이러한 지역 언어적 실행, 그리고 거대 도시권에서 사람들이 언어적으로 살아나가는 방식들이다. 유럽의 많은 최근 연구들은 베토벡(2006)의 초다양성(예: Blommaert, 2010; 2013a)을 통해 유럽 도시에서 증가하는 다양성이 무엇인지에 대한 가정을 설명하였다. 그러나 노블(2009)이 지적하듯이 이런 다양성은 이미 오래전부터 호주 도시의 일부를 이루고 있었다. "오늘날의 다중언어주의의 증가로 보이는 것"(Yildiz, 2012, p. 3)은 민족주의, 단일문화주의, 획일주의의 시대를 배경으로 볼 필요가 있다. 유럽 도시들이 큰 변화를 겪고 있는 것이 분명하지만, 지금 초다양성에 초점을 맞추는 것은 유럽 도시들이 이전부터 다양성을 가지고 있었다는 점을 흐리게 한다는 위험성이 있다.

블로마트(2013a)는 초다양성을 탐구하면서 안트베르펜Antwerp의 언어 경관에 관한 복잡성에 대해 매력적인 민족지학적 설명을 내놓고, '다른 역사성'(p. 11) 이해의 중요성을 주장하기도 한다. 그러나 이는 안트베르펜이 가진 다양성의 역사를 간과하게 할 수 있다는 점에서 아이러니하다. 사이먼(2012)이 지적하듯이, 피터르 브뤼헐Pieter Bruegel the Elder이 1563년에 그린 유명한 바벨탑(아마도 바벨탑 이미지로 가장 많이 알려진)은 그가 살던 도시 안트베르펜을 모델로 했음을 시사하는 충분한 증거가 있다. 당시 안트베르펜은 "이탈리아, 프랑스, 독일, 스페인, 포르투갈과 영국에서 온 상인들로 구성된 대규모 커뮤니티의 핵심이자, 유럽의 무역 및 금융의 중심지였고, 그 당시 가장 크고 부유하면서 가장 국제적인 도시였다."(p. 152) 안트베르펜은 "인문주의적 다언어 문화를 활발하게 꽃피웠던 곳으로, 베네치아나 암스테르담처럼 출판 산업이 번성했는데, 놀라울 정도로 다양한 언어로 쓴 책들이 출판되었다."(p. 152) 블로마트는 폴란드 및 터키 상점과 식당, 네덜란드인에서 터키인, 구자르트인으로 넘어가는 소규모 사업체(우리가 여기서도 관심을 가지는 계층화와 유사한), 모스크, 새로운 아프리카 교회 등과 같이 아우트베르헴Oud-Berchem의 변화하는 다양성을 효과적으로 그려 냈다. 그러나 동시에 안트베르펜이 다양성의 이미지를 보여 주는 가장 오래된 모델 중 하나일 수도 있다는 사실을 통해 다양성의 역사에 대한 시각을 잃지 않는 것도 중요하다.

항구 도시들

도시의 개발과 확장은 긴밀하게 조직된 공동체가 더 넓은 공간을 점유하게 되는 것이라기보다는, 하나의 공동체가 다른 공동체와 접촉하는 것과 관련이 있다. 도시에서는 밀집 지역에서의 공동주거, 협력, 밀접한 공동생활을 하는 거주 방식이 필수적인데, 이는 결국 타인과 살아가는 것과 외부인을 대하는 것과 관련이 있다. 식료품 생산은 농부들과 상점 주인들이 도맡아서 하는 반면 다른 이들은 금속 공예품을 생산하듯이, 도시의 성장은 이러한 특정 직업군 종사자들 간의 협력은 물론 다른 배경을 가진 사람들과의 협력도 수반된다. 무역과 시장은 이러한 과정의 중심이 되어 왔다. 도시의 발전에서 상품의 구매와 판매는 필수적이었고, 따라서 도시들은 항상 무역로를 따라 생겨났다. 수상 운송은 무역의 중요한 부분이었으며, 어떤 도시도 항구 도시들만큼 다양하면서도 긴밀하게 연결된 무역의 중심지로 발전하지 못했다. 안트베르펜에서 시드니에 이르기까지, 그리고 이 수 킴(Lee Su Kim, 2010)이 바바, 뇨냐, 페라나칸* 문화의 놀라운 다양성이 발생했다고 언급한, 말라카Malacca에서 코치(Nandy, 2006; Pennycook, 2012a 참조)와 같이 향신료 루트에 속하는 여러 도시에 이르기까지, 그리고 이스탄불Istanbul, 케이프타운Cape Town, 리우데자네이루와 같은 도시에서도, 복합적 다양성은 늘 일상의 규범과 같은 것이었다.

사이먼(2012)은 이스탄불, 베이루트, 알렉산드리아와 함께 스미르나Smyrna(터키 서부 아나톨리아에 있는 이즈미르의 옛 이름)를 "정복된 상당수의 오토만인 거주지와 유럽인 거주지도 있는 다중언어 항구 도시 중의 하나"로 보고 있다(p. 154). 제프리 유제니디스Jeffrey Eugenides는 소설『미들섹스Middlesex』에서 스미르나 대화재(1922년 터키인들에 의해 자행되었다. 다중언어적 항구 도시는 종종 폭력의 중심지가 되기도 했다)에 대해 설명하면

....

* 중국과 말레이의 혼합 문화 및 인종을 페라나칸Peranakan이라고 하고, 남성을 바바Baba, 여성을 뇨냐Nyonya라 부른다.

서 다문화적 다양성뿐만 아니라 언어적 세계시민주의에도 주목하며 "스미르나에서는 동양과 서양, 오페라와 폴리티카politika, 바이올린과 주르나zourna, 피아노와 도울리daouli가 장미꽃잎과 꿀로 만든 그 지역의 빵처럼 세련되게 섞여 있었다."(2002, p. 57)라고 설명한다. 작가는 그 도시의 모든 사람들이 "프랑스어, 이탈리아어, 그리스어, 터키어, 영어, 네덜란드어를 할 수 있다."(p. 61)고 말한다. 하지만 이 소설 속의 설명은 결코 믿을 만하지 않다. 사람들이 이들 언어를 모두 말했다고 보는 것보다 특정 장소에서 사용 가능한 언어 자원에 대한 공간 레퍼토리(4장)를 이용했다고 보는 관점이 더 유용할 수도 있지만, 이 소설 속 설명은 이 항구 도시의 문화적, 언어적 다양성(아르메니아어와 기타 많은 언어가 빠져 있지만)을 느끼게 한다.

다른 많은 도시와 마찬가지로 스미르나에도 상당한 규모의 유대인이 살고 있었는데, 이들은 스미르나로 언어 레퍼토리를 들여왔다. 에드먼드 드왈Edmund de Waal의 저서 『황색 눈의 토끼The Hare with Amber Eyes』에서 흥미를 끄는 것은 오데사Odessa의 유대인들이다. 드왈의 책 주인공인 에프루시 가문은 도시 오데사에서 유럽 전역으로 퍼져 나갔다. 그는 오데사를 다음과 같이 설명한다.

랍비 학교와 회당으로 유명한 곳, 풍성한 음악과 문학이 있는 곳, 갈리시아의 가난한 유대인 촌락 사람들을 매료시키는 장소였다. 또한 10년마다 유대인과 그리스인, 러시아인 인구가 두 배로 늘어나는 도시였고, 투기꾼과 무역업자가 넘쳐나는 다언어적 도시이자, 호기심과 스파이가 가득한 항구 도시, 언제나 건설 중인 도시였다. (p. 24)

이 가족의 언어 패턴은 재산이 증가하고 파리나 빈 같은 대도시로 거처를 옮기면서 바뀌었다. 그들은 항구 도시에서의 일상적 다언어주의pol-yglottism를 부자들(라틴계 사람, 그리스인, 독일인, 프랑스인, 영국인)의 세계시민주의적 다중언어주의로 교환했다. "언어와 함께라면, 한 사회에서 다른 사회로 이동할 수 있다. 언어와 함께라면, 당신은 어디서든 고향에 있는 것이다."(p. 31)

이들 항구 도시의 도시언어적 레퍼토리는 카르타고 식당의 에토스ethos 일부를 이루는데, 이 레퍼토리에는 터키어, 프랑스어, 페르시아Persia어, 영어, 일본어, 아랍어, 그리고 가끔씩 스페인어가 들어간다. 레스토랑의 웹사이트 설명처럼, アラブ·トルコ地中海料理店(아랍·터키 지중해식 식당)은 아랍이나 터키 지역에서 온 사람들의 허브이다. 홀 담당 직원이자 식당 공동 소유주인 마마는 이에 대해 좀 더 자세한 설명을 덧붙인다.

聞こえてくるのはやはり英語とフランス語が多いです。多国籍のグループや、日本人と来ている外国人は母国語ではないと思われる特徴のある英語で会話していることが多いですね。サウジの学生がグループで来るときは、やっぱりアラビア語で会話していてエキゾチックです。中東の人がいる場合は、アラビア語圏とわかった時点でアラビア語で挨拶をし、どちらの国か伺い、その国の方言でもう一言何かいうようにしています。イスラエルの人だったらヘブライ語で挨拶します。昔ほどイスラエルの人は多くありませんが。あ、たまにスペイン語も聞こえてきます。中南米のスペイン語のほうが多いです。レバノン出身とか多いからでしょうね。

(이메일 답장, 2013년 10월 14일)

영어와 프랑스어는 제가 많이 듣는 언어예요. 다국적 그룹이나 일본인과 동행하는 외국인들은 비원어민 억양의 영어로 말하곤 하죠. 사우디아라비아 학생 단체가 방문하여 아랍어로 말하는 것은 이국적이에요. 중동 손님들이 아랍어 배경을 가지고 있다는 것을 알아차리면, 저는 아랍어로 인사하고 그들이 어느 나라 사람인지 물어봐요. 그러고 나서 저는 그 나라의 아랍 방언으로 한마디 해 보려고 시도하죠. 손님이 이스라엘에서 왔다면 저는 히브리어로 인사해요. 예전만큼 이스라엘 손님이 많지 않지만요. 아, 가끔 스페인어도 듣긴 해요. 남미 스페인어가 더 많이 들려요. 그건 아마도 남미에 레바논 출신이 많기 때문이겠죠.　　　　(저자 번역)

카르타고의 '지중해적 영향력'은 바다, 언어, 그리고 이동성으로 연결된 사람들을 끌어들인다. 여기에는 레바논계 남미 디아스포라도 포함된다. 식당 웹사이트 블로그(2013년 11월 29일)에 셰프는 "羊肉にこだわったおかげで、インドのお客様も多いんですよ(양고기를 사용하려는 우리의 고집 덕분에 인도인 고객도 많이 온다)."고 쓰면서, 이런 곳에서만 외식을 할 수 있는 사람들(예를 들어 쇠고기를 먹을 수 없는 이들)을 위해 음식을 제공하는 것이 이 식당의 기본 철학이라고 덧붙인다. 그러므로 주방장에 따르면, '다른 것을 먹는'(Flowers & Swan, 2012) 일본인 '세계-다문화주의자'(Hage, 1997)에게 중동 음식을 제공하는 것은 도쿄에 있는 '다른 사람들'에게 음식을 제공하는 것에 비하면 부차적인 일이다.

　　가지 또는 오베르진aubergine[카탈루냐어 'albergínia'를 거쳐 아랍어 '(al-)bāḏinjān, ﺍﻟﺒﺎﺫﻧﺠﺎﻥ'에서 유래한], 감자, 토마토, 다진 양고기를 켜켜이 쌓아 만든 무사카moussaka,[터키어 'musakka'와 그리스어 'mousakás(μουσακάς)'를 거쳐 아랍어 'musaqa'h'에서 유래한]와 같은 지중해식 음식 또한 그러한 곳에서 나타난다. 파트리스의 폴란드 요리사 알렉시는 "Krzyś, Ravioli Moussaka!(크리스, 라비올리 무사카!)" 하며 동생 크시슈토프[Co?(폴란드어로 '뭐?')라고 대답하는 사람]에게 외친다. 카르타고에서 주방장은 "Iki no musaka(2번 테이블에 무사카)"('숫자 2'를 나타내는 터키어 '이키iki'를 사용)'[2]라고 외친다. 오토만 제국을 통한 무사카의 확산도 건설 현장에서 점심시간 동안 마케도니아인과 세르비아인 노동자들 사이에서 또한 화젯거리였다(6장 참조). 쿠스쿠스(6장 참조)도 이 네트워크의 일부가 된다. 나빌(알제리 출신 프티 파리의 주인)은 "나카노에 있는 또 다른 쿠스쿠스 식당을 알고 있어요."라고 했는데, 그는 카르타고를 쿠스쿠스 식당으로 알고 있었다. 이 말은 어떤 면에서 지중해 지역 출신 사람들에게 음식을 제공하겠다는 주방장의 사명감을 드러낸다. 나빌은 '일본인 남자'인 요리사를 알고 있으며, 그 식당에서 '여러 번' 식사를 했고 카르타고 요리사가 '튀니지 스타일'이라고 확신한다. 여기 카르타고에서 다시 만들어진 음식과 언어의 계층은 더 넓은 지중해 네트워크의 일부가 된다. 카르타고의 벽에는 타일, 접시, 그림과 같은 것들로 둘러싸인 지중해 및 그 주변국의 큰 지도가 있는데, 이는 항구 도시들, 페니키아인, 그리스인, 터키인, 로마인, 아랍인, 음식, 언어, 계층, 연계에 관하여 계층을 이루며 연결되어 있음을 말하고 있다.

공항의 시대에는 모든 도시가 항구 도시가 되기 때문에 항구 도시들은 우리에게 현대적 다양성에 대한 통찰력을 제공한다. 현대 도시의 다양성은 상당 부분 이민의 증가에 의해 생겨난 것이지만, 항구 도시는 언제나 다양한 배경을 가진 사람들이 살아가고 거래하는 곳이었다. 모더니즘이 정착되면서 그 일부로 나타난 다양성의 부정은, 초다양성에 대하여 현재 관심을 가지며 다양성이란 일상적이면서도 어디에나 존재한다는 사실을 간과할 위험이 있음을 의미한다(Higgins & Coen, 2000). 길로이(2004)

....

2   여기서의 철자법은 일본식 발음 체계에 근거한 일본식 로마자 표기 규약을 따른다(우리가 일본인을 위해 사용했던 기록 시스템에 대한 논의는 3장 참조).

가 말했듯이, '이종문화적 삶의 일상적인 패턴'을 이해함으로써 우리는 '인종적 차이에 의하여 부풀려진 차원을 해방적인 일상의 차원'으로 축소시킬 수 있다(p. 131). 그러나 무엇보다도 우리는 유럽 도시로 이민이 증가함에 따른 현대의 새로운 다양성 혹은 초다양성에 대한 논의 또한 옛 유럽 도시로의 회귀임을 인식할 필요가 있다.

오토만 제국의 멸망 이후 이스탄불의 변화에 대해 언급하면서, 오르한 파묵Orhan Pamuk은 어렸을 때 알았던 '세계시민주의적 이스탄불'이 그가 성인이 되었을 무렵에는 사라졌고, 유대인 이웃과 그리스인 이웃이 사라진 "도시가 일상어의 다양성을 잃고 있었다."고 지적한다(Simon, 2012, p. 154). 사이먼은 '지금은 과거가 된 이스탄불 연합'에 대해 말한다.

이는 세계시민주의적 도시의 삶에서 '그때'와 '지금'의 패턴에 상응한다. '그때'는 국가 이전 도시의 시기였다. 민족주의는 번역에 대한 요구와 함께 찾아왔다. 터키라는 국가가 소수민족을 숙청한 것과 마찬가지로 터키어의 근대화는 동방의 어휘를 제거함으로써 선언되었다.

(pp. 154-156)

이러한 다양성의 제거, 그리고 동화에 의해 다양성을 제거하려는 끊임없는 노력에 대항하여 우리는 항구 도시, 사실은 모든 도시가 다양성에 기반하고 있음을 잊지 않도록 새로운 형태의 다양성을 설정할 필요가 있다.

계층화된 언어

메트로링구얼리즘에 대한 우리의 이해에는 부분적으로 도시의 이러한 계층화, 즉 끊임없이 변화하는 도시의 활동 네트워크와 관련된 현재 및 역사적 언어 실행의 적층이 포함되어 있다. 3장에서 주장했듯이, 우리는 도시의 리듬, 즉 노동자와 가족, 학생과 소비자가 각기 다른 방향과 흐름으로 도시를 가로질러 향하면서 도시가 호흡하는 방식을 이해할 필요가 있다. 그리하여 이번에 우리는 더욱 긴 역사적 시기에 속하는 시공간을 집중적으로 다루려고 하는데, 특히 도시 환경에 남겨진 기호와 흔적들을 살펴볼 것이다. 이것은 우리를 언어 경관의 영역으로 이끌 것인데, 언어 경관은 물리적 환경의 일부로서 언어의 역할을 이해하기 위한 접근법이다. 언어 경관에 대한 연구는 "도시의 다중언어주의, 지구화, 소수 언어, 언어 정책 등의 문제에 대한 새로운 관점을 제공한다."(Gorter, 2913, p. 205)

적어도 도시 맥락, 또는 쿨마스(Coulmas, 2009년)가 지적했듯이, 보다 나은 용어일 수 있는 언어적 도시 경관의 맥락에서 언어는 우리를 둘러싸고, 우리를 인도하고, 이끌며, 우리의 주의를 환기시키고, 우리에게 메시지를 보낸다. 언어 경관은 우리에게 언어의 공간성, 즉 스콜론과 스콜론(2003)이 장소기호학이라고 부르는 것을 탐구하도록 인도한다. 여기서 장소기호학이란 "우리가 장소라고 부르는 의미를 함께 형성하는 다중 기호학 시스템의 통합적 관점이다."(p. 12. 4장 참조) 쇼하미와 고터(Shohamy and Gorter, 2009)의 설명처럼 언어 경관linguistic landscape은 "국가의 정체성과 언어 정책, 정치·사회 갈등의 이슈 안에서 공공장소를 맥락화 한다. … 언어 경관은 기호들을 기록보다 더 넓은 개념이다. 즉 그것은 소리, 이미지, 그라피티를 포함하는 다중 양식 이론을 통합한다."(p. 4) 이러한 것들로부터 출발한 언어 경관에 대한 관심은 언어 경관 자체에만 머무르지 않고, 이제 그라피티(Jørgensen, 2008c; Pennycook, 2010)부터 파타고니아의 웨일스 찻집(Coupland, 2013), 공항의 기호학적 경관(Jaworski & Thurlow, 2013), 코르시카섬의 관광지(Jaffe & Oliva, 2013)에 이르기까지 그 어떤 것도 연구할 수 있는 광범위한 사회언어적 도구가 되었다.

언어 경관 연구가 그것이 기록하는 텍스트의 표층(디지털 이미지화의 용이성과 숫자로 실재하는 언어를 가정하는 것은 깊이 없는 연구로 이어질 수 있다)만큼 피상적으로 흐를 수 있는 함정을 피하기 위해, 블로마트(2013a)는 기호를 둘러싼 복잡성을 민족지학적으로 이해하고 역사적으로 이해하는 것의 중요함을 주장한다. 즉 우리는 언어 경관의 물리적 위치, 목표로 하는 청중, 언어 경관의 역사, 언어 경관이 세계에서 지시하는 것들, 언어 경관의 이해와 해석 그리고 시간이 지남에 따라 변하는 패턴들을 이해할 필요가 있다. 언어 경관은 "단순히 특정 인구통계학적 구성의 지표가 아니며, 언어 경관은 (안정적인) 사회적 다중언어주의를 가리키는 다소 분명한 신호로서도 덜 흥미롭다." 오히려, 언어 경관은 "역사적인 기록물이자, 계속 변화하는 구성에서의 사람들, 공동체들, 활동들의 다른 역사가 만들어 낸 결과물들이 동시적으로 계층화된 것이다. 즉, 언어 경관은 독특하고도 풍부한 정보가 담긴 복잡성의 연대기가 된다."(Blommaert, 2013a, p. 120)

시드니 공대 도서관에 들어서면 왼쪽 벽에는 채소를 실은 수레를 밀고 있는 청년이([사진 7.5]), 오른쪽 벽에는 옛날 시장의 모습이 그려진 커다란 사진 두 장이 당신을 맞이한다. 이 사진들이 이곳에 남아 있는 이유는 이 벽이 옛 시드니 헤이마켓의 오래된 벽돌 벽 위에 세워진 것이기 때문이다. 이곳은 도시의 계층이 의도적으로 보존되어 온 또 다른 장소이다. 이 시장은 원래 1830년대에 가축 시장 옆에 건초와 동물 사료 등을 공

[사진 7.5] 시장 노동자

급하기 위해 설립되었다. 헤이마켓Haymarket(건초시장)들은 말과 가축 사료 수요가 늘면서 확장하는 도시에서 흔히 볼 수 있었고, 도시의 주요 랜드마크가 되었다. 예를 들어 런던의 헤이마켓은 15세기에 만들어져 지금 극장 구역의 일부가 되었고, 시카고 헤이마켓은 노동자의 권리를 지키는 노동절이 만들어지는 데 중요한 역할을 한 1866년 '헤이마켓 사건'의 현장이었다.

　19세기 무역로가 미시간호를 이용한 선박 운송에서 철도 운송으로 바뀜에 따라 많은 도시들이 마구잡이식으로 성장하였는데, 시카고도 그중 하나였다. 본래 모피 무역에서 아이티어/프랑스어를 사용했던 시카고는 이내 유럽에서 온 이민자들(독일어가 19세기의 지배적인 언어였다), 더 최근에는 멕시코와 푸에르토리코에서 온 스페인어를 구사하는 노동자들, 그리고 중국과 한국, 필리핀에서 온 아시아 이주민들의 물결을 거친 곳으로 "도시가 생긴 이래 다수의 언어가 사용되고 있다."(Farr, 2011, p. 1162) 시카고는 "건축된 물리적 환경과 인구 모두를 포함한 순수한 규모뿐만 아니라 시간과 공간을 모두 압축할 수 있는 능력에 관해서도 도시를 정의하는 어떤 강렬함을 갖게 되었다."(Mac Giolla Chríost, 2007, pp. 11-12) 그러나 헤이마켓이 도시의 중심지가 된 것은 도시 개발에서의 쇠고기의 역할 때문이었다.

1860년대 달링 하버Darling Harbour와 레드펀 철도역으로 건초와 곡식이 기차로 운송되면서 시장이 바뀌었지만, 시카고처럼 시드니에도 '헤이마켓'이라는 옛 명칭이 정착되었다(그리고 지금은 그 지역을 묘사하고 있다). 대신에, 헤이마켓 자리에는 오늘날까지도 패디스 마켓Paddy's Market으로 알려진 시장이 자리를 잡았는데, 이 이름은 아마도 영국 리버풀Liverpool에 있는 아일랜드인 시장에서 유래했을 것이다. 패디스 마켓은 볼거리를 제공하고 다양한 종류의 물건을 파는 다채로운 시장이다. 그러나 20세기 초 새로운 건물과 시계탑(지금 대학 도서관이 있는 곳)이 들어서면서 시장은 다시 변화를 맞이했고, 패디스 마켓은 시드니의 중심 농산물 시장이 되었다(Christie, 1988). 현재 주요 생산품 시장이 도시의 다른 지역으로 옮겨졌고(1장 참조), 패디스 마켓은 새로운 옆 건물에 입주했지만 1910년경에 만들어진 옛 시장 표지판은 그 자리에서 옛 상인들의 유산으로 보존되었다(James Slater Pty Ltd; A Yee Pty Ltd)([사진 7.6]). 토니 삼촌은 1938년 16세의 나이로 중국 광둥성 중산시의 고향에서 건너와 헤이마켓에서 일을 시작하여 이러한 시장의 과거와 현재 사이의 연속성을 알려 준다. 그는 달링 하버의 부두에서 올라오는 말이 끄는 수레에서 태즈메이니아산 감자

[사진 7.6] 하이마켓 상점들

와 당근이 내려지던 시절을 아직도 기억하고 있다.

토니 삼촌은 헤이마켓(2장)에서 일하던 이탈리아와 몰타 노동자, 그리고 그보다 훨씬 적은 숫자의 중국인들을 회상하지만(백호주의 정책 때문이었다. 5장 참조), 오늘날에는 중국인들의 위세가 강하다. 헤이마켓은 현재 시드니의 차이나타운과 같은 의미로 여겨진다. 벽에 붙어 있는 오래된 표지판은 초기 시장 역사의 유물로 남았지만, 이제 이 표지판은 각각의 다중 언어적 계층을 가지고 있는 차이나타운과 시드니 공대 법학부 및 경영학부에서 일상생활로 귀착되었다. 2013년, 46퍼센트의 시드니 공과대학 학생들은 영어를 사용하지 않는 언어 환경 출신이었고, 48퍼센트는 호주에서 태어나지 않았다. 영어 다음으로 가장 큰 언어 그룹은 광둥어, 베트남어, 아랍어, 만다린어로, 이제 기둥 옆 카페에서 흔히 들을 수 있는 언어는 다양한 중국어 및 베트남어와 아랍어이다. 화장실 문과 책상에는 중국어 낙서가 있고, 다중언어 학생을 위한 게시판 등 건물 벽은 여러 언어로 된 표지판으로 덮여 있다. 끊임없이 변화하는 도시 경관은 언어들로 쌓인 층을 이루고 있다.

한편 매릭빌의 (2장 참조) 도시언어 경관은 기호들의 언어 경관([사진 7.7])으로 나타나는 특정 인구통계학적 구성뿐만 아니라, 다양한 음식적, 감각적, 언어적인 계층으로 특징지어진다. 베트남인이 운영하는 미용실 테이블에는 다양한 베트남 잡지가 널려 있다([사진 7.8]). 방글라데시인이 주인인 비디오 및 향신료 상점 앞에는 방글라데시와 네팔 신문([사진 7.9]) 묶음이 바닥 여기저기에 널려 있고, 뒤편의 작은 여행사에서는 방글라데시 영화 DVD, 향신료, 냄비 및 프라이팬, 화장품을 판매한다.

'호주에서 가장 많이 유통되는 방글라데시 신문'인 『방글라 바타The Bangla Barta』(방글라데시 뉴스), '방글라데시와 콜카타 공동체를 위한 호주 최대 신문'인 『묵타만차Muktamancha』(열린 극장)와 '대표적인 호주 방글라데시 월간 공동체 뉴스'『슈프로바트 시드니Shuprobhat Sydney』(굿모닝 시드니) 옆에는 '벵골어 신문'인 『사다칼로SadaKalo』(흑백)와 '호주에서 가장 인기 있고 가장 많이 유통되는 방글라데시 신문'인 『데시 비데시Desh Bidesh』(우리 지역과 다른 지역)가 있다.[3] 거의 방글라데시어로 발간되는 이들 신문의 다양성은 지역 사회에서 방글라데시어가 공통적으로 사용되고 있음을, 지역 사회 내 구성원들의 정치적 입장이 서로 다르다는 점을, 그리

3   더 넓은 공동체에서의 그들의 역할에 대한 이해와 이 논문들을 도와준 샤일라 술타나에게 감사를 표한다. 방글라데시 영화 산업에 대한 자세한 내용은 Sultana, Dovchin and Pennycook(2013) 참조.

[사진 7.7] 매릭빌 가로 경관

[사진 7.8] 베트남 신문

[사진 7.9] 방글라데시 신문과 네팔 신문

고 여행사에서 환전소, 세탁소, 보석상, 식당, 부동산, 세무사에 이르기까지 광범위한 지역 서비스들을 이용할 수 있다는 점을 보여 준다. 『네팔리파르타Nepalipatra』와 『네팔 타임스Nepali Times』만 있는 네팔 신문은 좀 더 중도적이다. 미용실에 있는 베트남어 신문처럼, 바닥 여기저기에 펼쳐져 있는 이 지역 신문 묶음은 교외의 계층화된 언어 경관의 일부분을 이룬다.

이 비디오 및 향신료 상점에서 거리로 퍼져 나온 인도 향신료의 향기와 마찬가지로, 이들 상점은 각각 다양한 냄새와 제품, 언어를 선보인다. 이 감각적인 경관(Landry, 2012), 여기서 더 특정하면 도시의 냄새 경관urban smellscape(Henshaw, 2013) 또는 향기 경관odourscape은 이 거리에서 놓쳐서는 안 되는 부분이다. 길 아래 와피크의 매장으로 돌아오면 수맥, 간

[사진 7.10] 레바논 향신료

아니스 씨,* 코리앤더** 가루, '모로코풍 향신료', '수블라키*** 향신료', 단 파프리카 가루, 라스-엘 하누트 향신료رأس التاتوت(그 가게 최고의 향신료를 나타내는 북아프리카의 향신료 혼합물)와 같은 향신료 주머니(영어와 아랍어로 라벨이 붙어 있다)([사진 7.10]) 향기가 커피 향, 집에서 만든 할바halva**** 냄새, 절인 레몬 향과 섞여서 풍성한 냄새를 만난다. 길 아래에 가족이 운영하는 그리스 정육식품점에서 고객을 가장 먼저 맞이하는 것은 문 옆 카운터에 있는 살라미와 치즈, 또는 다른 손님이 떠나면서 그리스어로 '친

....

*   이태리 요리의 원료로 독특한 향과 단맛을 내는 씨앗.

**   고수.

***   그리스식 꼬치 구이.

****   터키와 중동의 단 과자.

[사진 7.11] 진열대

구, 안녕(Yassou brother)'이라고 하는 쾌활한 인사말이다. 이어서 올리브 판매대 너머로 세르비아산 아이바르ajвар부터 독일, 체코, 마케도니아 및 그리스에서 온 절인 게르킨, 후추 및 기타 채소, 독일과 네덜란드의 로트 콜Rot Kohl, Rode Kool, 스페인의 파에야paella* 향신료 믹스, 이탈리아의 폴렌 타polenta** 믹스, 베트남 라이스 페이퍼, 돌마다키dolmadaki(그리스 포도 잎 으로 싼 것)*** 캔, 이스라엘 무교병matzo, מצה****과 그리스의 러스크rusks, παξιμάδι,***** 터키의 마야산Mayasan사 유제품 음료와 석류 주스 여러 병, 조

....

*   고기, 해산물, 채소를 볶고 쌀을 넣어 익힌 스페인 전통 음식.
**   옥수수 가루 등을 죽처럼 끓인 이탈리아 음식.
*** 쌀과 고기를 채소로 말아 찌는 그리스 요리.
**** 누룩을 넣지 않은 빵으로 유대인들이 유월절 다음 날부터 7일간 만들어 먹는 음식.
***** 빵이나 카스텔라 따위를 얇게 썰어 버터나 설탕을 발라 구운 음식.

[사진 7.12] 행운이 있기를

지아산 석류와 블루베리 주스, 이탈리아산 스키로포 디 오르차타_{Sciroppo} di Orzata* 등의 상품이 층을 이룬다. 여기에는 언어, 맛, 냄새, 상표, 제품들이 층층이 쌓여 있다([사진 7.11]).

....

* 　아몬드 맛 시럽.

한편 술집 인근의 도박장 입구에는 다중언어(영어, 중국어, 베트남어, 타이어, 그리스어, 포르투갈어, 아랍어, 이탈리아어, 한국어)로 잠재 고객에게 행운을 기원하는 표지판([사진 7.12])이 다중언어 사용을 공식화하고 있으며, 동네 약국에는 '우리는 그리스어, 영어, 포르투갈어, 만다린어, 스페인어, 광둥어, 베트남어, 아랍어를 할 줄 압니다'라고 써 있는 표지판이 있다. 여기서 우리는 식사, 쇼핑, 오락, 상담, 몸치장을 통한 다양성의 일상적 실행과 이주의 역사가 한데 얽혀 있음을 알 수 있다. 언어 경관의 계층은 움직이지 않는 물리적 장소에 관한 것이라기보다는 일상의 실천을 통한 역사의 이동성으로 이해될 필요가 있다.

네트워크 연구: 오이를 둘러싼 다중언어 현상

시드니 북부의 쇼핑몰에 있는 일본 식료품점 주인 우에키 씨가 길을 지나던 에미에게 "ぱりぱりだよ[파리 파리 다요](아삭아삭해요)'라고 외친다. 그는 일본어로 오이인 kyūri(큐리)의 아삭아삭함(*파리 파리*)을 암시하고 있다. 그는 오이가 얼마나 빨리 팔리는지에 대해 더 자세히 언급하면서 "やっぱり違うんだよね、ぱりぱりなんだよね(어쨌든, 역시 달라요, 아삭아삭하잖아요)"라고 계속 말한다. 에미는 오이의 뾰족뾰족한 거죽을 만지고 느끼면서, 레바논 오이가 대체할 수 없는 맛과 질감인, 아삭아삭하면서도 즙이 많은 식감을 이미 입 안에서 느낄 수 있다. 설레는 마음으로 그녀는 오이의 사진을 페이스북에 올려 경험을 공유하는데, 일본 여행을 자주 하는 외국인 친구가 "환상적이야! 나도 아삭아삭한 일본 오이를 좋아해…. 그리고 나는 시드니에서 내가 주로 사는 오이가 똑같은 모양인데도 왜 아삭아삭하지 않은지 궁금했어."라며 즉각적으로 반응을 보인다. 오이의 이

러한 '아삭아삭'함은 우리를 더 폭넓은 네트워크 탐사로 이끌었으며, 연구 프로젝트 또한 아무리 잘 계획되고 잘 짜여 있을지라도 이러한 네트워크를 따라가고 묘사하기 시작하는 방식에 대한 관심을 가지도록 만들었다.

　도시를 이해하는 방식, 그리고 도시가 만들어지는 방식에서 중요한 요소는 사람, 장소, 구역을 연결하는 네트워크이다. 우리는 이미 2장에서 각기 다른 배경을 가진 사람들이 특정한 연결선을 따라 연계하는 방법을 관찰했으며, 3장과 6장에서 통근과 소비의 패턴에 의해 도시의 리듬이 어떻게 만들어지는지를 보았다. 여기서 우리는 어떻게 도시의 네트워크들이 우리의 연구에서 중요한 조사 경로가 되었는지 나타내고 싶다. 이 책이 근거로 삼는 연구는 다중방향의 언어 인류학으로 이해될 수 있다. 마커스(Marcus, 1995)가 지적하는 바와 같이, 복합 지역의 민족지학은 '연결, 연합, 그리고 추정적 관계에 따르는 것'을 포함한다(p. 97). 따라서 우리는 원래 시드니와 도쿄의 특정 현장에서 연구를 실시하기 위해 꽤 분명한 행동 계획을 세워 놓았지만, 우리를 특정한 방향으로 이끈 것은 종종 우연한 만남('*파리 파리 다요*'), 연결과 네트워크 그리고 관계였다.

　사람과 시장, 식당과 직장 사이의 네트워크, 또는 토니 삼촌(우에키 씨가 다양한 제품을 얻는 식료품점을 시드니의 북쪽 교외에서 운영하는 장을 알고 있고, 프로듀스 마켓에서 카페를 운영하는 조셉이 소개했다)이 시장에서 만든 연줄, 재배자와 판매자 사이에서 우리가 발견한 연관성 또한 우리가 따라갔던, 예상치 못한 연계의 네트워크가 되었다. 이 연구 프로젝트의 몇 가지 부분은 현장마다 공사 인부들을 따라다니면서, 또는 현장 인근 카페(6장 참조)나 시장과 상점에서의 대화 등등 예기치 않은 네트워크를 통해서 마련되었다. 이러한 관점의 연구는 "잠재적 순간에서 벗어나고자 하는 소리 없는 추구, 우리가 언제나 알지 못하는 결과이다. 그것은 일상적이고 예상치 못한 미래에 관한 것이다."(Pennycook, 2012a, p. 149)라는 비판적 언어 교육의 특정 접근과 유사하다. 사람과 채소, 재배자와 판매자의 네트워크도 또한 우리의 연구 네트워크가 되었다. 네트워크는 사물, 공간 및 관행(종교, 민족, 문화, 음식, 사업)의 공유 및 교환을 통해 구축된다. 지중해 주변의 음식 네트워크는 도쿄의 여러 사람들을 연결시키는 반면, 언어와 민족적 네트워크는 건축업에서 일자리를 찾는 데 중요한 역할을 한다.

만약 기호들의 계층이 어떤 의미에서 사람과 이주라는 관점에서 도시의 수직적 질서를 제공한다면, 네트워크는 우리에게 수평적 연결망을 제공한다. 시드니 북부의 한 교외에서, 일본 오이가 등장한 (33년 된) 쇼핑몰 안팎의 네트워크들은 다양한 제휴 노선을 따르고 있다. 이 복합 건물이 위치한 중산층 지역은 국내적인 다문화주의이기보다는 국제적인 것이며(Hage, 1997), '다른 것을 먹는' 것(Flowers & Swan, 2012)과 색다른 음식을 시식해 보는 것이 일반화되어 있다. 이 쇼핑몰에는 에티오피아, 일본, 히말라야, 싱가포르, 말레이시아, 인도 등 다양한 음식 문화에서 온 식당들이 소재한다. 또 일본 및 인도 식료품점, 미용사(주인은 일본인 출신이며 고객 또한 일본인이 많다), 베트남 미용실, 중국 마사지 및 침술 병원, 청과물 가게, 정육점(앵글로계 호주인 소유), 통신사(화교 소유), 사진 액자 가게 등이 있다.

그 공간은 표면적으로는 조화롭게 공존하는 다양한 언어, 냄새, 소리, 그리고 인공물로 가득 차 있다. 이 쇼핑몰에서 가장 오래된 가게는 광장만큼이나 오래된, 레바논 가족이 운영하는 과일과 채소 가게이다. 농산물 시장 조셉의 지인인 장(둘 다 레바논 출신 기독교도)은 쇼핑몰과 지역 사회 내 여러 상점에 채소를 공급하고 있다. 장은 지난 33년 동안 일요일을 제외하고 매일 시장에 나와 각종 신선한 채소와 꽃을 구입하고 조셉과 가벼운 잡담을 나눴다(1장 참조). 한편, 장의 형수 안젤라Angela는 장의 청과물 가게 맞은편에서 레바논 빵과 달콤한 음식을 파는 작은 키오스크를 운영하고 있는데, 이러한 네트워크들이 항상 선명한 선을 따라 작동하는 것은 아님을 보여 준다.

발췌문 7.1

1. **연구자** 장 씨는 항상 레바논 출신 재배자들에게 가나요?

2. **장** 아니요. 별로요…, 아니 상관없어요. 레바논 사람에게 갈 필요 없어요. 왜냐하면 이 시장에서는, 다 국제적이기 때문이죠. 그리스, 레바논, 이탈리아, 스페인 농산물들, … 전부 다.

3. **연구자** 몰타와 중국도.

4. **장** 네, 네. 대부분의 채소는… 허브, 래디시, 샬롯, 모두 중국 사람들 거죠. 모두 중국 사람들 거요.

5. **안젤라** 중국 사람들은 이길 수 없어요. 웃긴 건 제가 벡슬리에 사는 데요, 농장에서 바로 나오기 때문에 파슬리하고 샬롯을 사거든요…, 중국 여자한테서…. 그리고 브라이턴에 있는 농장에 가려고 했는데, 그 중국 여자한테서 산 것보다 물건이 더 비쌌어요, 더 비싸더라고요.

장이 판매하는 농산물은 주로 프로듀스 마켓에서 나온 것이지만, 장의 형수 안젤라는 타볼리tabouli*를 만들려고 현지 중국 식료품점에서 파슬리와 허브(과이로우초이)를 구입하고, 2장에서 논한 것과 유사한 중국 근교 농원에서 상품을 공급받는다. 한편, 다양한 네트워크들이 이 쇼핑몰의 사람들을 서로, 그리고 다른 사람들과 연결시켜 준다. 야마 씨는 일

....

* 파슬리, 토마토, 민트를 섞고 레몬 주스를 뿌린 샐러드.

본 골목(3장, 5장)에 라면가게를 차리기 전에 이 쇼핑몰 라면가게에서 일했다. 같은 쇼핑몰에 있는 히말라야 식당에서는 장에게서 채소를, 정육점에서 고기를, 그리고 일본 식료품점에서 간장을 공급받는다. 가게 주인은 "우리는 저 아래에 있는 과일 시장이랑 어떤 관계를 맺고 있어요. … 네, 장의 가게요. 그리고 일본인들도요, 식료품점 있잖아요, 그 슈퍼마켓[쇼핑몰 위층에 있는 슈퍼마켓을 가리키며]"이라고 말한다(히말라야 출신 식당 주인 인터뷰, 2012년 11월 20일). 일본 식료품점의 우에키 씨는 장에게 플라스틱 용기를 공급하고 있으며, 일본인 고객을 위해 (현지 슈퍼마켓에서는 구할 수 없는) 껍질이 붙어 있고 뼈가 없는 특별한 허벅지 살코기 부위를 정육점에서 공급받는다.

우리는 일본 오이를 2장에서 논의한 근교 농원 근처에 위치한 유기농 채소 재배자에게 공급받는다는 것을 알게 되었다. 그리하여 우리의 유동적이고, 다중언어적이고, 다문화적인 오이에 대한 이야기가 시작되었다. 오이는 현대 시드니에서 오랜 역사와 흥미로운 당대의 삶을 반영하고 있는 것으로 밝혀졌다. 당시 시드니 하버Sydney Harbour(포트잭슨Port Jackson)에서부터 서쪽으로 이어지는 패러매타Parramatta에 이르는 키싱 포인트Kissing Point(지금의 퍼트니Putney)라고 알려진 최초의 소농업인 중, 19세기 초 시드니의 신선한 과일과 채소의 주요 공급원이자 식민지 최초의 경작지 중의 하나는 토머스 채드윅Thomas Chadwick의 것이었다. "원예에 재능이 있는 이 도둑은 오이 덩굴 일곱 그루를 훔친 혐의로 이송되었어요. 그리고 오이 덩굴을 훔쳤다는 이유로 호주로 이송되었는데 본래 그에게 형을 선고했던 정부가 그에게 오이 묘목을 재배하게 한 사실은 아이로니컬했죠."(Christie, 1988, p. 34)

오이 덩굴을 훔친 혐의로 호송된 죄수가 강둑에서 영국 오이를 재배하게 된 이 초기의 기원으로부터, 오이는 마침내 다른 소농업인들, 과일과 채소 판매자 그리고 요리의 취향이 오이가 드러내 보일 가능성을 바꾸기 시작하면서 다양화되기 시작했다. 그리고 민족 연대감과 함께 오이의 제휴 역시 생겨난 것처럼 보인다.

발췌문 7.2

1. **연구자 1** ⋯ 그럼 오이도 있어요?

2. **장** 다 있어요.

3. **연구자 1** 레바논 오이 있어요?

4. **장** 그리고 텔레그래프 오이도 있어요. 더 길죠. 전엔 오지 오이를 사용했었는데, ⋯ 이젠 아무도 안 사요.

5. **연구자 2** 너무 써요!

6. **연구자 1** 텔레그래프 오이는 긴

7. **장** 긴 거, 플라스틱이 있는, 플라스틱으로 덮여 있는 거요. 하지만 가장 인기 있는 것은 레바논 오이예요.

8. **연구자 1** 일전에 그 가게[일본 가게에 대해]에서 일본 오이 먹어 봤어요.

9. **장** 아 그래요?

음식과 식사(6장)에 대한 우리의 논의와 마찬가지로, 음식을 둘러싼 이러한 대화는 시드니와 같은 도시 전역에서 끊임없이 이루어진다. 이 대화에서 용어는 또한 5장에서 논의한 민족적 이름 붙이기를 흥미로운 방법으로 다시 떠올리게 한다. 여기에 우리는 오지 오이(요즘 유행에 뒤떨어진), 인기 있는 레바논 오이(근교 농원과 가게의 연계와 네트워크에서 확실한 방식으로 연결되어 있는), 텔레그래프 오이telegraph cucumber(길고 플라스틱으로 덮여 있고 영국산 또는 유럽 대륙산으로 알려져 있으며, 농산물 시장에서 탈리브가 '텔레 쿠tele cu'라고 언급했다), 그리고 물론 일본 오이가 있다.

에미가 일본 오이의 '파리파리'함에 기분이 좋았던 순간은 한 레바논 여성(Hage, 1997에서)이 시드니에서 레바논 오이를 처음 발견한 이야기를 떠올리게 한다. 하게가 지적했듯이, 뒷마당에서 자란 오이를 제외하고, 호주의 레바논인들은 더 큰 상업적 토대 위에서 오이가 재배되기 시작한 1970년대에 이르기까지 더 작고 아삭아삭한 오이를 먹을 수 없었다. 나일라Nayla는 다음과 같이 보고한다.

> 그건 정말 멋졌다. 역 건너편에 사는 자매를 찾아가는 중이었다. 돌아오는 길에, 저녁으로 먹을 콩을 좀 구하려고 들렀는데 거기에 그게 있었다. … 나는 그것을 만졌다. … 나는 그것을 손에 쥐었다. 그것은 단단했다. 그것은 마치 나의 어머니[레바논에 사는 그녀의 어머니]를 만지는 것과 같았다. 가게 주인 쇼키는 나를 보고 미소 지으며 고개를 끄덕였다. "네, … 레바논 농부들이 리버풀 근처에서 재배하고 있어요. 더 이상 물컹한 건 없어요." 우리는 호주 오이를 그렇게 지칭한다. 비록 그때 우리는 가난했지만, 나는 2킬로그램을 샀는데, 매우 비쌌다. 나는 바로 그 자리에서 하나를 먹었다. 아델[그녀의 남편]은 거의 매일 레바논 오이의 맛을 얼마나 그리워하고 있는지 말하곤 했다.   (p. 109)

이어 그녀는 마늘과 레몬으로 오이 샐러드를 만들어 테이블의 남편 앞에 올려놓은 후 남편에게 눈을 감고 그녀가 발견한 것을 맛보라고 말했다고 계속 설명했다. 그가 샐러드에 무엇이 들어 있는지 깨닫기까지는 시간이 좀 걸렸지만, 나일라는 마침내 "그가 일어나서 내게 키스했고, 그는 '야 아이니 알 하이어(오, 나는 오이를 사랑해)!'와 같은 노래를 부르고 춤을 추기 시작했다."고 한다. 그녀는 이 오이가 "정말 우리를 행복하게 해 주었다. 마치 가까운 친척과 재회하는 것 같았다."고 설명한다(Hage, 1997, p. 110).

레바논 오이 네트워크 이후 수년 만에 마침내 등장한 일본 오이 네트워크를 탐구하기 시작하면서, 우리는 자기네 오이만이 줄 수 있는 특별한 아삭함을 강조하면서 표현하는 이 즐거움의 순간을 다시 볼 수 있었다. 오이는 재배부터 유통과 소비에 이르기까지 여러 단계를 통해 사람과 기업을 연결한다. 우메키Umeki 씨로부터 일본 오이를 맛본 에미도 나중에 일본 골목에 있는 이시카와 씨에게서 더 많이 사들였는데, 우리는 시드니에서 구할 수 있는 일본 오이의 상당수가 한 명의 재배자로부터 나오는 것 같다는 사실을 알게 되었다. 오이 네트워크는 우리가 더 깊이 파고들면서 드러나고 확장되었다. 그래서 우리는 아베 씨와 이야기를 나누기 위해 농원 근처인 보터니만으로 다시 내려갔다(2장 참조).

그의 집 현관문은 묘가茗荷(일본 생강)와 지넨조自然薯(일본 야생 참마) 식물의 파릇파릇한 잎으로 가려져 거의 보이지 않았다. 그가 직접 만든 유기농 비료 혼합물이 들어 있는 양동이에 둘러싸인 집 옆으로 난 좁은 길을 따라 걸어서, 우리는 일본산 우엉, 유자, 미쓰바(파드득 나물)와 시소(차조기 잎, 일본 민트), 사토이모(일본의 끈적끈적한 토란) 등 이른바 '일본 채소'가 가득한 조그마한 뒷마당으로 들어섰다. 이곳은 아베 씨가 여가 시간의 대부분을 보내는 곳으로, 아베 씨는 이 일이 술과 담배를 살 용돈 벌이용 부업이라고 말했다. 뜻밖에도 시드니에 공급되는 일본 오이는 아베 씨네 작은 뒷마당에서 길러지고 배송된 것이었다. 그리고 우연의 일치로 아베 씨네 뒷마당은 중국 근교 농원과 인접해 있었다.

그는 "日本の土が作れるかがポイント(일본산 흙을 생산할 수 있느냐가 관건)"이라며 좋은 흙의 핵심은 지렁이라고 설명한다. "지렁이 똥이야말로 좋은 흙이죠."(인터뷰, 2013년 3월 19일) 그래서 그는 일본어로 "子孫繁栄さ

せてね(여러분의 번영을 위해 많은 후손을 낳아 주십시오)."라고 말하면서 지렁이에게 야채 찌꺼기를 먹인다. 그는 이사할 때마다 자전거 타는 친구들의 도움을 받아 트럭에 실린 비료 토양을 옮겼다고 설명했다. 상업적인 호주산 흙을 사용하면 일본 채소가 식중독에 걸릴 것이라고 설명을 이었다. 따라서 '일본'은 단순히 언어와 음식 스타일의 라벨이 아니라 일본 오이, 일본 딸기(호주 흙에서는 3대를 거쳐야 호주 딸기가 될)처럼 식량 그 자체와 더불어 토양과 지렁이의 라벨이 되었다. 그의 뒷뜰에 있는 흙은 '호주' 현지 흙 위에 '일본 흙'을 얹어 층이 져 있는데, 이것이 일본 채소가 '일본'으로 남을 수 있는 조건을 최적화했다. 그 흙은 지렁이가 만들고, 이 지렁이는 일본어를 듣고 자란다(지렁이도 몇 세대 후에 호주 지렁이에서 일본 지렁이로 변할 수 있다).

아마도 일본 오이([사진 7.13])의 아삭아삭함은 일본 토양에서 일본 음식을 먹고 일본어를 듣고 자란 일본 지렁이로 길러야만 가능한 것일 수도 있다. 그러나 아베 씨의 강렬한 일본스러움은 그의 일본어와 영어 자원에 국한되지 않는 더 넓은 세계시민주의의 한 부분이다. 스페인과 유럽 각지를 여행하기 전 짐바브웨Zimbabwe, 탄자니아Tanzania, 우간다Uganda 등 아프리카 일부 지역을 오토바이로 18개월 동안 여행한 그의 여정은 그에게 스와힐리어, 스페인어(유고슬라비아에서 유용했다고 한다), 프랑스어, 독일어와 같은 다양한 언어의 단어와 구절을 포함한 레퍼토리 자원을 남겼다. 그는 여행에서 돌아와 지역 신문에 여행 칼럼을 쓸 때에서야, 채소를 재배하는 것이 작가로서 슬럼프를 극복하는 데 도움이 되는 것 같다는 사실을 알게 되었다.

아베 씨를 인터뷰하면서 다양한 네트워크들이 수면 위로 모습을 드러냈다. 이시카와 씨는 일본 학교 축제에서 아베 씨가 재배한 시소(일본 민트)를 먹어 본 후, 취미가 아니라 재배자로서 부업을 시작하도록 그에

[사진 7.13] 일본 오이

게 용기를 북돋아 주었다. 이시카와 씨와 야마 씨는 와이즈(2009, p. 24)가 말하는 '종횡무진하는 조력자transversal enablers', 즉 '각 지역 간의 가십, 지식, 민족 간 정보망'을 만들어 내는 사람들의 예시이다. 아베 씨는 우에키 씨(현재 그의 단골 거래처)와 이시카와 씨, 또 다른 교외의 라면가게에 아삭 아삭한 오이를 공급하고 있다. 그는 또한 광범위한 개인 고객 명단을 갖고 있는데, 여기에는 토요 일본어 학교가 끝난 후 세 아이를 데리고 만화책manga을 사곤 했던 일본 골목의 헌책방 주인도 있다. 보아하니 그들은 여전히 단골손님이다.

이 오이 네트워크는 우리의 연구를 위한 몇 가지 중요한 차원을 제시하였다. 우리가 무엇을, 그리고 어디부터 어떻게 연구할지에 대하여 아무리 좋은 계획과 제안이 있다 하더라도, 우리는 항상 예상치 못한 길을 따라갈 준비가 되어 있어야 하고, 연구를 이끌 준비가 되어 있어야 하며, 연결성이 우리를 어디로 데려갈지를 관찰할 준비가 되어 있어야 한다. 물론 때때로 이러한 연결고리를 따라가다 보면 아무것도 나오지 않는 경우도 있긴 하지만(그런 비네트워크들은 여기에 보고되지 않는다) 그 흔적을 쫓아 우리는 매력적으로 시내 여기저기를 돌아다닌 적이 많았다. 연구 목적상, 이것은 또한 예상했던 것을 예상하지 않는 것을 수반하기 때문에 예상하지 않은 것을 예상하는 것 이상을 의미하기도 한다(Pennycook, 2012a). 즉 우리는 예상치 못한 방향으로 갈 준비가 되어 있을 뿐만 아니라 미처 보지 못한 것을 보기 위해 끊임없이 세심하게 예상할 수 있는 것을 살펴야 한다.

오이는 우리가 메트로링구얼적인 탐구를 시작할 때 중요하게 여기지 않은 다소 평범한 대상물인데, (크기, 단단함, 아삭아삭함을 넘어) 많은 차원을 가지고 있는 것으로 밝혀졌다. 유럽 정착민(침략자)이 재배한 초기 작물(사실 오이 덩굴을 훔친 혐의로 호송된 죄수가 재배한) 중 하나에서부터 인종과 채소의 계층화된 역사에 이르기까지(영국에서 레바논, 일본에 이르기까지) 시드니에서 오이는 중요한 역사를 가지고 있었다. 아베 씨네 뒤뜰의 평범함과 오이의 소박함 또한 우리가 일상생활에 더 초점을 기울이도록 만들었다. 프란Fran의 '오렌지, 복숭아, 오이 또는 뭐든지 들어 있는 큰 상자들'이 라크슈미Lakshmi에게 가고, 라크슈미는 이에 대해 '최근에 생산한 고추나 라임'을 선물하는 것으로 보답하고, 거기에 토니 삼촌의 토마토 묘목이 뒤따르며, 나중에는 다른 농장에서 레몬과 로즈메리와 다른 뒷마당에서 나온 커리나무 잎도 가져오는 등 뒤뜰의 과일과 채소의 교환(다른 시드니 교외 지역)에 대한 와이즈(2009, p. 25)의 관심처럼 우리도 도시 사람들을 서로 연결하고 잘 어울리도록 하는 일상적인 방식에 관심이 있다. 뒷마당의 공생공락의 관계는 민족적, 언어적, 그리고 음식적 연대감을 만들어 낸다. 아베 씨네 뒷마당은 오이를 사서 먹는 것과 같이 보잘것없어 보이는 일상적인 사건이 어떻게 사람들 및 도시의 연결, 이동성, 역사와 관계되는지 우리에게 말해 준다.

오이 네트워크는 이러한 패턴에 몇 가지 차원을 더 드러냈다. 오이 네트워크는 울타리 너머로 채소를 넘기는 것(많은 지역 사회에서 오랫동안 이루어져 온 것처럼)이 아닌 도시 전역으로 오이를 운반하여 상당히 광범위하게 퍼져 있을 뿐만 아니라 다른 유형의 네트워크와도 연결되어 있었다(아베 씨가 사업에 뛰어든 이유는 부분적으로 자기 아이들을 일본 헌책방에 데려갔기 때문이다). 이로써 우리는 언어, 그리고 이런 채소가 사람들의 레퍼토리에서 매개물로 작동하는 방식으로 돌아왔다. 다른 음식들(6장)과 마찬가지로, 오이는 욕망과 대화를 불러일으켜서 오이의 특정한 맛과 질감이 언어적 반응을 일으켰다["ya 'ayni 'al khyar(오, 나는 오이를 사랑해!)" 혹은 "やっぱり違うんだよね、ぱりぱりなんだよね(어쨌든, 역시 달라요, 아삭아삭하잖아요)"]. 오이는 또한 적어도 몇몇 사람들에게(아베 씨의 참마 중 하나를 받아 발코니에서 키우는 야생 참마에게 일본어로 말을 거는 에미를 포함하여) 음식 및 미각 반응뿐만 아니라 언어적인 반응도 불러일으킨다.

여기서도 우리는 아베 씨가 일본 흙에 사는 일본 지렁이들에게 일본어로 말을 건 것처럼 메트로링구얼적 관계의 고정성을 이끌어 내는 것을 보았을 뿐만 아니라 유동성도 보았다. 이러한 일본성은 그의 폭넓은 레퍼토리의 한 부분에 불과하다는 것이 밝혀졌고, 그가 키운 오이가 도시 전역으로 이동하고 시드니 북부의 다중언어적 쇼핑몰의 일부가 되면서, 그들의 일본성은 다른 사람 그리고 음식, 언어와 장소와 관련하여 변개되었다. 만약 우리가 이 오이를 일본 호주산(토양, 재배자, 먹는 사람, 지역성 측면에서)으로 본다면, 우리는 또한 이러한 용어의 모든 복잡성, 즉 호주인에 대한 모든 다양성과 일본스러움을 구성하는 변화하는 혼합물을 다룰 필요가 있다. 연구자로서, 우리는 이러한 네트워크들이 제공하는 가능성뿐만 아니라, 네트워크들이 항상 특정한 장소에서 특정 시간에 있는 제휴 라인들을 따라 우연히 구성되는 방식에도 주의를 기울일 필요가 있다.

8장

메트로링구아 프랑카

언어와 시장

센트럴 마켓에는 여러 층위를 보여 주는 표지판의 역사가 여전히 보존되어 있어서(7장 참조) 이곳에 다양한 소유자와 노동자가 지나갔음을 암시하고 있다. 그러나 현재에도 이곳은 시드니 차이나타운의 중심부이다. 토니 삼촌은 1938년에 16세의 어린 나이로 이곳에서 일을 시작했는데, 그때 그는 아일랜드인, 이탈리아인, 몰타인, 기타 등 소수자 중 한 명이었다. 그러나 지금 과일과 채소 가게를 지배하는 것은 각양각색의 중국 사람들이다. 과일과 채소 좌판의 한 구간을 무심히 보면 '사과'나 '감자'로만 보일 수 있겠지만, 좀 더 자세히 관찰하면 훨씬 더 많은 다양성―그래니 스미스, 브래번, 후지, 골든 딜리셔스,* 샬롯, 데지레, 킹 에드워드, 니콜라, 로마노**―

....

* 사과 품종 중에서 '그래니 스미스Granny Smith'는 원산지가 오스트레일리아로 껍질이 연

을 발견할 수 있는데, 그 때문에 이 중국 시장은 거대한 다양성의 장소가 된다. 큰 통에다 옥수수 껍질을 벗겨 내던 인도네시아 출신 젊은 남자 둘의 대화가 이 상황을 아마 가장 잘 설명해 줄 것이다. 이 시장에서 어떤 언어가 사용되는지 물어보니 그들은 "ㄸlanguage都有㗎(모든 종류의 언어가 이곳에서 사용되죠)!"라고 대답했다. 이 대화는 광둥어로 이어졌다.

발췌문 8.1

1. **연구자** 어떤 언어를 쓰세요?

2. **옥수수 노동자** 저요? 저는 푸젠어와 인도네시아어, 그리고 하카어를 말해요.

3. **연구자** 와!

4. **옥수수 노동자** 모든 종류의 언어가 섞여 있어요.

그는 나중에 대화하면서 자신의 언어 목록에 표준 중국어Mandarin와 영어를 추가했고, 대화가 광둥어로 진행되었으므로 우리는 이 젊은 노동자의 언어 레퍼토리에 푸젠어, 하카어客家话, Hakka, 광둥어, 표준 중국어, 인도네시아어, 그리고 영어를 포함할 필요가 있었다. 물론 우리가 이미 논의한 바와 같이, 구사 가능한 언어 목록이 언어마다 어떤 종류의 지식이

·········

녹색이며 즙이 있고 아삭하며 신맛이 난다. '핑크 레이디Pink Lady'는 전체적으로 붉은빛이 돌고, '브래번Braeburn'은 노란색 혹은 녹색에 세로로 빨간 줄무늬가 있는 단단한 사과품종이다. '후지Fuji'는 일본에서 개발된 사과이고, '골든 딜리셔스Golden Delicious'는 노란빛을 띠는 사과이다.

** 감자 품종 중에서 '샬롯Charlotte'은 긴 타원형 모양으로 샐러드에 알맞고, '데지레Desiree'는 붉은빛이 돌며, '킹 에드워드King Edward'는 희고 분홍색이다. '니콜라Nicola'는 연한 갈색에 노란빛을 띠며, '로마노Romano'는 짧은 타원형에 껍질이 붉다.

포함되어 있는지를 모두 알려 주지는 않는다. 파트리스에서 사용되는 언어 목록에서 보았듯이(4장), 언어 자원들은 느슨하게 식별된다. 그러나 언어 자원의 목록과, 모든 종류가 섞여 있는(乜都有, 撈埋一齊) 언어를 그들이 사용한다는 명제는 우리에게 두 가지 방향을 시사한다. 첫째, 우리는 이와 같은 언어의 '시장 가치'를 어떻게 이해해야 하는가, 그리고 둘째, '모든 종류의 언어'가 노동자와 고객이 구성하는 공간 레퍼토리의 일부가 되는 방식을 어떻게 이해해야 하는가이다.

첫 번째 질문과 관련하여, 푸젠어, 하카어, 광둥어, 표준 중국어, 인도네시아어, 영어 등 언어 레퍼토리가 폭넓은 노동자가 임금을 많이 받지 않는다는 것을 관찰하는 것이 중요하다. 실제로 그들은 형편없이 자원이 부족한 비공식 경제의 바닥에서 일하고 있다. 이 다중언어 사용은 왜 금전적인 이득을 가져다주지 않는가? 언어에 부여하는 가치 문제는 언어 정책 및 계층 구조에 대한 시각을 통해, 언어의 상품화에 초점을 맞추고, 현지 실행에 중점을 두어야 설명할 수 있다. 이 질문에 대한 첫 번째 대답은 언어가 사회적으로나 정치적으로 가치가 생겨나는 방식을 이해해야 한다는 것이다. 잠시 주제를 바꿔 룩셈부르크와 이중언어 또는 삼중언어로 발행되는 그곳 신문『룩셈부르거 보트Luxemburger Wort』를 보면 서광이 비칠 것이다.

캐나다와 같이 공식적으로 이중언어를 사용하는 많은 나라에서도 어느 한 언어를 선택하는 것이 아니라 이중언어로 신문을 발간하는 경우는 많지 않다. 캐나다는 프랑스어와 영어를 공식 언어로 사용하는데,『글로브 앤드 메일The Globe and Mail』,『밴쿠버 선The Vancouver Sun』,『토론토 스타Toronto Star』,『가제트The Gazette』(퀘벡 영어 신문)는 영어로 발간되고,『르 드 부아Le Devoir』나『라 프레스La Press』는 프랑스어로 발간된다. 물론 지역의 '커뮤니티' 신문들(7장에서 문 앞에 쌓여 있던 신문들처럼)도 있으나, 이 신문 역시 어느 한 언어를 선택했다는 점에서 유사하다. 예를 들어 시드니에서 발간되는 중국 신문 다섯 개 중 하나인『호주 차이니즈 데일리Australian Chinese Daily, 澳洲联邦』에는 제목, 용어 및 공지 사항 등 몇 가지를 빼고는 영어로 된 텍스트가 거의 없다. 인기 있는 일본 커뮤니티 신문 네 종류와 잡지 중에서 오직『젠타 시드니JENTA Sydney』(호주 및 일본의 브리징 매체)만 영어 기사와 일본어 기사에 거의 같은 수의 지면을 할애하는 '이중언어' 매체이다. 그러나 이들 신문은 다른 두 독자층, 즉 일본인 독자와 일본에 관심이 있는 영어 독자를 대상으로 하므로 사실상 이중–단일언어 신문bi-monolingual으로 분류하는 것이 합당하다. 다른 예로, 애리조나Arizona주 피닉스Phoenix에서 발행하는『스팽글리시 타임스Spanglish Times』와 같은 일부 이중언어 지역 신문을 보면 '일반 철학general philosophy' — '이상적인' 이중언어주의에 반하여 단일언어인 영어가 차지하는 우세한 패권에 맞서는— 을 가지고 이중언어주의에 대해 좀 더 분명하게 설명하고 있다(Sebba, 2012, p. 106). 인터넷 기반의 출판물이 확산됨에 따라 이제 출판 언어에 대해 보다 개방적인 태도를 취하는 간행물이 더 많아지고 있다.

그러나 국가 차원에서의 이중·삼중언어 신문은 드물다. 한 예로 주간 신문인『바누아투 인디펜던트The Vanuatu Independent/L'Independent Du Vanuatu』는 영어, 프랑스어 및 비슬라마Bislama어로 기사를 게재하는데, 이는 (비율이 같지는 않지만) 국가의 공식적인 언어 정책을 반영한다. 비슬라마어는 바누아투Vanuatu섬에서 널리 사용되는 링구아 프랑카이며 프랑스어, 영어와 더불어 세 개의 공식 언어 중 하나이다. 그러나 공통어의 혼합이나 '바누아투의 사회적 및 문화적 정체성이 살아 있는 필수적인 표현'과 같은 토착 언어의 흔적은 나타나지 않는다(Nasonal Lanwis Polisi of Vanuata, 2010, np).『룩셈부르거 보트』에서 세 개 언어 상용 국가triglossic nation의 세 번째 언어인 룩셈부르크어Luxembourgish, Lëtzebuergesch를 찾기는 더 어렵다(Horn & Weber, 2008; Sebba, 2012). 국내 및 국제 뉴스가 독일어와 프랑스어(독일어는 미디어에서 널리 사용되고, 프랑스어는 서비스 부문 및 정부에서 우세하다)로 나온 다음에 현지 뉴스와 행사에 이르러서야 룩셈부르크어Luxembourgish나 독일어의 프랑코니아Franconia어 계열과 현지인의 공통어를 잠시 엿볼 수 있을 뿐이다.

룩셈부르크어는 개인 메시지(부고avis mortuaires, 룩셈부르크어나 프랑스어, 드물게 표준 독일어)나 구어 인용구문에서 사용된다. 현지 음식 축제('Kommt kucken a schmaachen', 2010)에 대한 보고서「현지 지역 개발 위원회가 주최하는 룩셈부르크 주말 음식 축제Der vom lokalen 'Syndicat d'initiative' organisierte 'Lëtzebuerger Weekend'」는 독일어(Der vom lokalen ⋯ organisierte), 프랑스어(Syndicat d'indicative) 및 룩셈부르크어(Lëtzebuerger Weekend)로 되어 있다(또는 '주말'을 분류하는 방법에 따라 프랑스어 또는 영어를 사용하기도 한다). 여기에서 사람들이 "룩셈부르크의 주말, 우리의 작은 나라에는 좋은 것들이 많이 있어요. 와서 보고 맛보세요.(Lëtzebuerger Weekend, mir hunn am Ländche gudd Saachen, kommt kuchen a schmaachen)"[1]라고 말하고 '이것이 룩셈부르크 맛(sou schmaacht Lëtzebuerg)'이라고 말하는 등 음식에 대해 이야기하기 시작하면서 현지 언어가 조금 나타난다(6장에서 논의했듯이 언어와 음식 관계의 중요성에 주목할 것).

일반적으로 언어 분리가 확고하게 이루어지는 희귀한 이중·다중언어 신문에서도 세 번째 현지 언어는 음식과 현지인의 음식 기호가 표면화될 때, 그리고 현지 언어의 일상성의 공간이 허용될 때만 틈새언어로 나

....

1   장-재크 베버Jean-Jacques Weber가 번역을 확인 후 수정해 주었고, 『룩셈부르거 보트』의 세 개 언어 상용Triglossia에 대하여 추가 언급을 해 주었다. 2010년 9월 6일 월요일 『룩셈부르거 보트』 23쪽에서 발췌하였다.

타난다. 간단히 말해서 이것은 일반적인 언어 이데올로기를 반영한다. 즉 소위 표준적이고 명예로운 언어에는 "지역의 자원보다는 세계적 자원에 대한 접근을 용이하게 하는 공공 기관의 상징적인 가치"가 주어지고, 반면에 지역 사회에서 상징적인 가치를 가지는 '일상어의 실행'은 좀 더 넓은 영역에서 인정받기 위해 투쟁하고 있다는 것이다(Farr, 2011, p. 1162). 이에 대한 가장 위험한 견해는 주 당국이 학생들의 모국어(모로코어나 터키어 등)를 외면하고, 표준어 유창성이 부족하다고 보아 이를 '영寒, zero'의 결과를 낳는다고 받아들이는 영寒언어주의의 상태로 간주하는 것이다 (Jaspers, 2011, p. 1267).

따라서 이러한 언어 정책, 이데올로기 및 계층 구조에 대한 첫 번째 설명은 옥수수 껍질을 벗기던 다중언어 노동자들의 언어가 왜 그다지 가치를 얻지 못하는지에 대해 생각하게 한다. 그들의 언어 자원이 비록 다양한 자원에서 나왔고, 또 여기에는 비록 지위가 높은 언어(영어 및 표준 중국어)로 볼 수 있는 자원이 포함되어 있지만, 이는 규정된 언어 계층의 균열을 통해서만 가끔 들여다볼 수 있는 일상어 자원들인 경우가 대부분이다. (또는 때때로 바누아투의 고유 언어나 룩셈부르크에 있는 이민자들의 포르투갈어와 케이프 베르데 크리올어Cape Verde Creole처럼 전혀 드러나지 않을 수도 있다.) 이러한 구어 자원은 삶의 궤적을 통해 수집되므로 광의의 언어라는 이념적 맥락에서는 가치가 낮은 것으로 인식된다.

이 질문에 대한 또 다른 접근법은 언어의 상품화language commodification 문제에 더 집중하는 것이다. 후기 자본주의의 생산 방식에서 언어는 '작업을 수행하는 수단'과 '노동의 산물' 모두에서 '점점 더 중심적인 경제 역할'을 수행하게 된다(Heller, 2010, p. 104). 두셴은 관광 콜센터(2009)와 스위스 공항(2011)에서 다중언어 실력이 중시되는 방식을 살펴보면서, 신자유주의 시장의 구조와 후기 자본주의의 이념과 실행은 이주 노동자들의 언어 능력을 착취하면서 특정 언어에 가치를 부여한다고 주장한다. 다중언어주의multilingualism, plurilinguisme는 기관의 부가가치un apport pour l'entreprise로 간주되지만 그 가치는 차별적으로 인식될 수 있다. 예를 들어 수하물을 다루는 직원에게 필요에 따라 다중언어를 요구할지라도 이는 고객을 다루는 직원의 다중언어와 다르게 평가된다. 따라서 헬러와 두셴(2011; Duchêne, 2009; 2011)은 후기 자본주의에서 시장의 지속적인 자본주의적 팽창과 포화뿐만 아니라 새로운 형태의 자본주의 기업(국가에서 자본 영역으로 가차 없이 바뀌 온 제3차 교육과 같은 영역 포함) 내에서 언어가 평가되고 평가 절하되는 새로운 방식을 볼 수 있다고 주장한다.

두셴(2009)은 "제도화된 언어는 엄격히 시장 중심적으로 선택되며, 관광 회사에 경제적 이익을 주지 못하거나 국가적으로 가치가 없는 것으로 간주하는 언어는 포함되지 못한다."(p. 47)라고 주장한다. 그러므로 이 과정은 다른 언어들과 비교하여 특정 언어와 화자를 선호할 뿐만 아니라 "이미 높게 평가된 언어를 선택하거나 새로운 시장에 진입할 수 있는 언어를 선택함"으로써 글로벌 불평등을 재현한다(p. 47). 우리는 보다 광범위하게 몇 가지 관련된 현상을 볼 수 있다. 영어와 같이 글로벌 경제와 밀접하게 연결된 언어의 세계적 확산, 여러 제도 및 업무 환경에서 특정한 언어 및 다중언어 능력이 평가 절상 또는 절하되는 현상, 콜센터 및 패스트푸드점과 같은 글로벌 시장 영역에서 언어와 관계없이 언어 스타일을 규제하는 것 등이 그것이다(Cameron, 2003; Friginal, 2009; Hultgren, 2011).

이런 관점에서 우리는 시장의 기능을 통해서 언어에 발생하는 가치를 관찰할 수 있다. 그러나 이 책에서 논의하는 시장은 명백히 다른 층위에서 작용한다. 지역 과일 및 채소 시장은 세계의 도시 안에서 운영되면서 불가피하게 세계 자본의 세력에 종속되지만, 그럼에도 불구하고 상대적인 자율성이 있다. 도시 공간은 자본주의 확장의 촉매제이자 자본에 대항하는 투쟁의 장소였다. 자본주의와 성장하는 산업 도시화(증기, 석탄 및 기술 변화의 변화를 통한 도시 공장의 탄생)의 결합은, 도시가 "자본주의의 발전에 따른 지속적인 변화, 그리고 그로 인한 변화와 불확실성에 영향을 받는 삶"(Byrne, 2001, p. 167)을 사는 착취 가능한 노동력이 집결할 수 있는 장소로 성장하는 데 필수적이었다. 실제로 도시의 이와 같은 설계와 건설은 '지속적으로 자본의 축적을 수용할 수 있는 공간'을 만들어 냈다(Millington, 2011, p. 5). 그러나 사센(2005)과 밀링턴(2011)이 보여 주듯이 도시는 다층적이고 방대한 복잡성을 띠고 있다. 우리가 도시와 관련해서 세계 자본의 역할뿐 아니라, 헤게모니가 부재한 아래로부터의 지구화가 어떻게 작동하는가를 이해하고(Mathews & Vega, 2012), 도시의 촘촘하게 짜인 네트워크, 계층 및 도시가 어떻게 운영되고 있는지를 이해하게 되면, 특정한 언어 또는 언어 실행이 세계 자본에 의해 마음대로 이용되고 희생된다고 볼 수 없게 된다.

시장에서 현지 언어 실행에 초점을 맞추는 것도 가치 분배를 이해하는 데 도움을 준다. 박과 위(Park and Wee, 2012)가 "언어 다양성의 가치를 사회적 맥락에서 인식되는 대로 형성하고 협상하는 이론과 실천"(p. 6)과 관련된 '시장 이론적 관점market-theoretic perspective'에서 언급한 바와 같이, 우리는 "지구화 안에서 영어에 대한 '수요'와 같은 시장 관계"에만 초점을 맞추지 말아야 한다(p. 124). 그리고 '공급과 수요의 경제적 메커니즘'(p. 124)이라는 관점을 가지고 영어의 가치를 상품으로만 간주하여 가치와 가격을 혼동하는 것을 방지해야 한다. 영어나 다른 언어에 귀속되는 가치는 시장뿐만 아니라 가치가 있는 것으로 여겨지는 다른 모든 사회 및 문화의 산물이다. 따라서 자본, 분야 및 시장에 대한 부르디외(Bourdieu, 1984; 1991)의 이해에 따르면, 우리는 언어의 상품화라는 관점에서 요구되는 언어의 통일에 의문을 제기할 필요가 있으며(Block, Gray

& Holborrow, 2012; Block, 2014), 언어 및 언어 실행, 즉 '역동적이고 유동적이며, 지역에서 우연히 일어나는 역량'(Kramsch, 2009, p. 199)이 서로 다른 분야에서 어떻게 상징적 가치를 가지는지를 이해할 필요가 있다(Kramsch & Whiteside, 2008).

우리가 사회, 경제, 그리고 언어적 설명의 광범위하고 일반적인 수준에 머무는 한—후기 자본주의하에서 언어에 귀속되는 가치의 측면에서만 이야기한다면—, 우리는 가치를 어떻게 얻고 분배하는지에 관한 역학 방식을 이해하지 못할 것이다. 다중언어 시장에서 사고파는 사람들에게는 언어도 중요하지만 호박의 신선도, 파슬리 가격, 딸기의 효용성 및 망고의 색상도 중요하다. 우리는 소규모 거래의 일상적인 작업에서 언어, 인공물 및 사람들이 서로 충돌하는 방식에 관한 아래로부터의 다중언어주의와 시장 모두에 관심이 있다. 따라서 우리는 '언어'를 상품 가치의 측면에서만 생각할 것이 아니라 언어 실행이 가치를 얻는 방식과 연계된 언어의 실행, 지역 경제, 성별의 관계, 차별 및 일의 종류와 같은 일련의 무리로 이해하여야 한다.

2장에서 살펴본 것처럼 언어 식별linguistic identification은 민족을 통해 직업이 소개되는 중요한 전달 수단 중 하나이다. 세르비아 건설 노동자에서 중국 소농업인에 이르기까지 언어 식별과 연대 관계는 특정한 형태의 언어 연계 계급을 형성하는 노동 시장 안에서 하나의 위치를 차지한다. 옥수수 노동자의 푸젠어, 하카어, 광둥어, 표준 중국어, 인도네시아어 및 영어 레퍼토리에 부여하는 가치처럼 언어와 다중언어가 평가되는 방법들은 자본의 구조적인 결정 인자를 연역적으로 가정하여 언어에 가치를 부여하는 시장 세력의 상품화 논리를 수용하는 것이 아니라, 계급적 위치 자체를 구축하는 것만큼 중요한 언어 실행과 제약, 언어 식별과 배제를 통한 분석을 통해 이해할 필요가 있다.

예를 들어, 이른 아침, 플레밍턴 시장Flemington Market에서 무히브가 "*얄라 얄라 시타케, 시타케 […] 레츠고, 컴온(Yallah yallah shītake, shītake […] Let's go, come on)*"을 외쳤을 때 우리는 몇 가지 사항을 고려해야 한다.

발췌문 8.2

아랍어, 영어, 일본어

1. **무히브** 앳 더 프런트 밥, 더 블랙 펑거스 이즈 앳 더 프런트. 하우 매니 오이스터스 두 유 니드? 거기 앞에 밥, 검은 목이버섯은 앞쪽에 있어요. 느타리 몇 개 필요하세요?

2. **고객** 웨어즈 더 블랙 펀자이? 검은 목이버섯이 어디에 있어요?

3. **무히브** 앳 더 프런트 오브 더 스탠드. 라이트 앳 더 프런트 오브 더 스탠드. 겟 엠. 진열대 앞이요. 진열대 바로 앞에. 가져와요.

4. **직원** 피프티-파이브 … 포티 파이브, 55, … 45.

5. **무히브** 피프티-파이브 엘 박스 엘 *아비아드*. 포티-파이브 *하이델케*. 노 워리즈. 흰색 상자는 55, 다른 상자는 45. 아무 문제없어요. [고객에게]

[들리지 않도록]

6. **무히브** 블랙 펀자이? [소리치며] 검은 목이버섯 있어요? [멀리 있는 다른 상인에게]

7. **시장 상인** 하우 메니 유 원트? 몇 개 필요해요? [같이 소리 지르며]

8. **무히브** 텐 킬로? 10킬로?

9. **시장 상인** 텐 킬로? 블랙 펀자이? 10킬로? 검은 목이버섯을? [놀라면서]

10. **무히브** 아이 민 아 **시타케**. 내 말은, 아 표고버섯이요.

11. **시장 상인** 아, **시타케**. 아이 쏘트 더 블랙 펀자이, 아, 표고버섯. 난 검은 목이버섯인 줄 알았지, [시장 상인이 이제 가까이 있다]

12. **무히브** *얄라 얄라* **시타케, 시타케.** 어서, 어서 표고버섯, 표고버섯.

13. **직원 시타케:: 텐 킬로::** 표고버섯 10킬로

14. **무히브 렛츠 고 컴 온.** 자, 서둘러요.

15. **시장 상인 오버 히어.** 여기 있어요.

16. **무히브 아이 워즈 고잉 투 테이크 인 더 모닝 벗 유 원트 히어.** 아침
    에 가져가려고 했는데 자리에 없더라고요.

17. **시장 상인 오, 땡큐.** 알았어요. 고마워요.

18. **무히브 텐 킬로 예?** 땡큐 베리 머치. 10킬로죠? 정말 고마워요. [친절
    한 목소리로]

말순서 5에서 무히브가 직원에게 "피프티-파이브 엘 박스 엘 *아비아
드*. 포티-파이브 *하이델케*Fifty-five el box el abyad. Forty-five hayde-
keh"라며 검은 목이버섯 상자에 대해 지시한 것을 보면 숫자를 항상 아
랍어로 말하는 것은 아니라는 것을 알 수 있다. 몰타 출신 손님과 "Tell
him arba wa ashreen(내가 24라고 했다고 저 사람한테 얘기해)"라며 노란색
호박 가격을 협상했을 때와는 달리(1장, 발췌문 1.3) 여기서 탈리브는 영어
를 사용하여 고객도 가격에 대하여 이해할 수 있도록 하고, 아랍어를 사
용하여 직원에게 차이를 명확하게 하고 있다. 친절하게 "no worries(아
무 문제없어요)"라는 말은 스타일을 빠르게 변화시킬 수 있는 또 다른 그
의 능력을 보여 준다. 검은 목이버섯과 표고버섯에 대해 혼동한 후에 다
른 상인은 이 문제에 대해 더 논의할 준비가 된 것으로 보이고, 이에 무히
브는 다시 속도를 내어 "*얄라 얄라* **시타케, 시타케** […] **렛츠 고 컴 온**"하
며 직원들을 재촉하고(말순서 12~14) 시장 상인에게 부드럽게 감사의 말
을 전하며(말순서 18) 상황을 마무리 짓는다.

여기서 아랍어 '*얄라*(어서)', 일본어 '**시타케**(표고버섯)' 및 영어 '**렛츠**

고(가자)'의 사용을 3개 국어로 분류하는 것은 특별히 도움이 되는 것처럼 보이지 않는다. 각 언어에 대한 상품 가치를 추정하는 것은 각각의 언어 자원을 언어 사용 맥락에서 분리하는 것과 마찬가지이다. 이곳의 아랍어는 현지 레바논-호주식 아랍어로 그들이 사업을 수행하는 데 사용되며, 여기서는 다른 아랍어 사용자(반복적으로 사용해서 이 문구를 알고 있는 사람들 포함)들에게 명령을 내리는 데 사용된다. 이러한 말은 누가 하느냐가 중요하다. 예를 들어 수염 난 레바논계 호주인인 무히브가 바쁜 새벽에 거래를 서두르기 위해 사용하는 표현은 ACE 관리감독자인 필립이 건설 현장에서 배운 말과는 그 의미가 매우 다르다. "저는 근데, 음, '서둘러'라는 말을 아랍어로 '얄라 얄라'라고 한다는 것을 알아요. 그리고 '빨리 빨리'는 한국어로 서두르라는 말이에요."(필립 인터뷰, 2012년 10월 31일) 그러나 무히브가 이 말을 사용할 때, 그것은 권위의 표시가 된다. 여기에는 여러 가지 이유가 있다. 그의 가족은 사업을 운영하고 있고, 그는 키가 크고 수염을 길렀으며, 이곳은 시장의 '레바논 구역의 끝'에 자리 잡고 있다. 그의 직원은 이민자 출신의 평범한 노동자이다. 이른 아침, 가장 바쁜 시간대에 스타일을 바꿀 수 있는 그의 능력은 "*얄라 얄라* 시타케, 시타케 […] 렛츠 고 컴 온"과 같이 리드미컬한 부추김으로 명령하면서 상호작용 속도를 높이거나 늦출 수 있게 한다.

시타케에 대해서는, 일본에서 유래되었으므로 언어 자원이 더 폭넓다고 할 수 있지만, 지금의 사용 맥락에서는 과일과 채소를 취급하는 누구나 사용하는 일반 용어에 지나지 않는다(카르파치오나 포르마지오가 필연적으로 이탈리아를 떠올리게 하는 것보다는 덜 일본을 떠올리게 한다. 4장 참조) 게다가 이 품목을 공급받는 식당은 결코 최고급 일본 식당이 아니다. 실제로 표고버섯은 '현대 호주' 요리를 포함한 다양한 종류의 요리에 사용되고 있다. 아랍어 '*얄라 얄라*'의 반복이라고 할 수 있는 영어 '렛츠 고 컴 온' 또한 여기서 반드시 가치 높은 자원은 아니다. 비록 이 형제들의 능력, 즉 영어에 익숙하고 고객 및 공급 업체에 맞춰 언어사용역과 스타일을 전환할 수 있으며, 영어와 아랍어를 넘나들면서 여러 작업을 수행할 수 있는 능력은 비즈니스에서 매우 중요하지만, 여기에서의 영어 사용은 앞서 발화한 동일한 아랍어, 과일과 채소를 운반하고 쌓는 일을 맡은 직원과 무히브의 업무 관계 모두와 관련되어 있다. 따라서 이러한 언어 자원이 이른 아침 시장에서 활용될 때의 가치는 상황에 따라 달라진다. 언어 자체에 가치가 있는 것이 아니라 누가 누구와 무엇을 사용하고 있는지와 관련하여 가치를 얻는다.

그러므로 우리는 언어 실행, 언어 자본, 화자 및 노동 유형 사이의 관계를 고려해야 한다. 옥수수 노동자가 구사하는 다양한 언어 자원의 시장가치는 상대적으로 낮다(물론 여기에서는 상대성이 중요하다. 저임금과 비공식 경제의 바닥에 있을 수 있지만 비슷한 배경의 다른 사람들보다 형편이 더 나을 수도 있다). 이러한 언어 자원이 사용되는 일과 일상어 스타일은 더 넓은 시장에서는 평가 절하되기 때문이다. 반면에 프티 파리에서의 나빌의 자원(아랍어보다는 프랑스어, 일본어 그리고 영어 레퍼토리)은 그들이 하는 일(빵 주문, 요리 서빙, 고객 응대, 셰프와의 대화)과 맥락에서의 프랑스어 사용("맛있게 드세요bon appétit.") 때문에 다른 수준의 자본을 얻게 된다.

이 장의 시작 부분의 질문, '다중언어주의가 왜 더 큰 부를 만들어 내지 못하는가?'는 특정 언어 이데올로기에 기반한 것이다. 다중언어주의가 부(또는 인지 발달이나 이점으로 보이는 다른 많은 것들)와 연결될 수 있다고 가정하는 것은 다중언어주의를 직업, 재산, 문해력 및 교육과 관련된 특정한 언어 형태의 조합으로 이해하는 것을 전제하는 것이다. 그러나 (다중언어를 구사하기 때문에 가난한 것이 아니라) 많은 사람들은 가난하기 때문에 다중언어를 사용한다. 비공식적인 세계 경제에서 살아남으려면 다중언어 능력이 필요하며, 그로 인해 다중언어를 구사하지 않는 것보다는 생활 조건이 더 좋아질 수 있다. 그러나 물질적 혜택은 제한적일 수 있다. 파트리스(4장)에서 니샬의 언어 목록과 같이, 노동자의 경우에 다중언어는 작업을 수행하기 위한 자원이 된다. 언어의 상품화는 특정 언어의 노동자에게 영향을 미치며, 언어를 계급화시키는 언어 정책 및 이데올로기는 언어를 인식하는 방식에 영향을 미친다. 그러나 노동자들은 추상적인 형태의 상품화가 가능한 다중언어주의가 아니라, 건설 현장의 언어에 소속되는 것과 같이 시장과 음식 및 고용 네트워크에 접근할 수 있게 하는 광범위한 도시언어 실행에 관여할 수 있는 능력을 소유한다.

"모든 종류의 언어가 이곳에서 사용되죠!"
: 틈새언어에서 메트로링구아 프랑카까지

옥수수 껍질을 벗기는 노동자가 사용하는 언어를 푸젠어, 하카어, 광둥어, 표준 중국어, 인도네시아어, 영어라고 나열하는 것보다 더 흥미로운 것은 아마도 이 젊은이가 처음에 "모든 종류의 언어가 이곳에서 사용되죠(冚language都有㗎)!"라고 관찰하고, 두 번째로 "모든 종류의 언어가 섞여 있어요(冚都有, 撈埋一齊)."라고 발견한 것일지도 모른다. 이는 일상적인 다중언어주의처럼, 시장이 실제로 어떻게 운영되는지 우리가 이해하는 것과 연관성이 더 깊다. 장소, 사람 또는 백분율로 언어 지도화를 시도하는 것보다, 실제로 우리가 알아야 할 것은 이 공간에서 매일 발생하며 상호작용을 하는 도시언어 멀티태스킹metrolingual multitasking(4장)의 다양한 다중언어이다. 이 시장의 공간 레퍼토리는 어떤 개인의 궤적trajectory에서, 누가 어떤 거래를 하고 어떤 활동을 하며 누구와 얘기하는지에 따라 광범위한 언어 자원을 포함한다.

우리가 살펴본 다른 많은 현장과 마찬가지로, 도시언어 시장에 대한 우리의 분석은 우리가 공간 레퍼토리의 다층적 역학, 즉 활동, 대상, 장소 및 기호 자원에 대한 이해를 도시언어적 실행의 필수 요소로 통합해야 할 필요성을 시사한다. 업무 현장에서 변화하는 언어 자원이 노동자를 지배하는 사회적·경제적 조건의 산물이라는 점에 주의를 기울이면서, 우리는 이러한 언어 교환의 일상성, 즉 '아래로부터의 지구화의 차원과 실행'(Mathews & Vega, 2012, p. 1), '상황별 특수성에서 다름을 인식하고 인지하기 위하여 능력을 발휘하는'(Wise, 2009, p. 35) 일상적인 교환 형태에 초점을 둔다.

발췌문 8.3

1. **여성 과일 상인** 보세요, 보세요, 보세요, 보세요, … 네, 네. 이 색은 맛있는 거예요.
2. **여성 과일 상인** 거짓말 아니에요!
3. **남성 고객** 믿어요!
4. **여성 과일 상인** 저를 못 믿으시면, 하나 사서 집에서 먹어 보세요!
5. **여성 과일 상인** 솔직히 노란색을 더 많이 띨수록 맛이 더 좋답니다. 저도 집에 몇 개 가져가서 먹어 보고 싶어요.
6. **여성 과일 상인** 먹어 보세요. 진짜로, 거짓말하는 게 아니에요. 이 과일들은 나무에서 익은 거거든요.
7. **남성 고객** 아, … 나무에서 익었다?
8. **여성 과일 상인** 거짓말 아닙니다. … 진짜 거짓말 아니라고요.
9. **남성 고객** 한번 먹어 봅시다.
10. **여성 과일 상인** 이게 훨씬 달아요. 이건 덜 익어서 매우 셔요.

프로듀스 마켓에서의 초기 상호작용(1장 참조)과 마찬가지로, 이 상호작용 또한 장소, 주변 환경, 작업 및 상호작용의 유형과 관련하여 이해되어야 한다([사진 8.1]). 이들 행동의 중심에는 두 명의 상호작용자 사이에 위치하는 망고가 있는데, 여기서 망고는 색, 맛, 숙성 정도, 가격 등에 초점을 맞추어 끊임없는 협상을 끌어낸다. 4장에서 논한 바와 같이, 우리는 언어 차원, 상호 관련된 역할에 대한 주의, 언어 실행, 대상을 추가함으로써 스리프트(Thrift, 2007)의 공간에 대한 연합적인 관점을 유용하게 확장할 수 있다. 이와 같이 우리는 공간 레퍼토리(인공물과 대상은 물론 특정 장소에서 이용 가능한 언어 자원)가 특정 장소에서 의사소통 활동의 일부를 형성하는 방식을 파악하려고 노력하고 있다.

우리가 이 책에서 자주 언급한 바와 같이, 메트로링구얼리즘은 상호작용의 언어학뿐 아니라 도시, 주변 환경, 인공물, 그 밖에 도시 활동의 일부가 되는 모든 것들에 중점을 둔다. 거래를 동반하는 멀티태스킹, 예를 들어 과일, 돈 및 가방을 다루면서 다른 고객과 동시에 상호작용하는 것에서 망고의 색, 질감, 맛 및 냄새는 모두 활동의 일부이자 공간 레퍼토리의 일부가 된다. 이 상호작용은 일부 광둥어 코드로 이루어지지만 동시에 더 넓은 공간 레퍼토리를 유도하는 도시언어적 멀티태스킹의 폭넓은 과정의 일부가 된다.

이 상호작용에서 과일 판매자는 망고가 달콤하며(말순서 1, 5, 10), 손님에게 망고를 사 집에 가서 먹어 보라고 거래(사실 별로 거래는 아니지만)를 제안하고(말순서 4, 5), 자신 또한 그렇게 하려고 했다는 사실이 거짓말이 아니라는(말순서 2, 6, 8) 주장을 한다. 망고의 노란색이 상품의 매력 중 하나라는 것 또한 중요하다. 1장에서 노란색 호박(그로 인해 값이 내려간) 또는 건설 현장의 노란색 환타(6장, 세르비아 노동자로 하여금 고향의 초록색 환타를 간절히 원하게 했던)와 달리, 녹색에서 노란색으로의 숙성은 망고라

[사진 8.1] 센트럴 마켓

는 상품의 중요한 장점(또한 맛을 보기 위해 하나를 자르지 않아도 되는 전략)
이다. 따라서 판매자가 구입을 권하기 위해서 취한 조치는 대표적으로 노
란색으로 증명된 과일의 단맛에 대한 주장 "이 색은 맛있는 거예요(呢個
色好食)."와 "노란색을 더 많이 띨수록 맛이 더 좋답니다(越黃嘅越好食)", 그
리고 그녀가 진실을 말하고 있다는 주장 "거짓말 아닙니다. … 진짜 거짓
말 아니라고요.(唔係呃你㗎…真係唔係呃你㗎.)", 이 두 가지로 특정지어진다.

　　그러고서 이 물질적 대상의 색과 맛에 대한 호소와 판매자의 정직성
에 대한 호소는 끊임없이 움직이며, 이 움직임은 샌프란시스코, 쿠알라룸
푸르 또는 런던에 운송된 그 모든 중국 시장에서 재지역화된 언어 실행(6

장 참조)으로 되풀이된다. 6장에서 설명한 것처럼, 탈리브의 "라 왈라(네, 맹세해요)"(발췌문 6.7)와 같이, 많은 시장에서 정직성에 대하여 비슷하게 주장한다. 예를 들어 "요루바Yaruba어 화자들, 특히 이슬람교도들은 종종 그들이 진실을 말하고 있다는 것을 청중에게 확신시키고 싶을 때 '왈라히 (Wallahi)'라는 표현을 사용한다."(Ayoola, 2009, p. 396) 유머에서 모욕, 감언이설에서 아침에 이르는 많은 흥정 전략과 마찬가지로, 이러한 시장 전략은 전 세계적으로 공통적이지만 언어, 제품 및 지역에 따라 특화된다.

그러나 여기서 초점을 맞추고자 하는 핵심 질문은 이러한 언어가 다양한 다중언어 시장에서의 언어 사용에 대한 집합체, 즉 센트럴 마켓의 공간 레퍼토리 내에서 어디에 위치하는가에 있다. 여기서 고객과 판매자는 상당히 많이 공유된 광둥어 코드(판매자의 언어는 시골에서 쓰는 광둥어에 더 가까웠지만)를 사용하기로 결정했다. 이 시장에서 광둥어는 상호작용을 하는 데 사용되는 공통어지만, 그 이면을 살펴면 다양한 복잡성이 보일 수밖에 없다. 이곳 노동자들과의 인터뷰에서 흔히 보는 그림은 영어가 상거래의 기본 언어이고, 사회적인 상호작용 언어는 광둥어라는 것이다. 그러나 이 그림은 여러 면에서 복잡하다. 표준 중국어도 여기에서 중요한 역할을 한다. 사실 한 정보 제공자는 표준 중국어가 실제로 시장에서 통용되는 링구아 프랑카라고 주장했지만, 이 주장은 다양한 표준 중국어 자원이 확산되고 이 화자의 광둥어 자원은 제한적이었기 때문으로 보인다. 그가 시장에서 상대적으로 표준 중국어를 잘 사용할 수 있었던 것은 보이는 것보다 실제적으로는 그것이 더 널리 사용되고 있음을 시사한다. 파트리스 주방의 언어가 폴란드어라는 니샬의 견해와 영어라는 알렉시와 크시슈토프의 견해(4장)에서도 살펴볼 수 있듯이, 우리는 누가 누구에게 무엇을 말하고, 따라서 무엇이 공통어로 간주되는지에 대해 다른 시각을 수용할 수 있어야 한다.

표준 중국어는 영어와 함께 판매에 유용한 언어이며, 하루의 마지막에 나오는 세일 판매는 종종 "원 달러! 원 달러! 이쿠아이챈! 이쿠아이챈!(1달러! 1달러! 1달러! 1달러!)"과 같이 다양한 영어와 표준 중국어로 이루어진다. 또한 광둥어 사용자들 사이에도 홍콩과 중국 본토, 농촌 및 도시뿐 아니라 다양한 역사, 위치, 배경 및 기타 언어 사용 등 엄청난 다양성이 존재한다. 우리가 여러 광둥어 억양에 주목했던 과일과 채소 가게에서, 우리는 그곳에서 일하는 네 명의 여성이 모리셔스Mauritius,* 홍콩, 베트남 및 중국 출신이라는 것을 발견했다. 눈에 띄게 다른 그들의 광둥어 스타일은 '베트남식 광둥어'와 같이 쉽게 평가 절하될 수 없으며, 오히려 그 여성들의 훨씬 더 복잡한 삶의 궤적을 반영한 것이다. 모두가 이 시장 가판대에 도달하기 위해 물리적, 사회적, 언어적으로 복잡한 경로를 여행했기 때문에 이들 중 누구도 이 장소에서 그저 '출발'한 사람은 없었다.

젊은 2세대 레바논 노점상이 설명했듯이, 다른 언어 배경을 가진 노동자들도 있다.

발췌문 8.4

1. **노점상** 음, 나는 조금 할 줄 아는 게, 모르겠어요, 뭐 중국말이나 그런 거 할 줄 알아요.
2. **연구자** 그래요, 그럼 여기에서 일하면서 배웠어요?
3. **노점상** 네, 여기에서 배웠어요. 여기는 중국인들이 많기 때문에, 저는 뭐, 숫자 같은 것들을 말할 수 있어요.

4장에서 언어가 식별되는 방식에 대해 논의한 것과 마찬가지로, 여기

....

* 아프리카 동부, 인도양 남서부에 있는 섬나라.

에서도 일을 수행하기 위해 사용된 코드를 식별하는 것보다 단어를 사용해서 일을 수행하는 것 자체가 더 중요했다. 우리는 타이인, 네팔인, 한국인 노동자뿐만 아니라, 향신료 노점에서 일하는 젊은 남자와도 이야기했다. 그는 집에서 영어, 포르투갈어 및 아랍어를 사용하지만(그의 어머니는 포르투갈인이고 아버지는 레바논인이다) 시장에 포르투갈어와 스페인어 사용자가 향신료를 사러 올 때 영어, 포르투갈어 및 스페인어를 사용한다고 설명했다. 그는 이 시장에서 스페인어 또는 포르투갈어보다 아랍어를 훨씬 덜 사용한다고 말했다. 이는 어쩌면 다시 한번 링구아 프랑카에 대한 이해의 관점을 시사하는 것일 수도 있다. 그러나 흥미로운 점은, 발췌문 8.3의 상호작용 직후에 두 명의 스페인어 사용자(라틴아메리카계)가 이 과일 노점의 녹음 환경 안으로 들어왔다는 것이다. 그들이 서로 대화를 하는데 (이 노점에서 물건을 산다면 아마도 영어를 사용할 것이다) 이는 언어 경관linguascape의 또 다른 특징을 보여 준다. 여기에는 노점 주인과 고객의 거래에 사용한 언어뿐 아니라 고객이 중간중간에 사용한 모든 언어가 포함된다. 이러한 관찰은 시장과 같이 역동적인 도시언어적 실행 속에서 언어의 사상寫像, mapping이 쉽게 이루어지는 것이 불가능하다는 것을 다시 보여 준다.

이것은 또한 시장의 공간 레퍼토리에 무엇을 포함시켜야 하는지에 대하여 의문을 품게 한다. 4장에서 논한 바와 같이, 공간 레퍼토리의 개념은 특정 장소에서 사용 가능하고 그곳에 퇴적된 자원에 관한 것이다. 공간 레퍼토리는 발생할 수 있는 모든 언어 요소를 포함하지는 않지만 사용 가능한 다양한 자원과 이들을 규칙화하는 방식에 주의를 기울이게 한다. 이 스페인어 자원은 광둥어가 지배적으로 사용되는 상호작용을 스쳐지나가면서 이루어지지만 향신료 노점을 둘러싼 공간 레퍼토리의 일부가 됨을 보여 준다. 시장의 링구아 프랑카에서 이런 레퍼토리가 어떻게 사용되는지는 우리가 여기서 추구하고자 하는 광범위한 질문의 일부이다.

도시 다중언어 사용의 복잡성을 이해하는 한 가지 접근 방식은 블록 (2007)의 주장대로 틈새 링구아 프랑카라는 용어를 사용하는 것이다. 틈 새 링구아 프랑카는 지배적인 언어는 아니지만 특정한 영역의 국지적인 의사소통localized communication에서 사용되는 두 번째 언어를 말한다. 그러 나 링구아 프랑카에 대한 아이디어는 좀 더 논의가 필요한데, 최근 몇 년 간 영어를 링구아 프랑카로 집중적으로 다루기 시작하면서 그 개념이 다 소 모호해졌기 때문이다(Jenkins, 2006; 2009; Mackenzie, 2014; Pennycook, 2012b). 원래 링구아 프랑카는 아랍어, 프랑스어, 그리스어, 이탈리아어, 스페인어 및 터키어(이름을 붙일 수 있는 실체인 모든 언어를 포함하여) 어휘 를 사용하여 지중해 전역에서 거래 목적으로 개발된 언어를 말한다(Ost- ler, 2005; 2010). 링구아 프랑카(이탈리아어로 '프랑크족의 혀')라는 용어는 중세의 지중해 지역에서 다른 언어 배경을 가진 십자군과 상인들 사이에 서 유래했다. 이 용어 자체는 이탈리아어에서 비롯되었지만 모든 유럽인 들을 통틀어 '프랑크족Faranji/farengi'이라고 칭한 아랍인의 견해를 기반으 로 한다. 월터(1988)는 링구아 프랑카 또는 혼성어Sabir는 본래 "각 사용자 가 타인의 언어라고 생각하는 특별한 특징이 있기 때문에 상업적인 거래 장소에서 그 목적을 완벽하게 수행했다."(p. 216, 저자 번역)고 제시한다.

현재 영어가 링구아 프랑카로 사용되는 것에 대하여 필립슨(Phillip- son, 2009)은 중세 십자군의 언어가 현재 세계적으로 기업화한 십자군의 언어로서 '자유'와 '민주주의'로 마케팅된 영어에 딸린 용어가 되어 버린 역사적 아이러니를 언급하고 있다(p. 167). 무엇보다도 이는 링구아 프랑 카의 의미가 무역에 긴급히 필요한 접촉 언어에서 현재 가장 많이 쓰는 언어로 바뀌었음을 나타낸다. 즉, "집 밖에서 의도적으로 습득한 모든 언 어는 사회적으로나 실용적인 이유에서 의도적으로 배운 일종의 접촉 언어"(Ostler, 2010, pp. 36-37)이고, 모국어가 사람들 간의 공통어(Kirkpat-rick, 2011)[2]라는 것이다. 실제로, 카츠루(Kachru, 2005)는 용어가 대체로 부정확하게 사용되고 있다는 이유로 영어가 링구아 프랑카라는 견해에 반대했다. 상거래에 등장하는 접촉 언어와, 국제 커뮤니케이션에서 영어 같은 기존 언어를 배우는 것에는 큰 차이가 있다는 것이다.

링구아 프랑카의 본래 의미에 대한 주장에서 별로 얻을 것은 없지만, 그럼에도 불구하고 여기에서 중요한 언어 이데올로기를 구별할 필요가 있다. 만약 링구아 프랑카를, '학습 대상'이 되는 현대 언어 이데올로기 modernist language ideology의 견지에서 본다면 우리는 언어를 의사소통 과정 이전의 실체로 보게 된다. 그러나 링구아 프랑카를 '영어'나 사전 제공된 언어로 미리 정의하지 않고 항상 유동적이고 새로운 혼합물로 보면, 우리는 어떠한 실체를 상정하기 이전에 상호작용 과정을 우선시할 수 있게 된다. 이것이 바로 카나가라자(2007)가 '링구아 프랑카로서의 영어English as a Lingua Franca, ELF'의 개념을 채택하는 대신에 사용 맥락에서 나타나는 영어의 의미로 '링구아 프랑카인 영어Lingua Franca English, LFE'라는 아이디어를 취한 이유이다. 즉, 화자speakers는 "상호작용할 때 링구아 프랑카인 영어로 성공적으로 의사소통하는 것을 상호 승인하는 태도와 형태 및 규칙을 활성화한다."(p. 925)는 것이다. 링구아 프랑카인 영어는 "특정한 상호작용 맥락에서 상호 주관적으로 구성된다. 이러한 영어 형식은 각 화자의 목적에 따라 협상이 이루어진다". 따라서 "이 언어를 선험적으로 설명하

....

2   이러한 견해는 5세기에 프랑크족의 갈리아Gaul 침공 이후 현지 언어를 채택한 것에서 '링구아 프랑카'라는 용어가 유래했다는 커크패트릭의 특이한 주장을 일부 가져온 것이다. 이 주장은 링구아 프랑카가 '프랑크의 언어'를 가리킨다는 필립슨의 주장(Phillipson, 2009, p. 167)처럼, 프랑크족이 사용하는 언어에서 '링구아 프랑카'가 온 것이 아니라 유럽인을 통틀어 프랑크Franks로 일반화한 데서 이 용어가 유래했다는 점을 간과한 것으로 보인다.

기 어렵다."(Canagarajah, 2007, p. 925) 이와 같은 '횡단언어적 관점translin-gual perspective'에서는 "다양성을 규범으로 받아들이고" "의사소통에 성공하기 위해서는 다양한 수준으로 일반성의 규범을 공유하고 통일하는 것이 필요하다는 글로벌 영어 모델을 가정하는 것에 도전하는 것이 필요하다."(Canagarajah, 2013, p. 75)

(도쿄에 있는) 지중해 언어와 지중해 사람들의 흐름 속에 위치한 카르타고 주방(4장, 7장 참조)은 최초의 링구아 프랑카의 발전과 관련되며, 사용되는 언어 범위 밖에서 어떻게 새로운 링구아 프랑카가 발달할 수 있는지를 보여 준다. 예를 들어, 프랑스어를 사용하는 고객은 셰프와 대화를 나누기 위해 주방에 들르기도 하는데 홀 직원으로 일하는 마마는 프랑스어 질문에 자신은 일본어로 대답하는 경우가 더 많다고 말한다. 마마가 셰프에게 "*poason* mitai dake do, **dajaj** dakara(생선처럼 보이지만 사실은 치킨이야)"라고 말할 때, 생선에는 프랑스어를 사용하고 치킨에는 아랍어를 사용한다(생선을 의미하는 아랍어 '사막samak'을 사용하기도 한다). 이러한 단어의 혼합["いろんな単語が入り乱れています(다양한 어휘들이 뒤죽박죽 섞여 있어요)"]은 항상 일을 수행하는 것과 관련이 있다고 그녀는 말한다. 셰프와 마마(3장과 7장) 사이의 언어, 즉 마마가 공통 용어共通用語, common terminology라고 부르는 것은 식당을 거쳐 가는 사람들의 궤적이 출현하고 퇴적된 산물이다. 같이 일한 터키 식당에서 배운 터키어 숫자부터 홀 직원(아랍어를 공부하고 있던 사람) 중 한 명에게서 배운 아랍어까지, 셰프가 파리에서 배운 프랑스어부터 그라나다Granada에서 마마가 배운 스페인어까지, 그리고 그들이 여행하면서 배운 다른 지중해 언어의 일부분까지, 이러한 언어 자원은 카르타고의 공간 레퍼토리 일부가 되어 새로운 링구아 프랑카로 사용할 수 있게 된다.

블록(2007)이 틈새 링구아 프랑카에 초점을 맞춘 것은 지배적이고 예상 가능한 언어와는 다른 언어 사용을 설명하기 위함이지만, 그 이면에서는 합의된 언어 코드라기보다는 이미 존재하고 있는 대상이라는 예상을 강하게 확인해 주었다. 따라서 우리는 링구아 프랑카라는 개념 대신에 메트로링구아 프랑카를 공간 레퍼토리에서 도출되는 개념으로 개발하고자 한다. 메트로링구아 프랑카는 선택 가능한 언어 목록(광둥어, 베트남어, 영어 등)에서 언어를 선택하는 것이 아니라, 어느 시점에서든 사용 가능한 공간 레퍼토리에서 끌어낼 수 있는 특별한 언어 실행을 말한다. 지역 링구아 프랑카local lingua franca가 무엇인지에 대해서는 의견이 일치하지 않는 경우가 많다. 우리가 일전에 대부분 '중국어로 말하는' 시장에서 들은 바와 같이, 링구아 프랑카는 누구에게 묻는지, 그리고 어떤 목적으로 그 언어가 사용되는지와 관계가 있다. 사람들은 자신의 대화 상대, 언어, 그리고 하고 있는 거래에 대한 인식 범위에 따라 언어를 사용하고 식별한다(조셉이 1장에서 말한 것처럼 그들은 '그들만의 언어를 구사한다lingo'). 많은 노점상 사이에서 사회적 상호작용을 하는 언어는 광둥어이고, 노점상 거래의 기본 언어는 대부분 영어라는 의견에는 약간의 사람들이 동의했다. 반면 어떤 사람들은 표준 중국어가 링구아 프랑카라고 주장했으며 좀 더 국지적인 수준에서는 푸젠어, 인도네시아어, 베트남어, 타이어 및 스페인어 모두가 작업 영역에서 사용되는 언어로 등장했다.

시장에서의 상호작용에 대하여 보다 자세히 분석해 보면 광둥어가 사회적 상호작용에서 공통어로 기능했지만, 이것은 때로는 차오저우어나 하카어와 같은 언어의 특성을 띠는 지방의 광둥어, 때로는 홍콩이나 광저우에서 사용하는 도시 광둥어(이는 또한 한 연구 보조원이 말한 것처럼 표준 중국어의 영향을 받은 '만도Mando'에 가까울 수도 있다), 때로는 중국계 말레이시아인, 베트남인 또는 인도네시아인이 말하는 광둥어 등 다양화된 광둥어이기도 했다. 무히브가 레바논 및 이집트계 아랍 사람들뿐 아니라 소말리아 및 기타 배경의 사람들에게 '얄라, 얄라'라고 하고 ABC 건설 현장의 노동자들이 다양한 아랍어를 사용한 것처럼, 이 시장의 광둥어에도 다양한 유형이 있다. 광둥어와 영어가 시장의 공통어로 사용되고 있었지만, 표준 중국어 또한 상당히 광둥어답고 단순한 형태 "원 달러! 원 달러! 이쿠아이챈! 이쿠아이챈!(1달러! 1달러! 1달러! 1달러!)"으로 사용되고 있었다. 이것은 행인들의 언어를 예상하여 반응한 것이면서 동시에 표준 중국어가 더 넓은 용도로 쓰기에 유용한 언어라는 일반적인 생각에 대한 반응으로 보인다. 이런 맥락은 언어 내에서, 그리고 언어 전반에 걸쳐 매우 높은 수준의 다양성을 보인다.

사람들이 서로를 이해하는 방법(또는 때로는 이해하지 못하는 방법, 6장 참조)은 다양할 수 있다. 여기에는 다양한 언어 및 비언어 자원이 포함된다. 프티 파리에서도 일이 항상 매끄럽게 진행되지는 않는다. 나빌은 자신과 주로 프랑스어를 사용하는 셰프들만 있을 때 일본인 고객과 어떻게 의사소통을 하는지 설명한다.

가끔 어떤 일본인은 프랑스어를 조금 할 줄 알고, 아니면 영어를 조금 할 줄 알거나, … 그러면 저는 괜찮아요. 그들이 말하지 않아도 저는 그냥 그들이 말하는 것을 감으로 알아들어요. 저는 사실, 100퍼센트는 이해하지 못하지만, 내 사업이고, 25년 동안 식당에서 일했기 때문에 그들이 말하려는 것을 감 잡을 수 있고, 제가 이해를 하지 못할 때도 일본인 고객이 무엇을 원하는지 감으로 알 수 있어요.

(나빌 인터뷰, 2011년 12월 27일)

마찬가지로, 가끔 일본인 매니저 하타 씨와 셰프가 의사소통을 해야 할 때에도 대화가 이런 식으로 어찌어찌 진행되는 듯하다. 나빌은 "셰프는 일본어로 말하지 않고, 영어로도 말하지 않아요. 하지만 자신을 표현할 수 있어요. 내 말은…, 뭐 물론, 일반적으로, 그들 사이에 의사소통은 잘돼요. 그러나 몇 개의 단어는 영어로, 몇 개의 단어는 일본어로, 몇 개의 단어는 프랑스어로 해요."라고 말한다. 그리고 나빌은 다시 나중에 "심지어 하타 씨와 셰프도 의사소통할 수 있어요. 때로는 마음으로, 때로는 국제 언어로요."라고 덧붙인다. 의사소통에서 말이 통하지 않을 때, 중요한 것은 사업에 대한 지식, 그리고 일어나고 있는 일에 대한 '감'과 마음이다. 이것은 주방에서 공유되는 공통어에 대한 것이 아니라 (전문 지식을 포함하여) 사람들이 자신이 있는 공간에서 이용할 자원을 조작하는 방법과, 그들이 공유된 활동에 참여하면서 퇴적되고 공유된 자원의 개발에 관한 것이다. 이 퇴적된 자원에는 '마음'도 포함되어 있다. 블로마트가 언급한 바와 같이, 일부 거래는 현지의 일상어를 '능숙하게' 하지 않아도 이루어질 수 있다. 대신, 언어의 단편적인 조각들은 '긴급 링구아 프랑카emergency lingua franca'로 동원될 수 있다(Blommaert, 2010, p. 8). 이런 상호작용은 다양한 사람들과 레퍼토리를 포함하여 협력적으로 이루어질 수도 있다.

복잡한 다중언어의 상호작용 맥락에서의 링구아 프랑카는 사전에 주어지는 언어가 아니라 끊임없이 출현하는 언어 가능성의 집합체이다. 시장은 다른 언어 실행의 흐름 속에서 다양한 언어 자원이 동원되는 계층화된 다중언어의 현장이다. 만약 우리가 '영어', '광둥어', '아랍어' 등 인식 가능한 코드를 식별하는 답변을 예상하면서 시장, 식당, 주방, 상점 및 건설 현장에서의 링구아 프랑카가 무엇인지 묻는다면, 우리는 잘못된 방향으로 갈 수 있다. 마코니와 페니쿡(Makoni & Pennycook, 2012; Makoni, Makoni & Pennycook, 2010)에서 주장하듯이, 메트로링구얼리즘에 대한 비非다원화 전략nonpluralization strategy과 유사한 전략은, 혼합되어 있지만 다양한 언어 사용이 기준인 메트로링구아 프랑카라는 관점에서 생각하는 것이다. 결과적으로 우리가 메트로링구아 프랑카라고 부르는 것은 절대 고정되지 않고 안정적이지도 않으며 공유되지도 않으나 다른 순간에 유도할 수 있는 언어 자원과 비언어 자원의 집합체이다.

이를 통해 우리는 링구아 프랑카의 본래 의미로 되돌아간다. 즉, 링구아 프랑카는 상거래 언어라는 것, 항상 타인의 언어를 말하고 있다고 믿을 수 있을 만큼 유연한 언어라는 것(Walter, 1988), 상호작용을 하는 각각의 특정한 상황에서 상호작용적으로 구성된 것(Canagarajah, 2007; 2013)이며, 또한 이러한 상황에는 그 활동의 일부인 외모, 옷, 몸짓, 망고, 움직임과 같은 실행과 행동을 포함한다는 것이다. 노점상에게 다양한 고객에 대한 대응 방식을 어떻게 결정하는지 물었을 때, 옷은 예상했던 것보다 더 큰 역할을 했다. 사용할 언어 결정에 영향을 미치는 것에는 셔츠, 신발, 안경, 헤어스타일, 가방 등 외모를 해석할 영역이 존재했다. 어느 과일 노점 직원의 말처럼 '그냥 말할 수 있다'. 이 모든 상호작용은 이동성, 실행, 공간 및 주체가 교차하는 영역과 관련하여 이해해야 한다(Cresswell & Merriman, 2011).

따라서 우리는 이러한 상호작용이 더 넓은 공간 레퍼토리에서 이끌어 낸 다양한 기호 자원을 이용한다는 것을 이해해야 한다고 강조해 왔다. 사람들이 자신의 역사 궤적에서 가져오는 언어 자원의 레퍼토리는 다른 레퍼토리의 공간 구성과 교차한다. 반면에 구매 및 판매, 물물 교환 및 협상, 옥수수 껍질 벗기기와 박스 포장 등의 실행은 다른 다양한 기호학적 수행semiotic practices을 활용한다. 이들 중 그 어느 것도 시장의 공간 레퍼토리에서 배제할 수 없다. 공간 레퍼토리로는 누렇게 되어 가격이 하락한 호박 및 노랗게 익어 가격이 상승한 망고, 언어 레퍼토리, 대화 상대에 대한 신념과 기대, 시장의 판매 소음과 긴박감, 도시의 리듬(센트럴 마켓에서 오전 나절의 지지부진한 판매 리듬은 오후가 끝날 무렵 "원 달러, 원 달러! *이*

쿠아이챈! 이쿠아이챈!" 하며 셀러리를 싸게 팔아치우는 리듬과 매우 다르다) 등이 있으며, 이 모든 것들은 어떻게 다양한 자원이 채택되고 사용될지, 그래서 메트로링구아 프랑카를 끌어낼 공간 레퍼토리를 언제 어디에 구성할지에 결정적인 역할을 한다.

도시언어 교육 및 정책

언어 정책의 관점에서 메트로링구얼리즘에 중점을 두면 여러 가지 논의점이 제기된다. 가장 분명한 논의점 중 하나는 언어 정책과 입안자들에게, 사랑하는 인구통계언어학적 접근demolinguistic approaches에서 벗어나 수많은 언어와 그 언어 실행으로 중점을 옮겨야 한다고 촉구하는 것일 것이다. 다른 차원에서, 언어에 대한 도시언어적 접근은 언어 유지 또는 언어 상실과 같은 개념에서 언어를 이해하는 방법에 대해 중요한 질문을 던진다. '하나의 언어'를 '하나의 문화'와 동일시하고 언어의 '상실'이 그 문화의 상실을 초래할 것이라고 주장하는 일부 환원주의적 담론에 대해 이미 상당한 비판이 제기된 바 있다. 헬러와 두셴(2007)이 명확히 한 바와 같이, 이와 같은 다양성에 대한 접근은 '언어-문화-국가 이데올로기의 결합을 유지'하려는 지속적인 시도의 일환이다(p. 7). 우리는 근대성에서 도출한 언어 이데올로기를 고집함으로써 어떤 이익이 작용하는지 살펴볼 필요가 있다.

우리는 언어를 보존해야 한다고 가정하기보다는, 사람들이 쓰는 방식으로 언어를 이해함으로써 누가 혜택을 누리고 누가 손해를 보는지, 누구에게 성패가 걸려 있는지, 언어가 어떻게 그리고 왜 경쟁을 위한 공간

으로 기능하는지 질문해야 한다. (p. 11)

언어 상실과 보존에 대한 담론에 반하여, 우리는 새로운 언어, 특히 도시 방언urban vernaculars의 성장과 발전에 주목해야 할 것이다. 2010년 인도 북동부에서 새로운 언어 '코로Koro'를 발견하였는데 이와 같이 새로 발견한 언어에 대한 대부분의 발표는 언어학자가 연구한 적이 없는 외딴 지역 사회에서 이루어진다. 호주 북부 외딴 지역에서 호주 원주민 영어와, 영어 기반의 크리올어인 왈피리Warlpiri어를 결합한 새로운 '혼합'언어인 '라이트 왈피리Light Walpiri어가 발견'(New Language Uncovered, 2013; O'Shannessy, 2013)되었다는 발표가 있었다. 이러한 발표는 라이트 왈피리어와 같은 언어들이 최신이고 혼합되어 있으며 전통적인 삶의 방식과 반드시 연관된 것은 아닐 수도 있다는 것을 인정하는 것이다. 도시 방언urban vernaculars의 성장 또한 발견과 언어 집계에 대한 접근 방식을 다시 생각할 필요가 있을 뿐만 아니라 언어가 의미하는 것을 보다 일반적으로 재고할 필요성을 시사한다.

맥로린(McLaughlin, 2009)이 설명하듯이, 광범위한 아프리카에서 '심오한 다중언어주의profound multilingualism'가 도시를 중심으로 심화되고 있는데, 이는 다양한 다중언어적 시골 지역에서 도시로 이주함으로써 '도시 방언'이 성장하기 때문이다(p. 2). 따라서 아프리카 도시가 급성장하면서 "언어 환경이 강화되고 다중언어가 증가하였다."(p. 5) 특정한 인구통계학적, 언어적 요소 때문에 아프리카 도시는 "20세 미만 젊은이의 강한 존재감, 극적으로 높은 수준의 실업률과 빈곤율, 비공식 경제의 역할, 다중언어 사용이 나타나는 장소"(Canut, 2009, p. 86)가 되었으며, 도시 환경뿐 아니라 도시언어 또한 늘 건설 중이다(Bokamba, 2009; Bosire, 2006; Kiessling & Mous, 2004; Kube-Barth, 2009; Makoni, Makoni & Pennycook, 2010).

이들 언어는 여러 언어 자원과 문화 자원에서 유래하고, 도시 청년이 대중문화와 글로벌한 도시 생활의 감각에 참여한 결과이다. 이런 참여는 이미 혼합되어 있고(혼합된 언어를 코드 혼합으로 분류하면 초점을 놓친다), 지역의 상호작용(이는 결코 고정되지 않으며, 통계학에서 꿈꾸고 교육적인 커리큘럼에서 제공하는 표준화된 언어가 결코 아니다)에서 생성되며 분류하거나 설명하기가 매우 어렵다(항상 유동적이고, 항상 가까이 있는 언어 자원은 무엇이든 사용한다). 이들은 도시를 성장시키는 메트로링구아 프랑카이다.

다카Dhaka나 울란바토르Ulaanbaataar*만큼이나 다른 도시에서 유유자적하며 살고 있는 참가자의 (페이스북에서 유튜브 댓글에 이르기까지) 온라인 언어 사용을 살펴보면(Sultana, Dovchin & Pennycook, 2013; 2015) 다양성이 증가하고 있음을 알 수 있다. 그러나 가장 중요한 것은 공통적으로 이해가 되는 언어의 관점으로 도시언어의 다양성을 설명해서는 안 된다는 것이다. 카누가 지적했듯이,

> 언어 혼합Language mixing, 언어 겹침linguistic overlap 및 다수언어 실행 plural linguistic practices은 모두 일상생활의 일부이고, 대부분의 경우 특별한 메타담화를 불러일으키지 않으며 단지 현실일 뿐이다. 화자들은 연구자가 주제에 부여하는 중요성에 항상 당황해한다.
>
> (Canut, 2009, p. 87)

따라서 카누에 따르면 "도시의 이질적인 특성을 이해하는 유일한 방법은 각 화자의 주관적 범주에 대한 분석에 초점을 맞추는 것"(2009, p. 89)과 이 맥락에 대해 외부 범주(언어, 민족, 정체성)의 도입을 피하는 것이다.

....
* 다카는 방글라데시의 수도이고 울란바토르는 몽골의 수도이다.

물론 이러한 견해는 본 연구에서 지속적으로 긴장을 불러일으켰다. 학문적인 담론과 대중적인 담론에서 이미 고정된 용어 외에 다른 용어로 언어에 관해 어떻게 논의할 것인가? 예를 들어, 프로듀스 마켓 노동자들이 "엉터리 영어를 쓰고 레바논어로 그들만의 소통을 해요."라는 조셉의 주장(1장)을 어떻게 인정하고 어떻게 의문을 제기할 것인가? 만약 현시대의 언어 사용, 특히 도시 젊은이들의 언어 사용을 이해하고 싶다면, 우리는 현대와 국가 형성의 특정한 과정에서 생성된 언어와 문화의 오래된 개념 범주를 사용할 수 없을 것이다. 우리가 주장했듯이, 이것은 단순히 현대 세계나 현대 도시의 '초다양성', 또는 온라인 환경에서 젊은이들의 교류만을 의미하는 것이 아니다. 이것은 도시 자체만큼 오래되었고, 시장만큼 흔하며, 음식을 두고 이야기하는 것만큼 일상적이다. 그러므로 우리는 언어가 도시의 공간 구성과 관련되고, 혼합된 언어 사용이 표준이 되는 방법을 포착하기 위해 메트로링구얼리즘의 개념을 제안한다.

도시 맥락에서는 '특정 언어'가 링구아 프랑카의 역할을 하는 경우는 많지 않으며, 오히려 다양한 장소의 공간 레퍼토리에서 도출되는 매우 가변적인 멀티링구아 프랑카, 또는 여기서 우리가 말하는 메트로링구아 프랑카가 언제나 새로 등장한다. 특히 이민에 대한 각기 다른 물결(예를 들어, 이탈리아인, 몰타인, 레바논인, 광둥인 등)과 관련하여 생산자와 판매자의 광범위한 역사와 네트워크의 일부인 문화, 음식, 민족적 유대관계가 분명히 존재한다. 이것들은 더 광범위한 비공식 경제, 근교 농원, 시장 자체가 제공하는 다양한 노동의 일부분으로서(종종 기본적인 경제적 목적뿐 아니라 요리를 하기 위한 목적으로) 스스로 식량을 생산해야 할 필요성과 연관되어 있다. 이는 또한 다양한 이민자들이 직면한 사회적 소외와 차별 과정에 노출되어 있다. 이와 같은 광범위한 소속, 언어 실행, 고용 가능성, 차별 및 상호작용은 해당 지역의 메트로링구아 프랑카 안에서 중첩되어 있다. 현대 세계에서 언어 정책과 언어 교육에 참여하려는 진지한 시도에서는 언어를 현대의 고정된 대상으로 보는 시각에 얽매이지 않고 언어 현실을 해결하려는 노력을 시작해야 한다.

가르시아(2009)가 '21세기에 아이들을 교육하는 유일한 방법은 이중언어 교육'이라고 제안할 때(p. 5), 우리는 그녀가 말하는 이중언어가 무엇인지 물을 필요가 있다. 이중언어 교육은 두 가지 언어에 유능한 인재를 배출하기 위한 국가 교육 프로그램일 수 있다. 예를 들어 콜롬비아의 '국가 이중언어 프로그램National Bilingual Program'은 다양한 유형의 이중언어에 관한 것이 아니라, "콜롬비아의 모든 학생에게 영어와 스페인어의 이중언어 화자가 될 가능성을 제공하는 것에 목표를 둔다."(de Meija, 2012, p. 247) 이런 맥락에서의 이중언어는 글로벌 경제 참여 증진을 목표로 하는 현재의 많은 프로그램과 마찬가지로 모든 사람이 '글로벌 언어'인 영어에 접근하게 하는 것에 지나지 않는다. 2020년 도쿄 올림픽 및 장애인 올림픽까지 전면 시행하는 것을 목표로 두고 지구화에 발맞춘 일본의 영어 교육 개혁안(2013년 12월 13일)은 이러한 단언어적인 이중언어 교육monoglossic bilingual education의 또 다른 상세한 계획이다. 문부과학성MEXT, the Ministry of Education, Culture, Sports, Science & Technology(교육, 문화, 스포츠, 과학 및 기술부)은 민족주의 담론과 민족 정체성('日本人としてのアイデンティティ', 일본인으로서의 정체성)에 기반한 개념인 일본 문화를 전파('日本の文化の発信')하기 위해 학생들에게 영어 능력 습득이 필요하다고 강조한다.

쿠보타(2014)는 이 계획이 지구화에 대한 좁고 단일언어적인 시각을 강화하기 때문에, 무비판적으로 영어가 세계의 링구아 프랑카라고 가정함으로써 국제 사회에서 사용되는 언어의 다양성을 무시한다고 지적한다. 국가(스페인어, 일본어)와 세계(영어)를 이분화하는 국수주의적 이중언어 캠페인은 현대의 언어 사용보다는 현대의 고착화된 언어 이데올로기와 더 관련이 있다(Nakane, Otsuji & Armour, 2015). 반면에 가르시아는 이중언어 교육이 의미하는 것은 '바퀴 두 개로 균형을 잡는 자전거'와 같은 '이중언어 교육에 대한 단언어적 관점monoglossic view'이 아니라 '이종언어 가능성heteroglossic possibilities이 있는 모든 지형에서 사용 가능한 차량'이라고 설명한다(p. 17). 그렇다면 가르시아에게 이중언어 교육은 별도의 언어 두 가지를 교육하는 것이 아니라 횡단언어 사용 연습, 즉 "이중언어 사용자들이 이중언어 사용 세계를 이해하기 위해 관여하는 다양하고 광범위한 실행multiple discursive practices"이다(p. 45; 가르시아가 강조). 따라서 이것은 프랑스어 지면과 독일어 지면이 있고 이따금 룩셈부르크어를 엿볼 수 있는 『룩셈부르거 보트』와 같은 이중/다중언어가 아니라 "모든 종류의 언어가 섞여 있어요.(乜都有, 撈埋一齊)"와 같은 횡단언어이다.

블랙리지와 크리스(2010)는 "영국의 대중 담론과 언어 정책은 여타의 발전한 영어권 세계와 마찬가지로 전체 인구의 복수언어 사용 관행과 맞지 않는다."면서 다중언어주의를 비판했다(pp. 4-5). 다중언어에 대한 대중적이고 포퓰리즘적인 담론에서는, 비非다수언어 사용을 통합 의지가 부족하고 빈민화의 요소가 되며, '사회 불안, 사회적 분리, 가정 파탄, 교육 실패 및 국가 재정 부담'의 요인으로 보아 문제가 있다고 묘사한다(p. 5). 아랍어, 베르베르어 및 터키어 배경의 벨기에 어린이들은 자신의 모국어가 무가치하다고 치부되고 표준 네덜란드어에 대한 지식은 제한되어 있기 때문에 '영언어자zerolinguals'로 폄하되는데, 그럼에도 불구하고 그들은 '불법 네덜란드어' 놀이로 반격한다(Jaspers, 2011, p. 1267).[*] 이러한 다

....

[*] 자스퍼(Jaspers, 2011)는 벨기에의 한 중등학교에서 소수민족 학생들이 망가진 네덜란드어를 문제화하여 모호한 언어로 만드는 놀이를 함으로써 불평등한 언어 구조 안에서 언어의 가능성을 즐길 수 있음을 보여 주었다고 밝혔다.

중언어주의의 틀 안에서는, 학교에서 배운 언어, 즉 일반적으로 프랑스어·독일어·스페인어·중국어와 같은 언어, 교육받은 이중언어주의라고 할, 학습되고 제한된 언어를 말할 수 있다는 것은 칭찬받는 반면, 소수민족 공동체의 지역적 다중언어주의는 문제화되며, 이는 매우 다른 다중언어주의를 형성한다.

가르시아는 "21세기에는 학교에서 아이들의 다중 및 다모드적 언어 multilingual and multimodal language와 문해력 실행에 확고히 뿌리를 내리는" 교육적 실천이 필요하다고 지적한다(2009, p. 8). 교육에 대한 이러한 횡단언어적 접근은 "자율 언어로 기술되는 다양한 방법이나 다른 언어적 특징에 접근하는 이중언어자가 수행하는 행위"(García, 2009, p. 141)를 중심에 둔다. 따라서 횡단언어 사용은 "학생의 일상 언어와 학교 언어를 확장하고 통합하는 인식론적 변화를 요구하며, 그렇게 함으로써 전통적으로 여러 다른 장소에서 발견되는 지식 습득 방식을 혼합한다."(García & Li Wei, 2014, p. 69). 마찬가지로 블랙리지와 크리스(2010)는 '이중언어 교육으로 이중언어 어린이를 가르치는 것'을 지지하면서 횡단언어 사용을 통하여 '단일언어적 교육 접근을 폐기할 것'을 주장한다(2010, p. 201). 이 제안의 핵심은 이중언어 세계의 복잡하고 혼합된 언어 실행을 인정하고, 우리의 언어 수업이 이 세계를 더 닮아 가기 시작해야 한다는 것을 인정하는 것이다. 카나가라자(2013)에 따르면 교육학은

교실 밖에서 관찰되는 수행 능력과 협동 방식을 수용하기 위해 개조해야 한다. 교사는 단일언어나 방언을 학습 목표로 두기보다는 횡단국가적 접촉 지역transnational contact zones에 필요한 레퍼토리에 학생들이 참여할 수 있도록 준비성을 키워야 한다. (p. 191)

언어에 대한 횡단언어적 접근 방식transglossic approach(Sultana, Dovchin & Pennycook, 2015)은 관습을 거스르는 요소를 통합함으로써 단순히 언어를 혼합하는 것 이상을 보장한다. 이 개념은 언어가 고립되어 사용되기보다 섞이고 혼합되는 방식을 포착하기 위해서, 두 개 언어 상용diglossia이라는 개념에 반대하여 처음으로 제안되었다(García, 2009, p. 304). "횡단언어 상용transglossia은, 이미 정적인 언어의 정체성 안에 고정되어 있고 현대/식민지 세계 시스템의 제약을 받아 온 하위 집단의 말하기 방식을 해제하는" 더 동적이고 관습을 거스르는 형태로 나타난다(García, 2013, p. 161). 가르시아는 여기서 미뇰로(Mignolo, 2000)의 이중언어하기bilanguaging 개념을 채택하였는데, 이는 "횡단국가적 세계transnational world에서 언어를 가지고 살아가는 방법으로서, 교육적이고도 인식론적인 프로젝트로서, 그리고 이유에 대한 비판, 징계 구조, 그리고 국가 언어와 제국 언어에 연루된 학문의 문화"에 기반을 둔다(p. 273). 이때는 교실에서 언어를 혼합하는 것보다 훨씬 더 큰 문제가 있다. 더 정확히 말하면, 국가, 언어 및 교육 시스템 간의 동맹에 맞선 훨씬 광범위한 교육적이고도 인식론적인 도전과 관련이 있다.

도시언어적 접근 방식은 횡단언어적 접근 방식과 많은 부분을 공유하긴 하지만 다양한 차원에서는 다르다. 블랙리지, 크리스, 가르시아, 리웨이나 카나가라자의 작업과 달리, 우리는 교육 현장을 살펴보지 않았다. 그들은 교실이나 학생 작문에서 횡단언어 수행을 관찰하다가 즉각적인 암시를 끌어낼 수는 있었지만, 메트로링구얼리즘에 대한 암시는 덜 직접적이었다. 물론, 우리가 이 장에서 주목해 온, 식당의 나빌부터 시장 가판대의 탈리브와 모히브까지 다양한 사람에게 일을 완수하게 해 주는 다양한 범위의 언어 자원 사용을 반드시 가르쳐야 한다는 의미는 아니다. 그럼에도 우리의 연구는 '프랑스어', '독일어', '일본어', '중국어', '한국어',

'이탈리아어', '영어'와 같이 경계가 뚜렷한 실체나 '이중언어적'이거나 '다중언어적인' 언어 정책으로 재현되는 언어 이데올로기가 어떤 언어 신화를 영속시키는지 스스로에게 묻게 한다.

공간 및 활동과 밀접하게 관련 있는 언어의 사용을 살펴봄으로써, 메트로링구얼리즘은 언어가 서로 관련되었을 때뿐 아니라 특정 장소에서 일어나는 모든 것과 관련되었을 때조차 어떻게 언어를 이해할지에 대해 우리 스스로에게 의문을 제기한다. 스리프트(2007)가 공간을 연합적으로 본 것에 따라 도시언어 멀티태스킹, 공간 레퍼토리 및 메트로링구아 프랑카의 개념은 공간, 언어 실행, 사람과 움직이는 물체와의 상호 관련된 역할에 주목한다. 교육적 관점에서의 과제는 언어에 대한 분리된 관점을 넘어서서 보다 통합된 관점으로 접근하고, 학생들이 '자신만의 기호학적 행위semiological activities를 대화 상대자의 활동과 연계하도록' 돕는 것이다(Harris, 2009, p. 75). 우리가 시스템 및 학습 가능한 실체로서의 언어보다는 지역 실행으로서의 언어에 초점을 둔 것은 언어 교육의 새로운 목표가 신화적 언어mythical languages를 사용하는 신화적인 원어민 수준의 언어 구사자에 있다기보다 다양한 기호 자원을 이용하고, 수용과 협상에 능하며, 발 빠르고 입이 가벼운 도시언어 구사자에게 있다는 것을 시사한다 (Otsuji, 2011; Pennycook, 2012a).

카나가라자(2013, p, 175)가 주장하는 것처럼 언어 교육에 대해 현대적인 접근 방식을 취한다면 (언어 학습이라기보다는) 레퍼토리의 확장, 참여 조건의 공동 구성, 또는 사회적 위치, 협상 및 언어 실행의 문제에 대하여 이해를 발전시켜 나가야 한다. 그리고 만약 우리가 주장한 바와 같이 교육에 접근할 때 더 넓은 공간 레퍼토리, 언어 실행, 사물 및 활동에 중점을 두어야 한다면 우리는 언어, 공간과 장소에 대한 다면적 이해를 포함시켜야 한다. 가르시아와 리 웨이(2014)가 분명히 밝히듯 교실과 외부

언어 사용 간의 관계는 복잡하다. 우리는 시장, 건설 현장 및 주방 공간 레퍼토리를 교실로 가져올 수 없으며(공간에 대한 생각 자체가 이것을 불가능하게 만든다) 우리도 이것을 원하지는 않는다. 우리는 또한 학생들에게 비공식 세계 경제의 말단에서 간신히 기능하는 언어 자원만을 제공하고 싶지는 않다. 하지만 이러한 레퍼토리, 자원, 언어 실행 및 이동성의 세계를 무시한다면, 학교의 언어와 생활의 언어, 교육받은 다중언어주의의 고정 코드와 일상적인 도시언어의 유동성 간에는 차이가 더욱 심화될 가능성이 있다.

결론: 다 함께 집필하기

본 연구의 중심에는 언어와 도시(메트로링구얼리즘)가 있다. 우리는 상점과 카페, 시장 및 건설 현장에 대한 설명과 우리의 글쓰기 방식으로 도시가 얼마나 다양하고 리듬과 층위가 있는 곳인지 보여 주려고 노력했다. 도시의 중심에는 일상의 인접성과 친밀감, 함께 사는 삶의 근접성, 음식과 대화의 중요성이 있다. 이러한 긴밀한 상호작용, 이동성 및 유형성은 언어와 밀접한 관련이 있다. 따라서 우리는 도시에 대한 사고방식이 언어를 고려할 때 어떻게 중요한 영향을 미치는지 보여 주려고 노력하였다. 예를 들어, 우리가 만약 도시를 민족과 언어의 수로 정리한다면, 우리는 도시언어 실행의 역학을 놓치게 될 것이다. 우리가 언어에 대해 생각하는 방식 역시 도시를 이해하는 방법에 중요한 영향을 미친다. 언어와 도시 모두 사람, 건축, 도시 경관, 언어 자원, 도시 전역의 움직임, 식사, 구매, 판매, 이야기 및 욕구 표현과 끊임없이 깊게 연관되어 있다.

언어와 도시의 복잡성을 입증하기 위해 우리는 역동성의 일부를 포착할 수 있는 글쓰기 방법이 필요했다. 우리의 동료[3] 고故 앨리슨 리 (Aitchison & Lee, 2006; 2010)는 우리에게 사회언어학 및 응용언어학과 같은 분야의 연구에 대해 글을 쓰는 것은 연구 보고서를 '작성하는' 과정이 아니라 연구 자체의 밀접한 일부임을 일깨워 주었다. 민족지학ethnography이 과정과 글쓰기로 이해되어야 하는 것과 마찬가지로(Blommaert & Dong, 2010; 2장 참조), 글쓰기는 언어 자료를 텍스트로 번역하는 것이 아니라 지식을 구성하는 과정의 한 부분으로 간주되어야 한다. 이것에는 몇 가지 의미가 있다. 다른 발간물(Otsuji & Pennycook, 2010; 2014)에서와 같이, 우리는 본문에 자료 발췌문을 조기에 배치함으로써 다양한 학술적 글쓰기의 여러 가지 규범을 위반했다. 이것은 단순히 독자들을 유혹하거나 몇 장의 문헌 검토가 끝날 때까지 연구 사례를 남기지 않기 위함이 아니라, 사회과학의 글쓰기 및 연구에 대한 보편적 접근에는 항상 결함이 있었음을 시사하는 것이다.

실증적인 사회과학적 연구에서는 언어 자료가 중심이 되어야 하고 그 주제와 결과는 분석을 통해 도출되어야 한다고 말하지만 정작 글을 쓸 때는 재활용되는 아이디어를 쌓아 연구에 대해 설명하는 경우가 너무나도 많다. 자료를 가지고 시작하여 토론까지 이어지는 것은 거의 불

....

3   이 책을 연구하고 쓰는 동안 많은 영감을 준 동료들을 잃었지만, 그들과 나눈 많은 대화와 상호작용은 우리의 작업에 깊은 흔적을 남겼다. 우리는 특히 옌스 노만 요르겐슨Jens Normann Jörgenson을 언급하고 싶다. 그의 다수언어하기polylanguaging에 관한 연구는 우리의 메트로링구얼리즘 연구를 발전시키는 데 결정적인 역할을 했다. 또한 레오 반 리어 Leo van Lier의 언어생태학에 대한 생각은 언어와 문맥의 복잡성을 이해하는 데 도움을 주었다. 마이클 히긴스Michael Higgins는 다양성의 일반적인 현상을 이해하는 데 도움을 주었고, UTS 동료인 앨리슨 리Alison Lee의 연구는 우리에게 여러 가지를 생각하게 했다. 그들과 연관 있는 많은 것들을 이해하려는 우리들의 시도에서 그들의 아이디어가 어떤 방식으로든 살아 있기를 바란다.

가능했고, 우리의 접근 방식에 반대하는 동료들의 비평으로 어려움을 겪었다. 연구 목적의 글쓰기research writing가 연구 과정을 그대로 기록해야 한다는 말은 아니다. 그러나 연구 기술과 연구 과정 사이의 밀접한 관계는 우리가 해석하고 결론을 얻는 방법을 밝히고, 우리가 쓰는 방식이 우리의 글에 중요한 역할을 한다는 것을 보여 줄 수 있다. 예를 들어 우리가 이 장에서 "원 달러! 원 달러! 이쿠아이챈! 이쿠아이챈!"과 같은 문구를 반복하여 기술함으로써 시장 거래자 사이의 소음과 호객 행위가 반복되는 것을 포착하려고 시도한 것은 이러한 이유 때문이다. 우리는 시장을 설명하기 위해 단순히 기술하는 방식이 아닌 좀 더 실제적인 방법을 찾았다.

이 책의 주제는 연구와 저술 과정에 나타난다. 이는 도시와 언어에 대한 독서, 카페에서 이야기하거나 카페에 대한 이야기, 기록하는 것에서 글쓰기까지 이 모든 것에서 발전했다. 이 프로젝트가 진행됨에 따라, 우리는 메트로링구얼리즘을 이해하기 시작한 방식과 관련하여 자료에서 추출한 내용, 독서에서 얻은 아이디어, 다양한 상황 및 예시가 계층화되고 퇴적된 텍스트로 만들어지기를 희망했다. 그러므로 이것은 기록하고 쓰는 것에서 끝나는 것이 아니라 반복해서 쓰고 다시 쓰는 것을 포함한다. 도시의 벽에 적힌 글처럼(7장) 이 텍스트는 다른 버전 위에 쓰였으며, 이전 시도의 흔적도 남아 있다. 숨 쉬는 도시 안팎으로 사람들이 움직이는 것처럼(3장), 이 글 또한 앞뒤로 왔다 갔다 했다. 사람과 직업, 식당, 예배 장소가 바뀌는 도시의 변화처럼, 이 텍스트의 조직과 형태 또한 새로운 자료가 새로운 구간에 자리 잡고, 새로운 구간에 새로운 아이디어를 쓰기를 기다리며 끊임없이 바뀌었다.

언어 자료 또한 변화한다. 자료의 일부 이미지는 수집된 실제의 고정화된 집합을 제안했지만, 자료의 복잡성 때문에 우리는 다시 귀 기울이

[사진 8.2] 시장 스케치

고 다시 듣고 대화에 대해 다시 생각해 보고 참가자에게 무슨 일이 일어났는지 물어보았고, 그러면서 자료의 안정성은 저하되었다. 같은 자료도 다른 날엔 다르게 해석됐다. 초기에는 자료를 각 장과 책에 배치하고 자료를 활용하여 작업을 시도했지만, 그것들을 본문 내용으로 구성하기 전까지는 아무런 의미가 없었다. 글을 쓰면서 자료는 정체성을 바꾸었으며 여러 다른 글쓰기 단계에서 다른 이야기를 했다. 도시와 같이 자료 및 텍스트를 조직하는 것은 일시적인 조치로 끝났다. 우리가 말하고 주석을 달고 내용을 바꿨을 때, 우리의 텍스트와 발췌문은 종종 다중언어의 낙서와 기록 및 의견과 함께 도시의 도시언어적 표면을 복제하게 되었다. 도시와 도시의 소음 및 냄새가 우리의 글쓰기와 상호작용하면서 글쓰기 과정 자체가 도시언어적으로 변화하였다.

결론적으로 이 텍스트는 함께 집필한 것이었고, 텍스트가 바뀌고, 사라지고, 움직이고 뒤얽히는 복잡한 공동 노력의 결과물이다. 유쾌하지만 경쟁하는 다문화 외곽 지역(5장)처럼, 이 텍스트 제작은 즐거움과 분쟁의 순간을 같이 가졌다. 우리는 이 연구가 프로젝트에서 함께 일한 많은 사람들, 그들의 대화, 거래 및 생활 방식, 우리가 일한 장소, 그들의 소음과 냄새, 분위기, 그리고 함께 글을 쓰는 충위들이 가져올 수 있는 모든 좌절, 즐거움 및 더 큰 가능성의 흔적을 담아내기를 기대한다. 우리의 글쓰기가 한계에 도달했던 때에는 우리가 하고 있는 일을 포착하기 위해 다른 방법으로 전환해야 했는데, 에미는 이럴 때 시장의 느낌을 다른 방법으로 포착하려고 시도했다([사진 8.2]). 스케치는 연구 과정에서 또 다른 부분인 공간의 중요성과 행동과 리듬의 동시성을 포착할 수 있는 방법이 된다. 그리고 텍스트로는 기본적으로밖에 묘사할 수 없는 시장의 냄새와 소음 및 느낌을 감지할 수 있는 다른 접근 방식이 된다.

부록 1
전사 규칙[1]

[…]   생략

(??)   명료하지 않음

?   상승 억양 또는 질문

!   활기찬 어조 또는 감탄

::   바로 직전 소리의 연장

…/…   문장 내 또는 문장 사이의 짧은 간격

.   하강 억양

,   완결되지 않은 억양 패턴

[말]   보조 언어 기능 및 상황 설명

( )   영어 외 다른 언어의 발화에 대한 번역

....

1   제퍼슨(Jefferson, 2004)을 수정함.

부록 2

발췌문 원문

Excerpt 1.1 (M: Muhibb, T: Talib, P: Passerby)

(Transcription conventions are provided in appendix 1) Arabic: *italics*; English: plain (translation in brackets)

1. M: Hey! Johnny fix up the stand! Here move these cherry tomatoes put them with them. Let them do it. Let them do Hog's Breath … If you wanna do anything … if my dad's not doing it start here.

2. T: *Ed da calaphak? Etnan*? (How much did it cost you? Two?)

3. M: Sorry. *Eh tnanan* dollar! (Yeah two dollars)

[Ten seconds pause]

[phone conversation]

4. T: Joe … good morning, Can you send me one ras one blues please. Thank you very much. See ya buddy! Coles is on special. Dollar seventy and dollar sixty on u::mm on on what do you call it … two dollars.

5. P: *Salamu alaykum* mate (Peace be upon you, mate)

6. M: *Wa alaykum assalam* (Peace upon you too)

Excerpt 1.2 (M: Muhibb, T: Talib, CM: Maltese Customer)

1. CM: I am back.

2. T: You are back huh?

3. CM: Lionel talk to you?

4. T: Yeah.

5. CM: He say he want more zu, [Maltese accent]

6. T: Zu::cchi::ni:: [enunciates and prolongs each syllable]

7. CM: Extra extra large … like mine.

8. T: No. Extra large like yours no good. [Customer laughs] That's small one. [syllable-timed and spoken slowly, mimicking the pronunciation of the customer]

9. CM: How do you know it's a small one!

10. T: Your extra large and my extra large are two different things,

Excerpt 1.3 (M: Muhibb, T: Talib, CM: Maltese Customer)

Arabic: *italics*; English: plain (translation in brackets)

1. M: How many boxes does he want?

2. T: *Tamana?* (eight?) *Siteh?* (six?) *Arba?* (four?) Oh four.

3. M: Yeah no worries!

4. T: Tell him *arba wa ashreen* (24) I told him. He wants to try and get it for cheaper. *Arba wa ashreen.* (24)

[opening a box of zucchini]

5. T: *Hadol misfareen. Misfareen hadol.* (These are yellowing. They've gone yellow.)

6. CM: *Isfar* (Yellow) … we understand *isfar* in Lebanese … *isfaree isfaree* (Yellow, yellow) yellow.

7. T: Get that one and we'll get you another one. [to the customer]

Excerpt 1.4 (Na: Nabil, C: Customer)

French: **bold**; Japanese: *italics*; Italian: ***bold italics***; English: plain (translation in brackets)*re*

1. Na: **Oui chef. Je suis là!** (Yes Chef. I'm coming!)

[a few exchanges in French between Nabil and chef about the food order]

2. Na: *Are?* (what?) Sorry sorry sorry sorry.

3. Na: Sorry **Chefterrine**. Sorry *gomen nasai* … to *Hotate no **carpaccio**.* (Sorry excuse me … and scallop carpaccio)

4. C: *a::: Sugoi!* (wo :::w great!)

5. Na: **Voilà.** *Sumimasen.* **Voilà. Bon appétit!** (Here it is. Excuse me. Here. Have a nice dinner!)

6. Na: **pain** (bread) two people and two people *onegaishimasu.* (please) **En-core une assiette. De pain.** (One more plate. Bread.)

Excerpt 2.1 (FF: female farmer, MF: male farmer, R: researcher)

Chinese (Cantonese): characters

1. FF: 而家做農民, 以前啲菜又係差唔多嗰個單價, 嗰啲芥蘭而家又係! (the price of vegetables is nearly the same as before, the price of the gai lan is the same)

2. R: 係呀? 一直都一樣呀, 都幾呀年囉喎! (Really? The same as before, it's been some 20 years already!)

3. FF: 係上海白升咗啲. (Except for shanghai bok choy, which has gone up a bit.)

4. MF: 廿呀幾年囉. (Some 20 years already.)

5. R: 以前係種乜嘢菜呀? 即係會唔會多啲…多啲其他…黎巴嫩呀, (What kind of vegetables did you grow before? Are you growing more … other types … like Lebanese,)

6. FF: 而家多 … 而家好賣. (We grow more now … it sells better now.)

7. MF: 而家多 … Parsley 呀. (We grow more now … like parsley.)

8. R: 係呀, 我都中意食 … 即係而家同以前有乜嘢唔同呀 … 種嘅菜 (yeah, I like it too … So what's the difference between now and before … the sort of vegetables you grow?)

9. MF: 唐人菜就差唔多. (Chinese vegetables are similar.)

10. R: 唐人菜差唔多呀. (Chinese vegetables are similar to before.)

11. MF: 就鬼佬菜而家多…多… (we're growing more … more … Western vegetables now)

12. R: 鬼佬菜? 邊啲係鬼佬菜 (Western vegetable? what are Western vegetables?)

13. MF: Parsley,

14. FF: Parsley,

15. MF: Dill, thyme, mint,

16. R: Dill, thyme, mint,

17. MF: 即是嗰啲香…香…香菜. (Those … her … her … herbs.)

Excerpt 3.1 (M: Marko, D: Drago, V: Vukasin)

1. M: Novak Djokovic … Now. But when he started he was a lot younger. Here's Vukasin [noticing Vukasin's car entering the basement of the building]. Twenty five now? When he started … like you say, 18, 19, when

he first popped up. Yep.

2. D: Career prize money. Thirty-eight millions.
3. M: Thirty-eight? In a period of five, six, seven, years maybe?
4. D: Ah:: I think [Drago is cut off by Marko greeting Vukasin, who walks into the basement]
5. M: Hello mister supervisor, how are you?

[Vukasin gives instructions. Conversation is mainly between Marko and Vukasin in English]

6. V: Alright. Tomorrow … render should be finished completely.
7. M: Completely. Yep.
8. V: And we should clean, clean unit.
9. M: Yep.
10. V: Ah take plastic off, clean everything.

Excerpt 3.2 (V: Vukasin, M: Marko)

Serbian: *italic*; English: plain (translation in brackets)

1. V: *Bolje ga nemoj ubacivat nego, nego nabijo taj sik.* (Better not to throw it in, but, but, shove in that sik [sika].)
2. M: No *pa si video kolko mesta ima bas ima puno mesta.* (No, well did you see how much room there is there's heaps of room.)
3. V: *Da.* (Yes.)
4. M: *Bas ima* a lot of sika *ce otici ako ako onda ubacicemo jos taj* lintel *pa cemo napuniti.* (There's a lot of sika it'll get used up if, if then we'll throw in that lintel and we'll fill it up.)

Excerpt 3.3 (L: Lynda, R: Researcher)

1. L: There's different groups, they finish different jobs. So I think we used to have some customers from that side [pointing east towards Surry Hills] but now this building has just finalised, and lots of people move in, so they are already finish this job. So now this job [ABC] has start, I would say … end of last year? and I don't really know about that group. But what I say from my customers, my:: uh:: how do you say? Different specialise in jobs, and yeah.
2. R: And then after a few weeks, sometimes they disappear?
3. L: Yeah yeah yeah that's right. And then they come back again in another few weeks and say Oh, I just finished another job in Parramatta. And they

come back. So that's how it make people feel like they are closer, because you see every day, even 30 seconds, one minute. But we're still with each other, so there's similar things.

Excerpt 3.4 (J: Joseph, R1: Researcher 1, R2: Researcher 2)

1. R1: I guess it's a change at the moment, during Ramadan? It's different now, for this month?
2. J: Let's move on from that subject! [laughs] It does. They go a little bit quiet. And they don't eat during the day.
3. R1: Are you open before,
4. J: I open from midnight.
5. R1: Oh!
6. R2: Midnight!
7. J: Midnight, yeah, I open. So between 12 o'clock …. but they do, they have their home … their food at home … they have their *suhoor* or whatever they call it, their early breakfast. And they come back over here and they top up with something else. And about five o'clock they have trading, and trading slows down completely to the other ordinary, ordinary customers.

Excerpt 3.5 (C: Chef, M: Mama)

Japanese: plain in Rōmaji (Romanized Japanese script); French with Japanese prononunciation: *italics*; Turkish with Japanese prononunciation: **bold** (translation in brackets)

1. C: Mama,
2. M: hai. (yes.)
3. C: etto, *poason*, (erm, fish,)
4. M: po:: po:: ahh *poason*. hai … shitsurē shimashita. (fi::fi:: ahh fish. yes … I beg your pardon.)

[noise]

5. M: *poason*. (fish.)
6. C: **iede** wa hayai to omounde, (I think table 7 is quick so,)
7. M: hai. (yes.)
8. C: *kusukusu* desu. (here's the couscous.)
9. M: hai … *chefu*, sore wa **iki** desu ka? (Yes … chef, is that for table 2?)
10. C: hai. (Yes.)

Excerpt 3.6 (C: Chef, M: Mama)

Japanese: plain in Rōmaji (Romanized Japanese script); Turkish (with Japanese pronunciation): **bold**; English (with Japanese pronunciation): ***bold italics***; French (with Japanese pronunciation): *italics* (translation in brackets)

1. M: goma wa doko ni? ichiban shita? (Where is the sesame? At the bottom?)
2. Hai … **susamu** ga mienai. (Yes … I cannot find the sesame.)
3. M: **beshi** ikimasu. (I'll go to table 5.)

[mama returns from the floor]

4. M: *chefu*, **uchi** onegaishimasu. (chef, table 3 please.)
5. C: hai. (yes.)
6. M: ato, **Harisa** chōdai … ***ōru raito***. Kore ***ōkē***? (And also can you give me Harissa … all right. Is this okay?)
7. C: mm.

[Mama goes to the floor for four and a half minutes and returns]

8. M: *chefu*, **iedi** *efu* **iki kishu**. (chef, table 7, no reservation, two people)

Excerpt 3.7 (Na: Nabil, C: Customer)

French: **bold**; Japanese: *italics*; English: plain (translation in brackets)

1. Na: Sorry *Sumimasen, Gomennasai*. **hein**? *Chotto:: Chotto* Small place *dakara., kokowa na,* (sorry, excuse me, sorry. It's a bi::t bit small space so,)
2. C: *Daijoobu de::su.* (That's O::K)

[With customer table B]

3. Na: **Voilà**.

Excerpt 4.1 (RC: Restaurant owner, R: Researcher)

1. RC: A hundred per cent.
2. R: A hundred per cent?
3. RC: Yeah, a hundred per cent.
4. R: So all the staff are Spanish-speakers,
5. RC: No, no. Ah, the staff is from Indonesia. So we speak English, yeah. But they understand everything all our menu's in Spanish and you tell them, like, to do this in Spanish dish, and they do it. They're very good.
6. R: Right, so they've actually picked up quite a lot of Spanish? Interesting, interesting. So in the restaurant then you would have … you speak English

to the Indonesian staff, and then they speak Indonesian to each other, and then you speak Spanish to the Spanish-speakers … Right. So there's always the three.
7. RC: Yes yes.

Excerpt 4.2 (S: Sushi restaurant owner, R: Interviewer)
1. S: チャイニーズの子とコリアンの子も働いてるんで、
    (Chinese and Korean are also working so,)
2. R: うん. (yup.)
3. S: で, その子たちがいる時は大体英語になっちゃうんですよね.
    (so, when they are around, it becomes mostly English.)

Excerpt 4.3 (S: Sushi restaurant owner, R: Interviewer)
1. S: もう日本語が飛び交ってるから, …だから, 日本[語と英語とコリアンとなんか混ざった,なんか, (Japanese is flying around, so Japanese, English and Korean are somewhat mixed,)
2. R: ええ, おもしろい. (right interesting.)
3. S: [Laughs] すごい言葉になってます. [Laughs] (It has become an extreme language.)

Excerpt 4.4 (N: Nischal, R: Researcher)
1. N: Polish.
2. R: Polish?
3. N: Polish. Not much English going on in here.
4. R: Really? OK, that's not what the brothers said. The brothers said you all spoke English!
5. N: Well maybe that brother [points to one of them] said because he has Colombian girlfriend who doesn't speak Polish.
6. R: Right, right, right. So you reckon it's mostly … When you'e in the kitchen it's mostly Polish?
7. N: Polish.

Excerpt 4.5 (J: Jaidev, N: Nischal)
Hindi: *italics*; English: plain (translations in brackets)

[The conversation refers to cigarettes]

1. J: *Acha ye* last *pada hua hai?* (OK this is the last one?)
2. N: It's alright … it's all yours.
3. J: *Haa? Hey tere pas dusara?* (You sure? You got any more?)
4. N: I'll buy.

Excerpt 4.6 (A: Aleksy)

Polish: *italics* (translation in brackets)

1. A: *Poznief? Rece tak?* (Later? Hands this?)

[Aleksy is calling out to Krzysztof, who is inaudible]

2. A: *Ich kurwa mać. Trzeba raz dać.* (Fuck them. Gotta do it again.)

[Here Aleksy is talking to himself in slang and a sing-song voice]

Excerpt 4.7 (B: Betty, N: Nischal, A: Aleksy)

[Betty enters singing Kylie Minogue's 'I just can't get you out of my head'. Nischal responds by singing Beyoncé's 'Single ladies' again.]

1. N: [initially mimicking Betty, singing generic, non-linguistic song 'wa wa wa wa' and then going into Beyoncé] 'I'm a single lady! I'm a single lady.'
2. A: 'I'm a single lady! I'm a single lady.'
3. B: 'All the single lady! All the single lady.'

[laughter]

4. N: Now you damage the young boy. [referring to Aleksy]
5. B: 'If you like what you see put the rings on it! If you like what you see put the rings on it! Uh uh uh uh uh uh … ' [laughs]

Excerpt 4.8 (A: Aleksy, N: Nischal)

1. A: Hey how are you?
2. N: Six ham,
3. A: I'm OK. Yeah of course. Can I get, ah:: Six halfs of ham,
4. N: Six halfs … 12 mozzarella,

Excerpt 4.9 (N: Nischal, K: Krzysztof, A: Aleksy)

Italian: *italics*; English: plain

1. N: No ... the *mozzarella*. And a whole bag of potatoes. I'll cut it.
2. K: I'll bring *formaggio* ... *formaggi* ... Whatever whatever it is!
3. A: Cheese.
4. K: Yes.
5. N: Cheese well that's what it is.

Excerpt 4.10 (N: Nischal, A: Aleksy)

Spanish: *italics*; English: plain (translation in brackets)
1. N: *Hola.* (Hello.)
2. A: *Hola.* (Hello.)
3. N: *Hola, como estas?* (Hello, how are you?) So you can speak, like, really good Spanish now?
4. A: Yeah of course.
5. N: How good? Can you scream in Spanish in the night?
6. A: I ... of course I can.

Excerpt 4.11 (Na: Nabil, C: Customer)

French: **bold**; Japanese: *italics*; Italian: ***bold italics***; English: plain (translation in brackets)

[With customer table A]
1. Na: Sorry *Sumimasen, Gomennasai.* **hein**? *Chotto:: Chotto* Small place *dakara, kokowa na.*

   (sorry, excuse me, sorry. It's a bi::t bit small space so, this place is.)
2. C: *Daijōbu de::su.* (That's O::K.)

   (With customer table B)
3. Na: **Voilà**. *Yasai to* anchovy *kuro* olive sauce. (Here it is. Vegetable and anchovy black olive sauce.)
4. C: *Ha ::i.* (Ye ::s.)
5. Na: **Bon appétit!** (bon appetit/ enjoy your meal!)

[To chef]
6. Na: **Chef ... on peut faire marcher le carpaccio, hein, j'ai mis une ligne, mais on peut l'envoyer. De la six.**

   (Chef ... we can get the carpaccio going, I put a line, but we can send it out. From six.)

[To customer table C]
7. Na: *Hai. Daijōbu daijōbu daijōbu.* (Yes OK OK OK.)

[(To Stéphane]

8. Na: *Hai* **Deux assiettes s'il vous plaît**! (Yes Two plates please!)

[Customer table C]

9. Na: *Dōzo.* **Pizza** *mo* two minutes coming. (Here you are. The pizza will also be here in two minutes.)

Excerpt 5.1 (W: Wafiq, R: Researcher)

1. W: I find it very interesting in Marrickville. It's too many languages.
2. R: Too many?
3. W: Too many languages. You got the Greek, Macedonian, Croatian, Vietnamese, Chinese, Lebanese, Turkish … So that's seven now. Yeah, it's too many!
4. R: Why is it too many? To keep up with everyone?
5. W: No, no, actually, you know, you go to different shops and everyone speak different language. And I find it very interesting, it's multicultural. And you've got different food, different variety, different stuff. And it's really nice. The Australian people when they come here to the shop and they find all this products coming from overseas they get amazed. And it's really nice. I like it.

Excerpt 5.2 (W: Wafiq, R: Researcher)

1. W: Because sometimes you know, the Greek comes here and he doesn't understand, ah:: what they want, about the stuff you know, the products. And I don't speak Greek! I speak two languages and I don't understand what they're talking about!
2. R: And they're speaking to you in Greek?
3. W: In Greek! And I should you know, as a shop owner, understand them. And some people get upset you know, but it's not my problem you know, I don't know. They're old people … and they've been here for 40 years.

Excerpt 5.3 (G: Greek regular customer, S: Song, R: Researcher)

Greek: **bold**; English: plain (translation in brackets)

1. G: She know Greco. Greco forget.
2. S: Yeah, **yashou yashou**. [jaʃu] (hello hello.)
3. R: You can speak Greek!

4. G: **Yassou, kala, afharistro.** (hello, good, thank you.)
5. S: **Yassou.** (hello.)
[laughter]
6. G: See you tomorrow!
7. S: Yeah, see you!

Excerpt 5.4 (G: Greek regular customer, S: Song)

[both women shouting]
1. S: 20 year. [laughs]
2. G: More! More! More!
3. S: More than 20!

Excerpt 5.5 (S: Song, R: Researcher)

1. S: Some from … I don't know … I think Fiji. They come and they just speak 'how are you'. And I can answer a little bit, [and they say] 'Ahh! How do you speak'! [laughs] Just a little bit …
2. R: So you understand a little bit of Fijian?
3. S: No no no but just a little bit!

Excerpt 5.6: (M: Mariko-san, R: Researcher)

Japanese: Japanese fonts (translation in brackets)
1. M: 日本で言う何ですか … 商店街っていうか下町っぽい … 下町って何て言うんですか? … 下町っぽい感じがあるから,
    (what is it called in Japan… a shopping alley or Shita-machi ambience … how do you say Shita machi? … It's got a Shita-machi ambience,)
2. R: Downtown … yeah different
3. M: ダウンタウンぽいのが, この場所にはあるのでそれをちょっと崩したくないな.
    (Downtown ambience, this space has this. I don't want to ruin it.)

Excerpt 5.7 (P: Phillip, W: Worker)

1. P: OK, so, please, out the front … you're my eyes, you're my eyes … I don't want to see that happen again. And you're my eyes, OK. We work well out the front, we're all working well together but just something silly happened today and I can't let that happen. OK? I've been to court over

sexual harassment of women, and I've also had the unions involved with two men with sexual harassment. So I don't want to go down that track. [gesturing to one of the young Lebanese men] And given your culture, I'm sure that you would respect women. Is that right? Yeah? Is that right?

2. W: Yes.

3. P: Yeah, of course it is. OK … is there anything else? Is there anything there that I've said that everybody doesn't understand? Does everybody understand what I've just said?

4. W: Yeah. Everybody.

Excerpt 5.8 (T: Talib, C: Customer)

Arabic: *italics*; English: plain (translation in brackets)

1. T: I don't think so. *Shibak* Johnny? (What's wrong Johnny?)

[yelling in the background]

Huh? *Wallah ma ba'ref.* (I swear I don't know.)

2. C: I'll fucken fix you up don't worry! Wait to see. Yeah I'll fix you up, ya Lebs! [laughs] [shouting back to someone else]

3. T: Muhibb, *wan el koosa elrakhis?* (where is the cheap zucchini?) *Arkhas eshi.* (the cheapest ones.)

Excerpt 5.9 (U: Ueki-san, R: Researcher)

Japanese: Japanese scripts (translation in brackets)

1. U: ローカルの人 … はあんまり … 使わない.
   (Local people … don't … spend very much.)

2. R: ほんとに? (Really?)

3. U: うん. (Yeah.)

4. R: お金を? (Money?)

5. U: まだ. (Not yet.)

6. R: やっぱ高い? 日本の食べ物高いから?
   (Expensive? Because Japanese food is expensive?)

7. U: う::ん, いや, もうそれは…そういうことじゃないと思う. たぶん…あの::そういう文化. (M::mm, no, it's … not something like that I think. Probably … we::ll it's culture.)

8. R: 日本食, (Japanese food,)

9. U: オージーはそんなにお金は使わない. 食には.
   (Aussies don't spend much money on food.)

10. R: ああ, そっか そっか. (Ahh, I see I see.)

11. U: 普通の人間, 普通のオージーは使わない.

(Normal people, normal Aussies don't spend much.)

Excerpt 6.1 (M: Marko, D: Drago)

Serbian: *italics*; English: plain; Fijian derived word: **bold** (translations in brackets)

1. M: *Pa jebi ga sad su krenuli.* (Well, fuck it, they've started now.)

2. D: *Pa sto ti … to radi?* (But why … everything he does?)

3. M: *Ne adresu gde je radio svaki dan i datum.* [To Nemia] **Ula** have some chips mate, [to Drago] *uzmi jos* chips.

   (No, the address where he worked every day and the date. Ula [address term] have some chips mate, take some more chips.)

   [someone passes something to Marko]

4. M: Thank you.

5. D: *Ovo Fanta, tako?* (This is Fanta, yeah?)

6. M: Yep.

7. D: *Nema kao kod nas jebi ga*! (Not like ours fuck it!)

8. M: Yeah.

9. D: *Hoces jos koka kolu?* (You want some more Coke?)

10. M: *Ne hvala. Kod nas Fanta zelena jebote. Zuta, zuta. Pa uzmi.* (No thank you. Back home Fanta is green fuck it. Yellow, yellow. Take it.)

Excerpt 6.2: (V: Vukasin, R: Researcher)

1. V: Yeah. Again, different cultures, different things. It's always, always interesting. When we have breaks, you will see all different food from different countries. So it's interesting. It's quite different.

2. R: Do you talk with them during the break?

3. V: Of course, yes, and we try each other's food.

Excerpt 6.3: (D: Drago, M: Marko, R: Researcher)

1. D: Yeah. I think this is something like a traditional food. I'm not sure. Marko?

2. M: What's that, sorry?

3. D: Moussaka. It's traditional food, or?

4. M: I think it's ... maybe it's Turkish?

5. D: Turkish?

6. M: Yeah! Moussaka.

7. R: Moussaka! Ah .... Moussaka is with mashed potato, no?

8. M: Yeah, my mum makes that every now and then.

9. R: Yeah?

10. M: Yeah. Moussaka. Moussaka.

11. R: It's Turkish?

12. M: Yeah, that was ... ah ... some parts of all Yugoslavia back in I don't know how many hundreds years ago were under the Turkey, for ... five hundred years. Yeah, and then, we got a lot of their words as ... not a lot ... a few words

13. D: A lot, a lot.

14. M: A lot! Yeah? A few words that they use, a lot of foods that ... coffee for example, short black.

Excerpt 6.4 (Na: Nabil, R: Researcher)

Japanese: *italics*; French: **bold** (translations in brackets)

[Setting up the table for the regular staff lunch (*makanai*) at *Petit Paris*, Nabil jokes]

1. Na: This is a poor *makanai*.

2. R: e::? Poor *makanai*?

3. Na: Yes ... *Makanai* **des pauvres ça.** (Poor people's Makanai, this.)

Excerpt 6.5: (Na: Nabil, S: Stéphane, C: Chef, R: Researcher)

Japanese: *italics*; French: **bold** (translations in brackets)

1. Na: **Bon appétit.** (enjoy your meal.)

2. S: **Bon appétit.**

3. Na: We have a pasta:: bolognaise.

4. R: hmmm *mainichi*? (everyday?)

5. Na: no no no everyday ... can't ... Of course *mainichi ja nai* (not everyday) Depend depend the **humeur** (mood) of chef.

6. R: ah Chef ... *wa tabenaino*? [To chef] You are not ... *tabenaino*? (Chef is not eating? You are not ... not eating?)

7. Na: Chef eat ahm from nine until three he eat. At three we start to eat, he stop. **J'ai dis que vous mangez de neuf heures à quinze heures.**

(I said you eat from nine o'clock to 3 o'clock.) [laughter]

8. C: *Go ji.* (five o'clock.)
9. R: *Go ji?* (five o'clock?)
10. Na: He prefer after.

Excerpt 6.6: (T: Talib, M: a male passerby, C: a customer)

Arabic: *italics*; English: plain (translations in brackets)

1. T: Here. I dunno, ask my brother. *Assalamu alaykum.* (Peace be upon you.)
2. M: *Wa alakum assalam wa rahmat allahi wa baraku.*
   (And may the peace, mercy and blessings of God be upon you.)
3. T: *Ma indna ilal halabeh byishteghloo endna.*
   (We only have the incompetent working here.)
4. T: *Hada dollar wa noos endeef.* (That's $1.50, clean.)

[various exchanges and pause]

5. T: That bloke wanted half a box of bananas, doesn't matter, just give it to him. … *Tamana, Tamana* (eight, eight) … *Or lak tnan elhabeh kabira badok yahoon?* (Or look there's two. The fruit is big do you want them?)
6. C: *Mabaref.* (I don't know.)
7. T: *Wal sita endaf.* (And the six are clean.) … You right mate? Limes? Yeah. Thirty-six. Thirty-six bucks.
8. C: Thirty-six? That's the price? You got anything cheaper, or?
9. T: No that's it. Thirty-five doesn't matter, but … [noise/chatter] Get those two lemons from over there. No, no, two lemons. Lemons. Far. Come on Saleh man. It doesn't matter. Just behind them. Doesn't matter.

Excerpt 6.7: (F: Female customer, T: Talib)

Arabic: *italics*; English: plain (translations in brackets)

1. F: *Ma fi* fruit *bi nom?* (There's no fruit at all?)
2. T: [laughing] *la.* (no.)
3. F: *Alwahid byistahli.* (A person craves.)

[various exchanges with others]

4. F: *Maba' andak frez?* (You don't have any more strawberries?)
5. T: *La wallah.* (No, I swear.)

Excerpt 6.8 (Na: Nabil, C: Customer)

Japanese: *italics* (translations in brackets)

[Nabil brings a dessert dish to a regular customer seated on his own at the counter chatting with the chef and other staff (from other conversations with Nabil, he appears connected to Italian food or restaurants)]

1. Na: *Kore ... mashu serori. Ni serori.* (This ... mashed celery. Celery stew.)
2. C: *Ni serori.* (Celery stew)
3. Na: *Ni serori.* (Celery stew)

Excerpt 6.9 (Na: Nabil, C: Customer)

Japanese: *italics*; French: **bold**; English: plain (translations in brackets)

1. C: *Pinku. Serori. Ehhh?* (Pink. Celery. Ehh?)
2. Na: Pink?
3. C: (...) *Serori.*
4. Na: Eh?
5. C: *Ahh*
6. Na: *Nani* **betterave** (What beetroot)
7. C: *Eh?*
8. Na: **Betterave**, no? Ahh. **Céleri rémoulade**, you know? (Beetroot, no? Ahh. Celery remoulade).

Excerpt 6.10 (Na: Nabil, C: Customer)

Japanese: *italics*; French: **bold**; English: plain (translations in brackets)

1. C: *Pinku pinku pinku kore ... Serori serori serori serori.* (pink pink pink this ... celery, celery, celery, celery)
2. Na: *Pinku?* (pink?)
3. C: *Pinku pinku* (pink pink)
4. Na: *Pinku::* (pinnnk)
5. C: (??)
6. Na: Ahh.
7. C: *Serori serori serori* (celery celery celery)
8. Na: **Céleri rouge?** (Red celery?)
9. C: no no.
10. Na: [Referring to another customer's question about his meal] *Chicchai? Koko?* ... Sorry? *Koko?* (Small? This? ... Sorry? This?)
11. Na: Chef! Chef! **C'est quoi céleri rouge en France?** (What's red celery in

France?)

12. Na: [referring to the other customer's query about the size of the portion he has been served] **Il dit c'est grand.** (He says it's big.)

Excerpt 6.11 (Na: Nabil, Ch1: Chef1, Ch2: Chef 2)

French: **bold** (translations in brackets)

1. Ch1: **Ah! Rhubarbe!**
2. Na: **Rhubarbe! Rhubarbe!**
3. Ch2: **Rhubarbe.**
4. Na: **Ahh rhubarbe. Ahh rhubarbe. C'est pas céleri. Oui oui rhubarbe.** (It's not celery. Yes yes rhubarb.)

Excerpt 6.12 (Na: Nabil, C: Customer, Ch1: Chef1)

Japanese: *italics*; French: **bold**; English: plain (translations in brackets)

1. Ch1: **Rhubarbe** *nihongo no namae::* (Rhubarb in Japane::se)
2. C: *Serori. Serori.* (celery. celery.)
3. Na: No no no.
4. Ch1: *Aka serori?* (Red celery?)
5. C: *Serori serori.*
6. Na: *Nihongo wa?* (In Japanese?)
7. C: *Nihongo mo serori.* (Also celery in Japanese.)
8. Na: *Ahh honto desu ka?* (Ah really?) *Aka-serori?* (red celery?)
9. C: *Serori.*

Excerpt 6.13 (Na: Nabil, C: Customer)

Japanese: *italics*; French: **bold**; English: plain (translations in brackets)

1. Na: *Aa, soo. Tarto sugoi oishii desho?* (Ah, right. The tart is really tasty, isn't it?)
2. C: *Oishii. Kore oishii.* (Tasty. This tastes good)
3. Na: **Tarte à la rhubarbe. C'est très très bon.** (Rhubarb tart. It's very, very good.)

Excerpt 6.14 (W: Wafiq, R: Researcher)

1. W: OK. Tomato. One or two. One will be enough, you know, just a small

cut. Small cuts.

2. R: Do you cook it in with it, or just fresh?

3. W: Nah nah nah nah, just raw. Small cuts. [Sigh] Herbs and spices … you can put, uh … I put too many. You can use sumac.

    […]

4. W: So. How do you do it. You do the ful til it's ready, very soft. Ah, you crush the garlic, you put it together and crush it all together. You crush this too. You make ready the parsley and the mint. OK? And the tomato. Put them together and just stir it all together. Put the cumin, bit of salt, sumac, all that together. Lemon. One lemon would be alright. Put olive oil … as much as you like. 'Cause it's nice. And make it so soft, you know, just crush them. So it will go … everything will go together. The sumac, the olive oil, everything. And after that, you put it in the bowl … I've got it here, I think, you know [shows a shallow terracotta bowl]. Put it here and put the olive oil again on the top and get the parsley and the mint and sprinkle over top.

Excerpt: 7.1 (J: Jean, A: Angela [Jean's sister in law], R: Researcher)

1. R: Do you always go to the Lebanese growers?

2. J: No. Not much … doesn't matter no, I don't have to go Lebanese. Because in the market, you got all the international. You got the Greek, Lebanese, Italian, Spanish … everything

3. R: Maltese and Chinese,

4. J: Yes, yes. Most of the vegetables … the herbs, the radish, shallot, all Chinese. All Chinese.

5. A: Nothing beats them. It's funny, because I live in Bexley and I buy my parsley, shallots 'cause they come straight from the farm … to a Chinese lady … and I tried to go the farm in Brighton and they were dearer, more dear, than hers.

Excerpt 7.2 (J: Jean, R1: Researcher 1, R2: Researcher 2)

1. R1: … So do you have cucumbers as well?

2. J: Everything.

3. R1: Do you have Lebanese cucumber?

4. J: And telegraph cucumber. Longer. Before you used to use Aussie cucumbers … nobody buys them anymore.

5. R2: Too bitter!
6. R1: Telegraph one is the long
7. J: The long, with the plastic, covered in the plastic. But the popular one is the Lebanese cucumber.
8. R1: I had a Japanese cucumber from that shop [referring to Japanese shop] the other day.
9. J: Yeah yeah?

Excerpt 8.1 (R: Researcher, C: Corn husker)

Chinese: (Cantonese) characters (translations in brackets)

1. R: 係呀! 咁你自己呢? (Really! What about yourself?)
2. C: 我呀? 我又福建話, 又印尼話, 又客家話.
    (Me? I speak Hokkien, Indonesian and Hakka.)
3. R: 咁勁! (Oh wow!)
4. C: 乜都有, 撈埋一齊. (all sorts of languages mixed together.)

Excerpt 8.2 (M: Muhibb, W: Worker, C: customer. T: Market trader)

Arabic: *italics*; English: plain; Japanese: **bold**

1. M: At the front Bob, the black fungus is at the front. How many oysters do you need?
2. C: Where's the black fungi?
3. M: At the front of the stand. Right at the front of the stand. Get 'em.
4. W: Fifty-five … forty-five,
5. M: Fifty-five *el box el abyad*. Forty-five *haydekeh*. (Fifty-five for the white box. Forty-five for the other one.) No worries. [to the customer]
[inaudible]
6. M: [shouting] Black fungi? [to another trader in the distance]
7. T: How many you want? [shouting back]
8. M: Ten kilo?
9. T: Ten kilo? Black fungi? [surprised]
10. M: I mean ah **shītake**.
11. T: Ah, **shītake**. I thought the black fungi, [T is closer now]
12. M: *Yallah yallah* (come on, come on) **shītake, shītake**.
13. W: **shītake::** ten kilo::
14. M: Let's go come on.
15. T: over here.

16. M: I was going to take in the morning but you weren't here.

17. T: Ok, Thank you.

18. M: Ten kilo yeah? Thank you very much. [friendly voice]

Excerpt 8.3 (FS: female fruit seller, MC: male customer)

Chinese (Cantonese): characters (translations in brackets)

1. FS: 呢呢呢呢…係呀, 係呀. 呢個色好食. (Look look look look … yeah, yeah. This colour tastes good.)

2. FS: 唔係呃你㗎! (I'm not lying to you!)

3. MC: 信你! (I believe you!)

4. FS: 你唔信呢, 就一樣買一隻返去試吓! (if you don't believe me, then buy one and try it at home!)

5. FS: 真係, 越黃嘅越好食. 我都想話自己拾返啲去. (Honestly, the more yellow the better the taste. I was just saying I want to take some home to try it.)

6. FS: 試吓. 真係㗎,唔係呃你. 因為佢呢喺樹熟先. (Try it. Honestly, I'm not lying to you. Because these ripen on the tree.)

7. MC: 哦 … 樹上熟. (oh … ripen on the trees.)

8. FS: 唔係呃你㗎 … 真係唔係呃你㗎. (I'm not lying to you … really I'm not lying to you.)

9. MC: 試吓先. (let's try it then.)

10. FS: 甜好多㗎, 嗰啲呢, 嗰啲生啲嘅酸啲. (it's much sweeter, this one, that one is less ripe and so is very sour.)

Excerpt 8.4 (S: stallholder, R: Researcher)

1. S: Um, I speak a bit of, I dunno, like, Chinese or something.

2. R: Right, so you've picked that up working here?

3. S: Yeah, I've picked it up here, because there's a lot of Chinese people, so I speak like, maybe the numbers and that.

참고문헌

Agnew, J (2011) Space and place. In J Agnew and D N Livingstone (Eds) *The SAGE handbook of geographical knowledge*. Thousand Oaks: SAGE, pp. 316-331.

Aitchison, C and A Lee (2006) Research writing: Problems and pedagogies. *Teaching in Higher Education* 11(3): 265-278.

Aitchison, C and A Lee (2010) Writing in, writing out: Doctoral writing as peer work. In M Walker and P Thomson (Eds) *The Routledge doctoral supervisor's companion*. London: Routledge, pp. 260-269.

Ali, M (2003) *Brick Lane*. New York: Scribner.

Alim, H Samy (2004) *You know my steez: An ethnographic and sociolinguistic study of styleshifting in a Black American speech community*. Durham: Duke University Press.

Alim, H S and G Smitherman (2012) *Articulate while Black: Barack Obama, language and race in the US*. Oxford: Oxford University Press.

Allatson, P (2001) Beyond the hybrid: Notes against heterophilic authoritarianism. *Genre* 22: 191-207.

Ang, I (2001) *On not speaking Chinese: Living between Asia and the West*. London: Routledge.

Ang, I, J Brand, G Noble and J Strenberg (2006) *Connecting diversity: The paradoxes of Australian multiculturalism*. Artarmon: Special Broadcasting Services (SBS).

Appadurai, A (1996) *Modernity at large: Cultural dimensions of globalization.* Minneapolis: University of Minnesota Press.

Appadurai, A (2001) Grassroots globalization and the research imagination. In A Appadurai (Ed.) *Globalization.* Durham: Duke University Press, pp. 1-21.

Australian Bureau of Statistics (2011) www.abs.gov.au/ [last accessed 21 October, 2014].

Ayoola, K (2009) Haggling exchanges at meat stalls in some markets in Lagos, Nigeria. *Discourse Studies* 11(4): 387-400.

Bailey, B (2007) Heteroglossia and boundaries. In M Heller (Ed.) *Bilingualism: A social approach.* New York: Palgrave Macmillan, pp. 257-274.

Bakhtin, M (1981) *The dialogic imagination: Four essays* (C Emerson and M Holquist, Trans.). Austin: University of Texas.

Bakhtin, M (1986) *Speech genres and other late essays.* Austin: University of Texas Press.

Bamberg, M and A Georgakopoulou (2008) Small stories as a new perspective in narrative and identity analysis. *Text and Talk* 28(3): 377-396.

Barni, M and G Extra (Eds) (2008) *Mapping linguistic diversity in multicultural contexts.* Berlin: Mouton de Gruyter.

Belasco, W (2008) *Food: The key concepts.* Oxford: Berg.

Bell, D (2007) The hospitable city: Social relations in commercial spaces. *Progress in Human Geography* 31(1): 7-22.

Benor, S B (2010) Ethnolinguistic repertoire: Shifting the analytic focus in language and ethnicity. *Journal of Sociolinguistics* 14: 159-183.

Bhabha, H (1994) *The location of culture.* London: Routledge.

Blackledge, A and A Creese (2010) *Multilingualism: A critical perspective.* London and New York: Continuum Press.

Block, D (2006) *Multilingual identities in a global city: London stories.* Basingstoke: Palgrave Macmillan.

Block, D (2007) Niche lingua francas: An ignored phenomenon. *TESOL Quarterly* 41(3): 561-566.

Block, D (2014) *Social class in applied linguistics.* London: Routledge.

Block, D, J Gray and M Holborow (2012) *Neoliberalism and applied linguistics.* London: Routledge.

Blommaert, J (2008) *Grassroots literacy: Writing, identity and voice in Central Africa.* London: Routledge.

Blommaert, J (2010) *The sociolinguistics of globalization.* Cambridge: Cambridge University Press.

Blommaert, J (2013a) *Ethnography, superdiversity and linguistic landscapes:*

Chronicles of complexity. Bristol: Multilingual Matters.

Blommaert, J (2013b) Complexity, accent, and conviviality: Concluding comments. *Applied Linguistics* 34(5), 613-22.

Blommaert, J and A Backus (2013) Super diverse repertoires and the individual. In I de Saint-Georges and J-J Weber (Eds) *Multilingualism and multimodality: Current challenges for educational studies.* Rotterdam: Sense Publishers, pp. 11-32.

Blommaert, J and J Dong (2010) *Ethnographic fieldwork: A beginner's guide.* Bristol: Multilingual Matters.

Blommaert, J, S Leppänen and M Spotti (2012) Endangering multilingualism. In J Blommaert, S Leppänen, P Pahti and T Räisänen (Eds.) *Dangerous multilingualism: Northern perspectives on order, purity and normality.* London: Palgrave Macmillan, pp. 1-21.

Bokamba, E G (2009) The spread of Lingala as a lingua franca in the Congo Basin. In F McLaughlin (Ed.) *The languages of urban Africa.* London: Continuum, pp. 50-70.

Bosire, M (2006) Hybrid languages: The case of Sheng. In O F Arasanyin and M A Pemberton (Eds) Selected proceedings of the 36th annual conference on African linguistics (pp. 185-193). Somerville: Cascadilla Proceedings Project.

Bourdieu, P (1984) *Distinction.* Cambridge: Harvard University Press.

Bourdieu, P (1991) *Language and symbolic power.* Oxford: Polity Press.

Bruner, J (1991) The narrative construction of reality. *Critical Inquiry* 18(1): 1-21.

Bucholtz, M (2000) The politics of transcription. *Journal of Pragmatics* 32: 1439-1465.

Burgess, E W (1924) The growth of the city: An introduction to a research project. *The American Sociological Society* 18: 85-99.

Busch, B and J Schick (2007) Educational materials reflecting heteroglossia: Disinventing ethnolinguistic differences in Bosnia-Herzegovina. In S Makoni and A Pennycook (Eds) *Disinventing and reconstituing languages.* Clevedon: Multilingual Matters. pp. 216-232.

Busch, B (2012a) *Das sprachlige Repertoire oder Niemand ist einsprachig.* Vorlesung zum Antritt der Berta-Karlik-Professur an der Universität Wien. Klagenfurt: Drava.

Busch, B (2012b) The linguistic repertoire revisited. *Applied Linguistics* 33: 503-523.

Busch, B (2013) *Mehrsprachigkeit.* Wien: Facultas Verlags.

Byrne, D (2001) *Understanding the urban.* Houndmills: Palgrave.

Cameron, D (2003) Globalizing 'communication'. In J Aitchison and D Lewis (Eds)

New media language. London: Routledge, pp. 27-35.

Canagarajah, S (2007) Lingua Franca English, multilingual communities, and language acquisition. *Modern Language Journal* 91: 923-939.

Canagarajah, S (2013) *Translingual practice: Global Englishes and cosmopolitan relations*. London: Routledge.

Canut, C (2009) Discourse, community, identity: Processes of linguistic homogenization in Bamako. In F McLaughlin (Ed.) *The languages of urban Africa*. London: Continuum, pp. 86-102.

Chiaro, D (2013) Passionate about food: Jamie and Nigella and the performance of food talk. In C Gerhardt, M Frobenius and S Ley (Eds) *Culinary linguistics: The chef's special*. Amsterdam: John Benjamins, pp. 83-102.

Christie, M (1988) *The Sydney Markets 1788-1988*. Flemington: Sydney Market Authority.

Chun, C (2014) Mobilities of a linguistic landscape at Los Angeles City Hall Park. *Journal of Language and Politics* 13:4 653-74.

Chun, C (2015) *Engaging with the everyday: Power and meaning making in an EAP classroom*. Bristol: Multilingual Matters.

Clyne, M (2005) *Australia's language potential*. Sydney: UNSW Press.

Coad, D (2008) *The metrosexual: Gender, sexuality, and sport*. Albany: SUNY Press.

Collins, J and P Kunz (2009) Ethnicity and public space in the city: Ethnic precincts in Sydney. *Cosmopolitan Civil Societies: An Interdisciplinary Journal* 1(1): 39-70.

Collins, J (2009) Sydney's Cronulla riots: The Context and Implications. In G Noble (Ed.) *Lines in the sand: The Cronulla riots, multiculturalism and national belonging*. Sydney: Institute of Criminology Press, pp. 27-43.

Cook, R (2001) Robin Cook's chicken tikka masala speech. www.theguardian.com/world/2001/apr/19/race.britishidentity [last accessed 21 October, 2014].

Coulmas, F (2009) Linguistic landscaping and the seed of the public sphere. In E Shohamy and D Gorter (Eds) *Linguistic landscape: Expanding the scenery*. London: Routledge, pp. 13-24.

Coupland, N (2007) *Style: Language variation and identity*. Cambridge: Cambridge University Press.

Coupland, N (2012) Bilingualism on display: The framing of Welsh and English in Welsh public spaces. *Language in Society* 41(1): 1-27.

Coupland, N (2013) Welsh tea: The centring and decentring of Wales and the Welsh language. In Sari Pietikäinen and H Kelly Holmes (Eds) *Multilingualism and the periphery*. Oxford: Oxford University Press, pp.

133-153.

Crang, M (2001) Rhythms of the City: Temporalised space and motion. In J May and N Thrift (Eds) *Timespace: Geographies of temporality*. London: Routledge, pp. 187-207.

Creese, A (2008) Linguistic Ethnography. In K A King and N Hornberger (Eds) *Encyclopedia of language and education*, 2nd ed. New York: Springer, pp. 229-241.

Creese, A and A Blackledge (2011) Separate and flexible bilingualism in complementary schools: Multiple language practices in interrelationship. *Journal of Pragmatics* 43: 1196-1208.

Cresswell, T and P Merriman (2011) Introduction: Geographies of mobilities - practices, spaces, subjects. In T Cresswell and P Merriman (Eds) *Geographies of mobilities: Practices, spaces, subjects*. Farnham: Ashgate, pp. 1-15.

Cummins, J (2000) *Language, power and pedagogy: Bilingual children in the crossfire*. Clevedon: Multilingal Matters.

Daveluy, M (2011) War, peace and languages in the Canadian navy. In A Duchêne and M Heller (Eds) *Language in late capitalism: Pride and profit*. London: Routledge, pp. 142-160.

de Mejía, A-M (2002) *Power, prestige and bilingualism: International perspectives on elite bilingual education*. Clevedon: Multilingual Matters.

de Mejía, A-M (2012) English language as intruder: The effects of English language education in Colombia and South America – a critical perspective. In V Rapatahana and P Bunce (Eds) *English as Hydra: Its impacts on non-English cultures*. Bristol: Multilingual Matters, pp. 244-254.

Derrida, J (1996) *Le monolinguisme de l'autre ou la prothèse d'origine*. Paris: Editions Gallilée.

Derrida, J (1998) *Monolingualism of the Other; or the prosthesis of origin* (Trans P Mensah). Stanford: Stanford University Press.

Derrida, J (2005) *Sovereignties in question: The poetics of Paul Celan* (T. Dutoit and O. Pasanen, Eds). New York: Fordham University Press.

Derrida, J and A Dufourmantelle (2000) *Of hospitality*. Stanford: Stanford University Press.

De Waal, E (2011) *The hare with the amber eyes*. London: Vintage.

Duchêne, A (2009) Marketing, management and performance: Multilingualism as a commodity in a tourism call center. *Language policy*, 8(1): 27-50.

Duchêne, A (2011) Néolibéralisme, inégalités sociales et plurilinguismes: l'exploitation des ressources langagières et des locuteurs. *Langage &*

Société 136: 81-106.

Duruz, J, S Luckman and P Bishop (2011) Bazaar encounters: Food, markets, belonging and citizenship in the cosmopolitan city. *Continuum: Journal of Media & Cultural Studies* 25(5): 599-604.

Dvorak, P (2012) Forcing Frederick County's immigrants to speak English: Dubious motives, obvious benefits. *The Washington Post* 24 February, 2012. www.washingtonpost.com/local/forcing-frederick-countys-immigrants-to-speak-english-dubious-motives-obvious-benefits/2012/02/23/gIQAxXzlWR_story.html [last accessed1 March, 2012].

Eade, J, D A Jahjah and S Sassen (2004) *Identities on the move*. London: British Council.

Eckstein, S and T-N Nguyen (2011) The making and transnationalization of an ethnic niche: Vietnamese manicurists. *International Migration Review* 45(3): 639-674.

Edensor, T (2011) Commuter: Mobility, rhythm and commuting. In T Cresswell and P Merriman (Eds) *Geographies of mobilities: Practices, spaces, subjects*. Farnham: Ashgate, pp. 189-204.

Ehlich, K (2011) Stadt/Sprachen/Spektrum: Von der sprachligen Folge der 'Globalisierung' in urbanen Raum. In M Messling and D Läpple and J Trabant (Eds) *Stadt und Urbanität. Transdisziplinäre Perspektiven*. Berlin: Kadmos, pp. 131-145.

Eugenides, J (2002) *Middlesex*. New York: Picador.

Evans, N (2010) *Dying words: Endangered languages and what they have to tell us*. Chichester: Wiley-Blackwell.

Evans, M (2012) The sociolinguistics of schooling: The relevance of Derrida's *Monolingualism of the Other or the Prosthesis of Origin*. In E Esch and M Solly (Eds) *The sociolinguistics of language education in international contexts*. Bern: Peter Lang, pp. 31-46.

Extra, G and K Yağmur (2008) Immigrant minority languages in Europe: Cross-national and cross-linguistic perspectives. In G Extra and D Gorter (Eds) *Multilingual Europe: Facts and policies*. Berlin: Mouton de Gruyter, pp. 315-336.

Extra, G and K Yağmur (2011) Urban multilingualism in Europe: Mapping linguistic diversity in multicultural cities. *Journal of Pragmatics* 43: 1173-1184.

Farr, M (2011) Urban plurilingualism: Language practices, policies, and ideologies in Chicago. *Journal of Pragmatics* 43 (2011): 1161-1172.

Fishman, J (1972) Domains and the relationship between micro- and macrosociolinguistics. In J Gumperz and D Hymes (Eds) *Directions in sociolinguistics: The ethnography of speaking*. New York: Holt, Rinehart and Winston, pp. 407-434.

Fitzgerald, J (2007) *Big White Lie: Chinese Australians in White Australia*. Sydney: University of New South Wales Press.

Flowers, R and E Swan (2012) Eating the Asian other: Pedagogies of food multiculturalism in Australia. *PORTAL Journal of Multidisciplinary International Studies* 9(2): 1-30.

Foucault, M (1977) A preface to transgression. In Donald F. Bouchard (Ed.) *Language, counter-memory, practice*. Ithaca: Cornell University Press, pp. 15-52.

Friedmann, J and G Wolff (1982) World city formation: An agenda for research and action. *International Journal of Urban and Regional Research* 6(3): 309-343.

Friginal, E (2009) Threats to the sustainability of the outsourced call center industry in the Philippines: implications for language policy. *Language Policy* (2009) 8: 51-68.

García, O (2007) Foreword. In S Makoni and A Pennycook (Eds) *Disinventing and reconstituting languages*. Clevedon: Multilingual Matters, pp. xi-xv.

García, O (2009) *Bilingual education in the 21st century: A global perspective*. Oxford: Wiley.

García, O (2013) From diglossia to transglossia: Bilingual and multilingual classrooms in the 21st century. In C Abello-Contesse, P Chandler, M López-Jiménez and R Chacón-Beltrán (Eds) *Bilingual and multilingual education in the 21st century: Building on experience*. Bristol: Multilingual Matters, pp. 155-175.

García, O (2014) Countering the dual: Transglossia, dynamic bilingualism and translanguaging in education. In Rani S Rubdy and Lubna Alsagoff (Eds) *The global-local interface and hybridity: Exploring language and identity*. Bristol: Multilingual Matters, pp. 100-118.

García, O and Li Wei (2014) *Translanguaging: Language, bilingualism and education*. Basingstoke: Palgrave Macmillan.

Gentrification (2011) News local. www.dailytelegraph.com.au/newslocal/city-east/redferns-gentrification-continues-as-families-and-young-couples-flock-to-the-inner-city-suburb/story-fngr8h22-1226806547038) [last accessed 21 October, 2014].

Gilroy, P (2004) *After empire: Melancholia or convivial culture?* London: Routledge.

Gogolin, I (1994) *Der monolinguale "habitus" der multilingualen Schule*. Münster: Waxman-Verlag.

Goldstein, T (1996) *Two languages at work: Bilingual life on the production floor*. New York: Mouton de Gruyter.

Gorter, D (2013) Linguistic landscapes in a multilingual world. *Annual Review of Applied Linguistics* 33: 190-212.

Gumperz, J (1964) Linguistic and social interaction in two communities. *American Anthropologist* 66: 137-153.

Haberland, H (2005) Domains and domain loss. In B Preisler, A Fabricius, H Haberland, S Kjaerbeck and K Risager (Eds) *The consequences of mobility*. Roskilde: Roskilde University, Department of Language and Culture, pp. 227-237.

Hage, G (1997) At home in the entrails of the West: Multiculturalism, ethnic food and migrant home-building. In H. Grace, G Hage, L Johnson, J Langsworth and M. Symonds (Eds) *Home/world: Space community and marginality in Sydney's West*. Annandale: Pluto Press, pp. 99-153.

Hall, P (1998) *Cities in civilization*. London: Weidenfeld & Nicholson.

Han, Chong-suk (2009) We both eat rice, but that's about it. Korean and Latino relations in multi-ethnic Los Angeles. In A Wise and S Velayutham (Eds) *Everyday multiculturalism*. Houndmills: Palgrave Macmillan, pp. 237-254.

Hardt, M and A Negri (2000) *Empire*. Cambridge: Harvard University Press.

Harissi, M, E Otsuji and A Pennycook (2012) The performative fixing and unfixing of subjectivities. *Applied Linguistics* 33(5): 524-543.

Harris, A (2013) *Young people and everyday multiculturalism*. London: Routledge.

Harris, R (2009) *After epistemology*. Sandy: Authors Online.

Harvey, D (2008) The right to the city. *New Left Review* 53 (Sept/Oct): 23-40.

Heller, M (2007) Bilingualism as ideology and practice. In M Heller (Ed) *Bilingualism: A social approach*. New York: Palgrave Macmillan, pp. 1-21.

Heller, M (2010) The commodification of language. *Annual Review of Anthropology*, 39: 101-114.

Heller, M (2011) *Paths to post-nationalism. A critical ethnography of language and identity*. New York: Oxford University Press.

Heller, M and A Duchêne (2007) Discourses of endangerment: Sociolinguistics, globalization and social order. In A Duchêne and M Heller (Eds), *Discourses of endangerment: Ideology and interest in the defence of languages* (pp. 1-13). London: Continuum.

Heller, M and A Duchêne (2011) Pride and profit: Changing discourses of language, capital and nation-state. In A Duchêne and M Heller (Eds) *Language in late capitalism: Pride and profit*. London: Routledge, pp. 1-21.

Henshaw, V (2013) *Urban smellscapes: Understanding and designing city smell environments*. London: Routledge.

Heritage Report (1998) Heritage Report: 1-9 Wilkes Plaza. Wayne McPhee and Associates. [Unpublished Report]

Higgins, M and T Coen (2000) *Streets, bedrooms, and patios: The ordinariness of diversity in urban Oaxaca*. Austin: University of Texas Press.

Hill, J (2008) *The everyday language of White racism*. Chichester: Wiley-Blackwell.

Hinchliffe, S and S Whatmore (2006) Living cities: Towards a politics of conviviality. *Science as Culture* 15(2): 123-138.

Holmes, J, M Marra and B King (2013) How permeable is the formal-informal boundary at work? An ethnographic account of the role of food in workplace discourse. In C Gerhardt, M Frobenius and S Ley (Eds) *Culinary linguistics: The chef's special*. Amsterdam: John Benjamins, pp. 191-209.

Horner, K and J Weber (2008) The Language Situation in Luxembourg. *Current Issues in Language Planning* 9: 69-128.

Hultgren, A K (2011) 'Building rapport' with customers across the world: The global diffusion of a call centre speech style. *Journal of Sociolinguistics* 15(1): 36-64.

Hutnyk, J (2000) *Critique of exotica: Music, politics and the culture industry*. London: Pluto Press.

Hutnyk, J (2005) Hybridity. *Ethnic and Racial Studies* 28(1): 79-102.

Hymes, D (1974) *Foundations in sociolinguistics*. Philadelphia: University of Pennsylvania Press.

Illich, I (1973) *Tools for conviviality*. London: Marion Boyars.

Inglis, D and D Gimlin (2010) Food globalizations: Ironies and ambivalences of food, cuisine and globality. In D Inglis and D Gimlin (Eds) *The globalization of food*. Oxford: Berg, pp. 3-42.

Jaffe, A and C Oliva (2013) Linguistic creativity in Corsican tourist context. In Sari Pietikäinen and H Kelly Holmes (Eds) *Multilingualism and the periphery*. Oxford: Oxford University Press, pp. 95-117.

Jaffrey, M (2014) Madhur's chicken tikka masala. www.sbs.com.au/food/recipes/madhurs-chicken-tikka-masala [last accessed 21 October 2014].

James, S (2008) Market gardens and McMansions: Contesting the concept of 'growth' on Sydney's peri-urban fringe. Online proceedings of 'Sustaining Culture' annual conference of the Cultural Studies Association of Australia

(CSAA) UniSA, Adelaide 6-8 December, 2007. http://unisa.edu.au/com/csaa/onlineproceedings.htm

Janiszewski, L and E Alexakis (2003) California dreaming: The 'Greek cafe' and its role in the Americanisation of Australian eating and social habits. *Modern Greek Studies (Australia and New Zealand)* 11-12: 177-197.

Jaspers, J (2011) Talking like a 'zerolingual': Ambiguous linguistic caricatures at an urban secondary school. *Journal of Pragmatics* 43: 1264-1278.

Jaworski, A and A Thurlow (2013) The (de-)centring spaces of airports: Framing mobility and multilingualism. In S Pietikäinen and H Kelly Holmes (Eds) *Multilingualism and the periphery*. Oxford: Oxford University Press, pp. 154-198.

Jefferson, G (2004) Glossary of transcript symbols with an introduction. In G H Lerner (Ed.) *Conversation analysis: Studies from the first generation*. Amsterdam: John Benjamins, pp. 13-31.

Jeffrey, B and G Troman (2004) Ethnographic time. *British Educational Research Journal* 30(4): 535-548.

Jenkins, J (2006) Current perspectives on teaching World Englishes and English as a Lingua Franca. *TESOL Quarterly* 40(1): 157-181.

Jenkins, J (2009) Exploring attitudes towards English as a Lingua Franca in the East Asian context. In K Murata and J Jenkins (Eds) *Global Englishes in Asian contexts: Current and future debates*. Basingstoke: Palgrave Macmillan, pp. 40-56.

Jervis, J (1999) *Transgressing the modern: Explorations in the Western experience of Otherness*. Oxford: Blackwell.

Johnston, J and S Baumann (2010) *Foodies: Democracy and distinction in the gourmet foodscape*. New York: Routledge.

Jørgensen, J N (2008a) Polylingal languaging around and among children and adolescents. *International Journal of Multilingualism* 5(3): 161-176.

Jørgensen, J N (2008b) *Languaging: Nine years of poly-lingual development of young Turkish-Danish grade school students*. (2 Volumes). Copenhagen: University of Copenhagen.

Jørgensen, J N (2008c) Urban wall writing. *International Journal of Multilingualism* 5(3): 237-252.

Kachru, B (2005) *Asian Englishes: Beyond the canon*. Hong Kong: Hong Kong University Press.

Karrebæk, M S (2012) "What's in your lunch box today?": Health, respectability, and ethnicity in the primary classroom. *Journal of Linguistic Anthropology* 22(1): 1-22.

Kiessling, R and M Mous (2004) Urban youth languages in Africa. *Anthropological Linguistics* 46(3): 303-341.

Kirkpatrick, A (2011) English as an Asian lingua franca and the multilingual model of ELT. *Language Teaching* 44: 212-224.

Kral, I (2012) *Talk, text and technology: Literacy and social practice in a remote indigenous community.* Bristol: Multilingual Matters.

Kramsch, C (2008) Multilingual, like Franz Kafka. *International Journal of Multilingualism* 5(4): 316-332.

Kramsch, C (2009) *The multilingual subject: What foreign language learners say about their experience and why it matters.* Oxford: Oxford University Press.

Kramsch, C and S Thorne (2002) Foreign language learning as global communicative practice. In D Block and D Cameron (Eds) *Globalization and language teaching.* London: Routledge, pp. 83-100.

Kramsch, C and A Whiteside (2008) Language ecology in multilingual settings. Towards a theory of symbolic competence. *Applied Linguistics* 29: 645-671.

Kropp Dakubu, M E (2009) The historical dynamic of multilingualism in Accra. In F McLaughlin (Ed) *The languages of urban Africa.* London: Continuum, pp. 19-31.

Kube-Barth, S (2009) The multiple facets of the urban language form, Nouchi. In F McLaughlin (Ed) *The languages of urban Africa.* London: Continuum, pp. 103-114.

Kubota, R (2014) Orimpikku to eigo kyoiku: Hangurobaruteki kaikaku [The Olympics and English language teaching: An anti-global reform]. *Shukan Kinyobi* 975: 63.

Labov, W (1966) *The social stratification of English in New York City.* Washington, DC: Center for Applied Linguistics.

Labov, W (1972) *Language in the inner city: Studies in the Black English vernacular.* Philadelphia: University of Pennsylvania Press.

Lamarre, P and S Lamarre (2009) Montréal 'on the move': Pour une approche ethnographique non-statique des pratiques langagières des jeunes multilingues. In T Bulot (Ed) *Ségrégations et discriminations urbaines* (Formes et normes sociolinguistiques). Paris: L'Harmattan, pp. 105-134.

Landry, C (2012) *The sensory landscape of cities.* Bournes Green: Comedia.

Lasagabaster, D (2010) Australia's language potential. *International Journal of Multilingualism* 7(2): 187-190.

Latour, B (1993) *We have never been modern.* Hemel Hempstead: Harvester Wheatsheaf.

Latour, B (1999) *Pandora's hope.* Cambridge: Harvard University Press.

Latour, B (2005) *Reassembling the social: An introduction to actor-network theory.* Oxford: Oxford University Press.

Lee Su Kim (2010) *Kebaya Tales.* Selangor: Marshall Cavendish.

Leeman, J and G Modan (2009) Commodified language in Chinatown: A contextualized approach to linguistic landscape. *Journal of Sociolinguistics* 13 (3): 332-362.

Lefebvre, H (1968) *Le droit à la ville.* Paris: Editions Anthropos.

Lefebvre, H (1973) *Espace et politique.* Paris: Editions Anthropos.

Lefebvre, H (1991) *The production of space.* (*La production de l'espace.* 1974). Oxford: Blackwell.

Legally Brown (2013) SBS (Special Broadcasting Service) Australia. www.youtube.com/watch?v=PffJ1BXjm90 [last accessed 21 October, 2014].

Li Wei (2011) Moment analysis and translanguaging space: Discursive construction of identities by multilingual Chinese youth in Britain. *Journal of Pragmatics* 43: 1222-1235.

Lin, A (2009) 'Respect for da chopstick hip hop': The politics, poetics, and pedagogy of Cantonese verbal art in Hong Kong. In H S Alim, A Ibrahim and A Pennycook (Eds) *Global linguistic flows: Hip hop cultures, youth identities, and the politics of language.* New York: Routledge, pp. 159-177.

Lin, J (2011) *The power of urban ethnic places: Cultural heritage and community life.* New York: Routledge.

Livingstone, D (2007) Science, site and speech: scientific knowledge and the spaces of rhetoric. *History of the Human Sciences* 20: 71-98.

Loosemore, M and D W Chau (2002) Racial discrimination towards Asian operatives in the Australian construction industry. *Construction Management and Economics* 20: 91-102.

Loosemore, M and P Lee (2002) An investigation into communication problems with ethnic minorities in the construction industry. *International Journal of Project Management,* 20(3): 517-524.

Loosemore, M, F Phua, K Dunn and U Ozguc (2010) Operatives' experiences of cultural diversity on Australian construction sites. *Construction Management and Economics* 28: 177-188.

Lorange, A (2014) *How Reading Is Written: A Brief Index to Gertrude Stein.* Middletown, Connecticut: Wesleyan Press.

Lorente, B (2011) The making of "workers of the world": Language and the labor brokerage state. In A Duchêne and M Heller (Eds) *Language in late capitalism: Pride and profit.* London: Routledge, pp. 183-206.

Mac Giolla Chríost, D (2007) *Language and the city.* Basingstoke: Palgrave

Macmillan.

Mackenzie, I (2014) *English as a lingua franca*. London: Routledge.

Magnusson, W (2000) Politicizing the global city. In E F Isin (Ed) *Democracy, citizenship and the global city*. London: Routledge, pp. 289-306.

Maher, J (2005) Metroethnicity, language, and the principle of Cool. *International Journal of the Sociology of Language* 11: 83-102.

Maher, J (2010) Metroethnicities and metrolanguages. In N Coupland (Ed) *The handbook of language and globalization*. Malden: Wiley-Blackwell, pp. 575-591.

Makoni, S (2011) Sociolinguistics, colonial and postcolonial: An integrationist perspective. *Language Sciences* 33(4): 680-688.

Makoni, S and B Makoni (2010) Multilingual discourses on wheels and public English in Africa: A case for 'vague linguistique'. In J Maybin and J Swann *The Routledge Companion to English Language Studies*. London: Routledge, pp. 258-270.

Makoni, B, S Makoni and A Pennycook (2010) On speaking multilanguages: Urban lingos and fluid multilingualism. In P Cuvelier, T Du Plessis, M Meeuwis, R Vandekerckhove and V Webb (Eds) *Multilingualism from below*. Hatfield, Pretoria: Van Schaik, pp. 147-165.

Makoni, S and P Mashiri (2007) Critical historiography: Does language planning in Africa need a construct of language as part of its theoretical apparatus? In S Makoni and A Pennycook (Eds) *Disinventing and reconstituting languages*. Clevedon: Multilingual Matters, pp. 62-89.

Makoni, S and A Pennycook (2007) Disinventing and reconstituting languages. In S Makoni and A Pennycook (Eds) *Disinventing and reconstituting languages*. Clevedon: Multilingual Matters, pp. 1-41.

Makoni, S and A Pennycook (2012) Disinventing multilingualism: From monological multilingualism to multilingua francas. In M Martin-Jones, A Blackledge and A Creese (Eds) *The Routledge handbook of multilingualism*. New York: Routledge, pp. 439-453.

Marcus, G (1995) Ethnography in/of the world system: The emergence of multi-sited ethnography. *Annual Review of Anthropology* (24): 95-117.

Markus, A (1979) *Fear and hatred: Purifying Australia and California 1850-1901*. Sydney: Hale and Iremonger.

Martinovic, B (2011) *The Dutch city of Utrecht as a European hotspot and laboratory for multilingualism*. Department of Sociology, Utrecht University.

Massey, D (1991) A Global Sense of Place. *Marxism Today, 1991*(June): 24-29.

Massey, D (1994) *Space, place and gender*. Cambridge: Polity Press.

Massey, D (2000) Travelling thoughts. In P Gilroy, L Grossberg and A McRobbie (Eds) *Without guarantees: In honour of Stuart Hall*. London: Verso, pp. 225-232.

Massey, D (2005) *For space*. London: Sage.

Mathews, G (2012) Neoliberalism and globalization from below in Chungking mansions, Hong Kong. In G Mathews, G L Ribeiro and C A Vega (Eds) *Globalization from below: The world's other economy*. London: Routledge, pp. 69-85.

Mathews, G and C A Vega (2012) Introduction: What is globalization from below? In G Mathews, G L Ribeiro and C A Vega (Eds) *Globalization from below: The world's other economy*. London: Routledge, pp. 1-15.

Maybin, J and Tusting, K (2011) Linguistic ethnography. In J Simpson (Ed) *Routledge handbook of applied linguistics*. London: Routledge, pp. 515-528.

McGowan, B (2005) Chinese market gardens in southern and western New South Wales. *Australian Humanities Review*, 36(July): np. www.australianhumanitiesreview.org/archive/Issue-July-2005/10McGowan.html [last accessed 21 October, 2014].

Mc Laughlin, F (2009) Introduction to the languages of urban Africa. In F McLaughlin (Ed) *The languages of urban Africa*. London: Continuum, pp. 1-18.

McNamara, T (2012) Language assessments as shibboleths: A poststructuralist perspective. *Applied Linguistics* 33: 5.

McQuire, S (2008) *The media city: Media, architecture and urban space*. London: Sage.

Mesthrie, R (1989) The origins of Fanagalo. *Journal of Pidgin and Creole Languages* 4(2): 211-240.

Mesthrie, R (2014) Analyzing sociolinguistic variation in mutilingual contexts. In J Holmes and K Hazen (Eds) *Research methods in sociolinguistics: A practical guide*. Oxford: Wiley Blackwell, pp. 276-289.

Mignolo, W (2000) *Local histories/global designs: Coloniality, subaltern knowledges, and border thinking*. Princeton: Princeton University Press.

Mikkelsen, B (2011) Images of foodscapes: Introduction to foodscape studies and their application in the study of healthy eating out-of-home environments. *Perspectives in Public Health* 131(5): 209-216.

Millington, G (2011) *'Race', culture and the right to the city: Centres, peripheries and margins*. Houndmills: Palgrave Macmillan.

Milon, A (2002) Tags and murals in France: A city's face or a natural landscape? In A-P Durand (Ed.) *Black, blanc, beur: Rap music and hip-hop culture in the Francophone world*. Lanham: The Scarecrow Press, pp. 87-98.

Mitchell, D (2003) *The right to the city: Social justice and the fight for public space*. New York: Guilford Press.

Modan, G (2007) *Turf wars: Discourse, diversity and the politics of place*. Oxford: Blackwell.

Modjeska, D (1999) *Stravinsky's lunch*. Sydney: Pan Macmillan.

Mohanty, A (2013) Multilingual education in India: Overcoming the language barrier and the burden of the double divide. In P Siemund, I Gogolin, M Schulz and J Davydova (Eds) *Multilingualism and language diversity in urban areas: Acquisition, identities, space, education*. Amsterdam: John Benjamins, pp. 305-326.

Mohr, R and N Hosen (2014) Crossing over: Hosts, guests and tastes on a Sydney street. *Law Text Culture* 17(1): 100-128.

Møller, J S (2008) Polylingual performance among Turkish-Danes in late-modern Copenhagen. *International Journal of Multilingualism* 5(3): 217-236.

Moore, R, S Pietikäinen and J Blommaert (2010) Counting the losses: Numbers as the language of language endangerment. *Sociolinguistic Studies* 4(1): 1-26.

Moriarty M and S Pietikäinen (2011) Micro-level language-planning and grass-root initiatives: A case study of Irish language comedy and Inari Sámi rap. *Current Issues in Language Planning* 12(3): 1-17.

Multicultural London (2003) Multicultural London: Changing shadows. *The Economist*, Dec 18th 2003.

Nakane, I, E Otsuji and W Armour (Eds) (2015) *Languages and identities in a transitional Japan: from internationalization to globalization*. New York: Routledge.

Nandy, A (2006) The return of the sacred, the language of religion and the fear of democracy in a post-secular world. Trans/forming Cultures Annual Lecture, 12 September, 2006, University of Technology Sydney. http://hdl. handle.net/2100/44 [last accessed 21 October, 2014].

Nasonal Lanwis Polisi of Vanuata (2010) www.vanuatuculture.org/documents/ NasonalLanwisPolisi.doc [last accessed 6 March, 2012].

New Language Discovered (2010) New language discovered in India. www.abc. net.au/news/2010-10-06/new-language-discovered-in-india/2286464 [last accessed 12November, 2013].

New Language Uncovered (2013) New language uncovered in indigenous Australian community. http://abcnews.go.com/blogs/headlines/2013/07/ new-language-uncovered-in-indigenous-australian-community/ [last accessed

12 November, 2013].

Noble, G (2009) Everyday cosmopolitanism and the labour of intercultural community. In A Wise and S Velayutham (Eds) *Everyday multiculturalism*. Houndmills: Palgrave Macmillan, pp. 46-65.

Ochs, E and M Shohet (2006) The cultural structuring of mealtime socialization. *New Directions for Child and Adolescent Development* 111: 35-49.

O'Shannessy, C (2013) The role of multiple sources in the formation of an innovative auxiliary category in Light Warlpiri, a new Australian mixed language. *Language* 89(2): 328-353.

Ostler, N (2005) *Empires of the word: A language history of the world*. New York: HarperCollins.

Ostler, N (2010) *The last lingua franca: English until the return of Babel*. New York: Walker and Company.

Otsuji, E (2010) 'Where am I from': Performative and 'metro' perspectives of origin, in D Nunan and J Choi (Eds), *Language and culture: reflective narratives and the emergence of identity*. New York: Routledge, pp. 186-93.

Otsuji, E (2011) Metrolingualism and Japanese language education: linguistic competence across borders. *Literacies* 9: 21-30.

Otsuji, E and A Pennycook (2010) Metrolingualism: Fixity, fluidity and language in flux. *International Journal of Multilingualism* 7: 240-254.

Otsuji, E and A Pennycook (2014) Unremarkable hybridities and metrolingual practices. In R S Rubdy and L Alsagoff (Eds) *The global-local interface and hybridity: Exploring language and identity*. Bristol: Multilingual Matters, pp. 83-99.

Our Market Supply (1897) *The Daily News* (Perth, WA). Saturday 10 July, 1897, p. 5.

Panayiotopoulos, P (2010) *Ethnicity, migration and enterprise*. Hampshire and New York: Palgrave Macmillan.

Park, J S-Y and L Wee (2012) *Markets of English: Linguistic capital and language policy in a globalizing world*. New York: Routledge.

Paugh, A and C Izquierdo (2009) Why is this a battle every night? Negotiating food and eating in American dinnertime interaction. *Journal of Linguistic Anthropology* 19(2):185-204.

Pavlenko, A and B Malt (2011) Kitchen Russian: Cross-linguistic differences and firstlanguage object naming by Russian-English bilinguals. *Bilingualism: Language and Cognition* 14(1): 19-45.

Pennycook, A (2007) *Global Englishes and transcultural flows*. London: Routledge.

Pennycook, A (2008) English as a language always in translation. *European*

Journal of English Studies, 12(1): 33-47.

Pennycook, A (2009) Linguistic landscapes and the transgressive semiotics of graffiti. In E Shohamy and D Gorter (Eds) *Linguistic Landscape: Expanding the scenery*. London: Routledge, pp. 302-312.

Pennycook, A (2010) Spatial narrations: Graffscapes and city souls. In A Jaworski and C Thurlow (Eds) *Semiotic landscapes*. New York: Continuum International Publishing Group, pp. 137-150.

Pennycook, A (2012a) *Language mobility: Unexpected places*. Bristol: Multilingual Matters.

Pennycook, A (2012b) Lingua francas as language ideologies. In A Kirkpatrick and R Sussex (Eds) *English as an international language in Asia: Implications for language education*. NewYork: Springer, pp. 137-154.

Pennycook, A (2013) Language policies, language ideologies and local language practices. In L Wee, R B H Goh and L Lim (Eds) *The politics of English: South Asia, Southeast Asia and the Asian Pacific*. US: John Benjamins Publishing Company, pp. 1-18.

Pennycook, A and E Otsuji (2014a) Metrolingual multitasking and spatial repertoires: 'Pizza mo two minutes coming'. *Journal of Sociolinguistics* 18(2): 161-184.

Pennycook, A and E Otsuji (2014b) Market lingos and metrolingua francas. *International Multilingual Research Journal* 8:4, 255-70.

Perera, S (1994) Unspeakable bodies: Representing the Aboriginal in Australian critical discourse. *Meridian* 13(1): 15-26.

Phillipson, R (2009) *Linguistic imperialism continued*. New York: Routledge.

Pietikäinen, S (2012) Experiences and expressions of multilingualism: Visual ethnography and discourse analysis in research with Sámi children. In S Gardner and M Martin-Jones (Eds) *Multilingualism, discourse and ethnography*. New York: Routledge, pp. 163-178.

Pietikäinen, S (2013) Heteroglossic authenticity in Sámi heritage tourism. In S Pietikäinen and H Kelly-Holmes (Eds) *Multilingualism and the periphery*. Oxford: Oxford University Press, pp. 77-94.

Platt, J and H Platt (1975) *The social significance of speech: an introduction to and workbook in sociolinguistics*. Amsterdam: North-Holland.

Pratt, M L (1987) Linguistic utopias. In N Fabb, D Attridge, A Durant, and C Maccabe (Eds) *The linguistics of writing: Arguments between language and literature*. Manchester: Manchester University Press, pp. 48-66.

Probyn, E (2000) *Carnal appetites: FoodSexIdentities*. London: Routledge.

Purcell, M (2002) Excavating Lefebvre: The right to the city and its urban politics of the inhabitant. *GeoJournal* 58: 99-108.

Radice, M (2009) Street-level cosmopolitanism: Neighbourhood shopping streets in multiethnic Montréal. In A Wise and S Velayutham (Eds) *Everyday multiculturalism*. Houndmills: Palgrave Macmillan, pp. 140-157.

Rampton, B (2006) *Language in late modernity: Interaction in an urban school.* Cambridge: Cambridge University Press.

Rampton, B (2007) Neo-Hymesian Linguistic Ethnography in the UK. *Journal of Sociolinguistics* 11(5): 584-608.

Rampton, B (2009) Interactional ritual and not just artful performance in crissing and stylization. *Language in Society* 38: 149-176.

Rampton, B (2011) Style contrasts, migration and social class. *Journal of Pragmatics* 43: 1236-1250.

Redder, A (2013) Multilingual communication in Hamburg: A pragmatic approach. In P Siemund, I Gogolin, M Schulz and J Davydova (Eds) *Multilingualism and language diversity in urban areas: Acquisition, identities, space, education*. Amsterdam: John Benjamins, pp. 257-285.

Ribeiro, G L (2012) Conclusion: Globalization from below and the non-hegemonic world-system. In G Mathews, G L Ribeiro and C A Vega (Eds) *Globalization from below: The world's other economy*. London: Routledge, pp. 221-235.

Rojo, L M (2014) Taking over the square: The role of linguistic practices in contesting urban spaces. *Journal of Language and Politics* 13:4 623-52.

Sabre, C (2013) New images of Japan in France: A survey to Japan Expo. *Regional Studies* 7: 95-122.

Sassen, S (1998) *Globalization and its discontents*. New York: The New Press.

Sassen, S (2005) The global city: Introducing a concept. *Brown Journal of World Affairs*, X1 (Winter/Spring): 2, 27-41.

Sayahi, L (2014) *Diglossia and language contact: Language variation and change in North Africa*. Cambridge: Cambridge University Press.

Schatzki, T (2010) *The timespace of human activity: On performance, society, and history as indeterminate teleological events*. Lanham: Lexington Books.

Scollon, R and S Wong Scollon (2003) *Discourses in place: Language in the material world*. London: Routledge.

Sebba, M (2012) Multilingualism in written discourse: An approach to the analysis of multilingual texts. *International Journal of Bilingualism* 17(1): 97-118.

Shohamy, E and D Gorter (2009) Introduction. In E Shohamy and D Gorter (Eds) *Linguistic landscape: Expanding the scenery*. London: Routledge, pp. 1-10.

Simon, P (1997) Les représentations des relations interethniques dans un quartier cosmopolite. *Recherches sociologiques* 28(2): 5-37.

Simon, R (1992) *Teaching against the grain: Texts for a pedagogy of possibility.* Toronto: OISE Press.

Simon, S (2012) *Cities in translation: Intersections of language and memory.* London: Routledge.

Singer, P and J Mason (2006) *The way we eat: Why our food choices matter.* Emmaus: Rodale.

Skutnabb-Kangas, T (1981) *Bilingual or not: The Education of Minorities.* Avon: Multilingual Matters.

Skutnabb-Kangas, T (1988) Multilingualism and the education of minority children. In T Skutnabb-Kangas and J Cummins (Eds) *Minority education: From shame to struggle.* Avon: Multilingual Matters, pp. 9-44.

Skutnabb-Kangas, T and R Phillipson (1989) 'Mother tongue': The theoeretical and sociopolitical construction of a concept. In U Ammon (Ed) *Status and function of language and varieties.* Berlin: de Gruyter, pp. 450-477.

Soja, E W (1996) *Thirdspace: Journeys to Los Angeles and real-and-imagined places.* Oxford: Blackwell.

Sultana, S, S Dovchin and A Pennycook (2013) Styling the periphery: Linguistic and cultural takeup in Bangladesh and Mongolia. *Journal of Sociolinguistics* 17(5): 687-710.

Sultana, S, S Dovchin and A Pennycook (2015) Transglossic language practices of young adults in Bangladesh and Mongolia. *International Journal of Multilingualism*, 12:1 93-108.

Sydney's Melting Pot of Language (2014) The Sydney Morning Herald. www. smh.com.au/data-point/sydney-languages/index.html [last accessed 16 July, 2014].

Takano, H (2012) *Imin no utage: Nihon ni utsurisunda gaikokujin no fushigina shokuseikatsu.* Tokyo: Kōdansha.

Taniguchi, N and C Murozawa (2011) Bishamonten zenkōji yuisho. *Machino omoide wo tadotte 4.* Tokyo: Ikina machizukuri kurabu, pp. 2-16.

Taniguchi, N and U Ito (2011) Arashino ema. *Machino omoide wo tadotte*, 4, Tokyo: Ikina machizukuri kurabu, pp. 26.

Tauzin, D (2009) *Tokyō no puchi pari de sutekina machi gurashi: Le petit Paris de Tokyo.* Tokyo: Seiryūdō.

Thorne, S and J Lantolf (2007) A linguistics of communicative activity. In S Makoni and A Pennycook (Eds) *Disinventing and reconstituting languages.* Clevedon: Multilingual Matters, pp. 170-195.

Thrift, N (2007) *Non-representational theory: Space, politics, affect*. London: Routledge.

Trudgill, P (1974) *The social differentiation of English in Norwich*. Cambridge: Cambridge University Press.

Van Camp, K and K Juffermans (2010) Postcolonial ideologies of language in education: Voices from below on English and local language(s) in the Gambia. In P Cuvelier, T Du Plessis, M Meeuwis, R Vandekerckhove and V Webb (Eds) *Multilingualism from below*. Hatfield, Pretoria: Van Schaik, pp. 1-20.

Velasquez, K (2013) Transcending linguistic boundaries at work. *Anthropology News* 54 (1-2): 10 & 14.

Vertovec, S (2006) *The emergence of super-diversity in Britain*. Working Paper No 25, Centre of Policy, Migration and Society, University of Oxford.

Wacquant, L (2008) *Urban outcasts: A comparative sociology of advanced marginality*. Cambridge: Polity.

Walter, H (1988) *Le français dans tous les sens*. Paris: Robert Laffont.

Watson, P (2005) *Ideas: A history from fire to Freud*. London: Phoenix.

Watson, S (2006) *City publics: The (dis)enchantments of urban encounters*. London: Routledge.

Watson, S (2009) Brief encounters of an unpredictable kind: Everyday multiculturalism in two London street markets. In A Wise and S Velayutham (Eds) *Everyday multiculturalism*. Houndmills: Palgrave Macmillan, pp. 125-139.

Webb, V (2010) Multilingualism from below? Really? In South Africa? In P Cuvelier, T Du Plessis, M Meeuwis, R Vandekerckhove and V Webb (Eds) *Multilingualism from below*. Hatfirld, Pretoria, Van Schaik, pp. 134-146.

Wesker, A (1960) *The kitchen*. London: Oberon Books.

Williams, M (1999) *Chinese settlement in NSW: A thematic history. A report for the NSW Heritage Office of NSW*. Unpublished Report.

Williams, M (nd) Wading 10,000 li to seek their fortune. 東華新報 *Tung Wah News* selections 1898-1901. Chinese Heritage of Australian Federation Project. www.chaf.lib.latrobe.edu.au [last accessed 21 October 2014].

Williams, R (1973) *The country and the city*. Oxford: Oxford University Press.

Williams, R (1980) *Culture and materialism: Selected essays*. London: Verso.

Wilton, J (2004) *Golden threads: The Chinese in regional New South Wales, 1850-1950*. Armidale: New England Regional Art Museum.

Wise, A (2009) Everyday multiculturalism: Transversal crossings and working class cosmopolitans. In A Wise and S Velayutham (Eds) *Everyday multiculturalism*. Houndmills: Palgrave Macmillan, pp. 21-45.

Wise, A and S Velayutham (2009) Introduction: Multiculturalism and everyday life. In A Wise and S Velayutham (Eds) *Everyday multiculturalism*. Houndmills: Palgrave Macmillan, pp. 1-17.

Wood, P and C Landry (2008) *The intercultural city*. London: Earthscan.

Yasmeen, G (2006) *Bangkok's foodscape: Public eating, gender relations and urban change*. Bangkok: White Lotus.

Yildiz, Y (2012) *Beyond the mother tongue: The postmonolingual condition*. New York: Fordham University Press.

Zuberi, N (2001) *Sounds English: Transnational popular music*. Urbana: University of Illinois Press.

Zuckerman, G (2009) Hybridity versus revivability: Multiple causation, forms and patterns. *Journal of Language Contact – VARIA* 2: 40-67.

Zukin, S (1991) *Landscapes of power: From Detroit to Disney World*. Berkeley: University of California Press.

Zukin, S (1995) *The cultures of cities*. Cambridge: Blackwell.

찾아보기

지은이 소개

앨러스테어 페니쿡Alastair Pennycook

호주 시드니 공과 대학교University of Technology Sydney 언어·사회·교육학 명예교수.
오슬로 대학교 '생애주기 다중언어사회 연구센터'의 연구교수이자, 호주 인문학
아카데미의 회원이다. 영어와 영어 교육이 전 세계적으로 확산되는 것을 비판적으로
바라보며, 다중언어주의, 다양성, 대중문화와 이동성을 함께 다루는 사회언어학과 비판적
응용언어학 분야에서 돋보이는 연구 성과를 거두었다. 주요 저서로『비판적 응용언어학:
비판이론적 개론Critical Applied Linguistics: A Critical Introduction』(2001),『글로벌 영어와
교차문화적 흐름Global Englishes and Transcultural Flows』(2007),『지역적 실행으로서의
언어Language as a Local Practice』(2010),『언어와 이동성: 예상치 못한 장소들Language and
Mobility: Unexpected Places』(2012),『국제어로서의 영어 문화 정치학The Cultural Politics
of English as an International Language』(2017),『포스트휴머니스트 응용언어학Posthumanist
Applied Linguistics』(2018) 등이 있다. PADI 스쿠버 다이버 자격증 소지자로서, 산호초
보존과 해양 생태계 복원 문제에도 열렬한 관심을 가지고 있다.

에미 오쓰지Emi Otsuji

호주 시드니 공과 대학교 국제학·글로벌 사회학 전공 부교수. 대학에서 일본학을
전공했고, 시드니 맥쿼리 대학교에서 응용언어학으로 석사학위를, 시드니 공과 대학교에서
'이민자들의 이중언어와 언어 접촉'을 주제로 박사학위를 받았다. 이 박사학위 논문은
최우수 대학원 연구로 선정되어 2009년 호주언어학회ALS와 호주응용언어학회ALAA가
수여하는 마이클 클라인상Michael Clyne Prize을 수상했다. 현재 대학생들이 학습법의
하나로 다중언어 자원을 어떻게 활용하는지 탐색하는 '대학의 다중언어 레퍼토리'
프로젝트를 진행하고 있다.『과도기 일본의 언어와 정체성: 국제화에서 세계화로Languages
and Identities in a Transitional Japan: From Internationalization to Globalization』의
공동 편집자이며, 학술지『다중언어주의와 다중문화주의 저널International Journal of
Multilingualism and Multiculturalism』,『언어 경관Linguistic Landscape』등의 편집위원으로
활동하고 있다.

옮긴이 소개

지현숙

배재대학교 국어국문·한국어교육학과. 국어교육학회·한국화법학회 부회장이고 다중언어사회연구회 회장을 역임했다. 주요 연구물로 「다중언어주의 기반 한국어 말하기 평가의 담론」, 「다중언어 시대 한국의 횡단언어 경관에 관한 고찰」, 「도시언어 상호작용 전략에 관한 일고찰: 대학 공간 내 대화참여자를 중심으로」(공저), 『한국어 평가론』 등이 있다.

심상민

경인교육대학교 국어교육과. 주요 연구물로 「다중언어 사회에서 읽기 교육의 방향」(공저), 「이주민 대상 호주 영어교육 정책의 현황 및 시사점」, 「한국어교육에서의 읽기 유창성의 구성 요인과 지도 방안에 대한 연구」, 「다문화 사회에서의 문식성(Literacy) 교육의 제 문제」 등이 있다.

홍은실

성균관대학교 학부대학. 주요 연구물로 「한국어 말하기 평가의 채점 타당도 연구: 워크숍 기반의 채점자 훈련을 중심으로」(공저), 「역량 기반 학문 목적 한국어 듣기 교육과정 연구」(공저), 『세종한국어 회화 1, 2』(공저), 『말하기 능력을 키우는 발표의 기술』(공저) 등이 있다.

강남욱

경인교육대학교 국어교육과. 주요 연구물로 「사회 현상으로서 한국어교육(학)의 정체성 재고와 전망」, 「지석영본 〈아학편(兒學編)〉(1908)으로 살펴본 트랜스링구얼리즘(translingualism)과 교육적 의미」, 「근대 초기 한국어 교재의 역동적 정착 과정」, 『한국어 교사를 위한 한국어학 개론』(공저) 등이 있다.

이성준

서울대학교 국어교육과. 주요 연구물로 「학문 목적 한국어 말하기 평가의 논증 기반 타당화 연구: 외삽 추론을 중심으로」(공저), 「Factors affecting immigrants' host country language proficiency: Focusing on the differences between migrant workers and marriage-migrant women in South Korea」(공저), 『한국어 교육학 개론』(공저) 등이 있다.

백승주

전남대학교 국어국문학과. 주요 연구물로 「한국어 문법 교육에서의 정치적 공정성의 문제: 여성 결혼이민자와 이주노동자 교재의 문법 항목을 중심으로」, 「한국어 교재에 대한 텍스트기호학적 연구 시론」, 「한국어교육에서 대화 분석 방법론의 수용 양상과 발전 가능성」, 「수업 대화 구조 분석의 절차와 방법: 한국어 수업 대화를 중심으로」 등이 있다.

김시정

차의과학대학교 기초교양교육원. 주요 연구물로 「한국어 사고어휘의 평정 및 등급화 방안 탐색」, 『글, 삶, 문법: 교양과 읽기, 쓰기로 통하는 문법』(공저), 『교사를 위한 융복합 교육론』(공저), 『융복합교육의 이론과 실제』(공저) 등이 있다.

이효정

국민대학교 교양대학. 주요 연구물로 「학습자 평가에 기반을 둔 한국어 토론 수업의 비계설정(scaffolding)에 대한 연구」, 「한국어 감정 어휘의 교육 방안 연구: 감정 어휘 목록 작성과 활용 방안을 중심으로」, 『서강한국어 5A, 5B』(공저), 『국민한국어 3』(공저), 『초등학생을 위한 표준 한국어』(공저) 등이 있다.

정선화

중앙대학교 국어국문학과. 주요 연구물로 「한국어 문법서 기술 방식에 관한 교사 인식 및 선호도 연구」, 『Korean Speaking Easy for Foreigners 2』 등이 있다.

앨리스 주

UNSW 인문언어학과. 주요 연구물로 「Change of urban spaces and bi-/multilingual practices in the Korean communities」(공저), 「KHL learners' case particle substitution errors—an investigation of -i/ka, -un/nun, -ul/lul, -ey and -eyse」, 「Characteristic features of English-L1 KHL learner orthographic errors」(공저) 등이 있다.

메트로링구얼리즘

도시의 언어

2022년 2월 18일 초판 1쇄 찍음
2022년 2월 25일 초판 1쇄 펴냄

지은이 앨러스테어 페니쿡·에미 오쓰지
옮긴이 지현숙·심상민·홍은실·강남욱·이성준·백승주·김시정·이효정·정선화·앨리스 주
책임편집 이소영
편집 최세정·엄귀영·김혜림
디자인 김진운
본문조판 민들레
마케팅 최민규

펴낸이 고하영
펴낸곳 ㈜사회평론아카데미
등록번호 2013-000247(2013년 8월 23일)
전화 02-326-1545
팩스 02-326-1626
주소 03993 서울특별시 마포구 월드컵북로6길 56
이메일 academy@sapyoung.com
홈페이지 www.sapyoung.com

ISBN 979-11-6707-043-2 93700

* 사전 동의 없는 무단 전재 및 복제를 금합니다.
* 잘못 만들어진 책은 바꾸어 드립니다.